全球化晴雨指数研究

孙莎　著

外语教学与研究出版社
北京

图书在版编目（CIP）数据

全球化晴雨指数研究 / 孙莎著. -- 北京 : 外语教学与研究出版社, 2025. 6 (2025. 8 重印). -- ISBN 978-7-5213-6393-7

I. F113.4

中国国家版本馆 CIP 数据核字第 20255R2S48 号

全球化晴雨指数研究

QUANQIUHUA QINGYU ZHISHU YANJIU

出 版 人　王　芳
责任编辑　于　辉
责任校对　徐晓丹
封面设计　覃一彪
版式设计　曾新雷
出版发行　外语教学与研究出版社
社　　址　北京市西三环北路 19 号（100089）
网　　址　https://www.fltrp.com
印　　刷　北京盛通印刷股份有限公司
开　　本　787×1092　1/16
印　　张　21
字　　数　388 千字
版　　次　2025 年 6 月第 1 版
印　　次　2025 年 8 月第 2 次印刷
书　　号　ISBN 978-7-5213-6393-7
定　　价　79.00 元

物料号：363930001

本书为教育部哲学社会科学创新团队“全球指数研究与全球知识图谱创新团队”和北京外国语大学“双一流”重大标志性项目“后疫情时期全球化风险研究：金融安全与商务风险视角”（2022SYLZD001）的研究成果。

前　言

推进全球化，加强人类社会合作共赢，是全球社会发展的必然趋势。回顾近百年全球历史发展进程，不难发现，只有积极推进全球化，构建人类命运共同体，才能共赢共享。这不仅体现在经济上的互利互赢，还同样体现在政治、文化等方面，凝聚全球力量，携手解决人类社会面临的诸多共同问题。然而，近年来，全球化持续面临地区主义、种族主义和民粹主义等威胁，同时，欧美一些国家奉行的孤立主义政策为全球化的未来发展平添了许多不确定性。2020 年初暴发的新冠肺炎疫情[1]，更使得全球化进程遭受冲击。在全球化进程面临种种挑战的背景下，进一步深入全球化研究、倡导全球化理念势在必行。

全球化为许多国家和地区带来了巨大的机遇。开放的市场促进了经济增长，提供了更多的就业机会，推动了科技创新，改善了人们的生活水平。同时，全球化也促进了知识和文化的传播，加强了人们之间的相互理解和交流，推动了社会的发展和进步。然而，全球化也带来了一系列挑战。不平等现象在一些国家和地区日益凸显，贫富差距扩大，社会不平等加剧。同时，全球化也引发了一些国家和地区的文化冲突和价值观碰撞，对传统文化和社会结构产生了冲击。全球化还带来了环境问题和资源压力，对全球可持续发展提出了严峻挑战。

近几十年来，全球化的发展也面临着一些新的变化和挑战。科技的飞速进步，特别是互联网和信息通信技术的普及，进一步加速了全球化进程。全球供应链的深度融合和跨国公司的崛起，使全球经济更加紧密地联系在一起。与此同时，全球化也受到了一些国家保护主义思潮的冲击，贸易壁垒和地缘政治紧张局势加剧。

在此背景下，本书旨在通过构建全球化晴雨指数，提供一种量化评估的方法，深入研究全球化的发展趋势。通过分析和比较不同国家和地区的全球化表现，我们希望能够揭示全球化发展趋势，为决策者提供科学依据，推动全球化朝着更加公正、

1 2022年12月26日，国家卫生健康委将新型冠状病毒肺炎更名为新型冠状病毒感染。

更加包容和可持续的方向发展。本书不仅涵盖了全球化的定义和理论，还详细介绍和评估了全球 40 多个国家和地区的全球化参与度和参与基础状况。通过综合分析各种指标，我们努力描绘出一个全球化的画面，展示各国和地区在全球化进程中的优势、挑战和机遇。

作为北京外国语大学“建指数看全球”课题的子课题之一，全球化晴雨指数研究自 2020 年开始。全球化晴雨指数研究这一选题最初由北外时任校长杨丹教授发起，课题组由北外国际商学院院长牛华勇教授和我牵头。课题组每年都组织编写全球化晴雨指数报告，并先后通过指数全球 2021 系列发布会、第二十届中国西部海外高新科技人才洽谈会等平台发布。这些报告曾被中国网、中国日报、四川日报等媒体直播或转载报道。

全球化晴雨指数的测算与评估涉及 140 多个样本国家和地区的经济、社会和政治维度的全球化发展状况。进行准确且合理的评估与分析，必然离不开对对象国或地区的深入了解。一方面为发挥北外语言优势，另一方面为科研育人，课题组每年向北外各个语言和非语言院系招募研究助理。近几年来，共计 70 多位研究生和本科生参与了课题组的研究工作。其中，不少同学在参与课题的过程中掌握了数据分析的技能，习得了文献阅读与写作的技巧，体验了做学术研究的过程。我对参与课题的同学们的出色工作表示深深的感谢。

本课题研究过程中，中国科学院数学与系统科学研究院杨晓光教授，北京师范大学高剑波教授，北京外国语大学李紫莹教授、周鑫宇教授、孙文莉教授、何蓉教授、任康钰教授、范静教授等先后给予了悉心指导和大力支持。北外很多同事也参与了讨论和提供了若干支持。在此一并表示由衷的感谢！

本书的出版还得益于外语教学与研究出版社的支持和鼓励，我在此感谢该社的王芳社长和于辉编辑。

由于全球化主题内涵丰富、涉及面广，指数化研究资料和数据搜集难度较大，再加上水平有限，研究成果难免或多或少存在改进的空间，希望各位专家和学者不吝赐教。书中引用材料，都已详细说明来源，但难免存在个别疏漏，欢迎各位读者联系我们并批评指正。

孙莎

2025 年 1 月 13 日

目　录

第一章　引言 …… 1
第二章　文献综述 …… 3
2.1 全球化趋势分析的相关研究 …… 3
2.2 全球化指数（量化测度）的相关研究 …… 5
第三章　指标选取与权重设定 …… 8
3.1 指标选取基础 …… 8
3.2 指标选取原则 …… 9
3.3 指标选取 …… 9
3.4 赋权方法 …… 13
3.5 数据来源、样本选取与数据处理 …… 15
第四章　基于全球化晴雨指数的全球化趋势分析 …… 16
4.1 全球化参与度和参与基础测算结果 …… 16
4.2 与现有其他全球化指数对比 …… 18
4.3 全球化晴雨指数编制思路与趋势分析 …… 19
第五章　全球化参与度和参与基础的空间分布 …… 24
5.1 按地理区域划分的全球化测算结果 …… 24
5.2 根据参与度和参与基础组合划分的四类全球化参与者 …… 24
第六章　欧洲和中亚地区全球化晴雨指数分析 …… 27
6.1 英国 …… 27

6.2 法国……34
6.3 德国……41
6.4 意大利……49
6.5 瑞典……56
6.6 波兰……62
6.7 西班牙……70
6.8 希腊……77
6.9 俄罗斯……83
6.10 西欧、北欧和南欧地区其他国家……90
6.11 中东欧地区其他国家……97
6.12 哈萨克斯坦……105
6.13 土耳其……112
6.14 阿塞拜疆……119
6.15 塞尔维亚……126
6.16 中亚地区其他国家……133
第七章　东亚和太平洋地区全球化晴雨指数分析……142
7.1 中国……142
7.2 日本……157
7.3 韩国……164
7.4 新加坡……171
7.5 印度尼西亚……177
7.6 东南亚地区其他国家……184
7.7 澳大利亚……191
7.8 大洋洲其他国家……198

第八章　南亚地区全球化晴雨指数分析……206
8.1 印度……206
8.2 南亚地区其他国家……212
第九章　中东和北非地区全球化晴雨指数分析……219
9.1 沙特阿拉伯……219
9.2 埃及……226
9.3 中东和北非地区其他国家……233
第十章　撒哈拉以南非洲地区全球化晴雨指数分析……242
10.1 南非……242
10.2 苏丹……248
10.3 尼日利亚……253
10.4 肯尼亚……259
10.5 以色列……266
10.6 撒哈拉以南非洲地区其他国家……272
第十一章　北美地区全球化晴雨指数分析……279
11.1 美国……279
11.2 加拿大……286
第十二章　拉丁美洲和加勒比地区全球化晴雨指数分析……293
12.1 巴西……293
12.2 阿根廷……299
12.3 墨西哥……305
12.4 拉丁美洲和加勒比地区其他国家……313
第十三章　基于随机森林模型的全球化趋势预测分析……320
13.1 模型介绍……320
13.2 模型结果……321

第十四章　研究结论与政策启示 ……………………………………………… 323

14.1 研究结论 ……………………………………………………………… 323

14.2 政策启示 ……………………………………………………………… 324

第一章　引言

作为当今世界最基本也是最重要的发展趋势，全球化对各国和地区的政治、经济、文化、军事、科技等近乎一切领域均产生了持久而深远的影响。据现有文献记载[1,2]，全球化最早可追溯至哥伦布发现美洲新大陆和麦哲伦环球航行的成功。其后，伴随着两次工业革命的发展，全球化出现了第一波高潮。两次世界大战中，全球化遭遇严重挫折，几乎陷入停滞甚至倒退。第二次世界大战后，全球化再次迅猛发展，形成了第二波高潮。直至 2008 年金融危机、民粹主义、保护主义等抬头，再加上 2020 年新冠肺炎疫情，给原本曲折的全球化进程再次带来了不确定性。

近年来，全球化整体趋势在不断增强。这不仅得益于全球公民意识的普遍提升[3]，还受益于全球化在经济、社会等维度带来的人类福利的增加。从经济维度来说，日益深化的国际分工和贸易往来不仅提高了资源使用效率，还使得参与方互利共赢。从社会维度来说，社会文化的交流甚至融合促进了妇女解放和世界和平[4]。然而，全球化进程并非一帆风顺，受到了逆全球化思潮、经济孤立倾向和文化保守倾向等因素的冲击，其发展历程表现出曲折性。2020 年新冠肺炎疫情暴发给深度发展的全球化踩下了急刹车，甚至有学者将其界定为“熔断”现象[5]。如何客观合理地评估全球化发展趋势？未来全球化将何去何从？在当前具有高度不确定性的时代，对于这些问题的探究和解答兼具丰富的理论意义和实践价值。从理论层面来看，对全球化趋势的测算和分析能够拓展全球化这一研究领域的边界，提供新的量化研究思路，进而验证且丰富现有全球化研究理论成果。从实践层面来看，这一研究能够为各国和

1 Williamson J. Winners and Losers Over Two Centuries of Globalization [R]. Cambridge, MA: National Bureau of Economic Research, 2002.

2 邹广文. 全球化进程中的哲学主题 [J]. 中国社会科学，2003(06)：25–35.

3 Buckner E, Russell SG. Portraying The Global: Cross-National Trends in Textbooks' Portrayal of Globalization and Global Citizenship [J]. *International Studies Quarterly*, 2013, 57(04): 738–750.

4 万广华，朱美华.“逆全球化”：特征，起因与前瞻 [J]. 学术月刊，2020，52(07)：33–47.

5 刘贞晔. 全球化“熔断”及其历史大转折 [J]. 国际政治研究，2020(03)：138–142.

地区的政策制定者提供基于国别的参照坐标，客观评估本国或地区的全球化参与水平和趋势，进而为各国和地区制定国际合作与发展战略提供重要参考依据；还能够为市场参与者有效评估宏观营商环境和制定跨境经营或投资决策提供理论指导。

在此背景下，本研究首次提出“全球化晴雨指数”概念，对全球化发展趋势的测算与评估进行了创新性尝试。“全球化晴雨指数”是在测度各国和地区全球化参与水平的基础上，借助晴雨表模型，基于全球化进程历史背景，紧密结合全球化最新发展动态，提出的用于趋势分析的综合性指数。全球化晴雨指数的核心创新点在于“晴雨”，它既具备指数内生的前瞻性，也能体现结果呈现的直观性。一方面，全球化晴雨指数本身数值大小可以帮助我们对当前的全球化水平进行“高于趋势”“低于趋势”或“与趋势保持一致”的趋势判断；另一方面，晴雨表通过黑色、深灰色和浅灰色三个有色表盘区域形象地展示了当前全球化水平趋势区间。具体而言，本研究从经济、社会、政治三大领域开展指数构建，测算了全球142个国家和地区2000—2020年的全球化参与度及参与基础指数。基于此，本研究采用全球化晴雨表模型，进行趋势分析和评估。在现有文献的基础上，本研究的潜在贡献包括三点：一是从研究视角上来看，目前，本研究是首次量化分析与评估全球化趋势的研究；二是从指标体系上来看，本研究以构建更具包容性的指标体系为核心，摒弃了瑞士联邦苏黎世理工学院经济研究所发布的KOF全球化指数等现有文献中混淆全球化与西方化等做法，剔除了部分指标，增设了一系列边际更优的指标；三是从模型设置上来看，本研究首次创新性地将世界贸易组织（WTO）开发的贸易晴雨指数（Global Trade Barometer）模型引入全球化研究领域，为全球化趋势分析与评估提供了合理可行的量化工具。

第二章　文献综述

目前，从全球范围来看，无论是学界还是业界均未有与本研究直接相关的、量化评估全球化趋势的研究。本研究的目的是合理评估全球化趋势，而这需要建立在量化测度全球化参与水平的基础上，因此，与之相关的文献分为两支：一是全球化趋势分析文献；二是全球化指数（量化测度）文献。

2.1 全球化趋势分析的相关研究

对于全球化趋势走向分析，现有文献未能达成一致观点。部分学者、研究机构指出，全球化趋势不可逆转，全球化依然会继续向前发展。Altman SA 和 Bastian P（2020）[1] 的研究通过数据表明，新冠肺炎疫情后人口流动几近冻结，但是贸易、资本和信息流动已经开始复苏甚至激增，因此，全球化不会走向终结，各类全球化变量呈现出来的韧性比大多数人预期的更好。部分研究通过理论分析认为，全球化内在动因并未改变，因而对全球化趋势持乐观态度。Contractor FJ（2020）[2] 认为，民族主义和保护主义抬头所引起的逆全球化趋势是边缘性的，而不是根本性的，世界范围内人员、信息和技术流动的日益频繁大大降低了全球化趋势消退的可能性。基于疫情期间全球依然保持高度协作的状态，Appadurai A（2020）[3] 提出，全球化并不会因疫情而终结，虽然其发展将依然面临排外心理和排挤边缘群体等做法的潜在冲击。裴长洪和倪江飞（2020）[4] 认为，尽管经济全球化遭遇逆流，但其历史发展趋

1 Altman SA, Bastian P. DHL Global Connectedness Index 2020 – The State of Globalization in A Distancing World [R]. New York, NY: NYU Stern School of Business, 2020.

2 Contractor FJ. The World Economy Will Need Even More Globalization in The Post-Pandemic 2021 Decade [J]. *Journal of International Business Studies*, 2021(02): 1-16.

3 Appadurai A. Coronavirus won't kill globalization, but it will look different after the pandemic [EB/OL]. https://time.com/5838751/globalization-coronavirus/, 2020-03-19/2022-05-10.

4 裴长洪，倪江飞. 坚持与改革全球多边贸易体制的历史使命——写在中国加入WTO 20年之际 [J]. 改革，2020，321(11): 5–22.

势没有改变，当前因保护主义和单边主义兴起而导致的逆全球化只是“一段插曲”，全球化前进的动力依然存在。全球多边贸易体制仍是全球治理必需的公共品，而民主化是全球贸易治理体系改革的核心问题。

也有学者对全球化前景持悲观态度，甚至认为在新冠肺炎疫情冲击下，全球化面临停滞乃至倒退风险。万广华和朱美华（2020）[1] 提出了“全球化终结论”，认为当前世界面临的“逆全球化”正被国家间和国家内部利益的分配问题推向高潮；同时，以人工智能、物联网和机器人为标志的第四次技术革命将使收入分配问题进一步恶化，并最终导致本轮全球化走向终结。阎学通（2020）[2] 指出，反全球化与逆全球化在疫情前都已发生，但疫情加剧了这种趋势，这是由于政府和跨国公司出于安全考虑，在疫情后将采取更多的去全球化策略。部分学者从政治维度进行探讨，提出政治因素是全球化进程发展的阻碍力量。代表性文献包括：Delios A 等（2021）[3] 认为，新冠肺炎疫情加速了疫情前兴起的对全球化共识的怀疑态度，各国政府对竞争的干预增加导致全球一体化进程动能消减。Ripsman NM（2021）[4] 认为，全球化是后冷战时期美国维持单极稳定的产物，随着美国霸权主义的衰退和多极化的兴起，世界将面临更多的不确定性和愈演愈烈的大国竞争。Broz JL 等（2021）[5] 基于美国和欧洲国家的实证研究，提出经济和社会全球化遭受了来自民粹主义的抵制浪潮，尤其是在不平等情况较严重的地区。Walter S（2021）[6] 则认为，经济、政治、社会文化三个层面的全球化均面临被抵制威胁。还有部分学者从经济全球化维度研究，如黄建忠（2020）[7] 认为，未来全球化从存量上仍存在交互“挂钩”的状态，但是从增量上会出现不断强化的“脱钩”倾向，全球化将呈现出一种碎片化、区域化、结构化的趋势，全球产业链近岸化、供应链成本增大和价值链收缩可能是中长期的普遍现象。张弛和郑永年（2020）[8] 从经济全球化的角度，指出新冠肺炎疫情导致全球产业链、供应

1 万广华，朱美华.“逆全球化”：特征，起因与前瞻 [J]. 学术月刊，2020，52(07)：33–47.

2 阎学通. 新冠肺炎疫情为去全球化提供合理性 [J]. 国际政治科学，2020，5(03)：4.

3 Delios A, Perchthold G, Capri A. Cohesion, COVID-19 and Contemporary Challenges to Globalization [J]. *Journal of World Business*, 2021, 56(03): 101-197.

4 Ripsman NM. Globalization, Deglobalization and Great Power Politics [J]. *International Affairs*, 2021, 97(05): 1317-1333.

5 Broz JL, Frieden J, Weymouth S. Populism in Place: The Economic Geography of the Globalization Backlash [J]. *International Organization*, 2021, 75(02): 464–494.

6 Walter S. The Backlash Against Globalization [J]. *Annual Review of Political Science*, 2021, 24(01): 421-442.

7 黄建忠. 全球化“熔断”与中国的非稳态战略机遇期 [J]. 探索与争鸣，2020，8(370)：26–28.

8 张弛，郑永年. 新冠疫情，全球化与国际秩序演变 [J]. 当代世界，2020(07)：17–21.

链受到显著冲击，全球化出现了回归“经济主权”时代的趋势，可能演变为“有限的全球化”。

还有一些学者持中立态度，认为全球化趋势不能一概而论，而是存在纵向时间维度或横向结构维度上的异质性。从纵向时间维度来看，姚枝仲（2020）[1]认为，由于疫情强化了逆全球化力量，催生了反全球化力量，短期内全球化进程仍将倒退，且倒退幅度和速度可能比疫情前更大；从长期来看，支持全球化的力量将超过反对全球化的力量，全球化终将再次成为世界经济发展的主要潮流。从横向结构维度来看，El-Erian MA（2017）[2]提出，曾一度占主导地位的经济金融全球化因未能提供包容性增长而引发公众不满，政治精英的应对策略将决定未来是陷入各自为政还是进化出更有效的全球化系统。郑宇（2018）[3]认为，鉴于国内社会保护能力的此消彼长，2008 年金融危机后世界各个国家和地区在全球化态度上表现出结构性差异：发达国家从自由贸易的推动者变成了保护主义的实施者，而发展中国家，尤其是新兴经济体国家则从全球化的被动参与者变成了主动捍卫者。唐宜红和张鹏杨（2020）[4]指出，后疫情时代的全球化将发生模式的转变，从以效率主导的全球化向兼顾效率、公平与安全的全球化，从以世界布局的全球化向区域布局的全球化，以及从实物模式全球化向数字、智能全球化转变。王栋和贾子方（2021）[5]提出，疫情和技术进步的双重影响促使全球化新趋势的产生，主要表现在多中心化特点，以及中国在引领“再全球化”进程中作用的上升。

2.2 全球化指数（量化测度）的相关研究

现有国内外关于全球化量化测度的研究主要集中在全球化指数的相关文献。目前国际上较为权威、有影响力的全球化指数有 5 个，集中在美国、英国、瑞士等主要发达经济体，由高校、研究机构、商业机构等为主体进行研究并发布（见表 2-1）。

---

1 姚枝仲. 新冠疫情与经济全球化 [J]. 当代世界，2020(07)：11–16.

2 EL-Erian MA. The Future of Economic and Financial Globalization [J]. *Journal of International Affairs*, 2017: 33-39.

3 郑宇. 开放还是保护——国家如何应对经济危机 [J]. 世界经济与政治，2018(12)：23.

4 唐宜红，张鹏杨. 后疫情时代全球贸易保护主义发展趋势及中国应对策略 [J]. 国际贸易，2020(11)：4–10.

5 王栋，贾子方. 新冠肺炎疫情与技术进步双重影响下的全球化趋势 [J]. 国际论坛，2021，23(01)：18–31.

表2-1 代表性全球化指数

名称	编制机构 / 学者	指标体系	样本量	时间区间	特色
KOF Globalisation Index	KOF Swiss Economic Institute	经济、社会、政治（43个）	203	1970—2018	覆盖时间区间长、样本量大
CSGR Globalisation Index	University of Warwick	经济、社会、政治（16个）	119	1982—2004	考虑可比性
A.T. Kearney/ Foreign Policy Globalisation Index	A.T. Kearney、Foreign Policy Magazine	经济融合、个体交流、技术合作和政治参与（14个）	62	2002—2007	开发较早、是多数指数的参照
Maastricht Globalisation Index	University of Maastricht	政治、经济、社会文化、科技和环境（11个）	117	2000、2008、2012	增加生态维度
DHL Global Connectedness Index	DHL、New York University Stern School of Business	国际资本、贸易、信息和人员流动（12个）	140	2005—2020	增加深度和广度

最早较为系统地测算全球化水平的是由美国 A.T. Kearney 管理咨询公司和 *Foreign Policy* 杂志共同发布的 A.T. Kearney/Foreign Policy Globalization Index (TM)[1]。该指数从经济融合、个体交流、技术合作和政治参与四个维度出发，对全球 62 个发达国家和部分发展中国家进行了全球化水平测算与排名。虽然该指数仅发布了 5 期，但这一开创性研究为后续研究提供了重要的借鉴与参考。一般认为，在学术界具有广泛影响力的是瑞士联邦苏黎世理工学院经济研究所发布的 KOF 全球化指数[2]（下称"KOF 指数"）。该指数从经济、社会、政治三个维度，采用 43 个指标，覆盖了全球 203 个国家和地区在 1970—2018 年间的数据。鉴于其具有覆盖时间区间长、样本量大的特点，KOF 指数在学术研究领域被广泛应用，但也正因此，其原始数据覆盖率较低，处理后的数据可能存在结果失真的问题。

此外，英国华威大学（University of Warwick）发布的 CSGR 全球化指数[3]，从

1 A. T. Kearney. Measuring Globalization [J]. *Foreign Policy*, 2001, 122: 56–65.

2 Drener A, Gaston N, Martens P, et al. Measuring Globalisation - Opening the Black Box: A Critical Analysis of Globalisation Indices [J]. *Journal of Globalization Studies*, 2009, 1(01): 25-37.

3 Lockwood B, Redoano M. The CSGR Globalisation Index: An Introductory Guide [R]. Coventry, CV: CSGR working paper, 2005.

经济、社会和政治三个维度，采用16个指标，覆盖了全球119个国家和地区在1982—2004年间的数据。其特点是根据国家或地区特征，如初始人口规模、土地面积和该国或地区是否为内陆国或地区对测算结果进行了调整，剔除了国家或地区本身特质带来的潜在干扰。荷兰学者Figge L和Martens P构建的Maastricht Globalisation Index (MGI)[1]通过政治、经济、社会文化、科技和环境这五个维度测算了全球117个国家和地区于2002、2008和2012年的全球化水平。虽然它只囊括了三个单独年份的数据，但其新增了生态维度，为全球化研究领域提供了新的视角。由美国DHL公司和纽约大学斯特恩商学院（New York University Stern School of Business）共同发布的DHL Global Connectedness Index[2]，从国际资本、贸易、信息和人员流动这四个维度，采用了12个指标，测算了全球140个国家和地区在2005—2020年间的全球联结深度和广度。

纵观现有文献，可以发现，随着21世纪以来全球化整体水平的加深和阶段性逆全球化势头的上扬，全球化测算与趋势分析的相关文献不断丰富，在理论分析和实证研究方面均取得了进展。然而，现有文献仍存在以下局限性：一是全球化趋势相关文献对疫情后全球化前景的判断尚未达成一致意见，研究基础大多停留在理论层面，缺乏数据、模型等实证经验的支撑；二是全球化测算文献中构建的指数在指标体系选取、数据处理、结果分析等方面仍存在进一步完善的空间。比如，大多数指数直接以测算结果进行国家排名，而事实上测算结果受指标选取和权重设定方法影响大，使得排名并不稳健；KOF指数在指标选取上将全球化与西方化混淆，DHL全球联结指数侧重于经济维度，难以刻画全球化全貌等。鉴于此，本研究从经济、社会、政治三个维度构建并测算了全球142个国家和地区2000—2020年全球化参与度和参与基础指数，并基于此采用全球化晴雨表，进行了趋势分析和评估，旨在拓展和补充现有全球化趋势研究，为我国进一步完善国际合作与制定发展战略提供理论依据和政策启示。

1 Figge L, Martens P. Globalisation Continues: The Maastricht Globalisation Index Revisited and Updated [J]. *Globalizations*, 2014, 11(06): 875–893.

2 Altman SA, Bastian P. DHL Global Connectedness Index 2020 – The State of Globalization in a Distancing World [R]. New York, NY: NYU Stern School of Business, 2020.

第三章　指标选取与权重设定

3.1 指标选取基础

从理论层面来看，清晰界定全球化的定义是合理测度全球化水平的理论前提。参照 Sklair L（1999）[1] 和 Gygli S 等（2020）[2] 学者的研究成果，本研究将全球化定义为：各个国家在经济、社会和政治维度上的相互联系、依赖和交融的过程。其中，经济全球化主要体现在商品生产和消费的跨国流动及要素在全球范围内的优化配置。社会全球化包括人和信息的跨国流动和传输，与之伴随的科学技术的跨国交流，以及文化的跨国传播和相互交融。政治全球化主要体现一国政府与别国政府在政府层面以及在国际组织框架下的交流合作。

从实践层面来看，近年来各国参与全球化的程度不断上升，贸易往来、观念传播与人员交流等全球化实际活动呈现正增长趋势。然而，与此同时，全球化面临来自贸易保护主义、民粹主义与孤立主义的冲击，逆全球化与反全球化思潮蠢蠢欲动，部分国家不愿继续履行全球化的责任与义务，在政策制定与态度上对全球化向好发展构成潜在威胁，进而体现出全球化参与基础的下降。因此，在本指数构建中引入了参与度和参与基础两大维度，以力求更好地反映世界各国、各地区参与及融入全球化趋势的全貌，更好地体现其在当前全球化进程中扮演的角色。其中，本研究将“参与度”定义为一国参与全球化的事实实现程度，“参与基础”是该国为其参与全球化提供更多可能性而施行的决策、政策、制度及其他积极因素。

1 Sklair L. Competing Conceptions of Globalization [J]. *Journal of World-Systems Research*, 1999, 5(02): 143-163.

2 Gygli S, Haelg F, Potrafke N, et al. The KOF Globalisation Index – Revisited [J]. *The Review of International Organizations*, 2020, 14(03): 543–574.

3.2 指标选取原则

本研究的指标选取原则既包括一般性原则，还包括与全球化研究领域相关的特有的指标选取原则。

一般性原则包括两方面：

一是全面性与代表性相结合。这是指某一维度下的指标设置需保证所有子指标能全面覆盖，且各子指标均具有代表性。比如，经济全球化包含贸易和金融的全球化，缺一不可，此为全面；KOF 指数的金融全球化指标中，"资本账户开放度"与"投资限制"这两个指标所测量的维度高度重叠，本研究只选其一，此为代表。这一原则与 Figge L 和 Martens P（2014）[1] 的观点一致，新增指标需要能够在现有指标基础上增加价值，不包含冗余信息。

二是保证数据可得性和覆盖率。在众多数据可得性的指标中，尽可能选取数据覆盖率高的指标，以提高指数测算结果的准确性。

与全球化研究领域相关的特有指标选取原则包括两方面：

一是侧重包容性。本研究旨在构建更具包容性的指标体系，摒弃明显带有地域、种族或文化倾向性的指标。在现有全球化指数研究中，KOF 指数在文化全球化维度采用了一国的麦当劳餐厅数量、一国的宜家商场数量等指标。麦当劳餐厅和宜家商场的数量衡量的是各国或地区受西方国家的影响大小，即西方化的程度。

二是体现双向性。一国或地区参与全球化应包含流入和流出的双向性。举例来说，本研究对于"商品贸易""服务贸易""国际旅游""留学生"与"移民"等指标，将流入量和流出量同时纳入；类似地，对于"国外直接投资"与"有价证券投资"等指标，本研究将会计科目借方和贷方同时纳入。

3.3 指标选取

基于以上指标选取的基础和原则，本研究所构建的指标体系在现有文献基础上有增有减。本研究剔除的指标包括：经济全球化维度的"投资限制"，社会全球化维

---

1 Figge L, Martens P. Globalisation Continues: The Maastricht Globalisation Index Revisited and Updated [J]. *Globalizations*, 2014, 11(06): 875–893.

度的“国际语音通信”“麦当劳餐厅数量”“宜家商场数量”，以及政治全球化维度的“NGO 机构数量”等。本研究增加的指标不仅包括现有研究机构发布的全球创新指数和社会包容度指数，还包括本研究自行设计构建的指标，如社会全球化维度的“语言流行度”、政治全球化维度的“外事机构数量”“联合国建言贡献度”等。

需要指出的是，为使得指标具有可比性，参照李晓西、刘一萌、宋涛（2014）[1]和 Gygli S 等（2020）学者的研究成果[2]，本研究均采用相对指标，包括两种算法：一是强度相对指标，是指一个统计量相对于总体参照统计量的比值，这种算法可以剔除国家经济发展水平、人口规模等的影响，如“商品贸易”指标采用的计算方法是进出口商品在 GDP 中的占比；二是结构形式指标，反映部分与总体的关系，如“联合国建言贡献度”指标采用的是一国在联合国重要会议上发表演讲的数量，但由于其能够体现该国在整体会议总数中的比例，因此亦能体现相对关系。

综上，本研究从经济、社会和政治三个维度，构建了包含 3 个一级指标、8 个二级指标及 28 个三级指标的全球化参与度和参与基础指标体系（见表 3-1）。

表 3－1　全球化晴雨指数指标体系

一级指标	二级指标		三级指标	数据来源
经济全球化	贸易全球化	参与度	商品贸易	World Bank WDI
			服务贸易	World Bank WDI
		参与基础	关税	World Bank WDI
			贸易协定	DESTA
	金融全球化	参与度	境外直接投资	IMF IIP
			有价证券投资	IMF IIP
			国际收入支付	IMF BoP Standard Presentation
		参与基础	资本账户开放度	Knoema
			国际投资协定数	Investment Policy Hub

1 李晓西，刘一萌，宋涛. 人类绿色发展指数的测算 [J]. 中国社会科学，2014(06)：69-95+207-208.

2 Gygli S, Haelg F, Potrafke N, et al. The KOF Globalisation Index – Revisited [J]. *The Review of International Organizations*, 2020, 14(03): 543–574.

（续表）

一级指标	二级指标		三级指标	数据来源
社会全球化	信息全球化	参与度	互联网带宽	ICT-Eye
		参与基础	互联网普及率	ICT-Eye
	人际全球化	参与度	国际旅游	World Bank WDI
			留学生	World Bank WDI
			移民	World Bank WDI
		参与基础	签证发放	DEMIG VISA
			国际机场	CIA World Factbook
	科技全球化	参与度	国际专利	World Bank WDI
			高科技出口	World Bank WDI
		参与基础	全球创新指数	GII
	文化全球化	参与度	印刷品贸易	UN Comtrade Database
			国际商标	WIPO IP Portal
		参与基础	社会包容度	World Value Survey
			语言流行度	Ethnologue
政治全球化	国际合作	参与度	外事机构数量	Lowy Global Diplomacy Index
		参与基础	国际组织数量	CIA World Factbook
			国际条约数量	United Nations Treaty Collection
	全球治理	参与度	联合国建言贡献度	UN Digital Library
		参与基础	维和意愿	United Nations Peacekeeping

首先，经济全球化维度。本研究借鉴了 Gygli S 等（2020）[1]、Lockwood B 和 Redoano M（2005）[2] 的研究，将其分解为贸易和金融两个维度。其中，贸易全球化维度的参与度指标包括商品贸易和服务贸易，采用一国进出口商品和服务贸易规模在该国当年 GDP 中的占比；参与基础指标包括关税和贸易协定，关税采用一国关

1 Gygli S, Haelg F, Potrafke N, et al. The KOF Globalisation Index – Revisited [J]. *The Review of International Organizations*, 2020, 14(03): 543–574.

2 Lockwood B, Redoano M. The CSGR Globalisation Index: An Introductory Guide [R]. Coventry, CV: CSGR working paper, 2005.

税率的未加权平均数，贸易协定采用一国参与的贸易协定数。关税是负向指标，即该指标值越大，反而参与基础越差。对此，本研究做了取负处理，以将其转变为正向指标。金融全球化维度，参与度指标包括境外直接投资、有价证券投资和国际收入支付，分别采用各国国际收支平衡表里对应三项科目的资产和负债之和占 GDP 的比例计算。参与基础指标包括资本账户开放度和国际投资协定数，前者采用 Chinn-Ito 资本账户开放度指数[1]，后者则采用一国签订的双边投资协议与 TIPs（含有投资保护条文的条约）数计算。

其次，社会全球化维度。本研究设置了信息、人际、科技和文化全球化四个维度。信息全球化维度，本研究采用互联网带宽，即国际互联网带宽的总使用容量，作为参与度指标，互联网普及率作为参与基础指标。与现有文献相比，本研究未采用国际语音通信及其普及率指标，这是因为 21 世纪以来随着互联网即时通信技术的发展，电话通信方式的使用频率越来越低，该指标的降低并不意味着社会全球化的倒退。人际全球化维度，参与度指标既包括短期的国际旅游、中期的留学生，还包括长期的移民，均同样采用出入境人员总数占总人口的比例。参与基础指标包括签证发放和国际机场。其中，签证发放是指免签国家的个数，国际机场是指该国国际机场数占该国机场总数的比例，这两个指标值越高，意味着该国参与人际全球化的基础越牢。科技全球化维度，参与度指标包括国际专利和高科技出口。流入层面，国际专利指标采用非本国公民通过专利合作条约（PCT）或国家专利局申请的专利与总体的百分比进行测算。流出层面，高科技出口通过高端研发密集型产品的出口量与总体的比例进行计算。参与基础指标，本研究采用美国康奈尔大学、INSEAD 商学院和世界知识产权组织（WIPO）发布的全球创新指数。文化全球化维度，参与度指标包括印刷品贸易、国际商标。流入层面，国际商标采用非居民外国人注册国家和地区商标与总注册量的比例；流出层面，印刷品贸易采用印刷品的出口贸易进行测算。参与基础指标包括社会包容度和语言流行度。社会包容度采用世界价值观调查（World Value Survey）发布的社会包容度指数；语言流行度指标根据非本国人使用该国语言（使用人口最多的官方语言）的人数占全世界使用该语言人数的百分比计算而来。本研究认为，语言是文化形成与传播的基本载体，语言流行度能

1 Chinn MD, Ito H. A New Measure of Financial Openness [J]. *Journal of Comparative Policy Analysis: Research and Practice*, 2008, 10(03): 309–322.

够反映一国主体语言在全球范围内的影响力，流行度越高，文化传播与交流的可能性越大。

最后，政治全球化维度，本研究不仅考虑各国或地区政府间的交流，即国际合作，还考虑了各国或地区政府在国际组织框架下（本研究主要考虑联合国）的交流与合作，即全球治理维度。国际合作维度，参与度指标为外事机构数量。与之相对应，现有文献采用的是使馆数量。本研究采用的外事机构数量包括使馆数、总领馆数、常驻代表团数和其他代表处数量。一国在另一国家只设立一个大使馆，但会根据两国外事交流规模与需求、领事业务的多少以及所在地区的重要性设立对应数量的总领馆和其他外事机构。两国间外交往来越密切、领事服务量越大、政治交流与合作越丰富，其他外事机构的数量就越多。参与基础指标为国际组织数量和国际条约数量。国际组织采用一国参与的政府间国际组织数进行测算，国际条约采用自1945年来两国及两国以上签署的并由最高立法机关正式批准的国际条约数来计算。

全球治理维度，参与度指标采用联合国建言贡献度，衡量一国在联合国会议上公共演讲的次数。在联合国会议上，各国通过公共演讲发表观点，介绍本国立场与利益诉求，并以此为基础向其他国家发表提案、提出倡议、呈现某一国际性问题解决方案等。此外，一些中小国家在某些全球重大问题上在一开始并没有确定的立场，其需要在聆听公共演讲，考量世界与区域大国的态度以及自身利益的基础上做出本国观点导向判断。因此，联合国建言贡献度能够反映一国对全球问题的关注度、参与全球事务的积极性与活跃度，并体现出一国对世界其他国家施加的政治影响力。参与基础指标采用维和意愿，即参与联合国维和行动的人数。维和行动能够缓解地区性冲突，营造和平环境，体现一国参与解决全球性问题的意愿。一国派出参与维和行动的人员规模，能够反映该国对于联合国框架下政治全球化参与的重视程度。

3.4 赋权方法

近年来，国内外相关研究采用的赋权法主要包括两大类：一是基于客观数据的客观赋权法；二是基于专家主观意见的主观赋权法。客观赋权法的优点是能够完全排除人为干扰因素，反映研究问题的客观情况，但对模型的适用性和数据的质量有要求。主观赋权法的优势是结合专家意见，从不同角度综合考虑多种因素，缺点是专家选择对结果影响大，具有潜在的主观偏差、成本高。本研究拟采用客观赋权法中的 CRITIC 法进行权重设定，该方法是基于评价指标的对比强度和指标之间的冲突性来综合衡量指标的客观权重。该赋权法的优势在于客观公正、成本低，在社会科学研究领域中应用广泛。

CRITIC 法的基本原理如下：

经标准化处理后的多指标数据矩阵 M 如公式（1）：

$$M = \begin{bmatrix} x_{11} & x_{12} & \cdots & x_{1n} \\ x_{21} & x_{22} & \cdots & x_{2n} \\ \vdots & \vdots & \ddots & \vdots \\ x_{m1} & x_{m2} & \cdots & x_{mn} \end{bmatrix} \qquad (1)$$

其中，x_{ij} 是第 i 个样本在第 j 个指标的取值。

首先，计算指标内的变异性 S_j。使用标准差来表示各指标取值的波动情况，标准差越大表示该指标的数值差异越大，包含越多的信息，应增加对该指标分配的权重。计算方法如公式（2）：

$$\begin{cases} \overline{x_j} = \frac{1}{m}\sum_{i=1}^{m} x_{ij} \\ S_j = \sqrt{\frac{1}{m-1}\sum_{i=1}^{m}(x_{ij} - \overline{x_j})^2} \end{cases} \qquad (2)$$

其次，计算指标间的冲突性 R_j。使用相关系数来体现指标间的冲突性，一个指标与其他指标的相关性越强，则与其他指标的冲突性越小，反映出重复的信息越多，也就削弱了该指标的评价强度，应减少对该指标分配的权重。计算方法如公式（3）：

$$R_j = \sum_{k=1}^{n}(1 - r_{kj}) \qquad (3)$$

其中，r_{kj} 是第 k 个指标和第 j 个指标的相关系数。

综上，第 j 个指标的信息量是指标的变异性与冲突性的乘积，如公式（4）：

$$C_j = S_j \times R_j \qquad (4)$$

最后，第 j 个指标的客观权重 W_j 为公式（5）：

$$W_j = \frac{C_j}{\sum_{j=1}^{n} C_j} \qquad (5)$$

3.5 数据来源、样本选取与数据处理

本研究构建的指标体系涉及经济、社会和政治多个维度，数据来源亦趋于多元化，包括由联合国（United Nations）、世界银行（World Bank）及国际货币基金组织（IMF）等权威国际组织发布的联合国国际贸易数据库（UN Comtrade Database）、世界发展数据库（World Development Index）等共计 19 个数据库（见表 3-1）。本研究选取的 28 个三级指标中有 6 个指标 [1] 是由手工收集数据并逐一整理而来的。

样本选取上，本研究首先收集了 1970—2020 年 195 个国家和地区的数据，在此基础上，通过计算逐年和分国家个体的数据覆盖率，在尽可能提高数据覆盖率并且保证样本结构一致的原则下，选取以 2000 年为基年的 142 个国家和地区的样本。数据处理方法和现有文献保持一致，本研究采用线性插值、补值进行缺失值处理，并采用 Zscore 标准化方法进行标准化，以剔除量纲和计量单位影响。

1 包括国际机场、语言流行度、国际组织、国际条约、联合国建言贡献度和维和意愿。

第四章　基于全球化晴雨指数的全球化趋势分析

借鉴世界贸易组织的贸易晴雨指数的编制思路，本研究编制了全球化晴雨指数。由于全球化晴雨指数的编制基于全球化参与度和参与基础的测算结果，本研究首先展示并分析全球化参与度和参与基础的原始时间序列，并在此基础上通过构建晴雨指数，进行新冠肺炎疫情冲击下的全球化趋势分析。

4.1 全球化参与度和参与基础测算结果

基于前述测算，本研究计算了全球化及其在经济、社会和政治三个维度的参与度和参与基础指数的世界平均值，以直观体现全球化发展的时间序列趋势（见图 4-1）。从总体趋势来看，自 2000 年以来，全球化参与度和参与基础呈增长趋势，其间存在小幅波动。

分阶段来看，2008 年金融危机是分水岭：无论从全球化总体，还是经济、社会、政治三个维度，全球化参与度均自金融危机后明显下降，并促使全球化参与基础增速随后下滑。2008 年金融危机对于世界的全球化进程形成了重大且深远的滞后负面冲击。发端于美国的次贷危机迅速传导至国际金融市场，导致国际货币和债券市场出现了流动性危机，企业并购活动和境外直接投资（FDI）流入量显著减少[1]。此次危机还使得全球化参与基础受到了冲击，促使国际组织和各国政府推出了层出不穷的监管改革，如 G20 会议就场外衍生品的交易、清算和保证金制度制定了更严格的标准，导致跨辖区的交易摩擦与市场碎片化现象[2]。虽然 2008 年金融危机的负向冲击

1 吴一群，刘榆. 刍议2008年全球金融危机的影响及启示 [J]. 东南学术，2009(01)：28–33.

2 Financial Stability Board. OTC Derivatives Market Reforms: Note on Implementation Progress for 2020 [R]. Centralbahnplatz, CH: Financial Stability Board, 2020.

始发于经济领域，但是其通过交叉影响的机制使得社会和政治维度的全球化参与度和参与基础也产生了下滑趋势。

2008 年金融危机后，全球化参与度保持平稳，略有增长；参与基础于 2015 年再次形成增速拐点。参与度方面，其艰难恢复主要由经济维度贡献。后金融危机时期，主要经济体的经济复苏进程缓慢，直接决定了经济全球化进程的扭转乏力。金融危机后，欧元区陷入通缩风险，负利率货币政策加剧了金融市场的不稳定性，助推资产价格泡沫，使经济金融全球化受到冲击[1]。2014 年，美联储宣布正式退出量化宽松政策，进一步减缓了跨境资本的流动。参与基础方面，2008 年金融危机后增速放缓且在 2015 年再次放缓，主要在经济和政治维度有所体现。经济维度，主权信用风险的外溢对各国全球化参与基础产生了冲击。从 2011 年起，欧、美、日等主要经济体的主权债务风险明显上升。受希腊债务危机影响的欧洲深陷债务泥潭，与此同时，美国公债超过法定上限，日本在福岛事件后财政压力进一步加剧。以欧债危机为例，现有研究认为，欧债危机严重阻碍了欧洲一体化进程[2]。受欧债危机影响，非欧元区的欧盟成员国如英国、瑞典和丹麦，改变货币一体化暂缓政策，明确表示不会考虑加入欧元区[3]。政治维度，民粹主义等逆全球化思潮蔓延。2016 年，美国总统特朗普上台后，先后于 2017 年退出巴黎协定、2018 年退出伊核协定，对其他国家产生了负面引导效应。

根据图 4-1，还可得出新冠肺炎疫情对全球化冲击的初步结论。2020 年，全球化参与度向下形成拐点，全球化参与基础亦有所下滑。全球化参与度的明显下降主要由政治和经济维度引起，社会全球化参与度反而逆势上扬。参与基础方面，经济、社会和政治全球化三个维度均体现了一定的下滑趋势。然而，值得注意的是，该初步结论未经统计学方法验证，还需进一步通过构建晴雨指数才能得出全球化趋势分析结论。

1 刘立金，姚远. 欧洲四央行负利率政策的效果评价 [J]. 中国财政，2017，6(731)：66–67.
2 周茂华. 欧债危机的现状、根源、演变趋势及其对发展中国家的影响 [J]. 经济学动态，2014(03)：138–153.
3 应霄燕，赵建芳. 欧债危机以来欧盟的改革及其对欧洲一体化的影响 [J]. 当代世界，2013(09)：58–61.

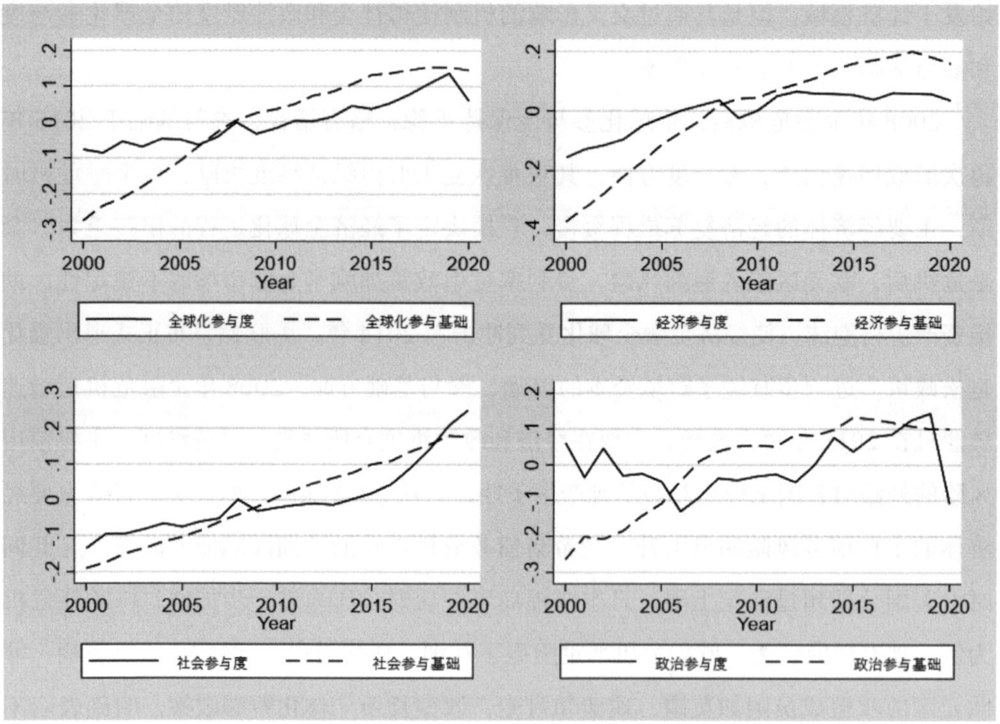

图 4-1　全球化参与度和参与基础

4.2 与现有其他全球化指数对比

为验证本研究所构建全球化指数[1]的有效性，我们将其与现有的其他代表性全球化指数进行对比，如图 4-2 和表 4-1 所示，可以看出：（1）Pearson 相关性检验表明，全球化参与度与其他代表性全球化指数的相关程度高，都在 70% 以上，这表明本项目测度的全球化水平与现有研究保持一致。（2）进一步与 KOF 指数、CSGR 指数相比，全球化参与度指数测算了更新的时间区间；与 DHL 全球连通性指数相比，在部分时间区间上趋势有差异，这可能是由于两个指数测度的维度不同。全球化参与度指数的测算维度包括经济、社会和政治，而 DHL 全球联通性指数只关注经济和社会维度中的一部分。

1 现有全球化指数没有刻画参与基础，因此，本研究仅将全球化参与度与现有全球化指数进行对比。

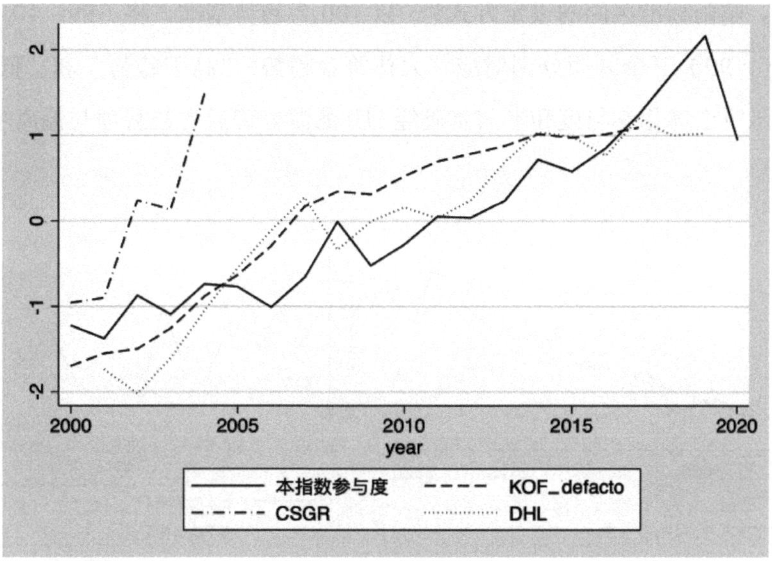

图 4-2　全球化参与度与现有其他全球化指数的对比

表4-1　全球化参与度与其他代表性全球化指数的Pearson相关系数

Variables	(1)	(2)	(3)	(4)
(1) 本指数参与度	1.000			
(2) KOF_defacto	0.890	1.000		
(3) CSGR	0.927	0.927	1.000	
(4) DHL	0.819	0.960	0.704	1.000

4.3 全球化晴雨指数编制思路与趋势分析

基于前述测算结果，参照世界贸易组织的贸易晴雨指数，本研究构建了全球化晴雨指数。编制方法为：首先，对前文测算的全球化参与度和参与基础指数进行 HP 滤波[1]处理，提取趋势项；其次，将平滑后指数值与趋势项相减，得到偏离项；最后，将偏离项标准化，并加上 100，将此与晴雨标准区间对比，便可得到对应的晴

1 HP滤波法是由Hodrick和Prescott于1980年在分析美国战后经济时提出来的一种滤波方法。根据经验，用于调整趋势变化的因子 λ 的取值取决于数据采集频率，考虑到本项目为年度数据，因此 λ 赋值为100。

雨表区间。晴雨标准区间的设定方式为：以 100 为趋势基准，将（99，101）、（101，+∞）、（−∞，99）三个区间分别对应“大体符合趋势”“高于趋势”和“低于趋势”。图 4-3 展示了全球化参与度和参与基础经 HP 滤波处理后的趋势项与偏离项。

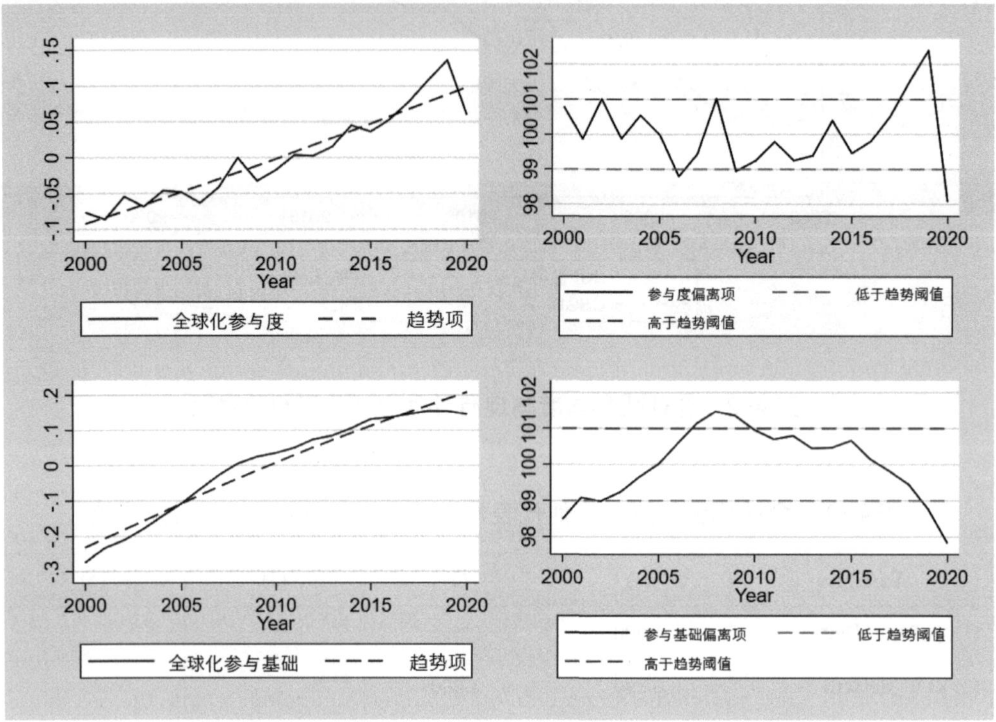

图 4-3　全球化参与度和参与基础经 HP 滤波处理后的趋势项与偏离项

图 4-4 展示了 2020 年全球化参与度和参与基础晴雨表。2020 年，全球化参与度晴雨指数为 98.06，处于“低于趋势”区间。全球化参与基础晴雨指数为 97.82，处于“低于趋势”区间。疫情冲击下，全球化发展遭遇挫折，世界平均意义的全球化参与度和参与基础双双下滑，均低于趋势，这与预期是一致的。

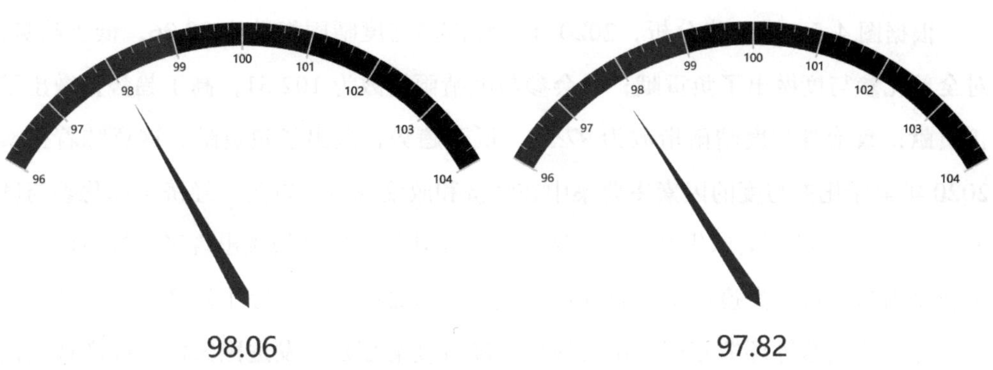

（a）参与度　　（b）参与基础

图 4-4　全球化参与度和参与基础晴雨表

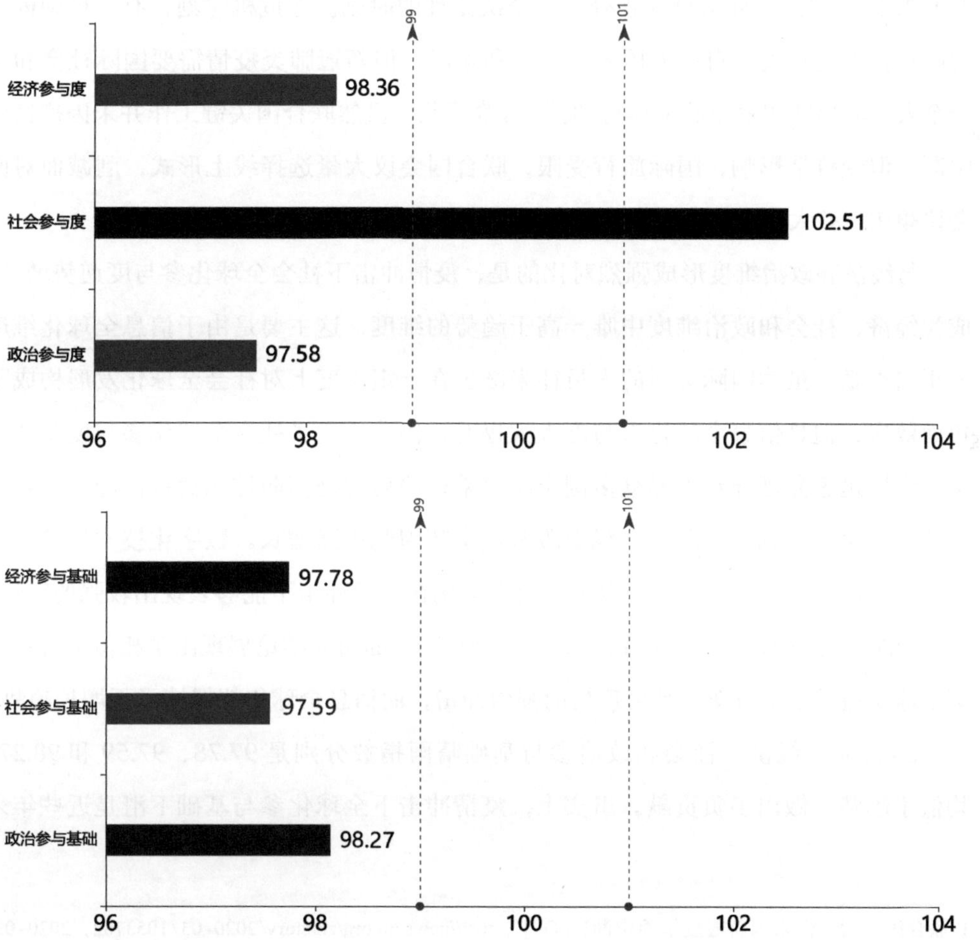

图 4-5　全球化参与度和参与基础驱动因素

根据图 4-5，进一步分析，2020 年，经济参与度晴雨指数为 98.36，低于趋势，对全球化参与度做出了负贡献；社会参与度晴雨指数为 102.51，高于趋势，做出了正贡献；政治参与度晴雨指数为 97.58，低于趋势，做出了负贡献。这意味着拖累 2020 年全球化参与度的因素主要集中在经济和政治维度。首先，经济全球化参与度方面，2020 年经济全球化参与度加速退潮，尤其是在贸易领域出现了大幅下滑，这主要是因为新冠肺炎疫情重创全球产业链。疫情之初，中国停工停产，使得产业链上游零部件制造等环节停摆，供给疲软。随着疫情蔓延，发达国家停工停产造成需求短缺，等到中国企业复工后又面临订单缺乏的难题。 如此一来，全球价值链回流加速，商品贸易和服务贸易双双走低。其次，政治全球化参与度方面，疫情冲击下各国通过联合国参与全球治理的参与度有所下降。联合国经济及社会理事会时任主席尤尔指出：“国际社会目前正处于一个决定性的时刻。在危机时刻，有一种朝内看的趋势，人们在关注自己的国家、社区和家园。但新冠肺炎疫情需要国际社会和每一个人采取果断和紧急的集体行动。”[1] 有鉴于此，虽然联合国关键工作并未因疫情而中断，但受疫情影响，国际旅行受限，联合国会议大量选择线上形式，削减面对面会议频次，并大幅缩短会议时长，各国实际政治全球化参与程度有所下降。

与经济和政治维度形成强烈对比的是，疫情冲击下社会全球化参与度逆势增长，成为经济、社会和政治维度中唯一高于趋势的维度，这主要是由于信息全球化维度的正向贡献。虽然国际层面的人员往来减少在一定程度上对社会全球化发展构成了负面效应，但是信息全球化参与度大大提升，仍然抬高了社会全球化参与度整体水平。疫情迅速蔓延导致世界众多国家纷纷采取严格的疫情防控和封锁措施，各项线下活动与交流受到严重阻碍，线上服务需求却因此迅猛增长。数字化技术提升了企业和家庭信息沟通的灵活度，保证社会全球化在突发冲击下能够表现出较强的韧性。本研究结论与 Altman SA 和 Bastian P（2020）[2] 的研究结论展现出了相似趋势：人际全球化遭受了来自新冠肺炎疫情的强烈冲击，而信息全球化却保持了正增长趋势。

2020 年，经济、社会和政治参与基础晴雨指数分别是 97.78、97.59 和 98.27，均低于趋势，做出了负贡献。事实上，疫情冲击下全球化参与基础下滑是近些年来

1 联合国关键工作未因新冠疫情而中断[N/OL]. https://news.un.org/zh/story/2020/03/1053702，2020-03-27.

2 Altman SA, Bastian P. DHL Global Connectedness Index 2020 – the State of Globalization in a Distancing World [R]. New York, NY: NYU Stern School of Business, 2020.

全球化参与基础回落趋势的延续。经济维度，随着贸易保护主义在发达国家抬头，各国关税壁垒高筑，贸易摩擦趋向常态化。新冠肺炎疫情冲击则进一步加剧了这种压力。然而，发达国家的福利制度已高度固化，难以通过改革满足不断增加的社会保护需求，而只能诉诸保护主义手段来缓解国际市场的冲击[1]。社会维度，新冠肺炎疫情暴发以来，各国纷纷收紧入境条件、加强边境管控，众多具有跨国性质的活动被迫取消或转为线上举行，进一步限制了跨国社会交流活动。政治维度，近年来政治全球化进程受到了主权国家和地区层面政治因素的制约，出现了全球化与单一国家或单一地区利益对峙的情况。一些民粹主义势力以“纠偏全球化轨道”为政策出发点，试图重构世界秩序与格局。政治领域逆全球化、反全球化、去全球化加剧，使得政治层面一体化进程面临巨大风险与挑战。

1 唐宜红，张鹏杨. 后疫情时代全球贸易保护主义发展趋势及中国应对策略 [J]. 国际贸易，2020(11)：4–10.

第五章　全球化参与度和参与基础的空间分布

全球化发展包含时间和空间两大维度。全球化趋势分析以时间演进的视角，将世界各个国家和地区视作整体进行全球化进程起伏的评估。值得关注的是，全球化发展在空间维度上亦体现出异质性。疫情冲击下，处于不同地理区域的国家和地区在全球化参与的客观实践和参与能力、立场等的主观选择方面各不相同。基于本研究测算的 2020 年全球化参与度和参与基础，对样本国家和地区进行分区域和分国别分析，有助于理解全球化在空间分布上的差异。

5.1 按地理区域划分的全球化测算结果

本研究首先以大洲为单位对全球化测算结果进行分析。从全球化参与度来看，北美洲、东北亚、欧洲等地区的全球化参与度较高，相对而言中亚、非洲等地区全球化参与度较低。从全球化参与基础来看，参与基础最高的地区主要集中在北美、西欧和北欧，其次是东亚、南美和中东欧，非洲等地区较低。总体而言，从全球范围来看，北美、欧洲、东亚是全球化的主要参与者，欧洲是全球化参与基础的主要贡献者，非洲国家的全球化参与度和参与基础均处于较低水平。这可能与经济发展水平、社会制度、民族文化等因素有关。

5.2 根据参与度和参与基础组合划分的四类全球化参与者

若具体到单一国家和地区的指数测算结果，现有指数研究通常采用国家和地区排名进行展示。然而，由于排名结果对于指标选取和权重设定方法非常敏感，区间划分比具体排名的结果更为稳健[1]。根据这一思路，本研究将全球化参与度和参与基础相结合，以中位数为分界线，把所有样本国家和地区划分为四个象限，分别对应以下四种基本组合：（1）成熟型：高参与度和高参与基础（第一象限）;（2）潜力型：低参与度和高参与基础（第二象限）;（3）闭塞型：低参与度和低参与基础（第三象限）;（4）活跃型：高参与度和低参与基础（第四象限）（见图 5-1）。

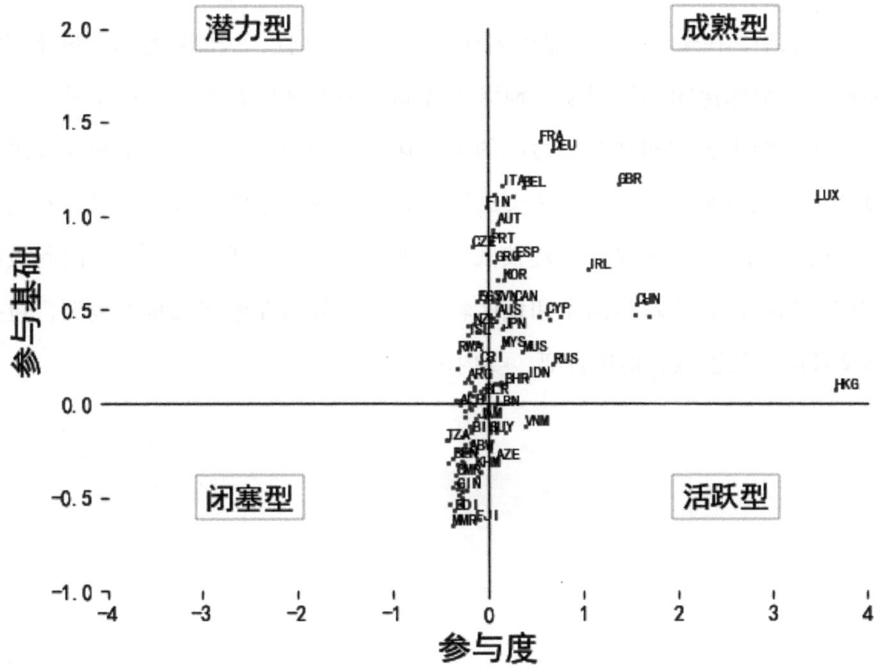

图 5-1　国家和地区参与度和参与基础分布散点图

处于第一象限的国家和地区具有很高的全球化参与程度，同时具有深厚的参与基础，是驱动全球化的重要力量，因此可以称为全球化成熟型国家和地区。主要发达经济体和中国都属于成熟型国家和地区。举例来说，全球化参与度排名中，中国香港、卢森堡和马耳他位列前 3；在全球化参与基础维度，法国、德国和荷兰位列前 3。这一类型的国家和地区是世界全球化的重要推动者，在国际合作和全球治理中发挥着不可或缺的作用。它们往往国际影响力巨大且积极参与国际事务，力图通

1 Figge L, Martens P. Globalization Continues: The Maastricht Globalization Index Revisited and Updated [J]. *Globalizations*, 2014, 11(06): 875–893.

过贸易、资金流动、技术创新、信息网络和文化交流等多方位国际合作，推进全球化稳步发展。处于第二象限的国家和地区具有相对较高的参与基础，然而在全球化中的实际参与度较低，全球化发展具有潜力，因此被称为全球化潜力型国家和地区。潜力型国家和地区主要包括中东欧、拉丁美洲和加勒比地区以及中东、北非地区，代表国家有捷克、阿根廷、埃及等。这一类型的国家和地区往往拥有得天独厚的地理优势，同时它们还积极参与国际合作，发展对外贸易，开拓国际市场，在全球化中亦发挥着重要作用。处于第三象限的国家和地区，其全球化参与程度和参与基础都低于中位数水平，在全球化大背景中表现出一定的闭塞性，因此被称为全球化闭塞型国家和地区。全球化闭塞型国家和地区主要涵盖中亚地区和撒哈拉以南地区，还包括亚太地区、拉丁美洲和加勒比地区的欠发达国家和地区。这一类型的代表国家有哈萨克斯坦、尼日利亚、斐济、牙买加等。处于第四象限的国家和地区具有高于中位数水平的参与度，然而参与基础较低，表现出一种相对活跃的状态，因此被称为活跃型国家和地区。活跃型国家和地区较少，主要分布在亚洲和拉丁美洲，包括越南、阿塞拜疆、黎巴嫩、格鲁吉亚、委内瑞拉等。

第六章　欧洲和中亚地区全球化晴雨指数分析

6.1 英国

6.1.1 总体情况

英国在全球化方面的实力不容小觑，尽管在新冠肺炎疫情期间遭受一定冲击，但是在经济、社会和政治领域的全球化参与方面，英国依然保持着稳健姿态。

在排名上，英国的全球化参与度排名第 7，全球化参与基础排名第 4。根据图 6-1，从趋势上看，2020 年前后，英国的全球化参与度出现显著下降，而全球化参与基础继续保持平稳增长态势。

分领域看，英国经济全球化参与度排名第 69，经济全球化参与基础排名第 8。经济全球化参与度出现下降趋势，其中贸易全球化参与度下降显著，金融全球化参与度略有下降。经济全球化参与基础呈上升趋势，其中，金融全球化参与基础大幅提升，贸易全球化参与基础有小幅下降。英国的社会全球化参与度排名第 6，社会全球化参与基础排名第 8。社会全球化参与度略有提升，其中，信息全球化和文化全球化参与度增长幅度较大，人际全球化和科技全球化参与度则呈小幅增加。英国社会全球化参与基础呈零增长态势，其中，信息全球化参与基础有所提升，科技全球化参与基础小幅下降，人际全球化和文化全球化参与基础则基本不变。英国的政治全球化参与度排名第 6，政治全球化参与基础排名第 11。政治全球化参与度大幅下降，其中，全球治理参与度降幅显著，国际合作参与度自 2017 年以来维持不变。英国的政治全球化参与基础略有下降，其中全球治理参与基础大幅下降，国际合作参与基础略有上升。

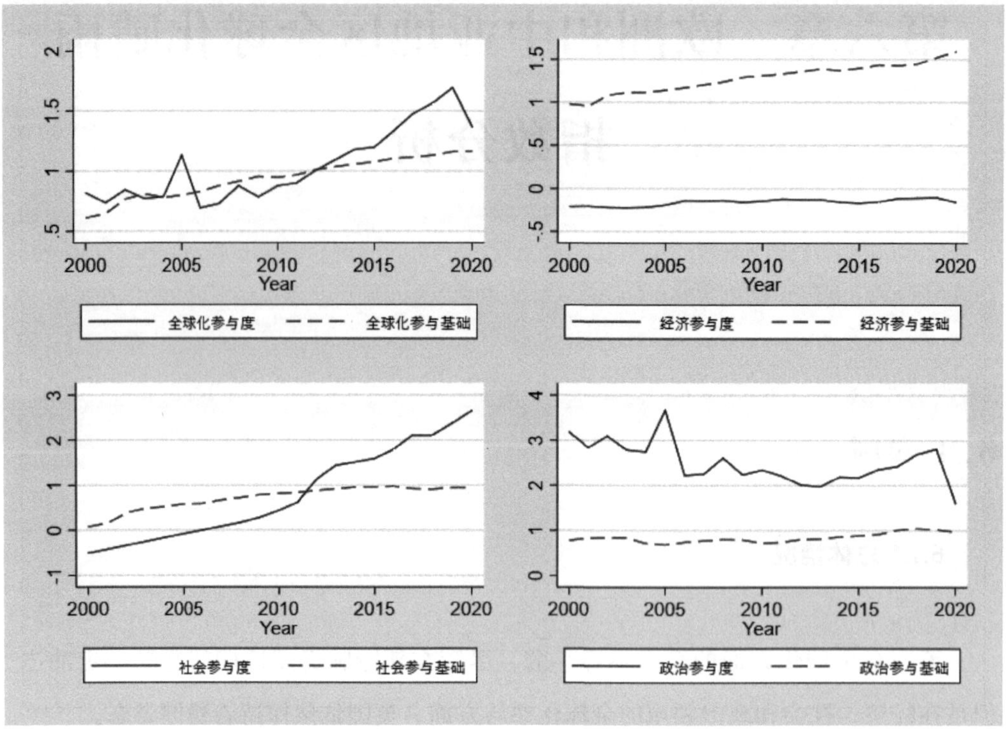

图 6-1　英国全球化参与度和参与基础折线图（总指标和一级指标）

从图 6-2 可知，英国全球化参与度方面，社会全球化参与度发展较好，经济全球化参与度稍显劣势。参与基础方面，经济全球化参与基础优势明显，社会全球化参与基础发展较差。

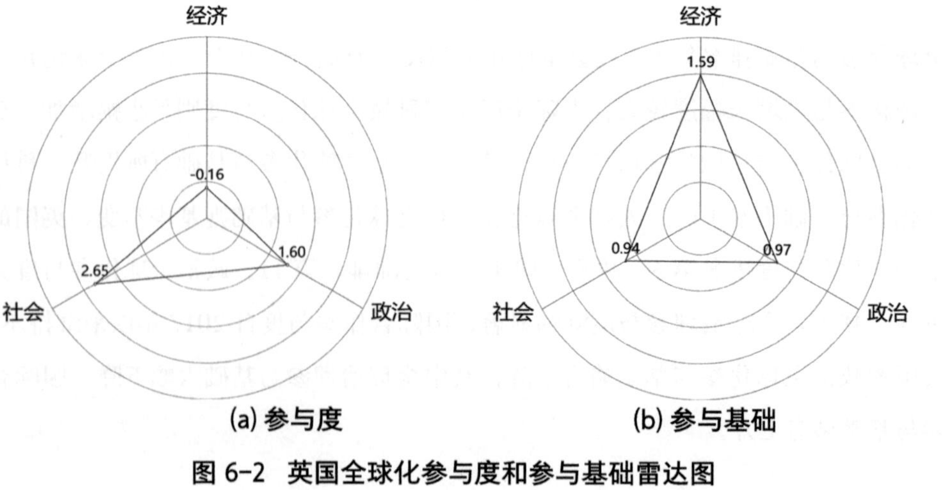

图 6-2　英国全球化参与度和参与基础雷达图

根据图 6-3、6-4、6-5 和 6-6，英国全球化参与度晴雨指数为 99.15，符合趋势。其中经济全球化参与度晴雨指数为 98.20，低于趋势；社会全球化参与度晴雨指数为 101.02，高于趋势；政治全球化参与度晴雨指数为 98.63，低于趋势。英国全球化参与基础晴雨指数为 98.88，低于趋势。其中经济全球化参与基础晴雨指数为 101.44，高于趋势；社会全球化参与基础晴雨指数为 98.56，低于趋势；政治全球化参与基础晴雨指数为 99.90，符合趋势。

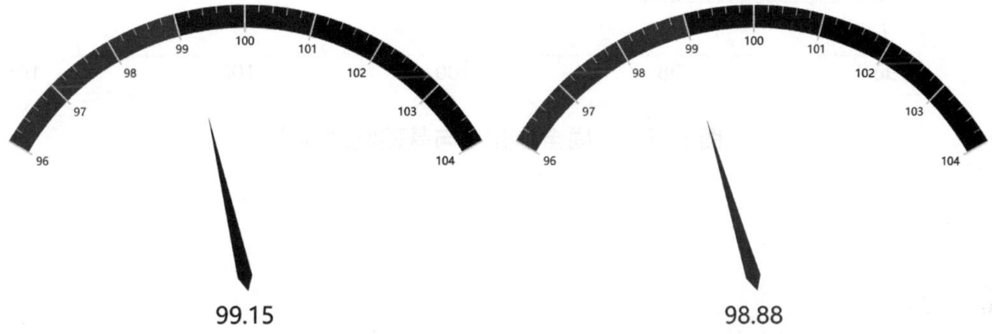

(a) 参与度　　(b) 参与基础

图 6-3　英国全球化参与度和参与基础晴雨表

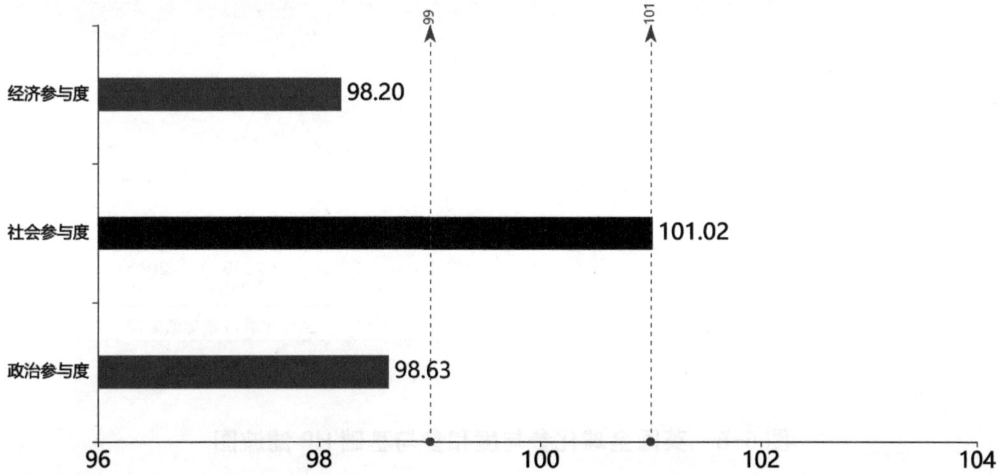

图 6-4　英国全球化参与度驱动因素

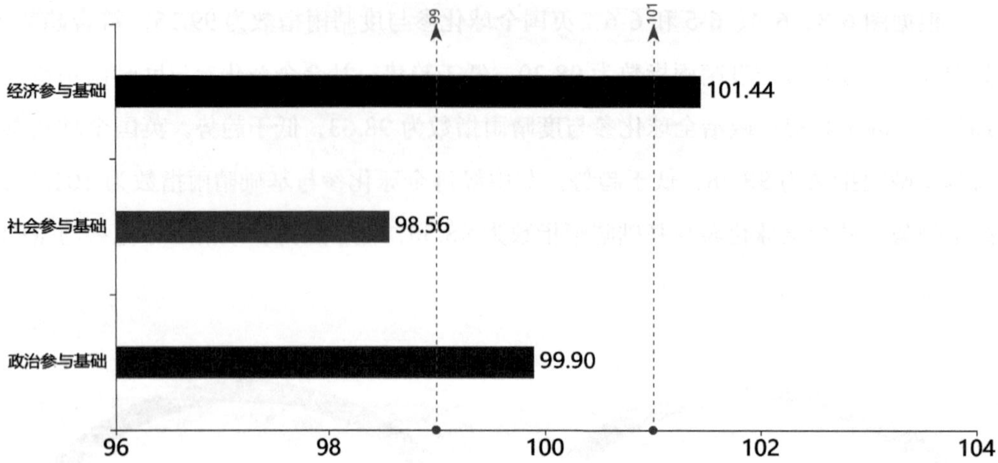

图 6-5　英国全球化参与基础驱动因素

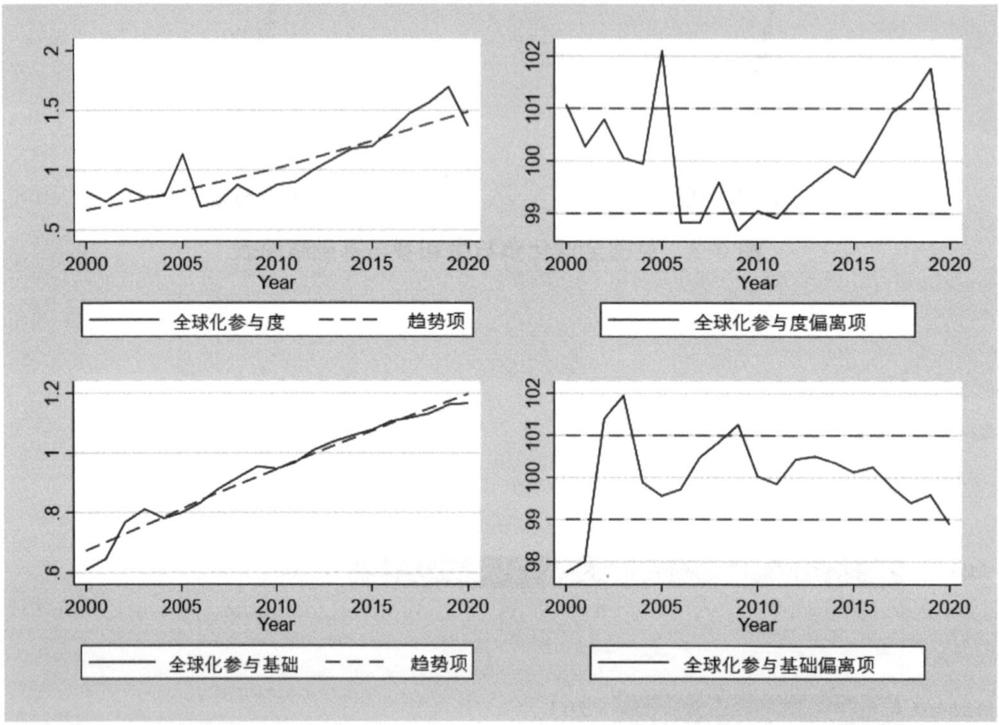

图 6-6　英国全球化参与度和参与基础 HP 滤波图

由此可见，英国作为老牌资本主义强国，具有悠久的全球化参与历史和雄厚的全球化实力，总排名和各分排名大部分位列前 10。2020 年以来，新冠肺炎疫情的强烈冲击使英国各领域的全球化参与程度都受到了很大的负面影响。通过全球化晴雨表可以看出，英国经济全球化参与基础和社会全球化参与度依旧保持强劲韧性，成为 2020 年英国全球化表现中的逆势增长点。

6.1.2 经济全球化

英国经济全球化参与度低于趋势，参与基础高于趋势。

在参与度方面，2020 年，英国经济参与度开始出现下降趋势，这主要受新冠肺炎疫情和脱欧的双重冲击。2020 年 1 月 31 日，英国正式退出欧盟，2021 年 1 月 1 日退出欧盟关税同盟和欧洲单一市场，这促使经济参与度的下降。2020 年 1 月，新冠肺炎疫情暴发并快速蔓延至世界各国，对英国经济造成了更为严重的打击。从贸易领域看，两波全国性封锁措施和疫情下特殊边境管控措施使商品与服务贸易遭受重大负面影响，贸易全球化参与度呈现负增长状态。根据英国国家统计局（ONS）的数据，2020 年第二季度，英国的服务出口额和进口额分别同比下降 31.8% 和 18.5%[1]。与此同时，为保障本国医药供应充足稳定，部分可用于新冠肺炎治疗的药品出口受到限制[2]，使药品在全球范围内的流动，尤其是向第三世界国家的流动进一步受阻。

参与基础方面，经济全球化参与基础高于趋势。英国的金融环境在新冠肺炎疫情巨大冲击下出现更多波动，不确定性增加，外国投资撤出。一方面，整体经济形势下行压力较大，一系列金融风险成为新的波动因素。英国时任首相曾表示，英国的公共财政正处于一条不可持续的道路上，居高不下的借贷量成为这一不稳定性的最大推手[3]。另一方面，中小企业等基础经济环节面临资金链断裂、流动性风险增加、投资与贷款紧缺、收入萎缩等危机。在疫情封锁政策施行及全球经济衰退的大环境之下，英国 4000 余家小型金融公司面临更高的倒闭风险[4]。从政策上来看，英国宽松

1 Office for National Statistics. Impacts of the coronavirus on UK trade: December 2020 [EB/OL]. https://www.ons.gov.uk/economy/nationalaccounts/balanceofpayments/articles/impactsofthecoronavirusonuktrade/december2020, 2020-12-02/2021-12-16.

2 Politico. UK restricts COVID medicine exports amid AstraZeneca vaccine fight [EB/OL]. https://www.politico.eu/article/uk-coronavirus-vaccine-astrazeneca-export-boris-johnson/, 2021-01-27/2021-12-16.

3 Reuters. UK's Sunak says public finances are on "unsustainable" path [EB/OL]. https://www.reuters.com/article/uk-health-coronavirus-britain-sunak-idUSKBN2860JR, 2020-11-26/2021-12-16.

4 Bloomberg. Pandemic Pressures Threaten 4000 Small U.K. Finance Firms [EB/OL]. https://www.bloomberg.com/news/articles/2021-01-07/pandemic-pressures-threaten-4-000-small-u-k-finance-firms, 2021-01-07/2021-12-16.

的宏观经济政策，为经济全球化发展提供了更好的条件。英国实施 300 亿英镑的财政刺激政策，扩大公共开支，同时提振市场信心。英国央行降息也使借贷成本大幅降低，贷款利好形势促进房地产等投资行业发展。与此同时，英国于 2020 年 5 月公布了全球关税制度（UKGT），将取消税率在 2% 以下的不必要关税，以及非英国生产产品关税，由此促进商品进口。

6.1.3 社会全球化

英国社会全球化参与度略高于趋势，参与基础低于趋势。英国社会全球化参与度大幅增长，其中一个关键因素即为迅猛增长的信息全球化。新冠肺炎疫情下的国家封控措施和出入境管制措施造成人们对互联网的更强依赖和对线上平台的更大需求，线上活动大幅增加，英国的信息全球化参与度实现正增长。根据 Open Reach 和 Virgin Media 的数据，2020 年英国宽带使用流量较上年翻了一倍，达到历史性的 85 艾字节 [1]。在互联网使用量激增的情况下，线上经济也实现了更高水平的繁荣。IMRG 在线零售指数（IMRG Capgemini Online Retail Index）显示，2020 年，英国的线上零售额同比增长了 36%，为 13 年来的最高涨幅 [2]。人们对艺术文化的需求也日益增加，推动文化全球化参与度实现逆势增长。其中，书籍等印刷品贸易的增加是这一态势的重要推动因素。根据书籍零售统计公司（Nielsen Book Scan）的数据，2020 年，英国图书销售量增长率为 5.2%，使英国图书销售市场达到了 2007 年以来的最大规模 [3]。

英国社会全球化参与基础继续维持低于趋势状态。由于出行限制及国家封锁措施，人际全球化和文化全球化参与基础均失去正增长趋势。而英国脱欧对欧盟人员出入英国以及科技文化活动的限制，也使人际全球化、文化全球化和科技全球化参与基础受到负面影响，社会全球化参与基础难以逆转低迷状态。参与基础发展的颓势，可能会导致接下来若干年内英国社会全球化参与的疲软局面，进而深刻影响英

1 eeNews Europe. Broadband use in UK doubles to 85 ExaBytes [N/OL]. https://www.eenewseurope.com/news/uk-broadband-internet-85-exabytes, 2020-12-31.

2 Jahshan E. Online retail sales growth hit 13-year high in 2020 [EB/OL]. https://www.retailgazette.co.uk/blog/2021/01/online-retail-sales-growth-hit-13-year-high-in-2020/, 2021-01-13/2021-12-18.

3 Stuart-Turner R. Printweek: Printed book sales pass 200m in 2020 despite pandemic [EB/OL]. https://www.printweek.com/news/article/printed-book-sales-pass-200m-in-2020-despite-pandemic, 2021-02-28/2021-12-18.

国在后疫情时期全球化进程中的地位。

6.1.4 政治全球化

2020年，英国政治全球化参与度和参与基础的显著倒退，受到多重事件因素的影响。一方面，在历经与欧盟的多年谈判后，英国正式退出欧盟，标志着英国对欧盟及欧洲一体化相关框架战略的怀疑态度转变为现实行动，在去一体化道路上渐行渐远。与此同时，一系列跨国组织、跨国条约与协议、国际合作框架等与英国脱钩，导致其在国际合作维度的全球化参与度和参与基础出现明显下降。例如，在交通运输领域，英国在“脱欧”后将无法参与欧盟框架下航空安全准则的制定，英国的航空公司也无法自由参与欧洲民航市场[1]。众多英国卡车司机需要花费更长时间和更多费用办理原先并不需要或者更简便的通关文件，等待货物检验及清关[2]。此外，在北爱尔兰和欧盟的贸易与关税边界问题以及苏格兰独立浪潮问题上，英国也面临诸多挑战，为其政治全球化参与基础带来了更多不稳定因素。“脱欧”协议生效后不久，欧盟委员会就曾表示，应当从2021年中期开始实施对北爱尔兰和欧盟的贸易与关税边界管控措施[3]。这便是英国因失去一体化条约保障而陷入政治困境的后果之一。此外，英国国内的政党、智库和媒体话语中建构的“全球英国”形象之间互有差别：虽然不同利益方均表现出提升全球层面影响力的意愿，但他们呈现的“全球英国”身份自相矛盾[4]，从而使英国政治全球化参与基础的不确定性进一步增加。总而言之，英国在“脱欧”事件和新冠肺炎疫情双重影响之下，政治全球化参与程度遭遇了不小挫折。后“脱欧”时代和后疫情时代的英国能否扭转这一颓势，仍有待观察。

---

1 Orban A. Aviation24. Consequences of the Brexit Agreement on transport, and especially on aviation [EB/OL]. https://www.aviation24.be/miscellaneous/brexit/consequences-of-the-brexit-agreement-on-transport-and-especially-aviation/, 2020-12-25/2021-12-18.

2 Holton K. Reuters. Factbox: The Brexit impact so far - paperwork, process and higher prices [EB/OL]. https://www.reuters.com/article/us-britain-eu-factbox-idUSKBN29W1OJ, 2021-01-27/2021-12-18.

3 Gallardo C. Politico: EU wants permanent border check sites in Northern Ireland by mid-2021 [EB/OL]. https://www.politico.eu/article/eu-border-checks-control-posts-northern-ireland-brexit-mid-2021/, 2021-03-01/2021-12-18.

4 张飚.“全球英国”：英国政府、反对党、智库和媒体的话语分析[J]. 欧洲研究，2021，39(01)：123-124.

6.2 法国

6.2.1 总体情况

法国在全球化方面的成果较为突出，尽管在新冠肺炎疫情期间，法国的全球化受到了一定程度的冲击，但是总体而言，法国的全球化参与基础依然保持强劲态势，全球化参与度仍有提升空间。

从排名上来看，法国全球化参与度排名第 14 位，参与基础排名第 1 位。根据图 6-7，从趋势上看，法国全球化参与度下降明显，但是参与基础依然稳健。分领域来看，法国经济全球化参与度排名第 74 位，经济全球化参与基础排名第 2 位。法国经济全球化参与度下降，其中贸易全球化参与度显著下降，金融全球化参与度保持平稳上升，经济参与基础、贸易参与基础和金融参与基础均在较小范围内波动。法国社会全球化参与度排名第 36 位，社会全球化参与基础排名第 14 位。与往年相比，法国的社会全球化参与度略有提升，其中，信息全球化参与度大幅提升，社会参与度和人际参与度小幅上升，文化参与度和科技参与度则略有回落。法国信息参与基础上升明显，人际参与基础、科技参与基础和文化参与基础均无明显波动。法国政治全球化参与度排名第 5 位，政治全球化参与基础排名第 8 位。政治全球化参与度近年来呈现大幅下降趋势，这与全球治理参与度的下降密切相关，但国际合作参与度仍在缓慢增长，政治参与基础发展平稳，并出现上升趋势。

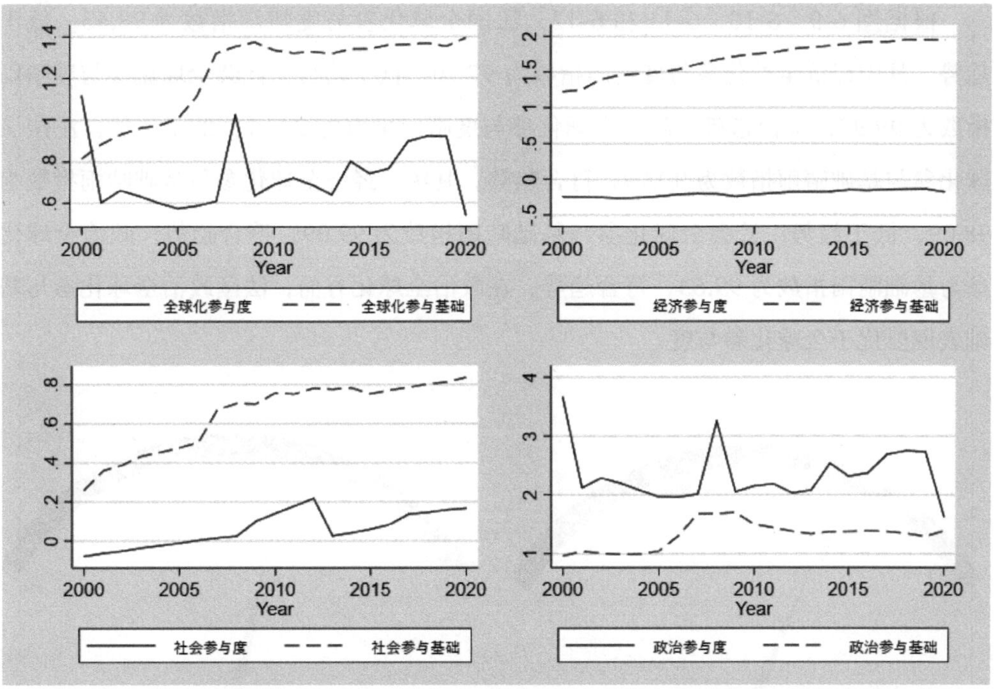

图 6-7　法国全球化参与度和参与基础折线图（总指标和一级指标）

根据图 6-8 可知，在参与度方面，法国政治全球化参与度优势突出，经济全球化参与度较弱。参与基础方面，法国经济全球化参与基础为其优势，社会全球化参与基础则为劣势。

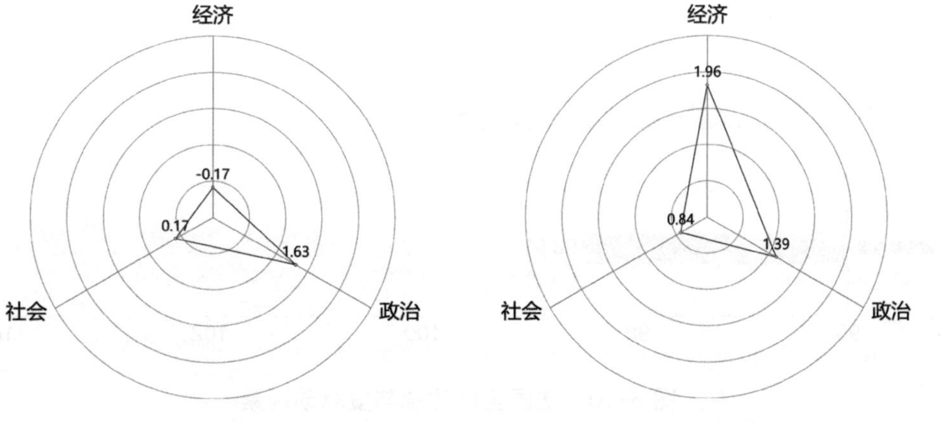

(a) 参与度　　(b) 参与基础

图 6-8　法国全球化参与度和参与基础雷达图

根据图 6-9、6-10、6-11 和 6-12，法国全球化参与度晴雨指数为 98.43，低于趋势。其中经济全球化参与度晴雨指数为 97.70，低于趋势；社会全球化参与度晴雨指数为 99.97，符合趋势；政治全球化参与度晴雨指数为 98.51，低于趋势。法国全球化参与基础晴雨指数为 99.19，符合趋势。其中，经济全球化参与基础晴雨指数为 98.09，低于趋势；社会全球化参与基础晴雨指数为 99.09，符合趋势；政治全球化参与基础晴雨指数为 99.63，符合趋势。在政治全球化方面，法国政治全球化参与基础表现要优于全球化参与度。

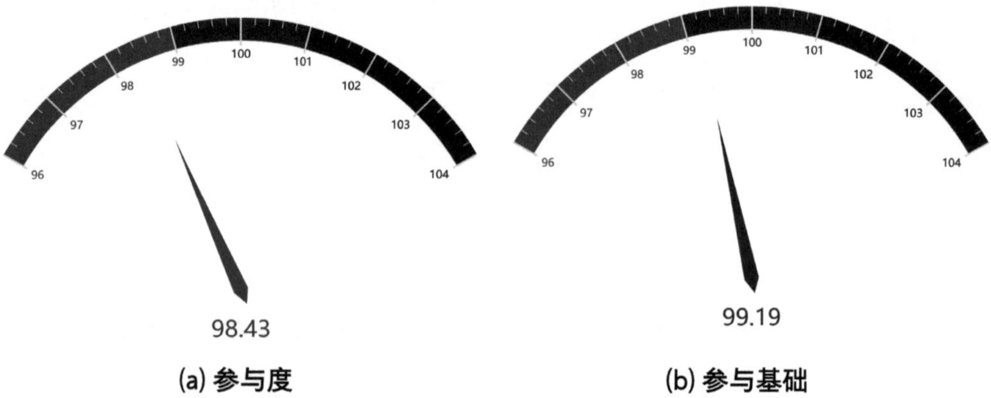

图 6-9　法国全球化参与度和参与基础晴雨表

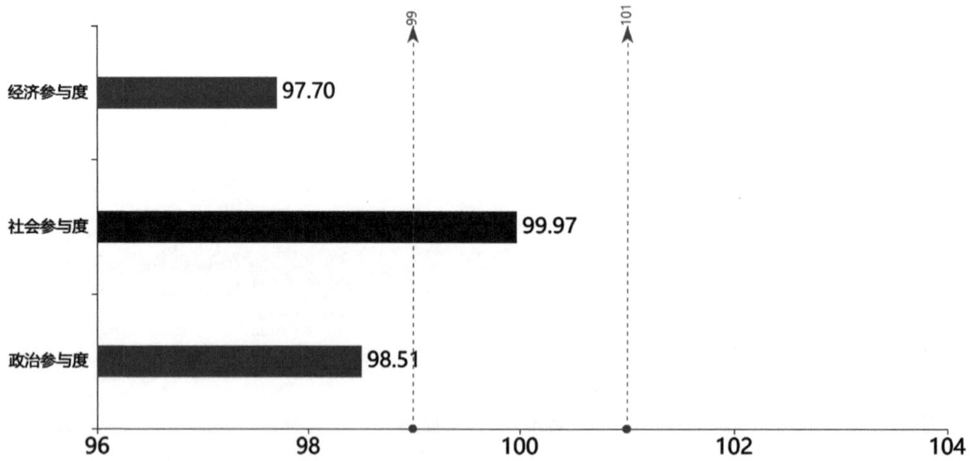

图 6-10　法国全球化参与度驱动因素

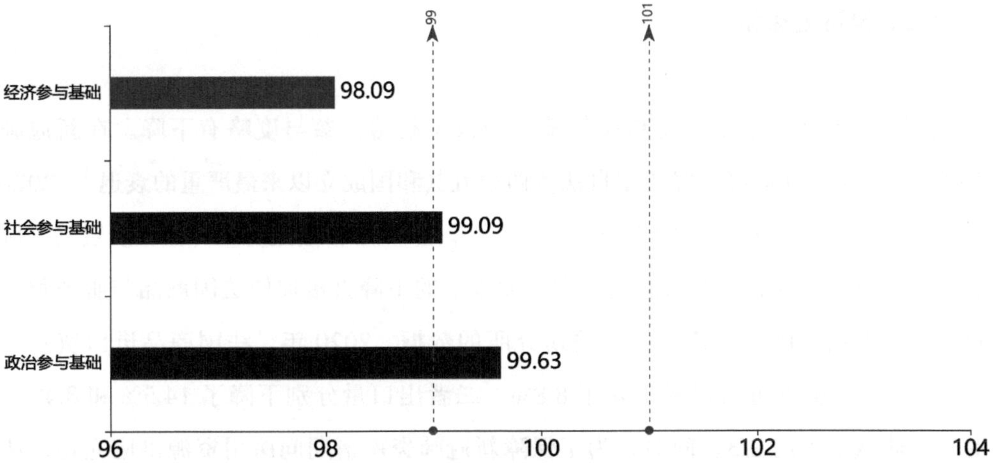

图 6-11　法国全球化参与基础驱动因素

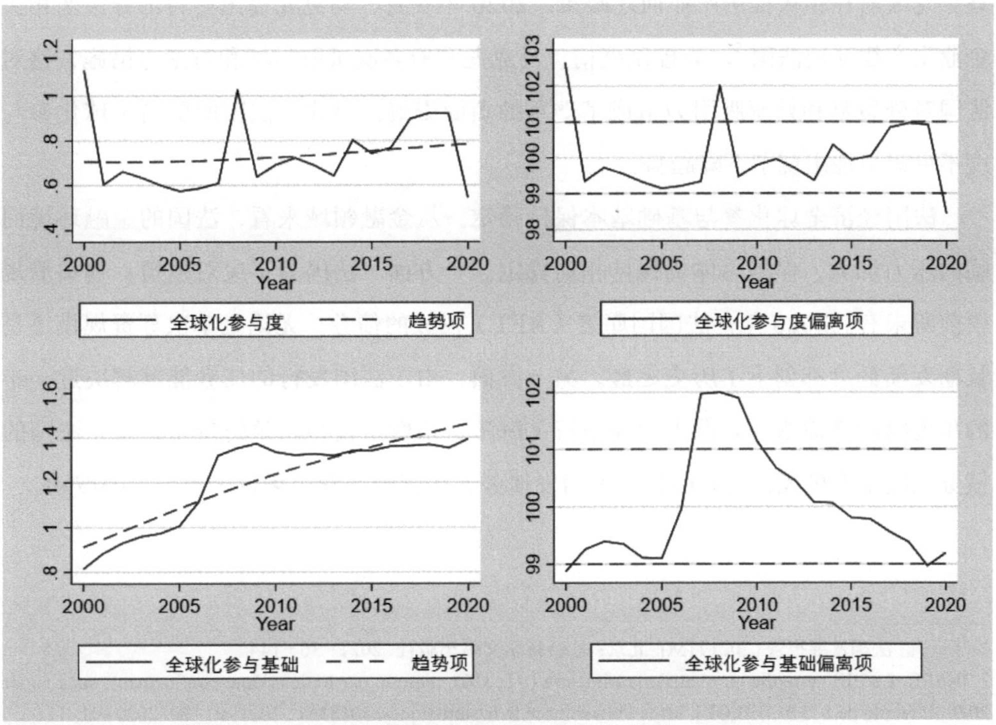

图 6-12　法国全球化参与度和参与基础 HP 滤波图

6.2.2 经济全球化

法国经济全球化参与度和参与基础均低于趋势，参与度略有下降。在新冠肺炎疫情重创下，法国经济经历了自法兰西第五共和国成立以来最严重的衰退[1]。2020年，法国国内生产总值同比下降8.3%，失业率近11%[2]，接近历史峰值。从贸易领域来看，国内及全球消费需求的收缩和企业投资的下降直接促使法国商品与服务贸易的衰退。根据法国国家统计与经济研究所的数据，2020年，法国商品进口贸易下降了10.3%，服务进口贸易下降了8.8%，二者出口量分别下降了14.5%和8.4%[3]，生产活动减少了约2/3。同时，为了保障新冠肺炎疫情期间医用资源供应充足，法国增加了疫情相关物资的进口，减少了出口。根据世界贸易组织官方数据，法国在2020年仅出口约50亿美元的防疫物资，进口物资金额却超过了100亿美元[4]。此外，马克龙政府在积极推进产业回迁政策。2020年6月，马克龙提出要将部分医药相关企业生产线迁回法国[5]。为控制疫情，马克龙政府多次采取封城和宵禁等措施，这对法国对外贸易和外资吸引力造成了严重的负面影响。因此，法国的贸易全球化参与度不可避免地出现了下降趋势。

法国经济全球化参与基础基本保持稳定。从金融领域来看，法国的金融环境面临的压力加大，但是总体仍保持相对稳定。一方面，法国为了应对疫情，其举债规模前所未有。2020年，法国国库署（AFT）投放的债券，无论是单次募资规模还是长期发债额度都创下了历史之最。另一方面，由于法国发行的债券能够解决近一半的年度财政净需求，且欧洲中央银行（ECB）采取了较为高效的货币政策，法国的债务风险基本可控，因此即便国家增发债务，法国的金融市场也未出现大幅波动。

---

1 丁一凡. 法国发展报告（2021）[M]. 北京：社会科学文献出版社. 2021：36+144.

2 INSÉE. Le PIB se replie au quatrième trimestre (–1.3%), marqué par le deuxième confinement; sur l'année 2020, il recule de 8.3 % [EB/OL]. https://www.insee.fr/fr/statistiques/5018361, 2021-01-29/2022-01-11.

3 INSÉE. L'économie française en 2020 : une année de bouleversements [EB/OL]. https://www.insee.fr/en/statistiques/5395039, 2021-05-28/2022-01-11.

4 World Trade Organization. Trade in Medical Goods in the Context of Tackling COVID-19: Developments in the First Half of 2020 [R/OL]. https://www.wto.org/english/tratop_e/covid19_e/medical_goods_update_e.pdf, 2020-12-22.

5 Le ministère de l'Économie des Finances et de la Relance. Le plan d'action pour la relocalisation des industries de santé en France [EB/OL]. http://www.economie.gouv.fr/plan-daction-pour-relocalisation-industries-sante-en-france, 2020-06-18/2022-01-12.

6.2.3 社会全球化

在社会全球化方面，法国的信息全球化参与度和参与基础都有突出的优势。法国的社会全球化参与度得以增长，其中一个关键因素就是信息全球化增长迅速。一方面，新冠肺炎疫情使远程办公和网络授课等互联网业务成了信息行业发展的新趋势。疫情暴发之后，法国政府制订了“法国超快宽带”计划[1]，作为法国最大的电信公司之一的法国无线电广播协会（SFR）也率先推出5G业务[2]。诸多法国企业鼓励员工远程办公，实施弹性坐班制度，并大量投资电子设备，推动内部流程数字化和去纸化[3]，以实现互联网的快速发展。另一方面，法国信息全球化的纵深发展也改变了人们的消费方式。根据法国民调机构（IFOP）的研究数据，约有60%的25—34岁的法国人喜欢在全球速卖通（AliExpress）上购物，有25%的法国人经常浏览线上商店[4]，这足以证明法国互联网经济欣欣向荣的发展局面。文化全球化参与度则出现一些波动，但总体保持平稳。疫情使许多线下展览、音乐会等活动延期或取消，在一定程度上阻碍了法国文化全球化的发展。但得益于数字文化产业的兴起，亚马逊（Amazon）、网飞（Netflix）等电子平台发展迅猛，文化产业悄然转型[5]，因而法国文化全球化并未受到疫情的大规模冲击。此外，法国奢侈品文化的热度在疫情期间不降反增，奢侈品的数字化趋势也愈发明显。法国著名的奢侈品品牌爱马仕（Hermès）运用各种社交媒体，通过直播、线上时装秀等多种方式不断增加品牌曝光度，拉近了经销商和消费者之间的距离。根据爱马仕2020年的财务报表，其珠宝首饰及生活家居产品全年销售总额逆势增长24%，第四季度更是暴涨56%[6]。这充

1 Le Gouvernement. Le Plan France très haut débit [EB/OL]. https://www.gouvernement.fr/action/le-plan-france-tres-haut-debit, 2021-11-18/2022-01-12.

2 Franceinfo. Sur la 5G, «le bon sens l'emportera», selon Grégory Rabuel, directeur général de SFR [EB/OL]. https://www.francetvinfo.fr/replay-radio/l-interview-eco/sur-la-5g-le-bon-sens-l-emportera-estime-gregory-rabuel-directeur-general-de-sfr_4174141.html, 2020-11-23/2022-01-12.

3 Pierre M. Yahoo. Télétravail : le Covid a accéléré la mise en place de formules « à la carte » [EB/OL]. https://ca.news.yahoo.com/t-l-travail-le-covid-184929274.html, 2022-01-05/2022-01-12.

4 Institut d'études opinion et marketing en France et à l'international. Les Français et les achats en lignes depuis le confinement [EB/OL]. https://www.ifop.com/publication/les-francais-et-les-achats-en-ligne-depuis-le-confinement/, 2020-07-08/2022-01-12.

5 Françoise B. Le Monde. Crise due au Covid-19 : « Les acteurs du champ culturel ont trop peu mis en avant ce qu'ils apportent à l'économie et à la société » [EB/OL]. https://www.lemonde.fr/idees/article/2021/01/08/les-acteurs-du-champ-culturel-ont-trop-peu-mis-en-avant-ce-qu-ils-apportent-a-l-economie-et-a-la-societe_6065626_3232.html, 2021-01-08/2022-01-12.

6 Hermès. Chiffres clés [EB/OL]. https://finance.hermes.com/en/key-figures/, 2021-03-22/2022-01-12.

分说明了法国信息全球化带来的巨大收益。

法国社会全球化参与基础符合趋势，发展态势稳中向好。文化全球化参与基础基本保持了稳中求进的态势，这与疫情防控过程中法国出台的教育政策有着密切的关系。法国政府搭建了国家远程教育中心（CNED）和虚拟教学平台（ENT），基本覆盖法国本土的所有中小学；国民教育和青年（MENJ）部还为学生提供许多课程资源，来自世界各地的交换生和留学生都可以在其官网上找到相关的学习资源[1]。同时，法国政府在2020年上半年更新了国际留学生的居留政策，居留证到期后还可以在法国境内合法居住六个月[2]。因此，在新冠肺炎疫情的大背景下，法国依然坚实的文化全球化以及人际全球化参与基础，使2020年法国在社会全球化参与基础方面保持稳中向好趋势。这将有利于未来几年法国社会全球化参与度的良好发展。

6.2.4 政治全球化

2020年，法国政治全球化参与度呈现严重倒退的趋势，但政治全球化参与基础仍稳中向好。新冠肺炎疫情背景之下封锁边境的政策使法国与他国外事机构互动减少，联合国主导的大型活动也有所减少。但是，作为传统政治强国，法国在欧盟以及在前法属殖民地国家当中依然有主导性的话语权，在重大事件的应对上仍发挥着重要的建设性作用。在全球治理，尤其是在气候环境治理方面，法国积极走在前列。一方面，法国在国际合作上表现积极。在气候问题上，法国向来是积极的倡导者和引领者。在《世界报》上发表的文章中，马克龙与德国总理默克尔等国家和国际机构领导人呼吁，二十国集团国家应该携起手来，维护多边主义协调机制，让各国政府、企业、城市和金融机构都加入实现碳中和的全球联盟当中，并主张实施碳关税以促进《巴黎协定》中的碳中和目标的实现[3]。法国还力促欧盟承担更多气候减排承

1 Le ministère de l'Éducation nationale, de la Jeunesse et des Sports. Mars 2020 - mars 2021 : un an de continuité pédagogique et de gestion de la crise sanitaire dans les écoles et les établissements [EB/OL]. https://www.education.gouv.fr/mars-2020-mars-2021-un-de-continuite-pedagogique-et-de-gestion-de-la-crise-sanitaire-dans-les-ecoles-322704, 2021-05-21/2022-01-12.

2 Campus France. Rentrée 2020: Faq visas et titres de séjour [EB/OL]. https://www.campusfrance.org/fr/rentree-2020-faq-visas-et-titres-de-sejour, 2020-08-12/2022-01-12.

3 Élysée. Face au Covid-19, nous devons bâtir un multilatéralisme plus solidaire [EB/OL]. https://www.elysee.fr/emmanuel-macron/2021/02/03/face-au-covid-19-nous-devons-batir-un-multilateralisme-plus-solidaire, 2021-02-03/2022-01-12.

诺，主导国际气候谈判，支持欧盟委员会通过《2030年气候与能源政策框架》，使其气候治理先驱的定位更加鲜明。在多边主义框架内，法国积极参与G7领导人峰会、G20利雅得峰会和欧盟领导人峰会，并发挥欧洲大国的作用，在全球治理问题上提出建设性方案。法国希望通过大型在线会议筹集75亿欧元的初始资金，以弥补全球防范监测委员会（GPMB）和其他机构估计的全球资金短缺问题，从而在恐怖主义等非传统安全问题、气候问题、贫困问题等全球议题上能同各国携手应对[1]。除此之外，法国利用“法德轴心”的优势，联合德国促成首个团结一致的“欧洲复苏计划”，拿出7500亿欧元基金来应对疫情危机及其带来的社会、经济和生态挑战[2]。另一方面，作为欧盟成员国中唯一的安理会常任理事国，法国表现出了强烈的维和意愿，在国际反恐、地区维和方面展开行动，在联合打击“伊斯兰国”恐怖组织（ISIS）、北非地区维和等全球行动中发挥重要作用。法国积极参与美国主导的打击“伊斯兰国”行动;在打击西非“博科圣地”恐怖组织（Boko Haram）的行动中，呼吁欧盟和非洲联盟（AU）参与，并积极推动建立萨赫勒五国（Sahil）联合部队，以扩大支持阵营[3]。

总体来看，虽然法国的政治全球化参与度有所下降，但是在国际组织及国际条约当中，法国依然发挥着建设性的作用，其政治全球化参与基础仍然十分雄厚，这对未来法国进一步深化政治全球化打下坚实的基础。

6.3 德国

6.3.1 总体情况

作为欧盟和八国集团（G8）的核心成员国之一，德国具有参与全球化的良好基础，但作为出口导向型国家，德国的外贸风险在新冠肺炎疫情期间陡增，经济全球化参与遭到较大冲击，社会全球化保持稳健发展，政治全球化则出现倒退。

在排名上，德国全球化参与度排名第11位，全球化参与基础排名第9位。相较

1 Élysée. Pour une mobilisation mondiale contre le virus [EB/OL]. https://www.elysee.fr/emmanuel-macron/2020/05/03/pour-une-mobilisation-mondiale-contre-le-virus, 2020-05-03/2022-01-12.

2 Élysée. Jour historique pour l’Europe [EB/OL]. https://www.elysee.fr/emmanuel-macron/2020/07/21/jour-historique-pour-leurope, 2020-07-21/2022-01-12.

3 丁一凡. 法国发展报告(2021)[M]. 北京：社会科学文献出版社，2021：49.

于 2019 年，德国全球化参与度和参与基础都下降了 1 位。

根据图 6-13，分领域看，德国的经济全球化参与度仅列全球第 55 位，而经济全球化参与基础排名第 1 位。德国的经济全球化参与度有所下降，其中贸易全球化降幅显著，金融全球化参与度则略有上升。经济全球化参与基础总体上与 2019 年持平，其中，贸易全球化参与基础的小幅下降和金融全球化参与基础的小幅提升正负相抵。德国社会全球化参与度排名第 23 位，社会全球化参与基础排名第 18 位。社会全球化参与度略有提升，其中，信息全球化参与度显著提升，人际全球化参与度、科技全球化参与度都小幅上升，而文化全球化参与度则有所下降。社会全球化参与基础轻微提升，其中，信息全球化参与基础出现较显著的增长，人际全球化参与基础小幅提升，文化全球化参与基础与 2019 年持平，科技全球化参与基础略有下降。德国政治全球化参与度排名第 4 位，而政治全球化参与基础排名第 10 位。政治全球化参与度大幅下降，其中全球治理参与度降幅显著，国际合作参与度自 2017 年以来保持水平不变。政治全球化参与基础出现较大幅度下降，其中全球治理参与基础显著下降，而国际合作参与基础有轻微抬升。

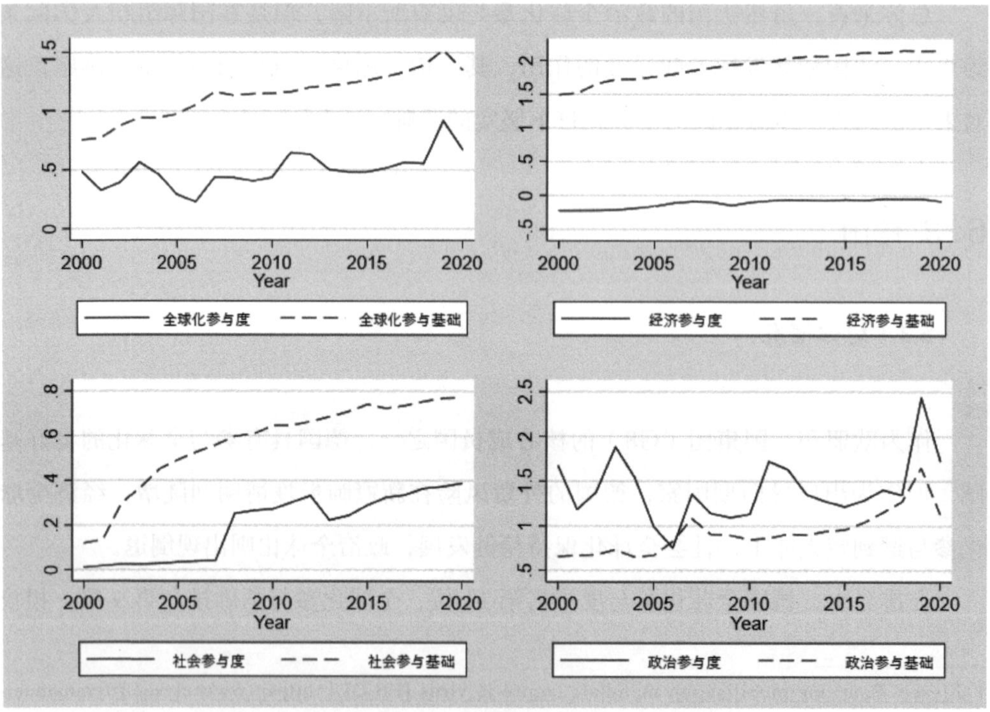

图 6-13　德国全球化参与度和参与基础折线图（总指标和一级指标）

从图 6-14 可知，参与度方面，德国政治全球化参与度较高，经济全球化参与度较低。参与基础方面，德国经济全球化参与基础较高，社会全球化参与基础较低。

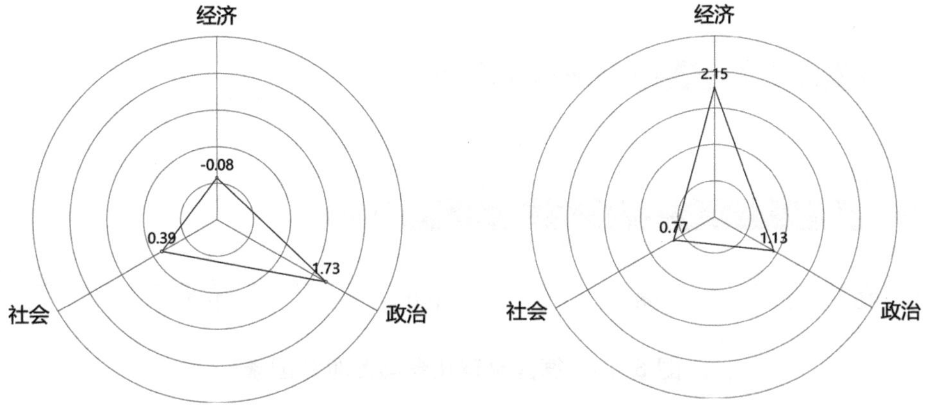

(a) 参与度　　(b) 参与基础

图 6-14　德国全球化参与度和参与基础雷达图

根据图 6-15、6-16、6-17 和 6-18，德国全球化参与度晴雨指数为 100.12，符合趋势。其中经济全球化参与度晴雨指数为 97.93，低于趋势；社会全球化参与度晴雨指数为 99.64，符合趋势；政治全球化参与度晴雨指数为 100.34，符合趋势。德国全球化参与基础晴雨指数为 98.16，低于趋势。其中经济全球化参与基础晴雨指数为 98.19；社会全球化参与基础晴雨指数为 98.88；政治全球化参与基础晴雨指数为 98.99，德国在三个领域的参与基础均低于趋势。

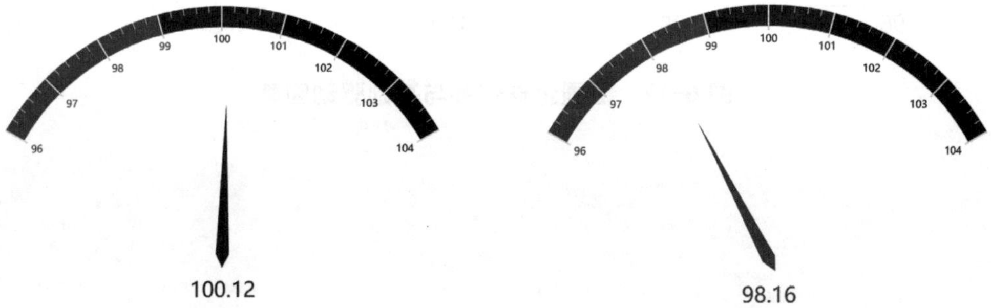

(a) 参与度　　(b) 参与基础

图 6-15　德国全球化参与度和参与基础晴雨表

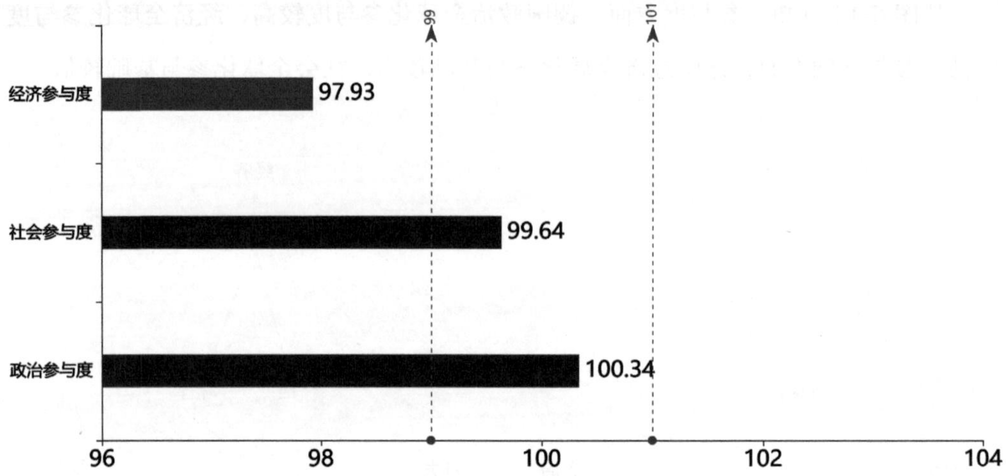

图 6-16　德国全球化参与度驱动因素

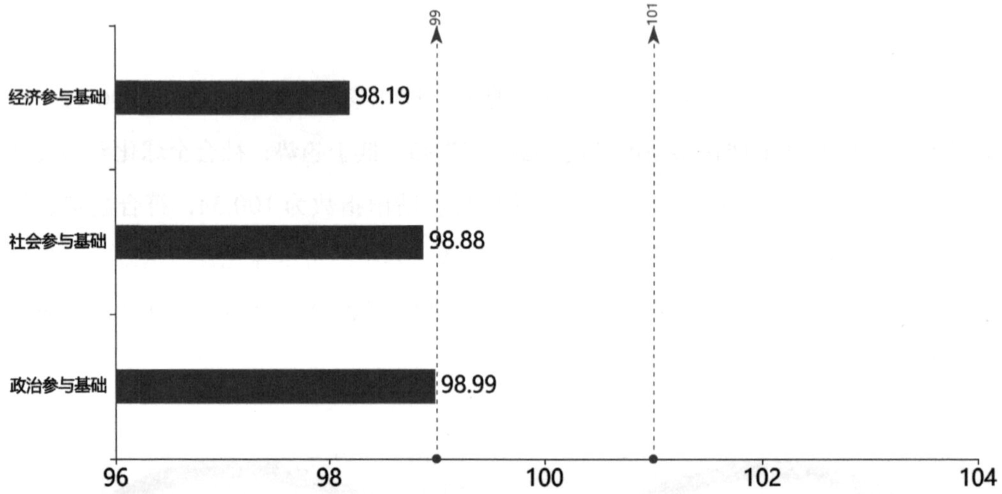

图 6-17　德国全球化参与基础驱动因素

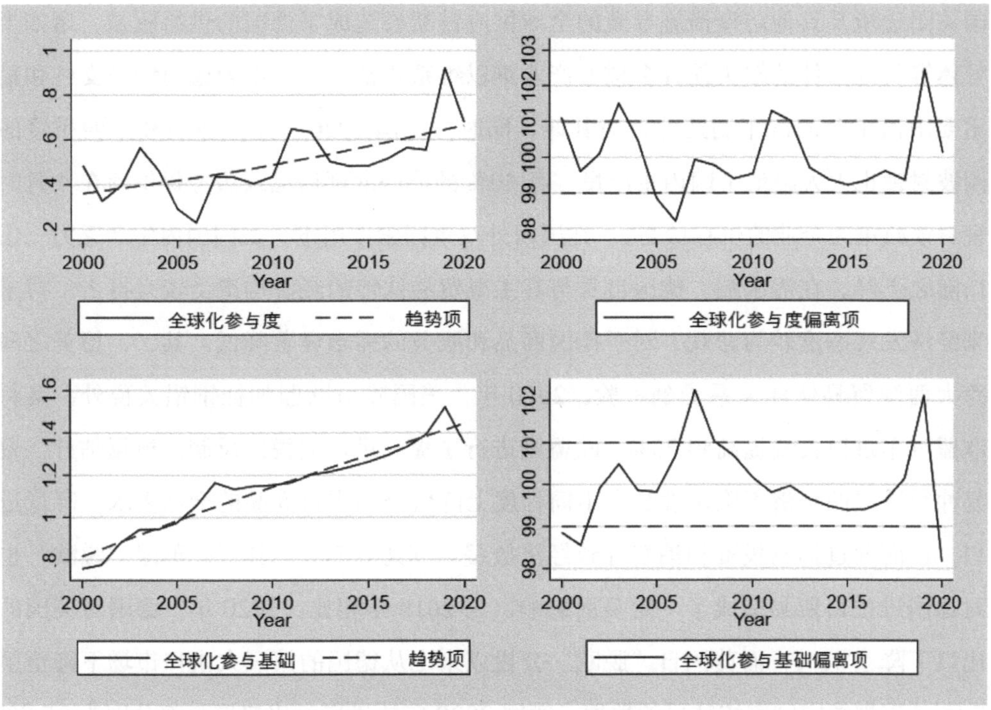

图 6-18 德国全球化参与度和参与基础 HP 滤波图

由此可见，作为传统的资本主义强国，德国总体上具有较好的全球化参与度和参与基础。作为全球化最大的受益者之一，德国依然维护多边主义和自由贸易，积极推进全球化进程。但作为一个出口导向型国家，德国的全球化参与基础在疫情期间受到了相对较大的冲击，特别是全球经济的不稳定性对德国外向型经济的冲击引起了学界和政界保护主义和国家主义思潮，《对外经济条例》《国家工业战略 2030》《供应链法》都在一定程度上体现了这一趋势。同时，经济、社会、文化三个领域都低于趋势的全球化参与基础也反映了德国全球化参与意愿的下降。但德国的全球化参与度基本符合趋势，因此它仍有可能成为后疫情时代全球化进程的重要推手。

6.3.2 经济全球化

德国经济全球化参与度和参与基础均低于趋势，且基本维持原有趋势不变。

在跨国贸易领域，德国参与度和参与基础大幅下降。其一，迅速蔓延全球的新冠肺炎疫情危机导致德国出现了供给端瓶颈和需求端疲软。在供给端，疫情以来各国关闭边境及其他防疫措施导致的全球供应链断裂造成了德国的供给瓶颈，诸如半导体等关键部件的缺失使许多核心产业难以维系正常生产，作为德国经济支柱和最重要出口工业的汽车制造业首当其冲。同时，德国 2020 年第一季度和第四季度的两波封锁也大大降低了国内生产量，有 40% 的德国北部商品或服务提供商在 4 月时视封锁政策为企业的生存威胁。[1] 在国内外双重因素作用下，德国国内生产乏力，出口随之下降。在需求端，德国自身与其主要贸易伙伴的经济均遭受较大打击，对未来经济发展态度较为悲观，对于德国商品和服务的需求显著降低。其二，德美之间跨大西洋贸易伙伴关系受到考验。2020 年，美国除对欧盟加征钢铝关税外，又将欧盟汽车进口关税提高到 25%，欧盟则进行了提高进口关税的反制。根据估计，贸易冲突造成的经济不确定性会在不同程度上降低德国出口商品的全球需求，降低进口，进而通过抑制投资和消费导致经济放缓最高达 0.7%。[2] 其三，英国“脱欧”也对德国进出口贸易造成了一定负面影响。与 2019 年相比，2020 年，德国对英国的出口下降了 15%，而英国自“脱欧”公投以来也从德国的第三大出口市场下降至第 8 位。[3] 根据德国国家统计局的数据，德国 2020 年的进口、出口增长率分别为 –7.0% 和 –9.1%，均为德国统一以来的最低点。综上，德国 2020 年的商品和服务贸易都出现了较大程度的降幅，相关领域的经济全球化参与度和参与基础也随之下降。

但在全球金融领域，德国的参与度和参与基础逆势上升。“脱欧”后，位于英国的跨国公司不再享受原先的欧洲市场便利，许多银行和金融公司将总部迁往法兰克福或向欧洲大陆进行资产转移。德国联邦金融监管局（BaFin）和德意志联邦银行（Deutsche Bundesbank）的统计数据显示，英国“脱欧”后已有 60 个银行或金融机构提交了在法兰克福设立新总部的申请；截至 2020 年底，法兰克福收到来自英国的资产转入达 6750 亿欧元。[4] 在国际金融中心排名中，法兰克福跃升至第 9 位，

1 Zeit. Verband. Großhandel und Dienstleister „recht krisenfest“ [EB/OL]. https://www.zeit.de/news/2020-12/07/verband-grosshandel-und-dienstleister-recht-krisenfest, 2020-12-07/2022-01-11.

2 Sebastian Dullien, Sabine Stephan, Thomas Theobald. Transatlantischer Handelskonflikt und die deutsche Wirtschaft: Auf die Dauer kommt es an[J]. *Wirtschaftsdienst*, 2020, 07: 575–576.

3 DIHK. Auswirkungen des Brexit auf die deutsche Wirtschaft - Sonderauswertung der IHK-Umfrage „Going International 2021“ [EB/OL]. https://www.dihk.de/de/themen-und-positionen/europaeische-wirtschaftspolitik/auswirkungen-des-brexit-auf-die-deutsche-wirtschaft-35870, 2021-02-15/2022-01-11.

4 Global Financial Index. Frankfurt wichtigster Finanzcenter Finanzplatz Kontinentaleuropas [EB/OL]. https://www.germany-finance.com/global-financial-centres-index-frankfurt-wichtigster-finanzplatz-kontinentaleuropas/?lang=de, 2021-03-17/2022-01-12.

较2019年提升了7位，首次进入全球前10。[1]虽然疫情带来了经济衰退的风险，但在国际金融领域，德国在英国“脱欧”中的获利抵消了这一负面冲击。

6.3.3 社会全球化

德国社会全球化参与度符合趋势且正在增长，参与基础低于趋势且变化较小。参与度和参与基础正向发展的最主要驱动因素是信息全球化的显著发展，这尤其表现在互联网使用量的大幅增长。一方面，德国在全球数字化潮流中未能取得领先地位，近些年来一直在通过联邦层面的基础设施建设投资和对相关产业的政策支持来弥补这一短板。以2019年颁布的《国家工业战略2030》为代表，联邦财政支持使德国的信息化发展进入了快车道。另一方面，人们生活、工作、学习的主要渠道在疫情期间从线下转到线上，既直接促进了网络接入与使用，又极大地消除了在信息与数字化领域一向相对保守的德国人对信息技术未来使用与发展的疑虑。德国联邦交通和数字化基础设施部于2020年发布的宽带地图报告称，2020年，德国接入网络的家庭比例上升至99.1%，基本实现了完全覆盖；且有59.2%的家庭接入了千兆网络，年增幅达到了37.4%。[2]根据德国数字协会（Bitkom）的调查数据，手机、视频会议、短信和社交媒体的深度用户从2018年到2020年分别增长了58.8%、27.1%和35.1%，对于数字化进程持怀疑态度的用户比例也由2018年的34%下降到了2020年的27%。[3]这两项统计数据充分显示了疫情期间大规模的线上交流加速了互联网在德国的全覆盖进程，促进了高速宽带的建设和接入，推动了德国公民对于网络与数据使用积极观念的形成。同时，虽然跨境旅行和移民都受到疫情期间出入境管制的负面影响，但德国高性价比的高等教育和疫情期间为国际学生提供的“过渡金”财政支持使德国高校保持了其在国际上的吸引力，在读留学生数量仍保持增

---

1 Wardle, Mike, Mainelli, Michael. The Global Financial Centres Index 29 [D/OL]. https://ssrn.com/abstract=3869776, 2021-06-30.

2 Bundesministerium für Wirtschaft und Energie. Bericht zum Breitbandatlas [R/OL]. https://www.bmvi.de/SharedDocs/DE/Artikel/ZukunftBreitband/aeltere-berichte-zum-breitbandatlas.html, 2022-01-11.

3 Bitkom. Corona. Unternehmen spüren wirtschaftlichen Nutzen der Digitalisierung [EB/OL]. https://www.bitkom.org/Presse/Presseinformation/Corona-Unternehmen-spueren-wirtschaftlichen-Nutzen-der-Digitalisierung#item-8101-close, 2021-05-15/2022-01-12.

长态势，成为德国人际全球化参与度和参与基础的增长点。[1]

然而，新冠肺炎疫情期间数字化趋势和可持续发展观念的不断加强对德国的传统纸媒造成了巨大冲击。毕马威一项针对出版业的调查报告显示，有 43% 和 39% 的出版商在疫情期间遭受了显著和轻度的销量下滑，这导致德国文化全球化参与度的下滑，但参与基础基本不变。[2] 除疫情影响外，德国的科技创新在数字化时代遭遇发展瓶颈，使新兴行业鲜有突破，传统优势产业转型艰难。特别是突破性创新的黯淡导致德国近些年在科技全球化方面一直没有大的突破，作为传统创新强国，其科技基础在 2020 年甚至有所倒退。

从社会全球化领域整体来看，德国完善的社会保障和较强的高等教育国际吸引力或可构成支撑点，而信息全球化在国家财政和宏观政策的扶持下可能会成为未来几年的增长动力，但科技创新的相对滞后是德国社会全球化的重大桎梏。德国能否在社会全球化领域更进一步，在很大程度上取决于其能否赶上数字全球化的新潮流，弥补产业劣势。

6.3.4 政治全球化

2020 年，德国政治全球化参与度和参与基础均呈大幅倒退趋势，其中，国际合作维度的表现较为稳定，而全球治理维度的倒退尤其显著。在参与度方面，从国际层面来看，疫情导致联合国会议议程多次缩短甚至取消，这直接降低了德国的联合国建言贡献度。而德国国内动荡的政局也使其全球事务的参与受到了消极影响。一方面，德国面临着超级选举年，担任总理 16 年的默克尔将于 2021 年远离政坛，而她的接班人卡伦鲍尔却于 2020 年 2 月宣布放弃参选德国总理并辞去原基民盟主席职务，德国面临权力真空。另一方面，反对欧洲一体化和移民政策的左翼政党和民粹主义的抬头也对德国政治全球化参与度造成了负面影响。全球治理参与基础指数的下降则直接指向了联邦国防军参与联合国维和人数的减少。将时间维度拉长来看，

---

1 DAAD. Internationale Studierende in Deutschland - Mehr internationale Studierende, weniger internationale Studienanfänger [EB/OL]. https://www.daad.de/de/der-daad/kommunikation-publikationen/presse/pressemitteilungen/internationale-studierende-wintersemester2020/, 2020-12-17/2022-01-12.

2 KPMG. Verlagstrends 2020: Publisher zwischen Coronakrise und Digitalisierungsschub [R/OL]. https://home.kpmg/de/de/home/themen/2020/10/verlagstrends-2020-publisher-zwischen-coronakrise-und-digitalisierungsschub.html, 2020-07-23.

德国参与政治全球化的能力和意愿都处于较高水平，一直致力于推动欧洲一体化进程和呼吁多边主义，也始终没有放弃承担国际责任。2020 年政治参与度和参与基础的下降更多是疫情和政府换届等短期因素影响的结果，德国的全球政治化参与有望在后疫情时期得到复苏。

6.4 意大利

6.4.1 总体情况

作为欧盟重要经济体和二十国集团（G20）成员之一，意大利具备较强的全球化参与基础和动力，然而，新冠肺炎疫情使原本发展不平衡的意大利全球化态势遭受打击，其全球化参与水平的复苏前景将取决于内外多方面因素。

从排名上看，意大利全球化参与度排名第 30 位，全球化参与基础排名第 5 位。意大利的全球化参与度显著下降，全球化参与基础略有上升。根据图 6-19，分领域看，意大利的经济全球化参与度排名第 94 位，经济全球化参与基础排名第 5 位。意大利的经济全球化参与度有所下降，其中，贸易全球化参与度降幅显著，金融全球化参与度则维持原先水平。意大利经济全球化参与基础小幅回落。其中，贸易全球化参与基础和金融全球化参与基础均出现轻微负增长。意大利的社会全球化参与度排名第 86 位，社会全球化参与基础排名第 45 位。意大利的社会全球化参与度小幅增加，其中，信息全球化参与度增幅显著，人际全球化参与度略有上升，科技全球化和文化全球化参与度则出现小幅下降。社会全球化参与基础略有上升，其中，信息全球化参与基础有明显上升趋势，人际全球化参与基础增速较缓，科技全球化和文化全球化参与基础则略有下降。意大利的政治全球化参与度排名第 11 位，政治全球化参与基础排名第 9 位。意大利的政治全球化参与度出现明显下滑，这一降幅主要是全球治理参与度大幅下降导致的，其国际合作参与度则维持了缓慢增长态势。意大利的政治全球化参与基础有所提升，这得益于其二级指标，即全球治理和国际合作参与基础的正增长，其中全球治理参与基础增速更快。

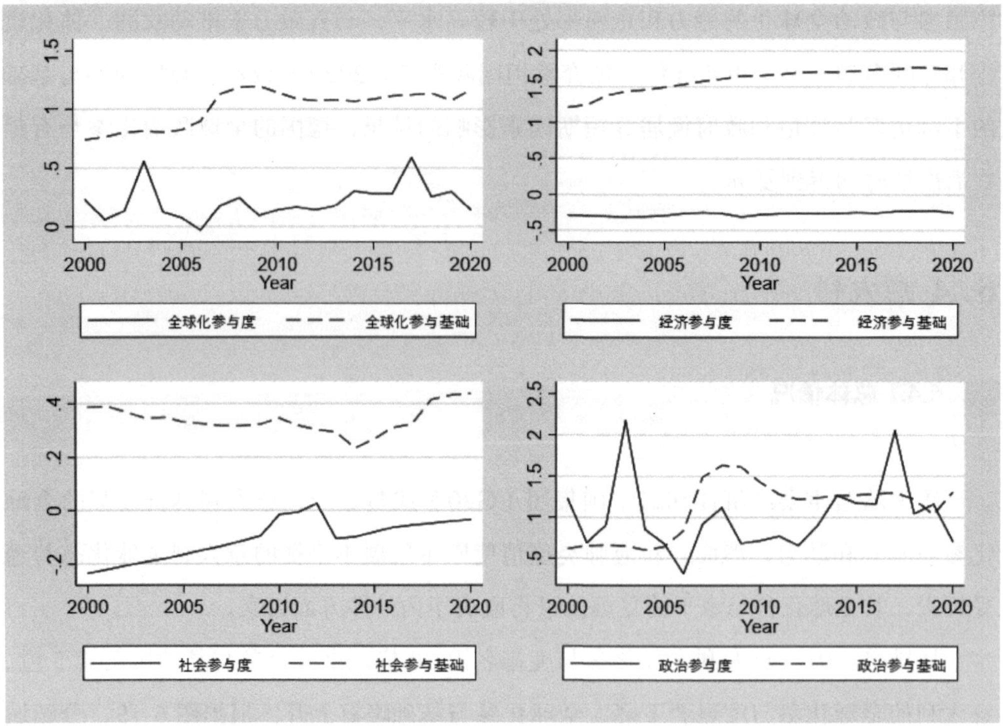

图 6-19　意大利全球化参与度和参与基础折线图（总指标和一级指标）

从图 6-20 可知，参与度方面，意大利的政治全球化参与度表现最佳，经济全球化表现最差。参与基础方面，经济全球化参与基础表现最佳，社会全球化表现最差。

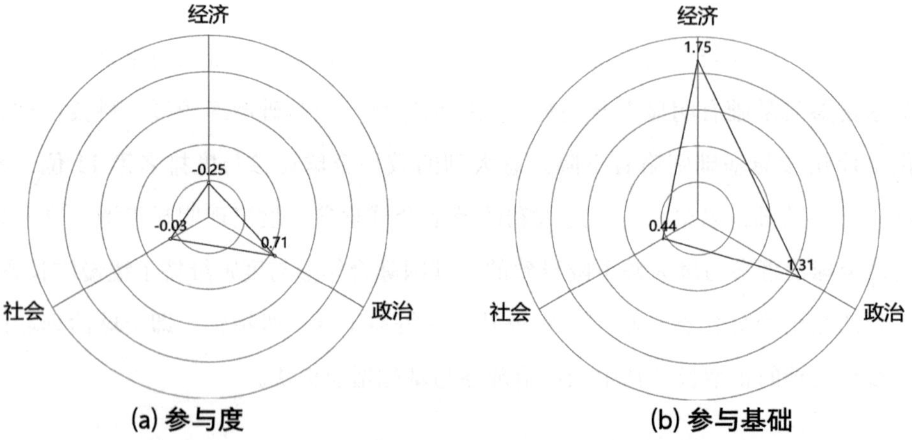

图 6-20　意大利全球化参与度和参与基础雷达图

根据图 6-21、6-22、6-23 和 6-24，意大利全球化参与度晴雨指数为 98.92，低于趋势。其中，经济全球化参与度晴雨指数为 98.78，低于趋势；社会全球化参与度晴雨指数为 99.51，符合趋势；政治全球化参与度晴雨指数为 99.03，符合趋势。意大利全球化参与基础晴雨指数为 99.72，符合趋势。其中，经济全球化参与基础晴雨指数为 98.42，低于趋势；社会全球化参与基础晴雨指数为 101.81，高于趋势；政治全球化参与基础晴雨指数为 99.69，符合趋势。

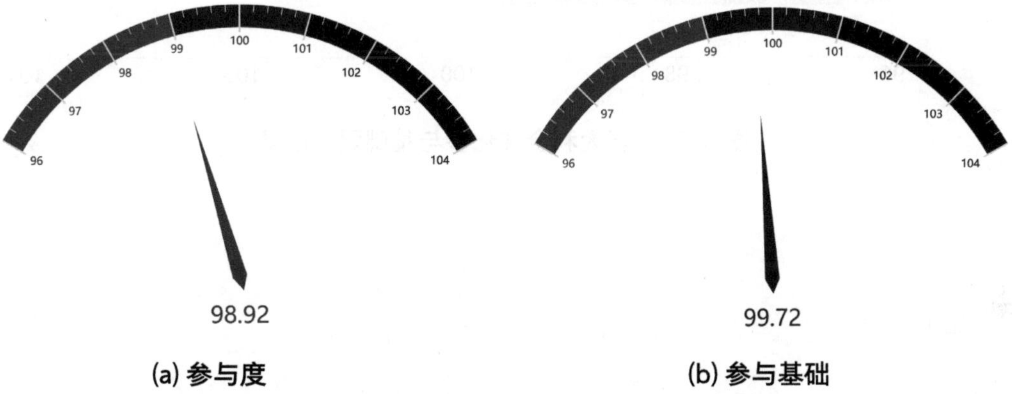

图 6-21　意大利全球化参与度和参与基础晴雨表

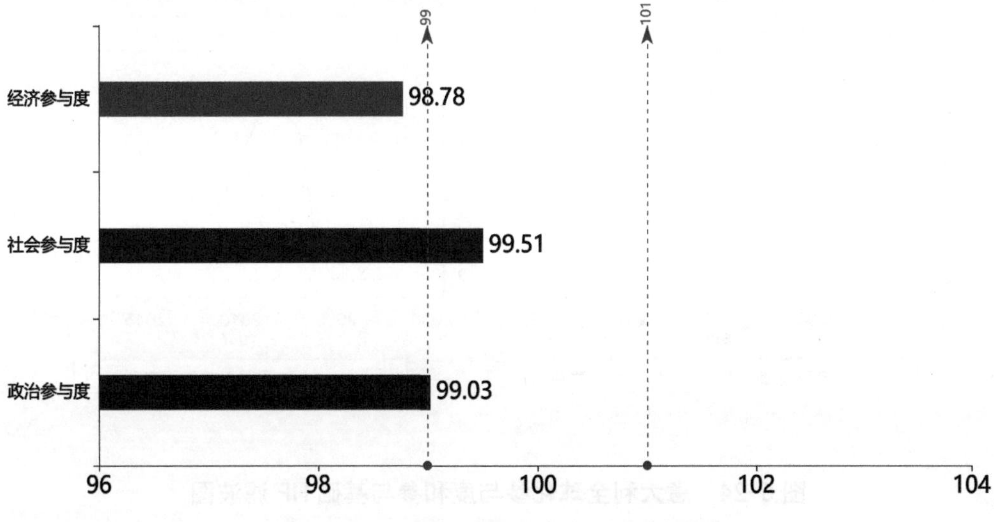

图 6-22　意大利全球化参与度驱动因素

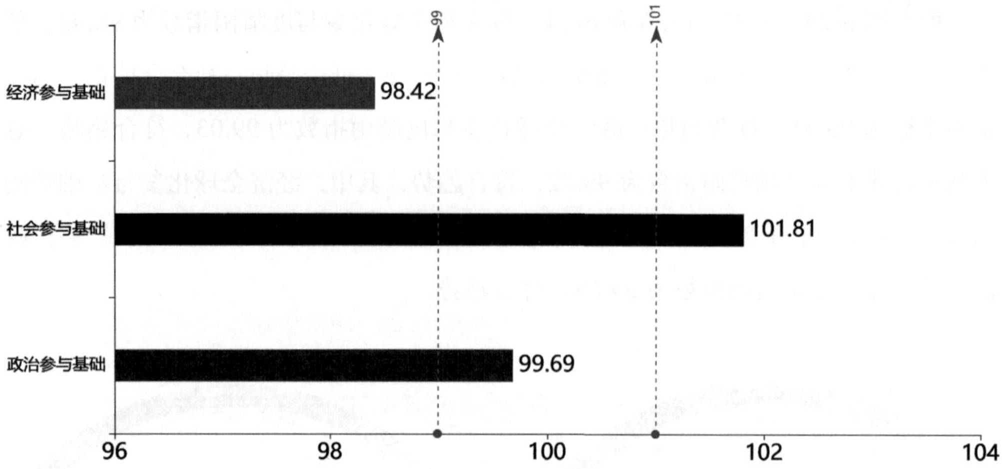

图 6-23　意大利全球化参与基础驱动因素

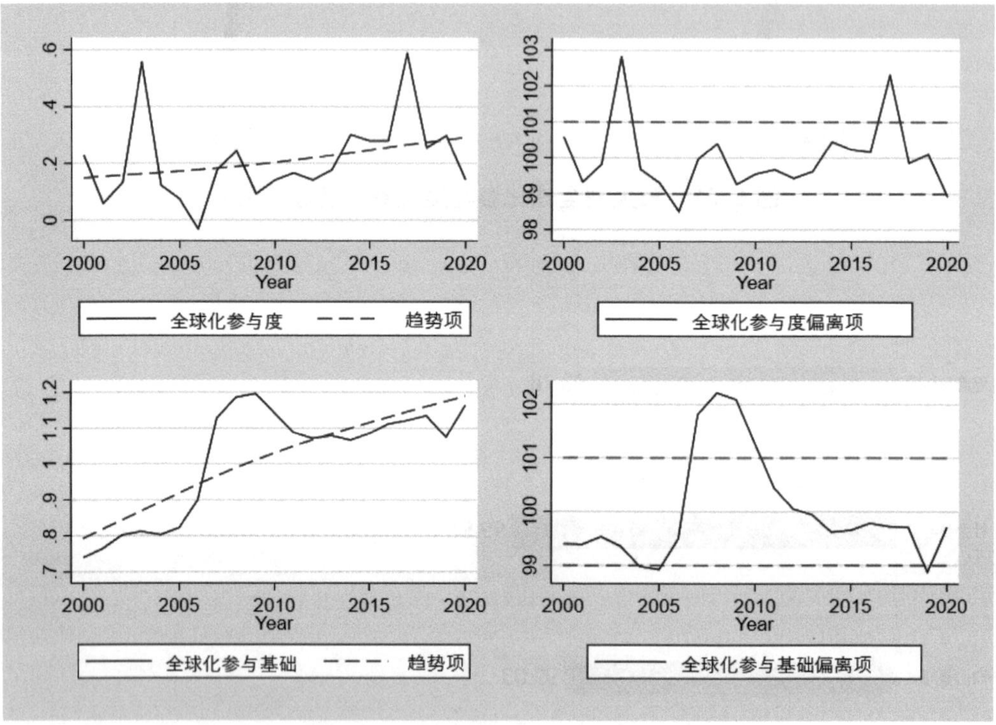

图 6-24　意大利全球化参与度和参与基础 HP 滤波图

总体来看，意大利全球化参与基础表现较好，尤其体现在经济和政治领域全球化参与基础排名上。除此之外，在新冠肺炎疫情的强烈冲击下，参与基础在全球化晴雨表中依然保持符合趋势状态，也说明2020年意大利全球化参与基础不可忽视的强大韧性。2020年，意大利社会全球化参与基础高于趋势，体现出其在社会全球化领域的较大发展潜力。而意大利经济全球化参与基础和参与度均低于趋势，在欧盟内部缺乏发达经济传统的意大利在经济全球化发展上，依然任重而道远。

6.4.2 经济全球化

同世界上绝大多数国家和地区一样，意大利经济全球化参与度和参与基础在疫情期间遭遇了负面冲击。参与基础方面，作为欧洲最早出现疫情的国家之一，意大利在抗击疫情方面付出了较大的经济代价。多轮全国封锁措施和全球经济不景气对原本脆弱的意大利经济来说更加雪上加霜，经济全球化参与基础出现下降。根据意大利国家统计部门数据，该国2020年第四季度国内生产总值环比下降2.0%，同比下降6.6%[1]。国内生产动能消减使其参与全球一体化的能力和意愿均面临重大挑战，这成为外国投资者下调对意大利经济状况预估水平的原因之一。与此同时，意大利的特殊经济结构使其全球化参与基础的脆弱性在疫情期间被进一步暴露。意大利经济在一定程度上依赖于小型商户经营及非正式劳动，而这些经济类型在疫情期间最易受到负面冲击，且较难获得政府的针对性扶持[2]。在国内经济陷入相对萧条境地的情况下，意大利与其他国家开展进出口贸易的动能也随之降低，其可提供的货物与服务也更为有限。此外，意大利财政政策空间有限，导致其在疫情冲击下面临陷入深度萧条的风险[3]。意大利未来经济能否实现复苏，在一定程度上依赖于欧盟和欧洲央行（ECB）的财政救助计划。疫情封锁措施导致意大利相对发达的北部地区出现新一批“穷人群体”，其中许多人因为本就不稳定的工作受到影响或是失去工作而被

---

1 Reuters. Italian economy shrinks 2.0% in Q4 2020, posts full-year GDP drop of 8.8% [EB/OL]. https://www.reuters.com/article/italian-economy-shrinks-20-in-q4-2020-po-idUSR1N2HO023, 2021-02-02/2021-12-19.

2 Gostoli. Foreign Policy: Italy's economy is under pressure as pandemic continues [EB/OL]. https://foreignpolicy.com/2020/12/09/italy-economy-pandemic-recovery-european-union/, 2020-12-09/2021-12-19.

3 朱民，唐朝，郑重阳.新冠肺炎疫情下全球经济复苏之路探索——来自意大利的启迪[J].上海对外经贸大学学报，2020，27(04): 5-20.

迫接受相应的生活救助[1]。这充分体现了意大利经济结构中的潜在不稳定性，更为意大利经济全球化参与基础的消极发展态势埋下了伏笔。

作为参与度变化的基础，参与基础的下滑也将造成参与度的下滑。后疫情时代，意大利经济全球化参与度能否维持原有状态甚至增长，在一定程度上取决于参与基础能否扭转现状并呈现向好发展态势。

6.4.3 社会全球化

与经济全球化的消极发展态势不同，意大利 2020 年社会全球化的参与度和参与基础均实现了正增长。究其原因，最关键的因素是信息全球化参与度增幅显著。在疫情的压力下，欧盟框架下的新一轮高速光纤宽带线路建设使意大利的信息基础设施得到完善和加强，预计到 2026 年，其光纤宽带规模将增长至 2019 年水平的 218%[2]，这一趋势也将带动意大利乡村地区的复兴与发展。在疫情防控封锁措施之下，意大利的乡镇郊区成了远程办公或学习的理想去处，进而带动了意大利互联网普及率的提升[3]。在后疫情时代的未来数年中，人们的信息化生活习惯将会得到基本保持与延续，信息全球化发展潜力较大。

值得注意的是，意大利的人际全球化参与度和参与基础也出现了缓慢上升态势。疫情暴发以来，国际交通运输进入寒冬期，人员往来受到了较大阻碍。而意大利能够实现正向增长，在很大程度上与其在两波疫情之间较大的人际交流规模有关。在疫情中受到重重限制无法跨境旅游的遗憾，以及对可能到来的疫情反复及政府封锁措施的担忧，使人们更注重把握两波疫情之间的间隔旅游度假、看望亲友等。意大利作为南欧旅游胜地，吸引了众多外地游客前来，人口流动大幅增加。此外，疫情冲击并未对留学生流动这一刚性需求造成显著的负面影响。由于许多大学具备网课条件，留学计划受疫情影响较小，留学生群体国际流动正常。更重要的是，在高层

1 Barry C. ABC News: Pandemic exposes the vulnerability of Italy's "new poor" [EB/OL]. https://abcnews.go.com/Health/wireStory/pandemic-exposes-vulnerability-italys-poor-74827346, 2020-12-20/2021-12-19.

2 Reuters. High-speed internet lines to surge in Europe as virus boosts demand: study [EB/OL]. https://www.reuters.com/article/us-europe-broadband-change-suite-idUSKBN28E2BL, 2020-12-05/2021-12-19.

3 Hughes FA, Forbes. Could remote working revive Italy's dying villages [EB/OL]. https://www.forbes.com/sites/rebeccahughes/2021/02/15/could-remote-working-revive-italys-dying-villages/?sh=402eeb9f7b7c, 2021-02-15/2021-12-19.

知识分子往来日益密切的大趋势下，意大利在该领域的全球化进程的发展动能充足，在突发干扰因素面前的增长韧性较强。因此，意大利的人际全球化参与度和参与基础均出现上升趋势，进而推动了其社会全球化参与度和参与基础的正向发展。

6.4.4 政治全球化

2020 年，意大利的政治全球化参与基础依然保持正增长态势，其中重要的拉动因素，无疑是全球治理全球化参与基础的积极驱动。具体而言，意大利在参与维和行动方面更为积极，提高了其对于该全球化战略关键环节的重视程度。自 20 世纪 90 年代以来，意大利便是联合国维和行动最活跃的参与成员国之一。从 2019 年 7 月到 2020 年 6 月，意大利的维和行动预算开支高达 65 亿美元，使其成为世界第七大维和行动经费贡献方[1]。截至 2020 年，意大利已向 24 个国家派遣了超过 7500 名维和人员，也因此成了发达国家中维和派出人员规模最大的国家[2]。由此不难看出，意大利 2020 年在全球治理方面的积极表现具有深厚基础和持续动力，为其政治全球化参与基础的发展提供了有力支撑。然而不可否认的是，意大利在政治全球化参与度方面的表现不尽如人意，这主要源于全球治理领域出现的显著负增长。一方面，意大利在联合国的建言贡献度从 2017 年起进入下行区间，2020 年的下滑趋势也部分来自惯性驱动。另一方面，2020 年意大利政坛的不稳定局面使其全球事务参与度受到干扰，进而导致其在联合国内部的政策表达和观点输出陷入自我掣肘的局面。第二届孔特政府在疫情期间面临巨大压力，伦齐宣布其所在的意大利活力党退出执政联盟，这导致了 2021 年 1 月政府解散[3]，这些因素对意大利在全球层面上的政治参与造成了不可忽视的不确定性和挑战。总而言之，意大利的政治全球化参与度和参与基础呈现出截然相反的不同态势，其未来走向仍有待观察。

---

1 Cocco M. The Italian Participation in Peacekeeping Operations [R/OL]. https://thenewglobalorder.com/report/report-the-italian-participation-in-peacekeeping-operations/, 2020-06-06.

2 Abbondanza G. Italian Peacekeeping Missions: Vast, Praised and Underused [R/OL]. https://www.iai.it/sites/default/files/iaip2020.pdf, 2020-08-20.

3 Roberts H. Politico: Italian Prime Minister Giuseppe Conte Resigns [EB/OL]. https://www.politico.eu/article/italy-prime-minister-giuseppe-conte-resigns/, 2021-01-26/2021-12-19.

6.5 瑞典

6.5.1 总体情况

瑞典是一个高度发达的资本主义国家，有完善的社会保障制度和较发达的工业体系，经济上以高收入、高税收、高福利的“瑞典模式”为主要特征。虽然在人口维度上属于小国，但奉行“小国大外交”的瑞典凭借着其软实力，积极参与国际事务，发挥着独特的影响力。

从排名看，瑞典2020年全球化参与度排名第46位，全球化参与基础排名第7位。与2019年相比，瑞典全球化参与度提升了4位，全球化参与基础提升了3位。根据图6-25，分领域看，瑞典经济全球化参与度排名第42位，经济全球化参与基础排名第10位。瑞典经济全球化参与度出现下降趋势，其中，金融全球化参与度略有上升，贸易全球化参与度大幅下降。经济全球化参与基础略有下降，其中，金融全球化参与基础和贸易全球化参与基础两个指标都维持着2019年的轻微下降态势。瑞典的社会全球化参与度排名第82位，社会全球化参与基础排名第9位。瑞典的社会全球化参与度和参与基础都有微弱降幅。参与度方面，瑞典的人际全球化参与度和信息全球化参与度都有所上升，科技全球化参与度轻微下降，文化全球化参与度则出现了较大的降幅。参与基础方面，瑞典的科技全球化参与基础有所下滑，人际全球化和文化全球化参与基础仍处于较低水平。瑞典的政治全球化参与度出现较明显的下降，但降幅略小于2019年，其中，全球治理参与度大幅下降，国际合作参与度略有提升；政治全球化参与基础轻微下降，虽国际合作参与基础持续抬升，但全球治理参与基础出现较大幅度下滑。

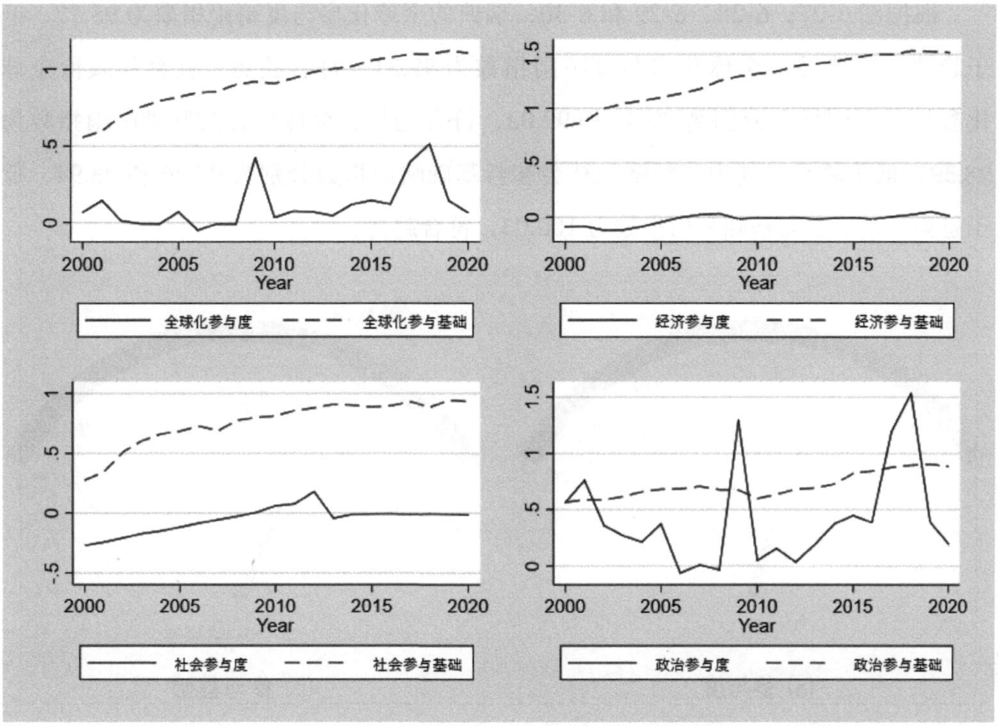

图 6-25　瑞典全球化参与度和参与基础折线图（总指标和一级指标）

根据图 6-26 可知，在参与度方面，瑞典的政治全球化表现最佳，社会全球化表现较差；而在参与基础方面，瑞典的经济全球化表现最佳，政治全球化表现最差。

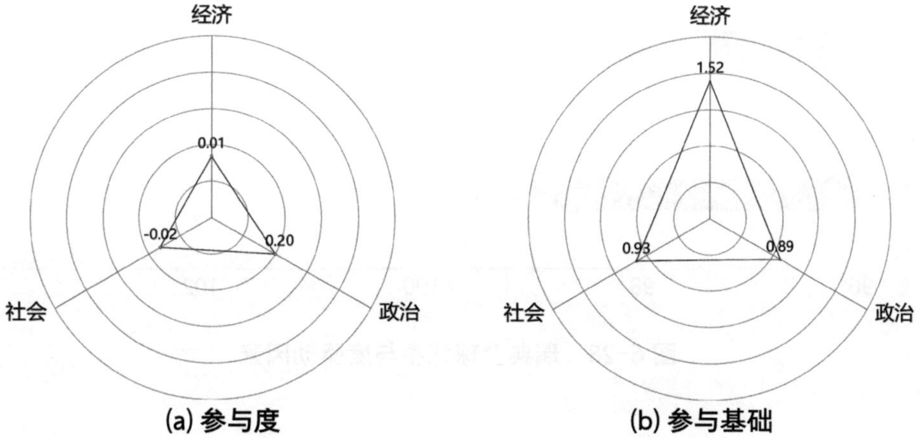

(a) 参与度　　(b) 参与基础

图 6-26　瑞典全球化参与度和参与基础雷达图

根据图 6-27、6-28、6-29 和 6-30，瑞典的全球化参与度晴雨指数为 98.77，低于趋势。瑞典经济全球化参与度晴雨指数为 99.31，符合趋势；社会和政治全球化参与度晴雨指数分别为 99.01 和 99.02，符合趋势。全球化参与基础晴雨指数为 98.39，低于趋势。其中，经济和社会参与基础晴雨指数分别为 97.76 和 98.94，低于趋势；政治参与基础晴雨指数为 100.03，符合趋势。

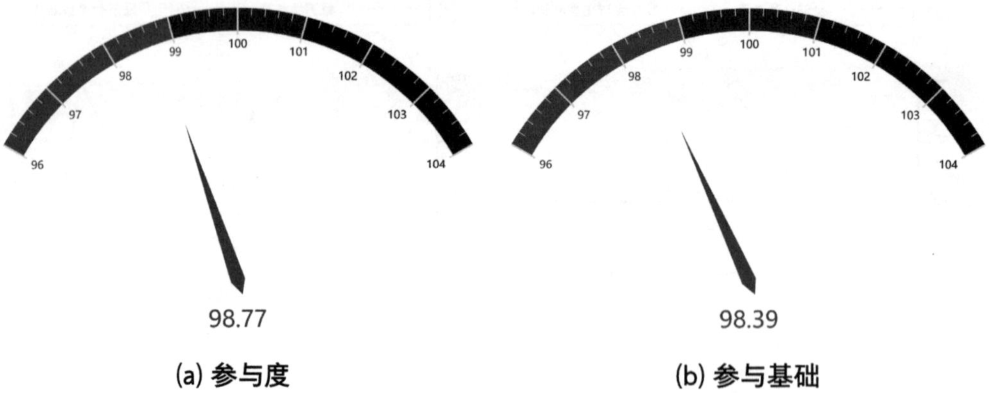

图 6-27　瑞典全球化参与度和参与基础晴雨表

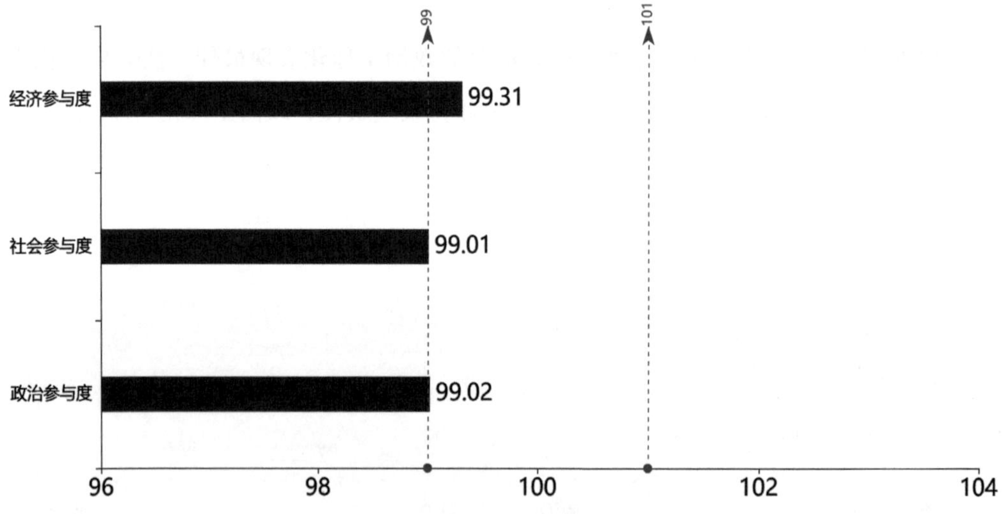

图 6-28　瑞典全球化参与度驱动因素

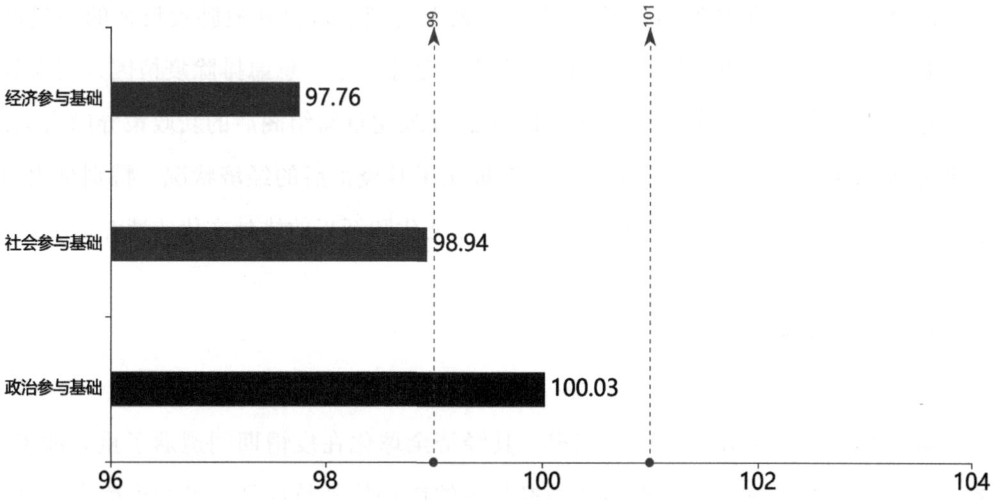

图 6-29　瑞典全球化参与基础驱动因素

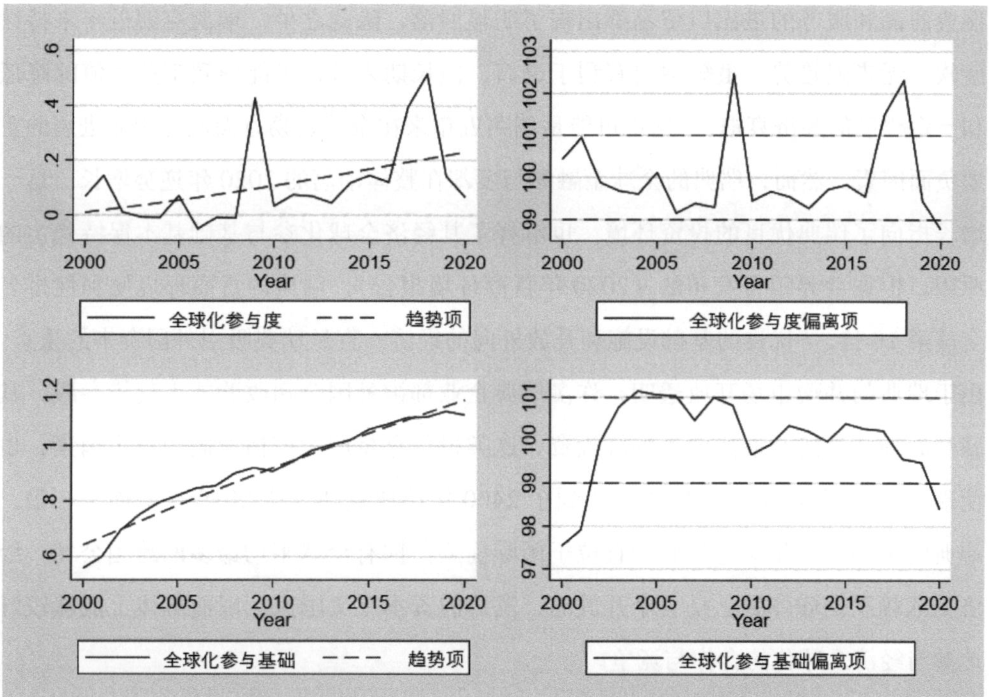

图 6-30　瑞典全球化参与度和参与基础 HP 滤波图

由此可见，瑞典2020年的全球化参与表现受到了来自新冠肺炎疫情的明显冲击。其全球化参与度和参与基础均低于趋势，全球化参与意愿排除疫情因素仍有放缓甚至倒退因素，这可能与瑞典于2018年红绿政党重新组阁后的新政策导向有关。瑞典能否成为全球化进程的生力军，还要取决于其疫情后的经济状况，特别是出口和供应链的恢复情况，以及其国内一贯的开放文化和新兴的排外文化的博弈情况。

6.5.2 经济全球化

瑞典是一个经济高度外向的国家，其经济全球化在疫情期间遭遇了重大冲击。参与度方面，贸易参与度下滑与金融参与度的增长使其整体经济参与度略有下降，趋势并不明显。虽然瑞典的优势产业（如电子、医药和木制品行业）帮助其取得了略高一个百分点的全球市场份额，但这仍无法抵消全球贸易在疫情年的整体疲软，瑞典商品和服务的进出口贸易都出现了明显回落。除此之外，瑞典克朗近年来持续疲软，无走强趋势，虽短期内有利于进口，但长期来看，可能导致工业产值的降低和一定程度的经济衰退，[1] 这也可能是瑞典近年来在全球贸易方面没有明显进展的重要负面因素。然而，瑞典的全球金融参与度却在整体动荡的2020年逆势增长，这一增长指向了瑞典优良的投资环境，也解释了其经济全球化参与基础基本保持稳定的原因。根据世界银行发布的《2020年营商环境报告》，瑞典的营商环境便利性排名全球第10位，[2] 优良的基础设施和开放外向的经济一直是瑞典吸引外国资本的重点。由于瑞典的并购市场开放透明，许多瑞典企业都被外国公司收购或大规模参股，其获利后往往直接对瑞典业务继续投资，这类投资存量成为疫情期间的稳定因素，也使瑞典2020年的国外直接投资达到了2400亿瑞典克朗，比2019年增加了一倍。瑞典的金融全球化参与基础一直位于国际前列，拥有全球平均最多的跨国公司，经济上依赖于全球体系，是一个开放的、发达的资本主义国家，因而总体上能够较好地参与经济全球化的合作与竞争。

---

1 Radio Sweden. Weak Swedish currency gives foreign tourists more spending power [EB/OL]. https://www.rcinet.ca/eye-on-the-arctic/2019/06/13/sweden-kronor-weak-tourism-economy-currency/, 2019-06-13/2022-01-13.

2 World Bank. Doing Business 2020: Comparing Business Regulation in 190 Economies [R/OL]. https://openknowledge.worldbank.org/handle/10986/32436, 2019-10-23.

6.5.3 社会全球化

瑞典社会全球化参与度和参与基础均基本维持原有趋势。参与度方面，瑞典的人际全球化参与度和文化全球化参与度下跌，却一如既往地维持了其在信息全球化领域的高参与度和高参与基础，这也是瑞典社会全球化参与度和参与基础最大的增长点。一方面，瑞典的网络建设与普及以及 5G 的发展一直处于欧洲乃至世界最前沿，良好基础上的持续发展也有相关领域完善的国家机构与框架政策作为支撑，如 2016 年通过的瑞典国家宽带计划、瑞典邮政（Posten Sweden）、电信管理局（PTS）和为农村网络接入提供专用资金的农村发展基金（EAFRD）等。2020 年，瑞典的网民数量增加了 1.2%，达成了千兆字节宽带 95% 国民普及度的目标。[1] 信息化时代给瑞典带来了发展机遇和优势产业，同时也带来了挑战。全面数字化使科技部门成了瑞典创新和经济增长的主要引擎，2020 年疫情背景下的各类远程办公方案更是提高了对数字技术和服务的需求，瑞典因此出现了至少 7 万人的人才缺口。这也是瑞典科技全球化参与度遭遇瓶颈，甚至有所回落的重要原因。[2] 除此之外，虽然瑞典本身执行了“宽松抗疫”政策，总体上对于人员流动和经济活动的限制较少，但疫情期间，各国跨境管制对瑞典原本蓬勃的旅游业造成了巨大冲击，国际旅客同比下降 70%，[3] 这直接导致了瑞典人际度明显下滑。除此之外，瑞典社会中逐渐兴起了排外情绪：外国移民从获准进入瑞典、到被接纳和平等就业等方面都会遇到更多显性或隐性的阻碍。[4] 文化全球化方面，虽然瑞典依靠其领先的信息通信发展和社会高开放度提供的韧性缓冲掉一部分疫情带来的冲击，但其社会全球化参与度和参与基础仍然呈下滑态势，多个基础指标多年来的趋于停滞以及 2020 年的信息参与度较明显下滑都反映出其社会全球化虽处于较高基础，却缺乏后续进一步发展的意愿和动力。

---

1 DataReportal. Digital 2020: Sweden [EB/OL]. https://datareportal.com/reports/digital-2020-sweden, 2020-02-18/2022-01-14.

2 European Union. The IT Competence Shortage: A Report from Swedish IT & Telecom Industries (2020) [R/OL]. https://www.almega.se/app/uploads/sites/2/2020/12/ittelekomforetagen-it-kompetensbristen-2020-eng-online-version.pdf, 2021-03-23.

3 Dagens Nyheter. 15 miljarder försvann turiståret 2020 [EB/OL]. https://www.dn.se/ekonomi/15-miljarder-forsvann-turistaret-2020/, 2021-02-04/2022-01-14.

4 Bertelsmann Stiftung. 2020 Sweden Country Report | Sustainable Governance [DB/OL]. https://www.sgi-network.org/2020/, 2021-05-14.

6.5.4 政治全球化

2020 年，瑞典的政治全球化参与度和参与基础分别出现显著和轻微下降，这主要是全球治理维度指数的显著降低造成的。从国内来看，瑞典 2020 年政治情况错综复杂。一方面，2018 年政府重新组阁后，来自政府内部分裂和维持议会多数席位的双重压力大大削弱了政府的战略能力，包括长期战略议程设置和规划；另一方面，瑞典政府“宽松抗疫”的政策引起民众的普遍担忧。一项民调显示，瑞典前首相勒文的政党支持率下降至 29.4%，下降了 4 个多百分点，且有 82% 的瑞典民众对本国医疗系统应对疫情的能力持怀疑态度。[1] 这双重因素使瑞典在国际政治全球治理中的行动空间变小，进而对瑞典在全球治理中发挥作用造成了不利影响。但在国际合作领域，瑞典的参与度和参与基础指数都保持着稳健上升的态势。近年来，北欧五国的关系逐渐从“北欧平衡”转向“北欧协同”，进一步拓展了合作领域，瑞典作为北欧的地理中心，扮演着尤为重要的角色。同时，瑞典通过与邻国进行安全防务、合作救灾、领事事务等方面的合作，签署《北欧防务合作组织愿景 2025》，加强使馆和外交使团之间基础设施和行政能力的共享等，使北欧五国的区域性合作成为全球区域合作的典范。

6.6 波兰

6.6.1 总体情况

作为欧盟发展较快的国家之一，波兰有着较为完备的全球化参与基础，使其即使在受到新冠肺炎疫情影响的情况下仍能在经济和社会领域保持较为稳健的全球化参与。但 2020 年，波兰政治在多重因素的影响下受到了不小的冲击。

在排名上，波兰的全球化参与度排名第 56 位，全球化参与基础排名第 23 位。根据图 6-31，波兰的全球化参与度显著下降，全球化参与基础则保持缓慢上升。

---

1 Bloomberg. Swedish Government Loses Support as Fears Grow Over Covid Policy [EB/OL]. https://www.bloomberg.com/news/articles/2020-12-02/swedish-pm-s-party-loses-voters-amid-doubts-over-covid-strategy, 2020-12-02/2022-01-14.

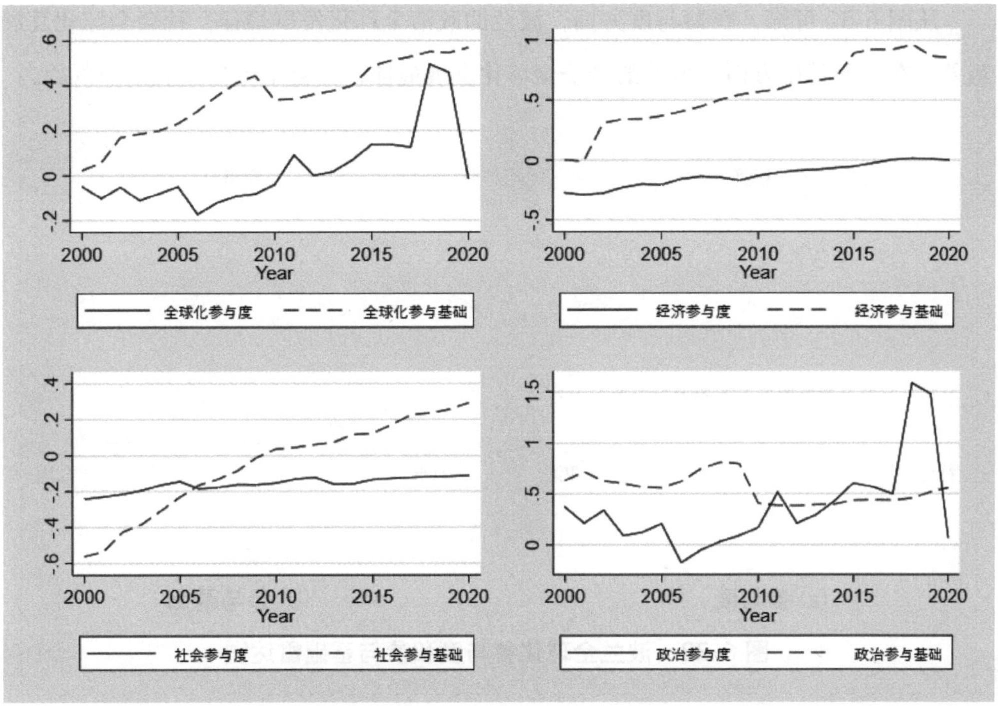

图 6-31　波兰全球化参与度和参与基础折线图（总指标和一级指标）

分领域看，波兰的经济全球化参与度排名第 43 位，经济全球化参与基础排名第 30 位。波兰经济全球化参与度小幅回落，其中，贸易全球化参与度有所下降，金融全球化参与度则基本与之前持平。波兰的经济全球化参与基础近乎持平、略微下降。其中，贸易全球化参与基础和金融全球化参与基础均出现轻微负增长。波兰的社会全球化参与度排名第 115 位，社会全球化参与基础排名第 61 位。波兰的社会全球化参与度顺应近几年的趋势持续轻微上升，其中，信息全球化参与度及科技全球化参与度与之前基本持平，人际全球化参与度及文化全球化参与度则呈现较为明显的上升趋势。社会全球化参与基础略有上升，其中，信息全球化参与基础有明显上升趋势，人际全球化参与基础及文化全球化参与基础与之前保持相似水平，而科技全球化参与基础则出现小幅下降。波兰的政治全球化参与度排名第 38 位，政治全球化参与基础排名第 29 位。波兰的政治全球化参与度显著下滑，其主要原因是波兰全球治理参与度出现大幅下降，但其国际合作参与度则保持了之前轻微增长的态势。波兰的政治全球化参与基础有所提升，其全球治理和国际合作参与基础均呈上升趋势，且前者较后者增速更快。

从图 6-32 可知，在参与度方面，波兰的政治全球化发展最佳，社会全球化发展最差。在参与基础方面，波兰的经济全球化发展最佳，社会全球化发展依旧落后。

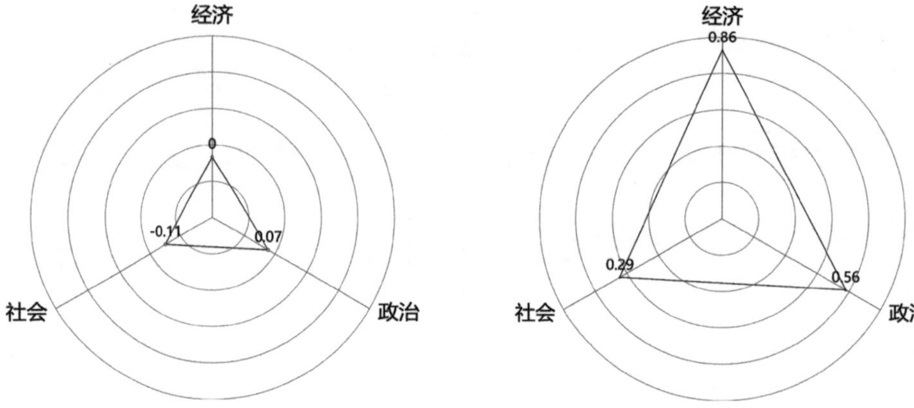

(a) 参与度　　(b) 参与基础

图 6-32　波兰全球化参与度和参与基础雷达图

根据图 6-33、6-34、6-35 和 6-36，波兰的全球化参与度晴雨指数为 97.83，低于趋势。其中，经济全球化参与度晴雨指数为 98.43，低于趋势；社会全球化参与度晴雨指数为 99.77，符合趋势；政治全球化参与度晴雨指数为 97.91，低于趋势。波兰全球化参与基础晴雨指数为 99.62，符合趋势。其中，经济全球化参与基础晴雨指数为 98.26，低于趋势；社会全球化参与基础晴雨指数为 98.96，低于趋势；政治全球化参与基础晴雨指数为 101.11，高于趋势。

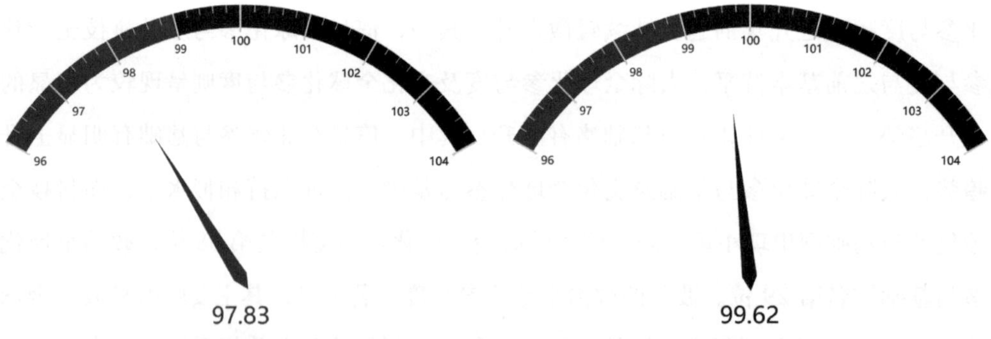

(a) 参与度　　(b) 参与基础

图 6-33　波兰全球化参与度和参与基础晴雨表

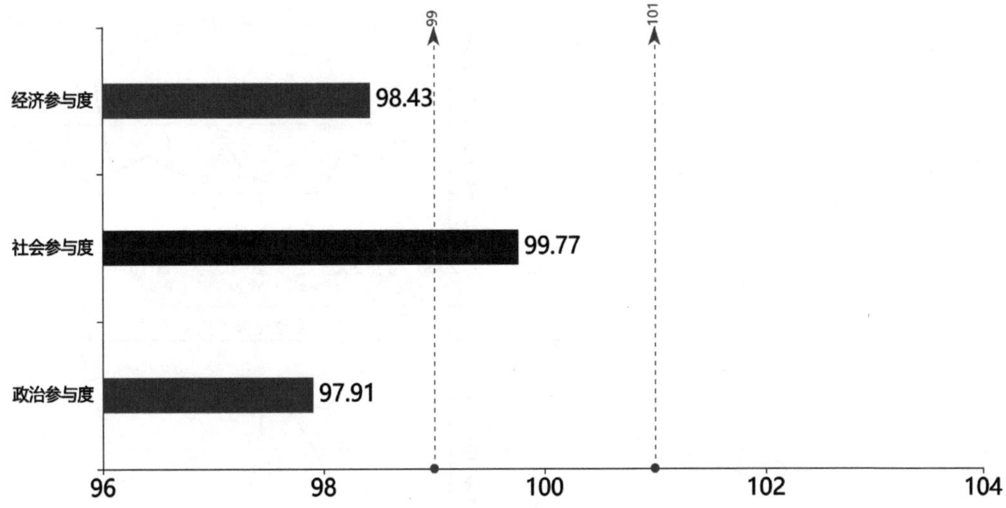

图 6-34　波兰全球化参与度驱动因素

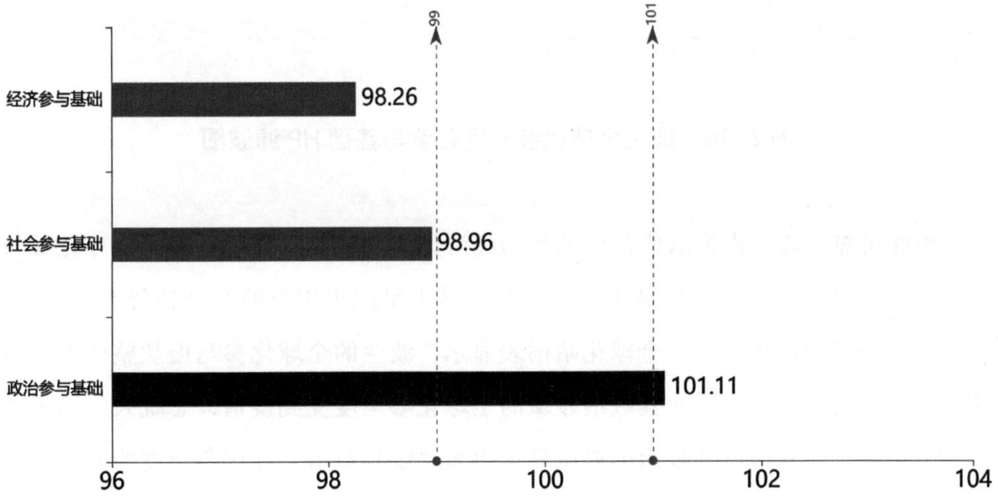

图 6-35　波兰全球化参与基础驱动因素

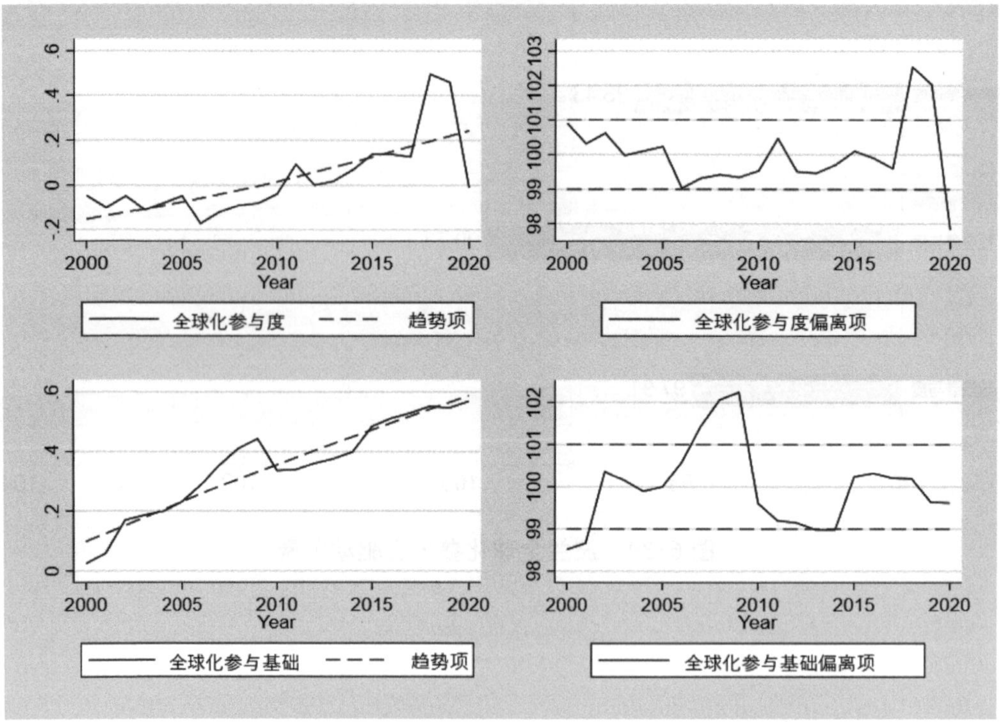

图 6-36　波兰全球化参与度和参与基础 HP 滤波图

由此可见，波兰作为欧盟位居前列的经济体之一，具有较为坚实的全球化参与基础，这尤其体现在政治领域中。在社会领域也呈现出积极的符合趋势的参与度。由于受到疫情的严重冲击，全球化晴雨表显示，波兰的全球化参与度从整体上呈现出低于原本趋势的状态，尤其政治领域的全球化参与度受到疫情、总统大选等因素的剧烈影响，而其国内的政治形势也显示出波兰恢复政治全球化参与度的前路道阻且长；然而其全球化参与基础仍然保持着稳健的态势，展现出波兰参与全球化进程的良好条件与潜力。

6.6.2 经济全球化

波兰的经济全球化参与度和参与基础均低于趋势。疫情的暴发中断了波兰近 30 年的经济扩张。2020 年，波兰经历了一定程度上的经济衰退，但是广泛实施的财政措施和前所未有的货币支持等政策缓解了疫情对于波兰经济的影响，使其成为欧盟中经济衰退程度较轻的国家之一 [1]。从贸易领域看，2020 年下半年，波兰的对外贸易在经历了当年第二季度的急剧下降之后出现了明显的复苏。2020 年第三季度，波兰的货物出口值同比增长 6.2%，再加上进口同比下降 0.6%，使货物贸易顺差扩大；第四季度，尽管波兰国内及其贸易伙伴的疫情形势恶化，但出口和进口仍加速增长，分别同比增长 13.4% 和 7.3%。[2] 在 2020 年的最后几个月中，工业和国际贸易对疫情的抵抗力相对较强，且这一良好状况在 2021 年初也得以继续维持。相比之下，服务业的形势仍处于不利状态。

同许多国家一样，波兰在各领域的参与度明显低于疫情暴发之前。从金融领域看，2020 年下半年的投资需求保持低位，第三季度和第四季度分别同比下降 9.0% 和 10.9%。2020 年 12 月，波兰证券投资组合占其国内生产总值的 –1.0 %，这相较于当年 9 月时的 0.2 % 有所下降，而早在当年 6 月，这一指标就出现了自 2000 年以来的最低值，低至 –6.7 %。[3] 尽管疫情引发了诸多挑战且投资环境在一定程度上恶化，波兰对于外国投资仍具有吸引力。2020 年，波兰的 GDP 增长仅下降了 2.7%，且在“抗危机金融盾牌”计划的一揽子措施的支持下，其国内劳动力市场仍然相对强劲，这些措施对保护经济、减轻疫情影响、刺激投资产生了积极作用。波兰央行发布的报告显示，2020 年流入波兰的外国直接投资同比增长了 4%，而 2020 年全球国外投资下降了约 35%。总体来讲，波兰在金融领域不同方面的表现虽不尽相同，但整体仍保持了相对稳定的状态。

尽管波兰与其他国家一样，在 2020 年期间持续与疫情做斗争，但包括经济合作与发展组织（OECD）及国际货币基金组织在内的不少评级机构和国际组织一致认为，波兰在疫情下的表现相对较好，且在疫情结束后有很大的机会能够实现经济增长。

---

1 International Trade Administration. Poland - Country Commercial Guide: Investment Climate Statement [EB/OL]. https://www.trade.gov/country-commercial-guides/poland-investment-climate-statement, 2022-07-22/2022-07-25.

2 Narodowy Bank Polski. Niedźwiedziń ska - 2021 - Inflation Report [R/OL]. https://www.nbp.pl/en/publikacje/raport_inflacja/iraport_march2021.pdf, 2022-01-15.

3 CEIC. Poland Foreign Portfolio Investment: % of GDP [DB/OL]. https://www.ceicdata.com/en/indicator/poland/foreign-portfolio-investment-of-gdp, 2021-01-03.

6.6.3 社会全球化

波兰的社会全球化参与度延续了近几年持续平缓上升的趋势，即使在疫情影响下也没有出现较大幅度的波动，总体而言仍保持相对稳定的趋势。波兰拥有较为良好的信息参与度，2015 年至 2020 年，波兰固网宽带服务的渗透率一直在增长。2020 年，有 56.7% 的波兰家庭可以使用固网互联网，有 95.3% 的家庭可以使用固网移动互联网。[1] 从 2020 年至 2021 年，波兰的互联网用户数增加了 130 万，社交媒体用户数增加了 250 万，移动连接数增加了 72.8 万。[2] 与原先的高使用率相比，2020 年，波兰互联网普及率并没有大幅上升，也导致了社会参与度没有出现高于趋势的大幅上升。其中一个重要原因是向线上工作、线上学习的转变较为困难且缓慢，出现了诸如教师无法适应线上教学、小城镇的家庭网速较慢、缺乏如何使用新技术的培训等一系列问题。在科技方面，2020 年，波兰高科技出口约占制成品出口的 9.86%，与 2019 年的 9.85% 基本持平。[3] 此外，相对于对创新的投资水平，波兰的创新产出较少，且其 2020 年在创新方面的投入也低于 2019 年。[4] 在人际全球化参与度方面，波兰仍保持缓慢增长，自 2020 年 3 月 14 日起，波兰宣布进入疫情紧急状态并对人员流动实行了限制，此后使用旅游住宿场所的游客人数显著减少，仅 3 月当月便减少超过 60%，4 月则下降了 90% 以上。从 5 月起的几个月内，旅游住宿场所的游客入住率开始逐步提高。然而从总体来看，7 月、8 月和 9 月的游客人数与前一年相比仍然分别减少了 31%、24% 和 33%。[5] 值得一提的是，2020 年，波兰的人口为 37,846,611 人，仅比 2019 年下降了 0.11%，这在人际全球化参与度的三级指标国际旅游（国际旅游 / 人口）上体现为上升趋势。此外，据测算，截至 2020 年底，暂时

1 Statista. Broadband Internet Services Penetration Rate in Poland 2015-2020 [DB/OL]. https://www.statista.com/statistics/1179135/poland-broadband-internet-services-penetration-rate/#statisticContainer, 2023-07-04.

2 DataReportal. Digital 2021: Poland [DB/OL]. https://datareportal.com/reports/digital-2021-poland?rq=poland, 2021-02-11.

3 Word Bank. High-technology exports (% of manufactured exports) | Data [DB/OL]. https://data.worldbank.org/indicator/TX.VAL.TECH.MF.ZS, 2020-11-13.

4 WIPO. Global Innovation Index 2020 - Poland [R/OL]. https://www.wipo.int/edocs/pubdocs/en/wipo_pub_gii_2020/pl.pdf, 2020-05-12.

5 Statistics Poland. Tourism in 2020 [DB/OL]. https://stat.gov.pl/en/topics/culture-tourism-sport/tourism/tourism-in-2020,1,18.html, 2021-06-30.

留在国外的波兰永久居民约有223.9万，比2019年减少了17.6万[1]。在文化全球化参与度领域，尽管仍然受到疫情冲击，但波兰2020年的图书销售收入达2.842亿兹罗提，已经超过了该国2019年全年的图书销售收入。[2]

综上，由于信息、科技、文化、人际全球化参与度均维持在比较平稳的状态，波兰的社会全球化参与度也符合趋势。

6.6.4 政治全球化

2020年，波兰的政治全球化参与度直线下降且低于趋势，政治全球化参与基础较为平稳且高于趋势。在参与度方面，突如其来的新冠肺炎疫情和一度推迟的大选使得其外交活动有所减少。2020年的政治形势表明，波兰在欧盟内部有可能进一步自我孤立，其与欧盟国家之间的关系仍然处于紧张状态，遗留的矛盾与争议始终未被解决。不仅如此，尽管波兰与欧盟邻国仍然保持着良好的联系，但波兰似乎并未合理地借助这一潜在优势，导致政治视角下其在与欧盟邻国的关系中被边缘化。一方面，波兰与西欧更大、更富裕国家之间的沟通渠道受阻；另一方面，其与欧盟各机构领导人之间并没有保持良好的关系。[3]种种迹象表明，波兰在欧盟内部的重要性和政治参与度正在降低。

在参与基础方面，波兰政府与美国特朗普政府之间的关系加强，波兰与美国长期的盟友关系以及二者之间的军事合作均使波兰的政治全球化参与基础得以正向发展。除此之外，与维谢格拉德集团（V4）的国际合作对波兰而言也意义非凡。值得注意的是，波兰于2020年7月接任了该集团年度轮值主席，政治全球化发展前景良好。不过疫情的冲击影响也使波兰在V4任期内面临着前所未有的困难与挑战。

---

1 Statistics Poland. Information on the size and directions of emigration for temporary stay from Poland between 2004-2020 [DB/OL]. https://stat.gov.pl/en/topics/population/internationa-migration/information-on-the-size-and-directions-of-emigration-for-temporary-stay-from-poland-between-2004-2020,8,14.html, 2021-11-17.

2 Statista. Revenue from book sales in Poland from 2011 to 2021 [EB/OL]. https://www.statista.com/statistics/1081389/poland-book-sales-revenue/, 2023-02-14/2023-02-15.

3 China-CEE Institute. Poland external relations briefing: Diplomacy in times of pandemic [J/OL]. https://china-cee.eu/2021/01/08/poland-external-relations-briefing-diplomacy-in-times-of-pandemic/, 2021-01-08.

6.7 西班牙

6.7.1 总体情况

作为欧盟第一大农业出口国，西班牙的全球化进程在新冠肺炎疫情背景下受到较大冲击。从排名来看，2020 年西班牙全球化参与度排名第 21 位，全球化参与基础排名第 16 位。根据图 6-37，从趋势上来看，西班牙全球化参与度和参与基础都出现了显著下滑。

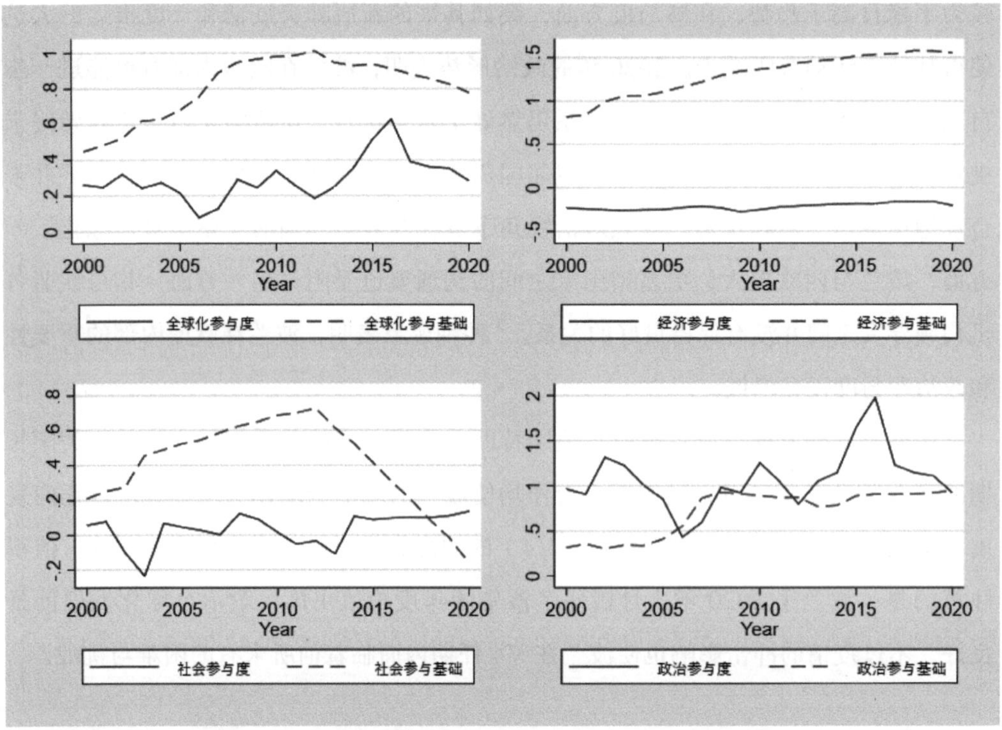

图 6-37　西班牙全球化参与度和参与基础折线图（总指标和一级指标）

分领域看，西班牙的经济全球化参与度排名第 86 位，经济全球化参与基础排名第 9 位。西班牙的经济全球化参与度出现明显下降，其中，金融全球化参与度较为平稳，而贸易全球化参与度显著下降；经济全球化参与基础略微下降，其中，贸易全球化参与基础和金融全球化参与基础均出现小范围波动。西班牙的社会全球化参与度排名第 40 位，社会全球化参与基础排名第 108 位。社会全球化参与度基本与 2019 年持平，其中，文化全球化参与度增幅较大，信息全球化参与度、科技全球化参与度和人际全球化参与度则小幅上升。社会全球化参与基础出现较为明显的下降，其中，人际全球化参与基础出现断崖式下降，科技全球化参与基础出现小幅下降，文化全球化参与基础保持零增长态势，而信息全球化参与基础则明显上升。西班牙的政治全球化参与度排名第 9 位，政治全球化参与基础排名第 13 位。政治全球化参与度下降较为明显，全球治理参与度的下降趋势尤为明显，国际合作参与度则趋于平稳。西班牙政治全球化参与基础出现小范围的提升，其中，国际合作参与基础上升显著，全球治理参与基础与往年持平。

从图 6-38 可知，参与度方面，西班牙的政治全球化更有优势，经济全球化更显劣势。参与基础方面，西班牙的经济全球化更显优势，社会全球化更显劣势。

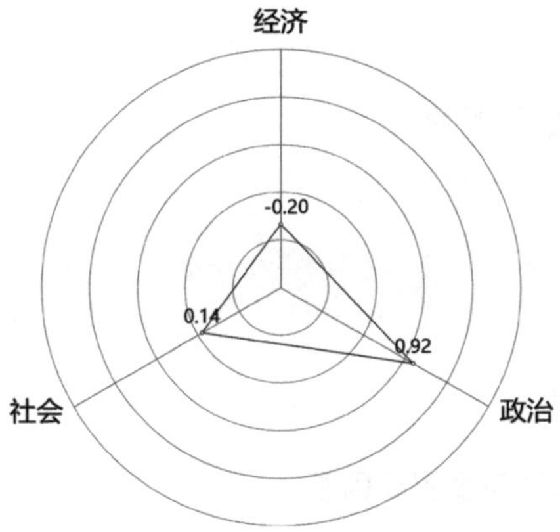

(a) 参与度

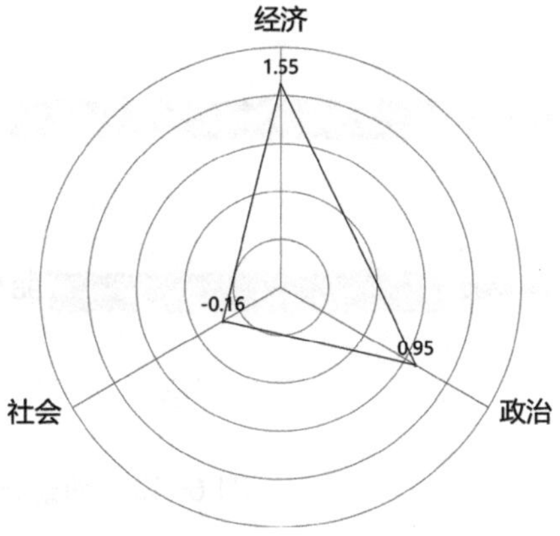

(b) 参与基础

图 6–38　西班牙全球化参与度和参与基础雷达图

根据图 6-39、6-40、6-41 和 6-42，西班牙的全球化参与度晴雨指数为 98.89，低于趋势。其中，经济全球化参与度晴雨指数为 98.32，低于趋势；社会全球化参与度晴雨指数为 100.35，符合趋势；政治全球化参与度晴雨指数为 98.90，低于趋势。西班牙全球化参与基础晴雨指数为 98.30，低于趋势。其中，经济全球化参与基础晴雨指数为 97.86，低于趋势；社会全球化参与基础晴雨指数为 98.12，低于趋势；政治全球化参与基础晴雨指数为 99.37，符合趋势。

(a) 参与度　　　　　　　　　　(b) 参与基础

图 6-39　西班牙全球化参与度和参与基础晴雨表

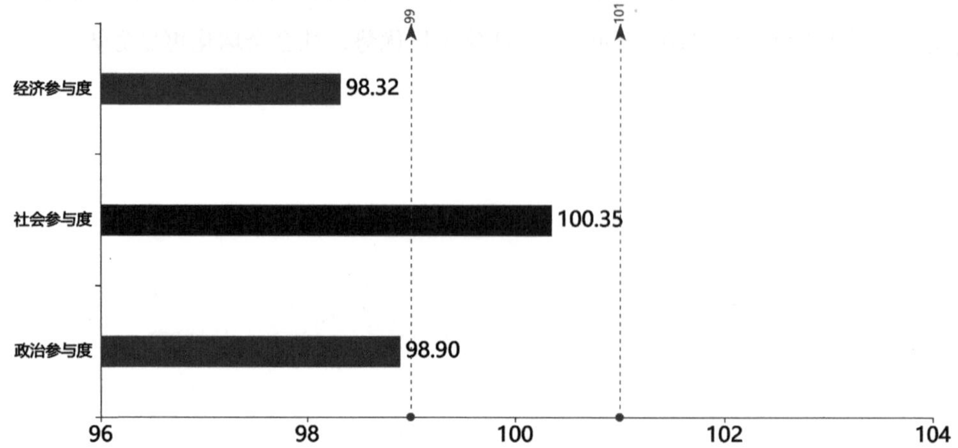

图 6-40　西班牙全球化参与度驱动因素

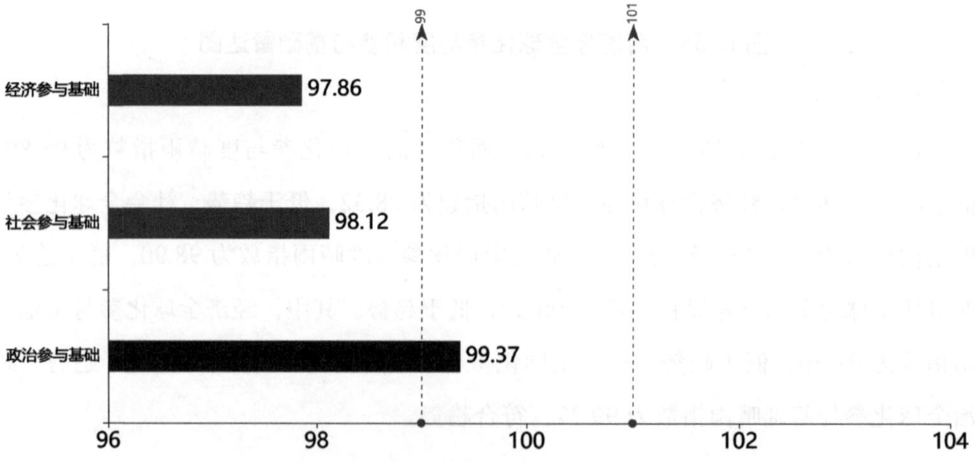

图 6-41　西班牙全球化参与基础驱动因素

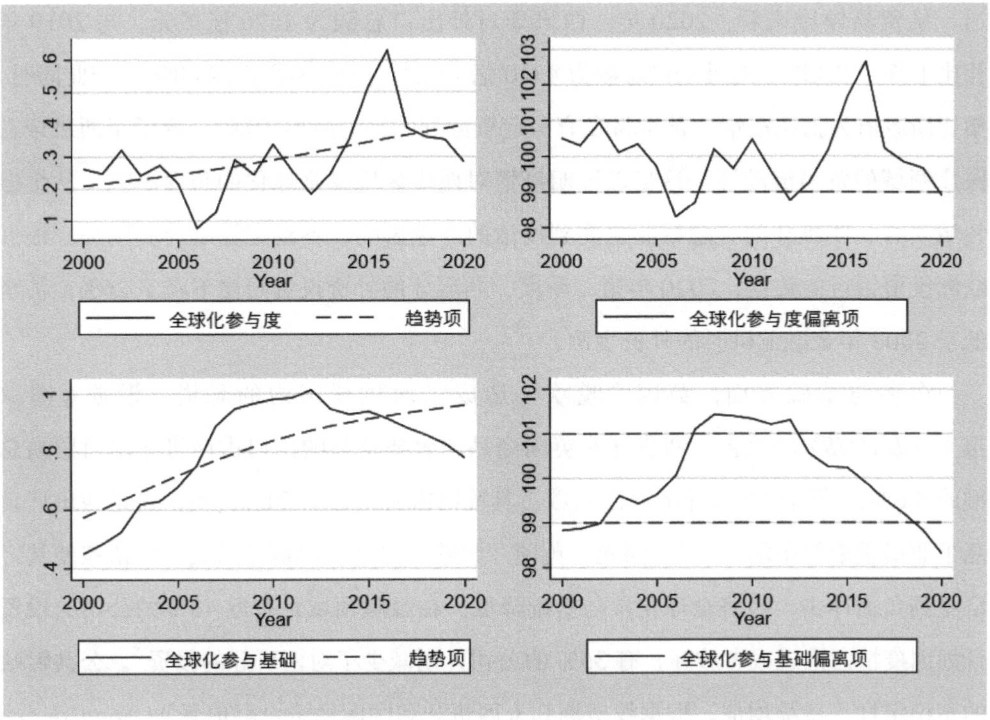

图 6-42　西班牙全球化参与度和参与基础 HP 滤波图

由此可见，西班牙作为传统农业强国需要在全球化进程中增加自身实力，提高全球化参与度和参与基础排名。西班牙在 2020 年受疫情的严重影响，各领域全球化参与均受到明显冲击，全球化晴雨表显示其在经济和政治方面的全球化参与度均低于原先趋势。然而，西班牙的社会全球化参与度依然保持向好趋势，成为西班牙 2020 年全球化表现中唯一的逆势增长点。

6.7.2 经济全球化

2020 年，西班牙的经济全球化参与度和参与基础均低于趋势，这不仅受到了疫情的冲击，还受到了英国“脱欧”的影响。参与度方面，根据世界银行的数据，2020 年，西班牙的国内生产总值下降了 10.8%[1]，是自 1961 年以来最严重的经济衰

1 World Bank National Accounts Data: Spain’s GDP Growth from 1961 to 2020 [DB/OL]. https://data.worldbank.org/indicator/NY.GDP.MKTP.KD.ZG?locations=ES, 2020-03-15.

退。从贸易领域来看，2020 年，西班牙对外出口总额为 4570 亿美元，与 2019 年相比下降了 7.45%；对外进口总额为 4310 亿美元[1]，同比下降了 12.18%[2]。与此同时，桑切斯政府为抵抗疫情，甚至将私有医疗资源划归地方政府管辖[3]，降低了西班牙在医疗领域的贸易流动性，这足以证明疫情对西班牙贸易全球化的负面影响。从金融领域来看，西班牙的金融行业也受到疫情的严重影响，不稳定性进一步增加。根据欧洲投资银行的数据，2020 年第二季度，西班牙的外资投资同比下降了 26%，甚至低于 2008 年金融危机时的外资金额。

在参与基础方面，英国“脱欧”造成了西班牙国内的恐慌。根据《国家报》（*EL PAÍS*）的报告，西班牙对英国商品和服务贸易的出口占西班牙出口贸易总额的 9.6%，英国在西班牙的旅游人数占其境内旅游人数的 21%，英国还是西班牙食品工业最重要的市场之一[4]。因此，英国“脱欧”之后，西班牙对英国的依赖使其经济受到负面冲击，经济全球化参与基础降低。在金融领域，有近 40% 的公司的投资计划因疫情而推迟或者放弃，有 35% 的公司计划减少了对西班牙的投资[5]。公共财政的不稳定性在持续增加。根据权威期刊《西班牙和国际经济金融前景》（*Spanish and International Economic & Financial Outlook*），桑切斯政府在 2020 年的公共赤字达到了 GDP 的 10%，政府债务难以维持可持续发展[6]。西班牙国内的金融环境阻碍着其金融全球化的发展，而萧条的国际金融环境使西班牙国内逐渐对金融全球化失去信心，这使西班牙金融全球化的发展道路更加艰难。

---

1 Knoema. Spain - Net trade in goods in 2020 [DB/OL]. https://knoema.com/atlas/Spain/topics/Economy/Balance-of-Payments-Current-accounts/Net-trade-in-goods?origin=cn.knoema.com, 2020-08-02.

2 Trend Economy. Spain’s Imports and Exports Value and Value Growth from 2009 to 2020 [R/OL]. https://trendeconomy.com/data/h2/Spain/TOTAL#:~:text=What%20did%20Spain%20export%20in%202020%3F%20Spain%27s%20Top,heading%2087.02%29%2C%20including%20station%20wagons%20and%20racing%20cars, 2023-05-14.

3 Oriol G, Ines S. EL PAÍS. Spanish government puts private healthcare firms at the orders of the regions [EB/OL]. https://english.elpais.com/society/2020-03-16/spanish-government-puts-private-healthcare-firms-at-the-orders-of-the-regions.html, 2020-03-16/2022-01-17.

4 Alvaro S. EL PAÍS. Spain’s Brexit fears: fewer tourists and dwindling exports [EB/OL]. https://english.elpais.com/brexit/2020-12-18/spains-brexit-fears-fewer-tourists-and-dwindling-exports.html, 2020-12-18/2022-01-17.

5 European Investment Bank. Spain’s Overview of EIB Investment Survey In 2020 [R/OL]. https://www.eib.org/attachments/efs/eibis_2020_spain_en.pdf, 2020-12-03.

6 Spanish and International Economic & Financial Outlook. Spain’s economy and financial sector in the face of COVID-19: Assessing the impact and perspectives [J/OL]. https://www.funcas.es/wp-content/uploads/2020/10/Sefo_9-5.pdf, 2020-09-10.

6.7.3 社会全球化

西班牙的社会全球化参与度呈现平稳上升趋势，这和其文化全球化参与度的增长密切相关。2020 年，受到新冠肺炎疫情的影响，西班牙线下实体书店销售额削减了 80%，但是得益于书籍的数字化销售，书店和出版社网站的销售业绩相当不错[1]。2020 年，西班牙境内的西语普通书籍平均出版量达到 3576 册，口袋书籍平均出版量达到 3680 册[2]；译成西语的外来书籍达到 13,272 册，其中，英语书籍达到 6483 册，法语书籍达到 543 册，相较于 2019 年出现小幅度上涨[3]。西班牙的信息全球化参与度表现向好，西班牙电信局（Telefónica of Spain）与中国的华为公司在 2020 年合作打造了每秒 800 千兆比特的超快网速[4]，并且使偏远市镇地区也能实现 5G 网络的全覆盖[5]。

西班牙的社会全球化参与基础低于趋势。西班牙的信息全球化参与基础表现突出，得益于该国政府对互联网的普及和推广。2020 年，西班牙的互联网普及率高达 91%，有 80% 的人口拥有自己的社交媒体账号，比 2019 年增加了 28%[6]。但是，西班牙的人际全球化参与基础下降显著。疫情期间，西班牙加强了对边境的管控，大大降低了人口流动的可能性。根据国际移民机构（International Migration Institute, IMI）的数据，2020 年的前 5 个月，只有 113 名购房者拿到了长期签证，远低于 2019 年同期的 285 名[7]。综合来看，虽然西班牙社会全球化参与度变化不大，但是社会全球化参与基础仍呈现倒退趋势，这将不利于今后其社会全球化参与的深度发展。

---

1 孟夏韵. 新冠肺炎疫情影响下西班牙出版业的发展及启示[J]. 出版科学，2021，29(06)：111.

2 Statista. Average print run volume for books published in Spain from 2012 to 2020 [DB/OL]. https://www.statista.com/statistics/446723/average-book-print-run-in-spain-by-type/, 2023-05-23.

3 Statista. Annual evolution of the number of books translated in Spain between 2001 and 2020 [DB/OL]. https://es.statista.com/estadisticas/473940/traducciones-de-libros-espana/, 2023-04-02.

4 Spain Telecoms Market Report. Telecoms, Mobile and Broadband - Statistics and Analyses [R/OL]. https://www.budde.com.au/Research/Spain-Telecoms-Mobile-and-Broadband-Statistics-and-Analyses?utm_source=GNW, 2023-10-03.

5 Ramon M. EL PAÍS. The Spanish villages with the best 5G and fiber connections [EB/OL]. https://english.elpais.com/society/2021-06-17/the-spanish-villages-with-the-best-5g-and-fiber-connections.html, 2021-06-17/2022-01-18.

6 DataReportal. Digital 2021: Spain [R/OL]. https://datareportal.com/reports/digital-2021-spain, 2021-02-10.

7 Christian N. Investment Migration Insider. Though Walloped by Pandemic, Spain's Golden Visa Raised EUR 0.5 Billion in Hl 2020 [EB/OL]. https://www.imidaily.com/europe/though-walloped-by-pandemic-spains-golden-visa-raised-eur-0-5-billion-in-h1-2020/, 2020-12-21/2022-01-18.

6.7.4 政治全球化

2020 年，西班牙的政治全球化参与度明显下降，但是其政治全球化参与基础仍然呈现稳步增长的趋势。由于受到疫情影响，桑切斯政府把工作重点放在国内改革上，导致该国政治全球化参与度表现欠佳。

但是，在参与基础方面，桑切斯政府并没有忽视西班牙在全球化进程中的角色，依然积极地在国际论坛和组织建言献策，使西班牙政治全球化的参与基础依然保持良好的发展态势。桑切斯在 2020 年的达沃斯论坛（WEF）上重点强调社会正义、气候变化、性别平等、数字化转型、缩小贫富差距等议题[1]，在注重全球经济增长的同时也没有忽视社会平等，并且致力于改善欠发达地区在全球化进程中造成的环境赤字、信息鸿沟等问题。同时，桑切斯政府非常重视西班牙与欧盟的关系，在英国“脱欧”议程中发挥了建设性的作用。桑切斯在与欧洲首席“脱欧”谈判代表米歇尔·巴尼耶（Michel Barnier）的谈话中表示，西班牙希望欧盟能够与英国继续保持亲密的政治经济关系，同时保持欧盟内部单一市场的完整性[2]。在联合国框架内，西班牙积极向联合国儿童基金会（UNICEF）提供资助[3]，以对抗全球性儿童肺炎的挑战。作为旅游大国，西班牙也积极与联合国世界旅游组织（UNWTO）展开多边主义合作，发挥其世界旅游峰会总部的优势[4]，努力与其他国家达成有关旅游业发展的缔约协议，以促进全球旅游业的复苏。总体而言，在疫情影响下，西班牙政治全球化参与度难免受挫，但是其政治全球化参与基础表现出了强大的韧性，在后疫情时代或许能够扭转政治全球化参与度下降的态势，提高自身在全球范围内的政治影响力。

---

1 Joe Myers, World Economic Forum. The Prime Minister of Spain on climate change, taxes and more [EB/OL]. https://www.weforum.org/agenda/2020/01/the-prime-minister-of-spain-on-climate-change-taxes-and-more/, 2020-01-22/2022-01-18.

2 Moncloa Palace. Pedro Sánchez and Michel Barnier review priorities in negotiations over future relationship between United Kingdom and European Union after Brexit [EB/OL]. https://www.lamoncloa.gob.es/lang/en/presidente/news/Paginas/2020/20200130sanchez-barnier.aspx, 2020-01-30/2022-01-18.

3 Moncloa Palace. President of the Government receives organizations promoting Global Forum on Childhood Pneumonia [EB/OL]. https://www.lamoncloa.gob.es/lang/en/presidente/news/Paginas/2020/20200128pneumonia.aspx, 2020-01-28/2022-01-18.

4 UNWTO: World Tourism Organization Underscores Tourism's Importance for COVID-19 Recovery in Audience with The King of Spain [EB/OL]. https://www.unwto.org/news/unwto-underscores-tourisms-importance-for-covid-19-recovery-in-meeting-with-the-king-of-spain, 2020-04-28/2022-01-18.

6.8 希腊

6.8.1 总体情况

希腊作为地处欧、亚、非三洲连接处的临海发达国家，西方文明的发源地，有着非常优越的全球化参与基础。2020 年，希腊受新冠肺炎疫情冲击，导致全球化参与度有所降低，但并没有产生过于剧烈的波动，其社会全球化参与度甚至仍然保持上升态势。

在排名上，希腊全球化参与度排名第 44 位，全球化参与基础排名第 17 位。根据图 6-43，从趋势上看，希腊全球化参与度有所下降，而全球化参与基础继续保持稳步增长趋势。

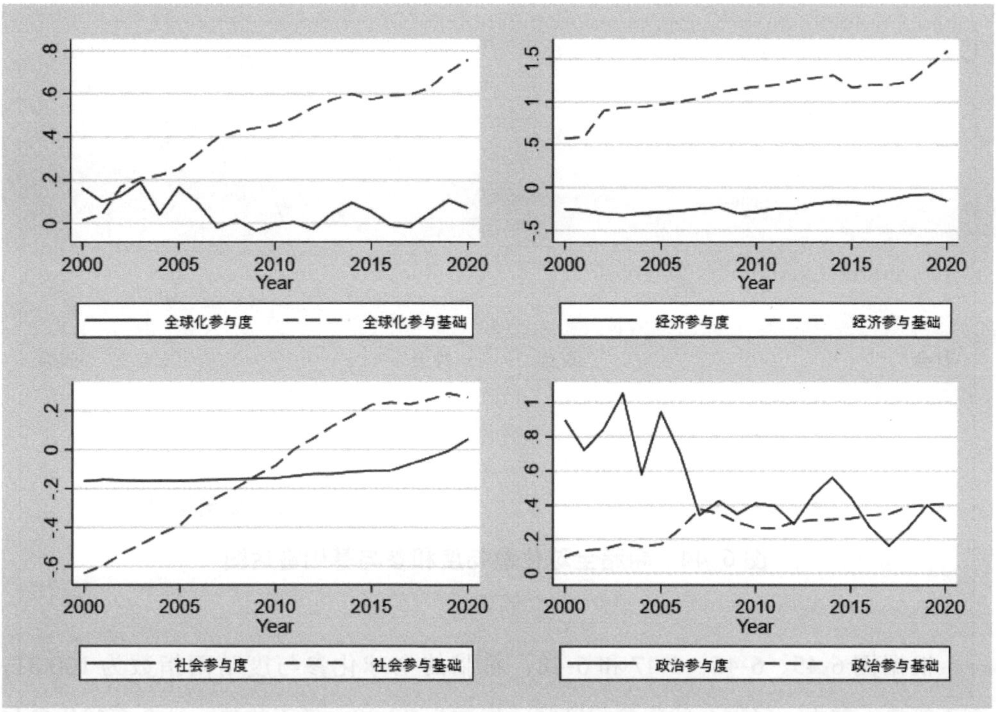

图 6-43　希腊全球化参与度和参与基础折线图（总指标和一级指标）

分领域看，希腊的经济全球化参与度排名第 68 位，经济全球化参与基础排名第 7 位。希腊经济全球化参与度小幅下降，其中，贸易全球化参与度大幅下降，金融全球化参与度轻微上升；经济全球化参与基础显著上升，其中，金融全球化参与基础上升幅度非常大，贸易全球化参与基础则有轻微下降。希腊的社会全球化参与度排名第 57 位，社会全球化参与基础排名第 63 位。社会全球化参与度略有增长，其中，信息、科技全球化参与度大幅上升，人际全球化参与度基本持平，文化全球化参与度则有所下降。社会全球化参与基础轻微下降，其中，信息全球化参与基础显著上升，人际、文化全球化参与基础基本持平，科技全球化参与基础则稍有下降。希腊的政治全球化参与度排名第 22 位，政治全球化参与基础排名第 42 位。政治全球化参与度略有下降，其中，国际合作参与度基本保持不变，而全球治理参与度有所下降。希腊的政治全球化参与基础基本维持原水平，其中，国际合作参与基础有轻微上升，全球治理参与基础变动幅度不大。

从图 6-44 可知，希腊在参与度方面，政治全球化参与度更有优势，经济全球化参与度劣势较明显。参与基础方面，经济全球化优势明显，社会全球化更显劣势。

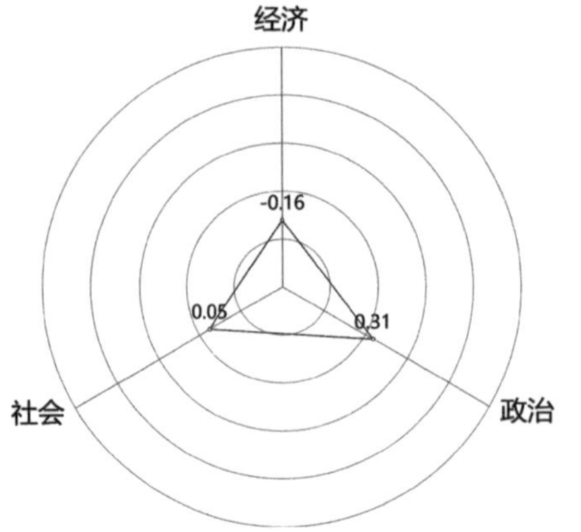

（a）参与度

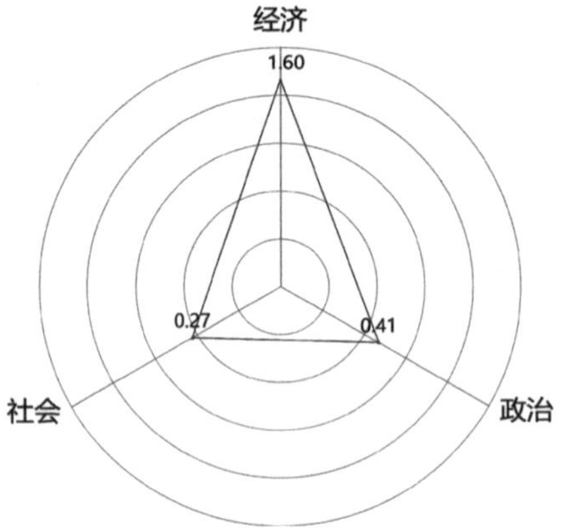

（b）参与基础

图 6-44　希腊全球化参与度和参与基础雷达图

根据图 6-45、6-46、6-47 和 6-48，希腊的全球化参与度晴雨指数为 100.81，高于趋势。其中，经济全球化参与度晴雨指数为 98.98，低于趋势；社会全球化参与度晴雨指数为 103.11，高于趋势；政治全球化参与度晴雨指数为 100.59，符合趋势。希腊全球化参与基础晴雨指数为 100.24，符合趋势。其中，经济全球化参与基础晴雨指数为 101.52，高于趋势；社会全球化参与基础晴雨指数为 97.41，低于趋势；政治全球化参与基础晴雨指数为 100，符合趋势。

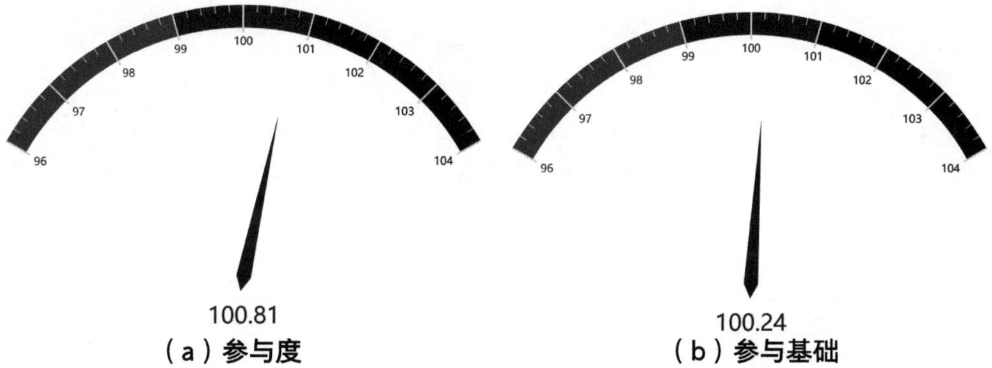

图 6-45　希腊全球化参与度和参与基础晴雨表

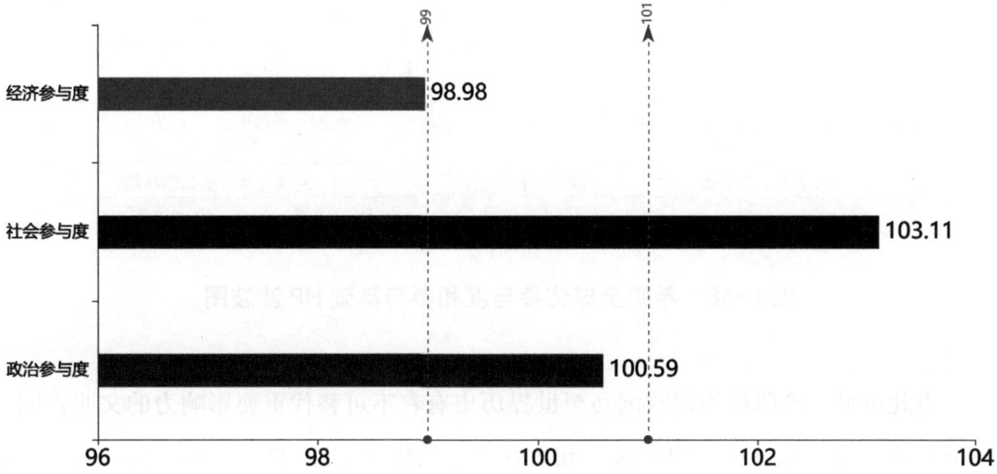

图 6-46　希腊全球化参与度驱动因素

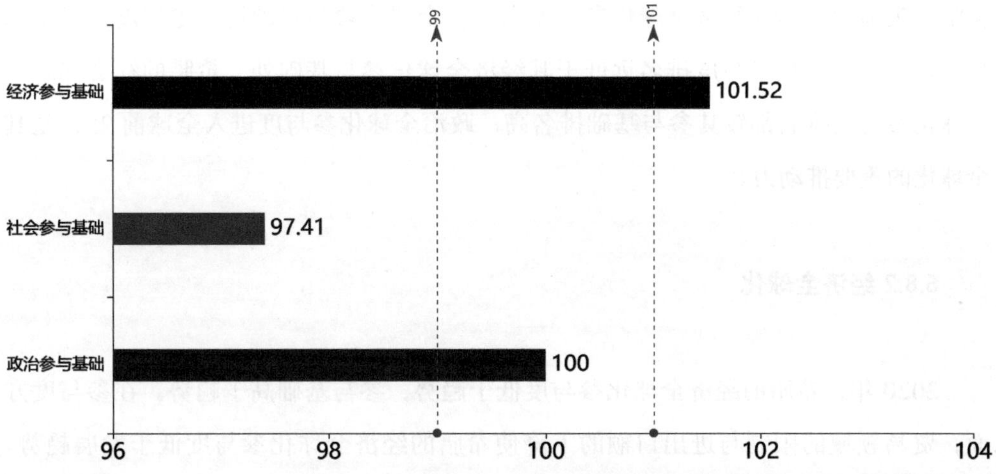

图 6-47　希腊全球化参与基础驱动因素

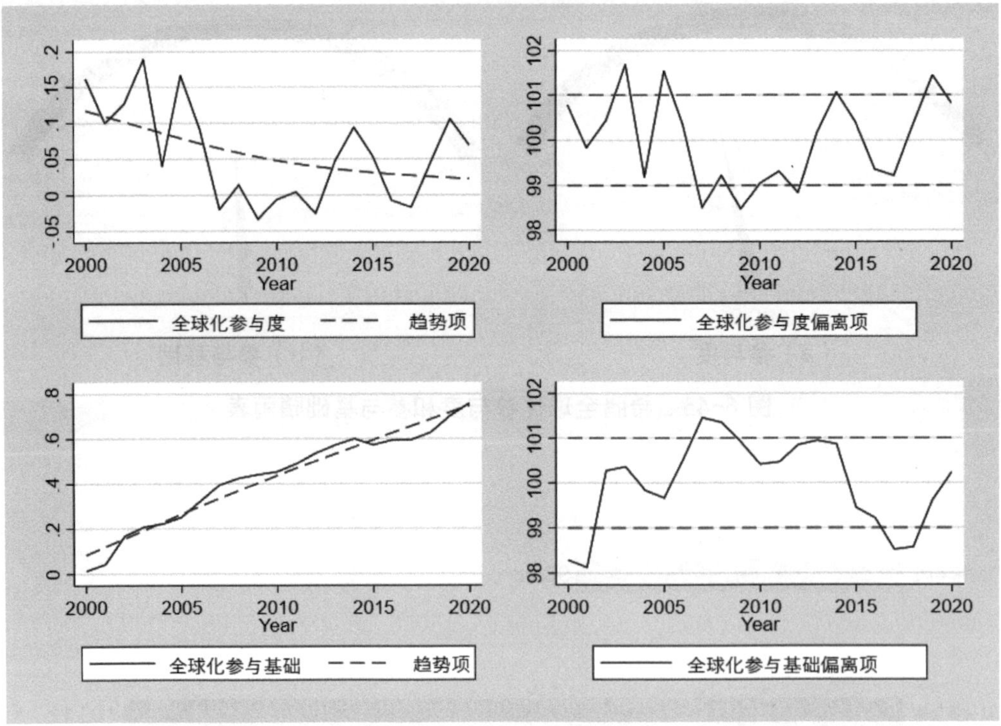

图 6-48　希腊全球化参与度和参与基础 HP 滤波图

由此可见，希腊作为对欧洲乃至世界历史有着不可替代重要影响力的文明古国，同时作为欧盟、欧元区、申根区、北大西洋公约组织（NATO）的成员国，在全球化方面有着极强的竞争力，经济全球化参与基础排名位列前 10 是它实力的有力证明。2020 年新冠肺炎疫情带来的冲击，使希腊的全球化参与受到了负面影响，全球化晴雨表显示希腊的经济全球化参与度和社会全球化参与基础均一定程度上低于趋势。除经济全球化参与度排名远低于其经济全球化参与基础外，希腊的社会和政治全球化参与度排名都较其参与基础排名高，政治全球化参与度进入全球前 25，是其全球化的重要推动力。

6.8.2 经济全球化

2020 年，希腊的经济全球化参与度低于趋势，参与基础高于趋势。在参与度方面，贸易领域的限制与进出口额的下降使希腊的经济全球化参与度低于发展趋势。

为应对疫情，希腊政府对贸易，尤其是国际贸易采取了限制性措施，其进口额和出口额因此较 2019 年减少了 9.3% 和 12.9%[1]，GDP 则较 2019 年下降了 9%[2]。尽管希腊医药产品出口增加，甚至增幅一度达到 48%[3]，但仍无法扭转局势。在参与基础方面，从金融领域来看，疫情期间企业寻求流动性积累和家庭存款的稳步上升，使希腊各银行存款自 2020 年 3 月以来呈上升态势，加之欧元体系贷款抵押要求和定向长期再融资业务条件暂时性放宽，让希腊各银行与外界的资金流动保持了良好的状况。与此同时，希腊银行的不良贷款在持续减少，到 2020 年 6 月底，不良贷款占总客户贷款的比例降至 36.7%，投资环境良好，对外资有较大的吸引力。此外，希腊开发银行推出了担保计划和 TEPIX II 企业融资计划，以保障疫情影响下企业获得融资的机会，名义贷款利率继续下降，也是希腊的金融全球化参与基础和参与度有所上升的原因之一。[4]

6.8.3 社会全球化

希腊的社会全球化参与度远高于趋势。希腊社会全球化参与度的增长，很大程度是由其信息和科技全球化参与度的增长带动的。疫情对人们出行的限制反而增加了人们的互联网使用。数据显示，从 2020 年 1 月到 2021 年 1 月，希腊的互联网用户数增加了 1%，活跃社交媒体用户数增加了 9.7%[5]。希腊信息全球化参与度的上升就是人们社会生活线上化的体现。疫情也带来了医疗领域的科技进步。2020 年，美国制药巨头辉瑞公司在希腊的塞萨洛尼基市投资建立了新的全球数字创新中心及全球业务运营和服务中心，这不仅为希腊的劳动力提供了工作岗位，也带动了当地的

1 Eurostat. Statistics Explained: International trade in goods: tables and figures [DB/OL]. https://ec.europa.eu/eurostat/statistics-explained/index.php?title=International_trade_in_goods&stable=0&redirect=no, 2023-09-06.

2 Eurostat. Your key to European statistics: Which EU countries had the highest GDP in 2020 [DB/OL]. https://ec.europa.eu/eurostat/en/web/products-eurostat-news/-/ddn-20211220-1, 2021-12-20.

3 Eurostat. Your key to European statistics: Trade in medicinal and pharmaceutical products up in 2020 [DB/OL]. https://ec.europa.eu/eurostat/en/web/products-eurostat-news/-/ddn-20210409-1, 2021-04-09.

4 European Commission. Publications: Enhanced Surveillance Report-Greece, November 2020 [D/OL]. https://ec.europa.eu/info/publications/enhanced-surveillance-report-greece-november-2020_en, 2020-11-18.

5 DataReportal. Digital 2021: Greece [R/OL]. https://datareportal.com/reports/digital-2021-greece, 2021-02-11.

科技发展[1]。同时，大众汽车集团将在阿斯提帕雷亚岛上建立开创性的交通系统，岛上目前的交通系统采用可再生能源发电供能，将阿斯提帕雷亚岛建设成智能、可持续的模范岛屿。这不仅是大众汽车脱碳战略的一环，也是希腊革新能源、提升社会生活可持续性的重要机会。[2]除此之外，微软公司也宣布，将在希腊建立一个数据中心，作为其“GR for Growth”数字化转型计划的一部分。这个数据中心将在希腊建立起一个微软云区域，让希腊跻身世界最大的云基础设施建设进程，加速了该国的数字化转型，也为它的数字经济提供了竞争优势[3]。这些投资对希腊的科技全球化参与度有着不可忽视的积极影响，最终也一并成为希腊社会全球化参与度上升的推动力。

6.8.4 政治全球化

希腊的政治全球化参与度和参与基础均符合趋势。尽管疫情严重影响国际间政府与组织合作，但由于希腊独特的地理位置和战略位置，希腊难民与移民问题依旧存在。2020 年 1 月底，卡特里娜·萨克拉罗普卢当选希腊新一任总统，她在环境和人权等问题上颇有建树，积极参与全球治理并与国际组织合作顺利。由于土耳其于 2020 年 2 月不再阻止境内收容的约 370 万名叙利亚难民前往欧盟，导致大批移民与难民集中涌向土耳其与希腊和保加利亚接壤的边境地带，希腊边境因此承受着很大的移民难民过境压力。联合国难民署和欧洲边境管理局就此情况均向希腊增派人手，多方多次进行协商，使希腊全球治理参与度保持稳定发展，与国际组织的合作也使其政治全球化参与基础保持稳定态势。

---

1 Greek Reporter. Pfizer's Investment in Thessaloniki a "Historic Moment" for Greece [EB/OL]. https://greekreporter.com/2021/10/12/pfizer-investment-thessaloniki-historic-moment-greece/, 2021-10-12/2022-02-12.

2 Volkswagen Group News. Volkswagen Group and Greece to create model island for climate-neutral mobility [EB/OL]. https://www.volkswagen-newsroom.com/en/press-releases/volkswagen-group-and-greece-to-create-model-island-for-climate-neutral-mobility-6583, 2020-04-11/2022-02-13.

3 Microsoft. Stories Europe. Microsoft announces plans for first datacenter region in Greece as part of "GR for Growth" digital transformation initiative [EB/OL]. https://news.microsoft.com/europe/2020/10/05/microsoft-announces-plans-for-first-datacenter-region-in-greece-as-part-of-gr-for-growth-digital-transformation-initiative/, 2020-10-05/2022-02-13.

6.9 俄罗斯

6.9.1 总体情况

作为世界上陆地面积最大的国家，俄罗斯积极参与全球化发展。新冠肺炎疫情是冷战结束以来最严重的突发性全球危机，其影响远远超过疫情本身。此次疫情对于俄罗斯的经济、社会、政治全球化而言，是一场全面的、综合性挑战。

在排名上，俄罗斯的全球化参与度排名第 10 位，全球化参与基础排名第 56 位。根据图 6-49，从趋势上看，俄罗斯全球化参与度显著下降，全球化参与基础也相应轻微下降。分领域看，俄罗斯经济全球化参与度排名第 69 位，经济全球化参与度显著下降，金融全球化参与度基本持平。经济全球化参与基础排名第 76 位，经济全球化参与基础下降，其中，金融全球化参与基础略微下降，贸易全球化参与基础显著下降。俄罗斯的社会全球化参与度排名第 20 位，社会全球化参与基础排名第 98 位。社会全球化参与度出现小幅波动，其中，文化全球化参与度小幅下降，信息全球化、人际全球化和科技全球化参与度则表现出微弱增长态势。社会全球化参与基础轻微下降，其中，信息全球化参与基础有显著提升，科技和文化全球化参与基础则基本保持不变。相比之下，人际全球化参与基础大幅度下降。俄罗斯的政治全球化参与度排名第 2 位，政治全球化参与基础排名第 20 位。政治全球化参与度大幅下降，其中，全球治理参与度降幅显著，国际合作参与度也同样出现了大幅下降。俄罗斯的政治全球化参与基础小幅上升，其中，全球治理参与基础几乎不变，国际合作参与基础有轻微上升。

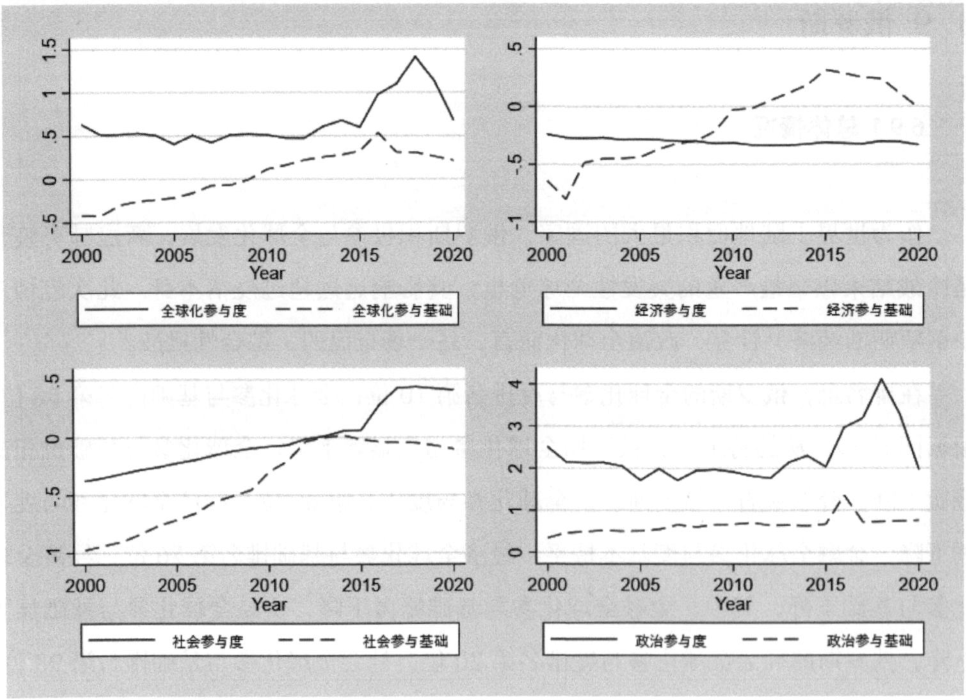

图 6-49　俄罗斯全球化参与度和参与基础折线图（总指标和一级指标）

从图 6-50 可知，在参与度方面，俄罗斯的政治全球化参与度有明显优势，经济全球化参与度则劣势明显；参与基础方面，俄罗斯的政治全球化参与基础优势明显，社会全球化参与基础发展落后。

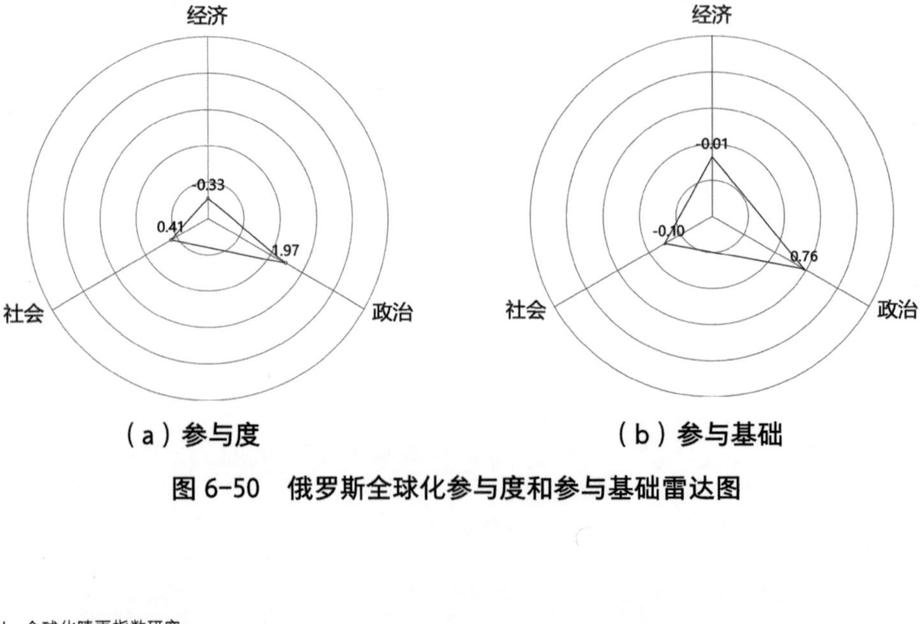

（a）参与度　　　　（b）参与基础

图 6-50　俄罗斯全球化参与度和参与基础雷达图

根据图 6-51、6-52、6-53 和 6-54，俄罗斯的全球化参与度晴雨指数为 98.43，略低于趋势。其中，经济全球化参与度晴雨指数为 99.97，符合趋势；社会全球化参与度晴雨指数为 99.89，符合趋势；政治全球化参与度晴雨指数为 98.25，低于趋势。俄罗斯的全球化参与基础晴雨指数为 97.64，低于趋势。其中，经济全球化参与基础晴雨指数为 97.28，低于趋势；社会全球化参与基础晴雨指数为 97.94，低于趋势；政治全球化参与基础晴雨指数为 99.35，符合趋势。

（a）参与度

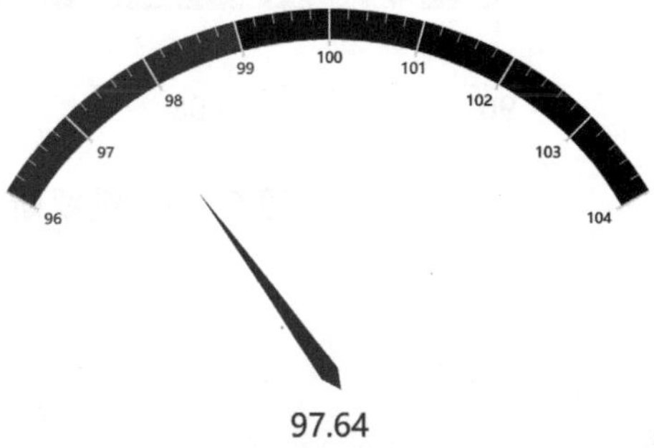

（b）参与基础

图 6-51　俄罗斯全球化参与度和参与基础晴雨表

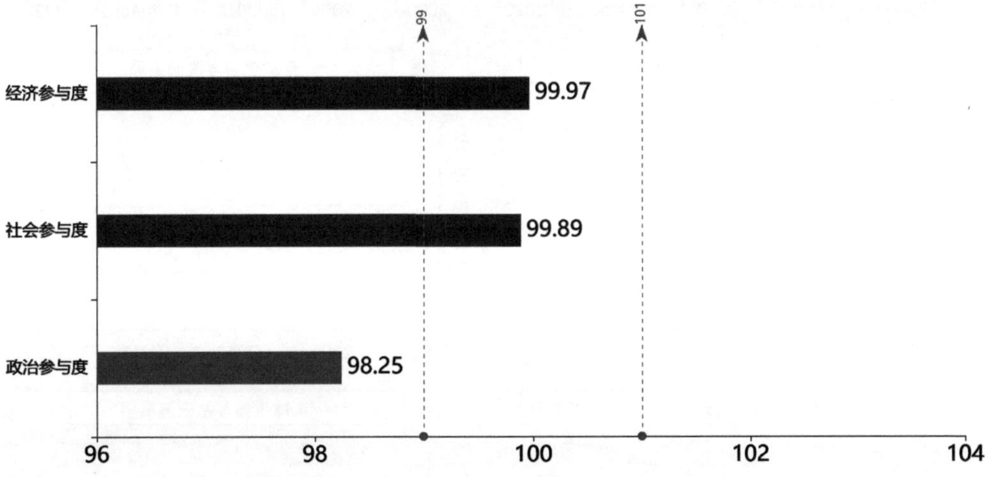

图 6-52　俄罗斯全球化参与度驱动因素

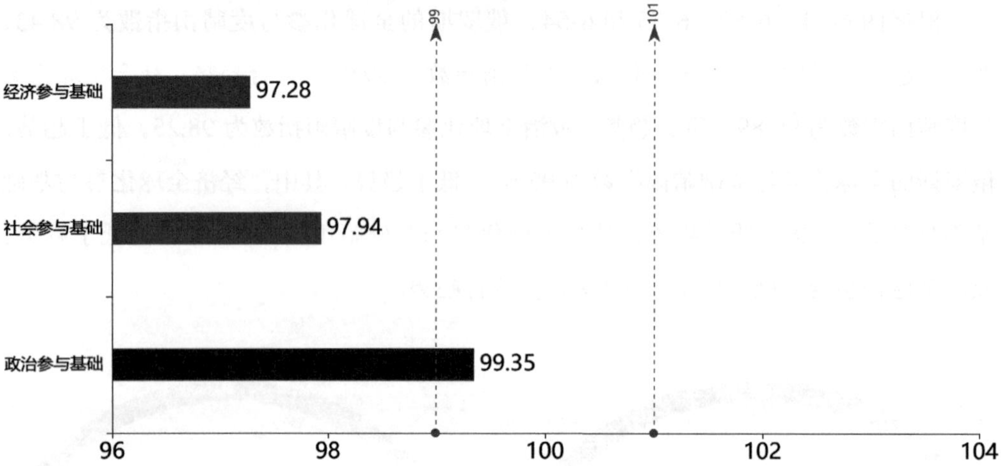

图 6-53　俄罗斯全球化参与基础驱动因素

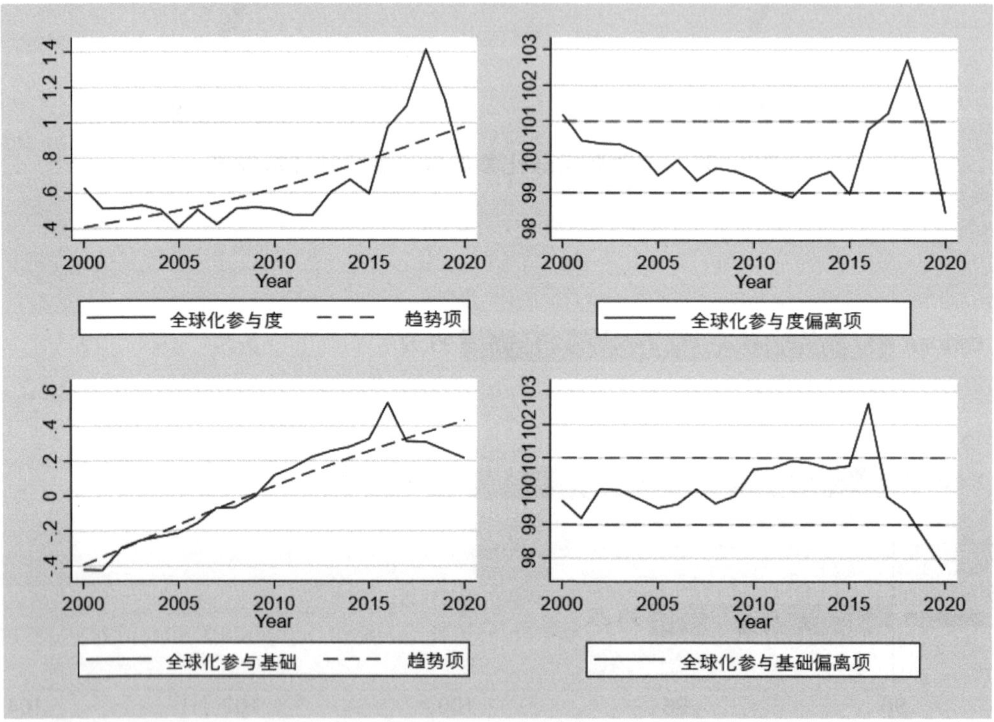

图 6-54　俄罗斯全球化参与度和参与基础 HP 滤波图

由此可见，苏联解体后30多年，俄罗斯积极融入全球化，并取得了一定的成果，但各个领域排名区别较大，全球化仍有进一步发展的空间。2020年，俄罗斯对内政外交进行了一系列重大调整，但新冠肺炎疫情和周边爆发的政治及安全危机，对俄罗斯的发展和稳定也构成巨大挑战。全球化晴雨表显示，俄罗斯的全球化参与度和参与基础均低于原先趋势。深受国际形势影响，俄罗斯的政治参与度低于趋势，经济和社会全球化参与度勉强符合趋势。

6.9.2 经济全球化

俄罗斯的经济全球化参与度符合趋势，参与基础低于趋势。在参与度方面，从贸易领域来看，2020年，俄罗斯的外贸总额、出口、进口和经常账户盈余都出现了较大幅度的下降。由于内部隔离和社交限制，外部需求不振，能源出口减少，加上国际能源价格下跌，造成了严重的经济停顿。2020年，俄罗斯对外贸易总额为5715亿美元，与2019年相比下降15.3%。其中，出口额为3317亿美元，同比下降21%，能源和原材料商品出口下降35.9%，4—8月降幅最大，几乎下降了一半。[1]除此以外，由于危机对于国际油价的影响，使高度依赖能源出口的俄罗斯经济遭受打击。2020年3月9日，俄罗斯在与石油输出国组织（OPEC）的谈判中，未能就延长石油限产协议达成一致，造成国际油价暴跌。[2] 2020年，俄罗斯油气出口收入减少40%。全球油气市场需求尚未恢复至危机前的水平，在农产品贸易领域，尽管2020年俄罗斯农业迎来丰收之年，农产品产量有所增加，但受疫情影响，俄罗斯国内粮食和食品价格出现波动。俄罗斯政府为保障本国粮食安全，应对食品通胀压力，抑制价格过快上涨，先后出台了一系列限制粮食出口的措施，包括春季对向日葵、大豆和油菜籽实施了临时性出口禁运，并制定粮食出口关税配额和小麦出口税，主要涉及从俄罗斯出口至欧亚经济联盟以外地区的产品。由此可见，俄罗斯贸易全球化参与度深受疫情及其所引发的一系列国际形势变化的影响，受到了巨大冲击。

疫情引发产业链的巨变，导致全球化治理的重点转向区域一体化。然而受疫情

---

1 庞大鹏.2020年俄罗斯政治形势分析[M]//孙壮志，李中海，张昊琦.俄罗斯发展报告(2021). 北京：社会科学文献出版社，2021：22-33.

2 徐坡岭.新冠肺炎疫情冲击下俄罗斯2020年宏观经济运行与宏观政策措施[M]//孙壮志，李中海，张昊琦.俄罗斯发展报告(2021). 北京：社会科学文献出版社，2021：34-48.

影响，俄罗斯主导的欧亚经济联盟区域分工网络并不能对其经济重启产生太多的实质性帮助。因为该区域分工网络不仅难以形成足够的市场规模，也缺少全球领先的科技经济引擎。此外，由于区域合作组织具有相当高的封闭性和排他性，因而很难形成足够的投资吸引力。

在参与基础方面，从金融领域看，一方面，疫情所导致的不稳定性严重影响了外来投资。全球投资者规避风险导致的外国负债减少以及新冠肺炎疫情带来的新限制，使 2020 年俄罗斯的金融账户从盈余转为赤字，达到 499 亿美元。国外金融负债减少 431 亿美元（2019 年增加 287 亿美元）。[1] 另一方面，卢布贬值加速了通胀进程和资本外流。2020 年，卢布兑美元汇率下降了 19.3%，达到 73.9 ： 1。贬值的第一个高峰出现在 3 月（下降 16%），主要与油价的急剧下跌有关，9 月出现了第二次高峰（下降 6.8%），地缘政治风险增加、关键利率下降及全球不确定性增强易导致投资者撤出。11—12 月，卢布开始升值。到 2020 年底，卢布对美元汇率达到 68—69 卢布兑 1 美元，这意味着卢布被低估了 7%—9%。一系列措手不及的转变让俄罗斯在金融领域受到了进一步的挫折，一定程度上降低了其全球化参与的信心。

6.9.3 社会全球化

从总体上来看，虽然身处疫情的漩涡当中，俄罗斯的社会全球化参与度与过去几乎持平。其中，对其具有拉动作用的是信息、人际、科技全球化参与度的稳定发展。

在科技领域，随着新一轮科技革命和技术变革，俄罗斯在进一步强化信息基础设施，以及新一代信息技术、ICT 产业、人力资源、信息安全保障、数字环境监管等数字经济核心能力的同时，也聚焦电子商务、数字交通、电子政务、数字金融和智慧城市等重点领域，努力探索数字化转型，取得了积极成效，在数字服务民生、数字安全保障、数字资源共享等方面走在了全球前列。[2] 一系列建设和投入让俄罗斯更好地适应了信息全球化的发展。从人际领域来看，出于疫情防控需要，2020 年初，俄罗斯收紧了中亚劳工赴俄政策，来应对疫情对于人际流动的影响，使劳动力流动

---

1 丁超. 2020年俄罗斯财政金融形势及政策方向[M]//孙壮志，李中海，张昊琦. 俄罗斯发展报告(2021). 北京：社会科学文献出版社，2021：116-131.

2 高际香. 俄罗斯数字经济发展与数字化转型[J]. 欧亚经济，2020(01)：21-37+125+127.

受限，但留学生群体依旧庞大。21 世纪初，俄罗斯联邦政府曾颁布《2020 年前俄罗斯联邦社会经济发展长期构想》，从中长期战略规划的角度提出了吸引留学生的目标。[1] 在国家战略统筹、多元主体协同推进的原则下，俄罗斯通过五大路径取得了吸引留学生的明显成效，不仅数量规模和经济收效并举，而且已成为世界主要非英语留学目的国之一。[2] 综合上述因素，俄罗斯社会全球化参与度依旧保持趋势，平稳发展。

6.9.4 政治全球化

俄罗斯的政治全球化参与度低于趋势，参与基础符合趋势。对俄罗斯来说，其政治全球化参与度下降体现在以下四点：

第一，俄罗斯不再试图在后苏联空间实施以联合为导向的倡议；第二，与西方尤其是欧洲建立特殊关系的前景最终消失；第三，疏远西方并不意味着自动“转向东方”，无论如何，这是非线性的，而且相当保守；第四，强制力量（对俄罗斯来说其最典型的形式是军事力量）重新成为主要的外交工具，通过国际机构开展的工作则退居次要位置。[3] 这一主次矛盾的转变，使由俄罗斯主导的一体化组织受到新挑战，欧亚经济联盟框架内的一些合作计划不得不延迟，对盟友的吸引力下降。疫情导致劳务输出受到影响，中亚国家对俄罗斯的依赖降低。此外，西方对于俄罗斯的制裁，也是造成俄罗斯政治全球化参与度降低的原因之一。

在参与基础方面，由于纳卡地区冲突不断，集体安全条约组织在纳卡冲突中无所作为，俄罗斯与阿塞拜疆、亚美尼亚三国领导于 2020 年 11 月签署纳卡地区停火声明，俄罗斯也于当月完成了维和部队在纳卡地区的部署。俄罗斯在维和领域的积极参与，成为使其政治参与基础保持趋势的重要因素。

---

1 Концепция долгосрочного социально-экономического развития Российской Федерации на период до 2020 года[EB/OL]. http://government.ru/info/6217/, 2008-10-17/2022-07-10.

2 肖甦，朋腾.服务国家战略：俄罗斯扩大留学生规模的行动逻辑探析[J].外国教育研究，2021(04): 33-45.

3 Федор Лукьянов. Почему 2020 год стал рубежным для российской внешней политики [EB/OL]. https://profile.ru/politics/pochemu-2020-god-stal-rubezhnym-dlya-rossijskoj-vneshnej-politiki-462783/, 2020-12-22/2022-12-01.

6.10 西欧、北欧和南欧地区其他国家

6.10.1 总体情况

西欧、北欧和南欧国家无论在经济发达程度、社会发展水平或是国际政治参与上，都位居全球前列，其在全球化参与基础上的表现尤为出色。2020 年新冠肺炎疫情的负面冲击对这一地区的全球化参与构成了一定的风险与挑战，但是其高度发达的全球化基本面并未受到显著影响。

根据图 6-55，总体而言，西欧、北欧和南欧其他国家全球化参与度显著下降，全球化参与基础略有下滑。分领域看，经济全球化参与度略有下降。其中，贸易全球化呈现负增长态势，而金融全球化参与度则略有提升。这些国家的经济全球化参与基础维持在原先水平之上，这主要是金融全球化参与基础小幅上升趋势和贸易全球化参与基础小幅回落态势相抵消的结果。这些国家的社会全球化参与度基本保持不变，其中，信息全球化、人际全球化和科技全球化参与度增长显著，文化全球化参与基础则略有下降。这些国家的社会全球化参与基础轻微下降。其中，科技全球化参与基础显著回落，人际全球化和文化全球化参与基础维持原先水平不变，信息全球化参与基础则保持了低速正增长趋势。2020 年，这些国家的政治全球化参与度急剧下降，这与其中的二级指标全球治理参与度的显著负增长有密切关联；国际合作参与度则维持平稳增长趋势。这些国家的政治全球化参与基础则出现了小幅回落，其中，全球治理参与基础与其保持相同的负增长趋势，国际合作参与基础则略有上扬。

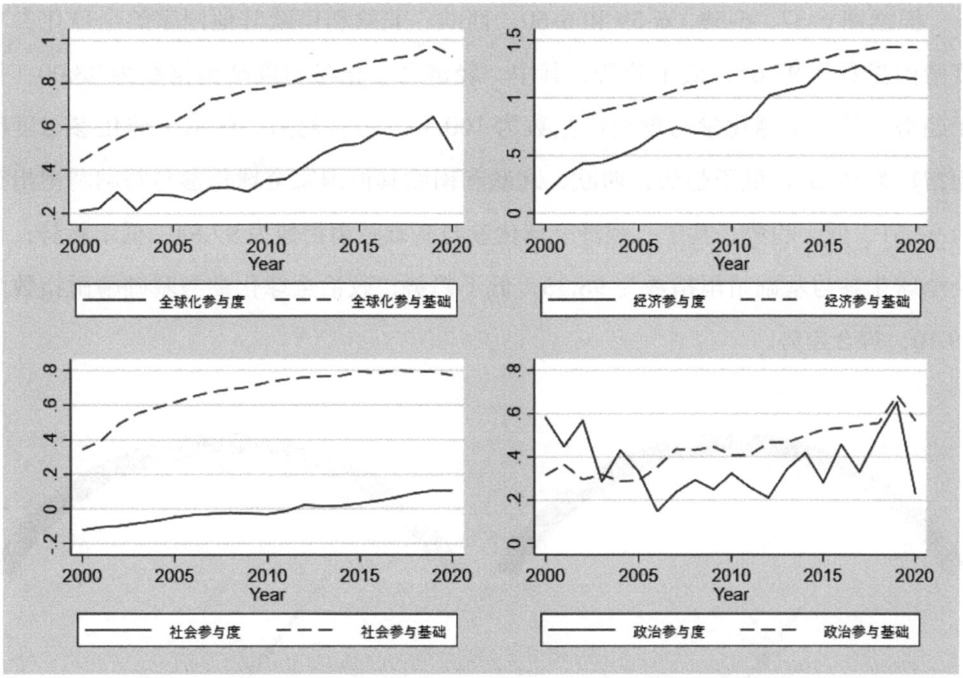

图 6-55　西欧、北欧和南欧地区其他国家全球化参与度和参与基础折线图（总指标和一级指标）

从图 6-56 可知，西欧、北欧和南欧其他国家在经济全球化参与度方面表现更佳，社会全球化参与度较差；经济全球化参与基础优势明显，政治全球化参与基础则较弱。

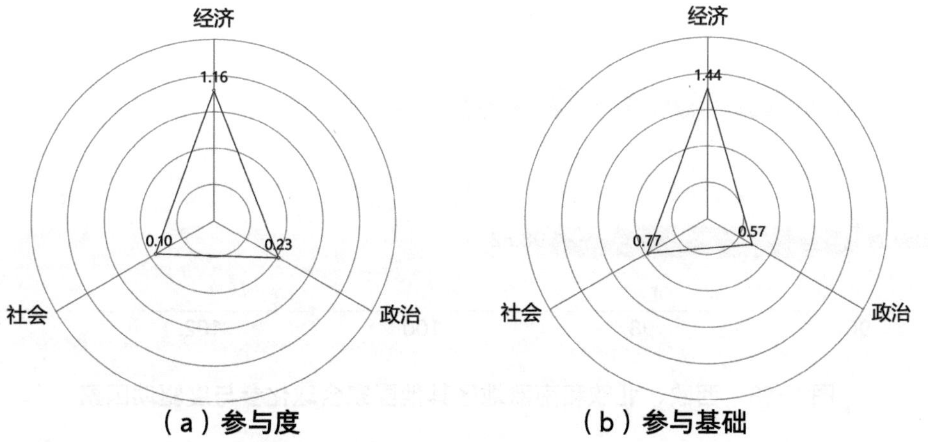

图 6-56　西欧、北欧和南欧地区其他国家全球化参与度和参与基础雷达图

根据图 6-57、6-58、6-59 和 6-60，西欧、北欧和南欧其他国家的全球化参与度晴雨指数为 97.66，低于趋势。其中，经济全球化参与度晴雨指数为 98.00，低于趋势；社会全球化参与度晴雨指数为 100.46，符合趋势；政治全球化参与度晴雨指数为 98.82，低于趋势。西欧、北欧和南欧其他国家全球化参与基础晴雨指数为 97.51，低于趋势。其中，经济全球化参与基础晴雨指数为 97.84，低于趋势；社会全球化参与基础晴雨指数为 98.33，低于趋势；政治全球化参与基础晴雨指数为 99.10，符合趋势。

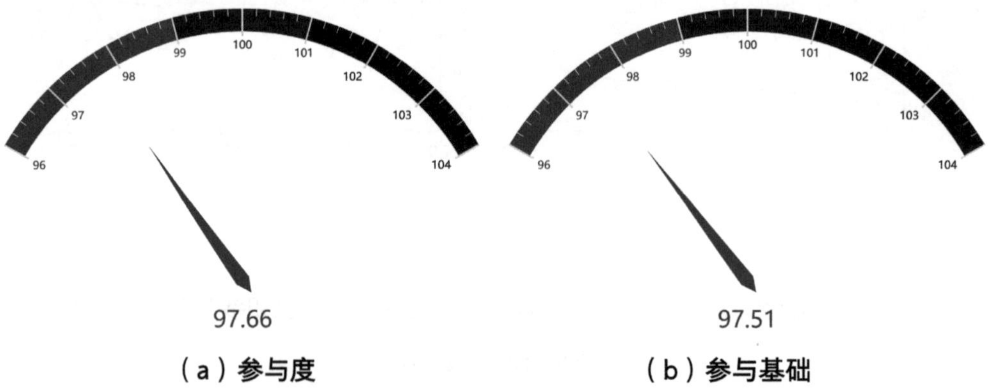

图 6-57　西欧、北欧和南欧地区其他国家全球化参与度和参与基础晴雨表

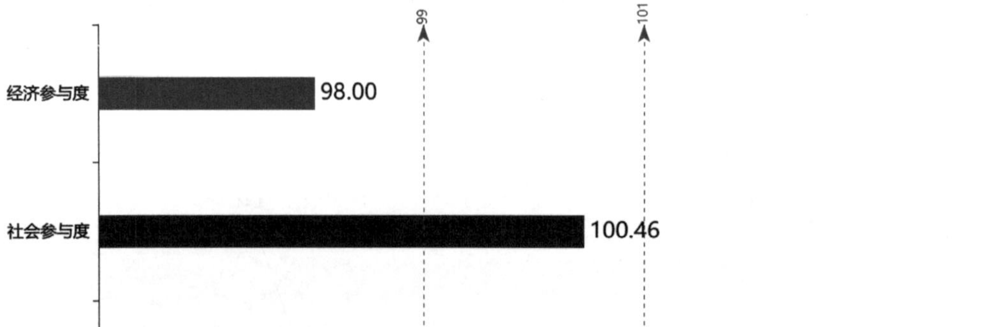

图 6-58　西欧、北欧和南欧地区其他国家全球化参与度驱动因素

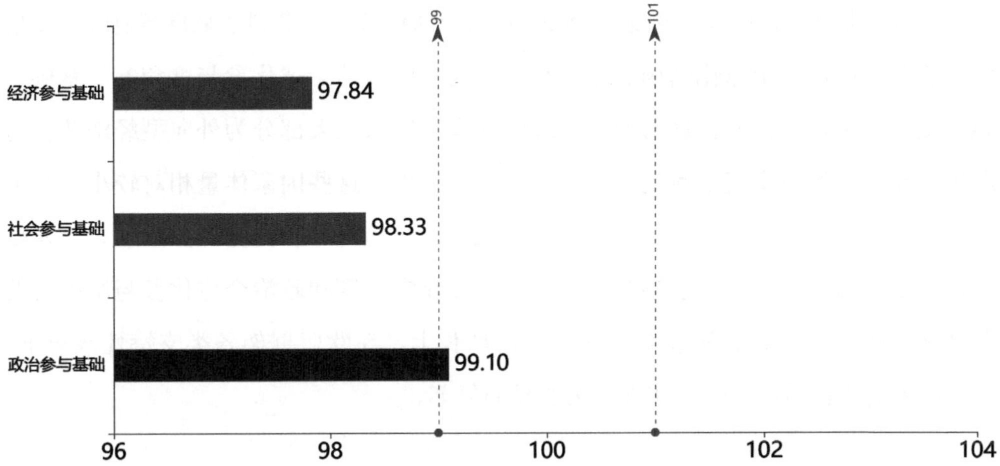

图 6-59　西欧、北欧和南欧地区其他国家全球化参与基础驱动因素

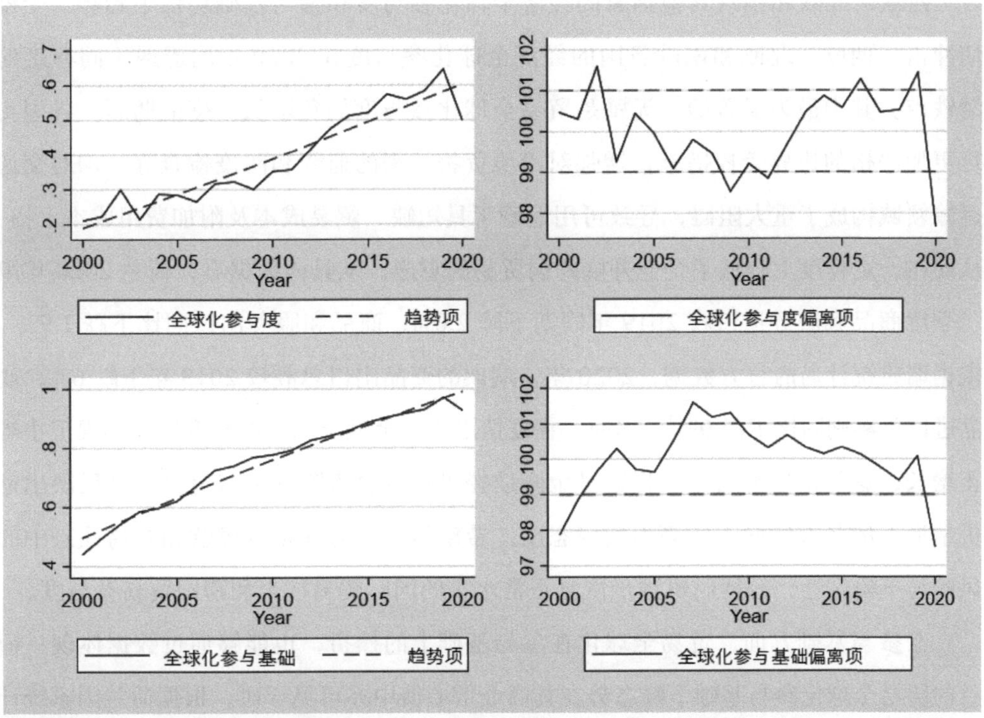

图 6-60　西欧、北欧和南欧地区其他国家全球化参与度和参与基础 HP 滤波图

西欧、北欧和南欧其他国家在2020年的全球化参与中受到了来自新冠肺炎疫情强烈的负面冲击。全球化晴雨表结果显示，这些国家的全球化参与度和参与基础均显著低于趋势。一方面，这与西欧、北欧和南欧国家绝大部分为外向型经济体，对跨国贸易和各领域交流依赖度较高有关；另一方面，这些国家体量相对较小，经济自我调整能力较差，在突发危机中难以实现快速风险对冲和内化。分维度看，在疫情危机下大致保持原先发展趋势的是社会全球化参与度和政治全球化参与基础，尤其体现在信息全球化和科技全球化的正向增长上。在欧盟框架各类支持性政策下，这些国家有望在后疫情时代实现较为明显的复苏。

6.10.2 经济全球化

西欧、北欧和南欧其他国家的经济全球化参与度和参与基础均低于趋势。受疫情冲击，西欧、北欧和南欧各国的经济全球化参与度在2020年均遭遇不同程度的滑铁卢。其中最为显著的，无疑是贸易全球化参与度的负增长。疫情期间，各国实行更加严格的边界管控措施，增强对跨境货物往来的监管和防疫检查等，均对交通运输领域构成了重大阻碍，导致可用运输工具短缺、贸易成本及附加费用成本上扬，从而在一定程度上降低了企业开展跨国贸易的意愿。从具体数据看，荷兰2020年第二季度商品和服务进口较2019年同期下降2.0%，商品和服务出口同比下跌1.9%[1]。根据瑞典统计局的官方数据，2020年，瑞典的商品出口总额较2019年下跌6%，商品进口总额则同比下滑9%[2]。然而，在疫情之下，金融全球化参与度反而实现了小幅正增长，这与市场参与方选择通过金融途径进行资金避险的趋势有关。这反映出危机情形下的各方倾向于持谨慎观望态度，希望尽可能避开企业经营和贸易往来中的风险与不确定性，等待时机逐步恢复正常水平的国际贸易往来和跨国贸易参与度。

在参与基础方面，贸易全球化在参与基础上的挫折，也能够通过数据体现：荷兰的贸易全球化参与基础下降态势在其商业信心值中亦可见一斑。根据荷兰国家统计

1 Statistics Netherlands. Dutch Trade in Facts and Figures. Exports, investment, and employment. 2020 [R/OL]. https://www.cbs.nl/en-gb/publication/2020/36/dutch-trade-in-facts-and-figures-2020, 2020-11-05.

2 Statistics Sweden. Recovery in both exports and imports of goods in the fourth quarter [R/OL]. https://www.scb.se/en/finding-statistics/statistics-by-subject-area/trade-in-goods-and-services/foreign-trade/foreign-trade—exports-and-imports-of-goods/pong/statistical-news/exports-and-imports-of-goods-januaryseptember-2020-in-current-prices-and-in-constant-prices2/, 2021-02-26.

局数据，荷兰贸易领域的商业信心值从2020年第一季度的9%急剧下跌至第二季度的–28%。在金融方面，欧元区内部金融工具的使用和其他金融层面协调措施，使疫情对该地区内部国家的经济负面影响形成缓冲作用，为大多数国家的资金流动提供了相对可靠的平台，有效吸引了外资。这一乐观态势对于经济全球化参与基础的恢复具有长远的积极作用[1]。总之，新冠肺炎疫情对西欧、北欧和南欧其他国家的经济全球化参与造成了负面冲击，但是其在后疫情时代有望得到复苏，恢复速度取决于各国的经济韧性和发展水平等因素。

6.10.3 社会全球化

西欧、北欧和南欧其他国家的社会全球化参与度符合趋势，参与基础低于趋势。参与度方面，信息全球化进程在疫情特殊条件下的迅猛增长成了一大亮点，对社会全球化整体趋势具有显著拉动效应。具体而言，各国在疫情封锁措施实行期间的大量线上活动，极大提升了互联网在社会各方面的使用度和普及率，信息流动的效率和规模呈现明显增长态势。对于许多新的互联网技术和线上平台而言，疫情从侧面推动了其广泛应用，甚至使一些产品或服务的数字化和电子化时间较之前推测提前了数年[2]。在信息层面往来日益密切的基础上，科技全球化参与程度也出现了正增长。尤其在疫情大背景之下，对抗击新冠病毒医疗技术的巨大需求使欧洲众多国家在这一领域纷纷扮演不同角色，从科技开发与应用推广等方面助力人类健康与安全。此外，西欧、北欧和南欧国家在人际全球化方面并未出现显著下滑趋势，这主要与申根协定等欧洲内部一体化进程有重要关联：在制度框架保护下，申根区内部人员流动管控相对松散，跨国人员往来相对频繁，进而对疫情在这一方面的强烈冲击形成了一定程度的有效缓冲。总体而言，西欧、北欧和南欧在2020年的社会一体化进程并未呈现出大幅滑坡现象，其相对稳定性和韧性主要来自信息化、数字化和科技发展对疫情封锁措施消极影响的适应和缓冲。

在参与基础方面，由于疫情限制了国际人员流动，国际航班大量取消或限流，

1 石贤泽.欧盟的新冠危机治理——基于政策工具的跨界危机治理逻辑[J].欧洲研究，2021，39(03)：93-114+7.

2 Boletín informativo del Instituto Nacional de Estadística: The leap in e-commerce [EB/OL]. https://www.ine.es/ss/Satellite?L=en_GB&c=INECifrasINE_C&cid=1259952923622&p=1254735116567&pagename=ProductosYServicios%2FINECifrasINE_C%2FPYSDetalleCifrasINE, 2020-06-13/2021-12-27.

国际机场的客流量大幅减少，非主要转运机场基本处于关闭状态。除此之外，疫情封锁下，人员流动和文化交流受阻，作为语言多样且亟须保护的地区，其语言全球化交流进程受到严重阻碍。由此导致参与基础略低于趋势。

6.10.4 政治全球化

2020 年，西欧、北欧和南欧其他国家在政治全球化参与度和参与基础方面均体现为负增长趋势，其中参与度负增长程度更甚。究其原因，是全球治理方面的疲软局面对其消极发展态势构成了重要影响。在全球治理参与度上的回落，主要归结于其在联合国各会议建言献策实际量的下降。一方面，联合国众多会议议程由于疫情缩短、简化或是取消，导致西欧、北欧、南欧等国在联合国可发言的次数、时长和内容规模更为有限，进而造成建言贡献度指标的下降。另一方面，这一地区联合国建言贡献度在过去 20 年内呈现出周期为 2—3 年的涨落波动，说明 2020 年参与度的下降是这一固有波动趋势的正常周期性表现。这一涨落波动，可能与各国政局更迭、外交政策导向、国际合作积极性等有一定关联。2020 年西欧、北欧和南欧其他国家的政治全球化参与基础也出现了下滑，这也主要与全球治理领域的参与基础下降有关。而促成这一趋势的，是该地区国家在维和行动参与方面的相对颓势。在疫情期间，众多国家出于疫情防控考虑、预算开支问题、国内社会对海外军事行动态度转变等因素选择削减联合国维和部队中本国人员人数，派出维和部队规模减小，参与维和行动的积极性和动力下降。这对西欧、北欧和南欧其他国家在国际维和合作方面的政治参与度有一定的消极影响。值得注意的是，西欧和北欧环境保护类政党（如绿党）逐渐成为各国政坛中的一支新兴政治力量，在其政策中体现出明确的对环境保护全球化的追求。冰岛的左翼绿色运动党进驻新政府[1]等说明了在这些国家的政治全球化中将更多体现环保元素。总体而言，西欧、北欧和南欧其他国家在政治全球化参与度和参与基础上均表现出符合疫情冲击逻辑的下降趋势，而参与基础薄弱也意味着其在该领域全球化参与程度的复苏仍将面临多重困难与挑战。

---

1 Sigurdardottir R. Bloomberg: Iceland Votes, With its Dependence on Tourism Exposed [EB/OL]. https://www.bloomberg.com/news/articles/2021-09-25/iceland-votes-with-its-dependence-on-tourism-exposed-by-covid, 2021-09-25/2021-12-27.

6.11 中东欧地区其他国家

6.11.1 总体情况

中东欧地区以多转型国家为特点，在经济、社会、政治领域的全球化表现受到诸多周边因素以及不确定因素的干扰。2020 年新冠肺炎疫情的冲击影响，为中东欧其他国家的全球化参与带来了不小的挑战。

根据图 6-61，总体而言，中东欧其他国家全球化参与度呈现显著下降趋势，全球化参与基础也表现为持续下滑状态。分领域看，经济全球化参与度仍然呈现明显的下降趋势。其中，贸易全球化参与度出现显著下降；金融全球化参与度则略有回升。这些国家的经济全球化参与基础也呈现同步下降趋势，其中，金融及贸易全球化参与基础均呈现不同程度的下降，且贸易全球化参与基础下降程度要强于金融全球化参与基础。中东欧其他国家的社会全球化参与度出现了小幅下降，其中，文化全球化参与度下降明显，科技全球化参与度仅出现轻微回落，人际、信息全球化参与度则呈现上升趋势。该地区的社会全球化参与基础仍然延续了此前缓慢上涨的趋势，其二级指标信息全球化参与基础同样维持了之前较为快速的增长趋势，人际全球化及文化全球化参与基础则与原先持平，但其科技全球化参与基础却呈现出轻微下降趋势。这些国家在 2020 年的政治全球化参与度下降幅度也十分明显。其二级指标全球治理参与度出现急剧下降，不过国际合作参与度的明显回升则在一定程度上弥补了政治全球化参与度的下降趋势。该地区的政治全球化参与基础也出现显著下降，其中，全球治理参与基础下降势头显著，而其国际合作参与基础则仍维持明显上升趋势。

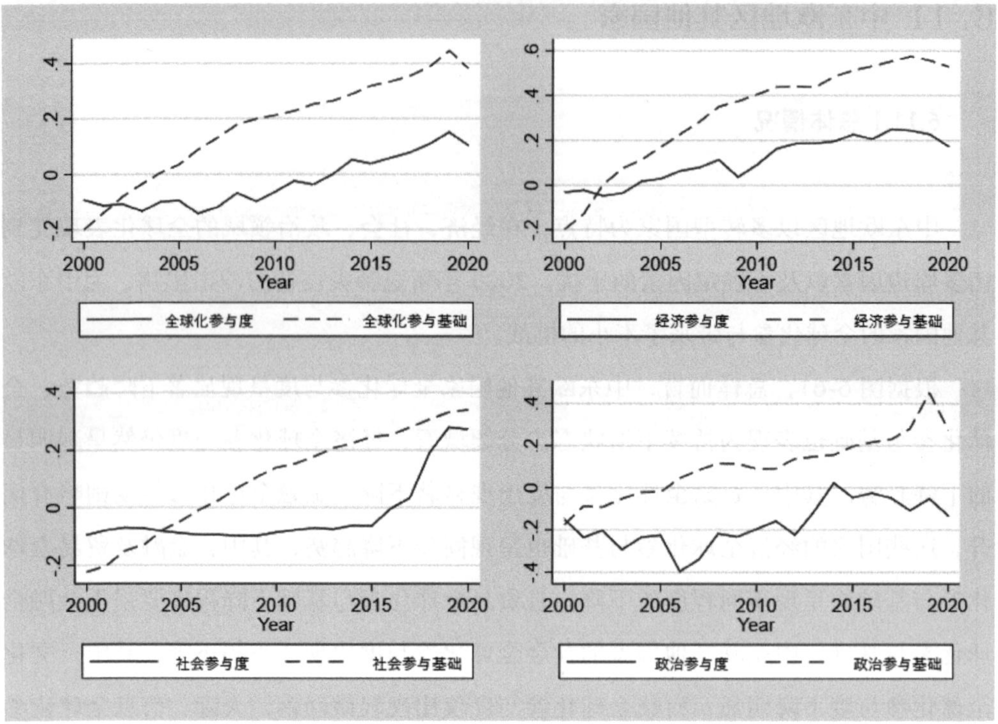

图 6-61　中东欧地区其他国家全球化参与度和参与基础折线图（总指标和一级指标）

从图 6-62 可知，中东欧其他国家在参与度方面，社会全球化参与度表现更佳，政治全球化参与度表现较差；参与基础方面，经济全球化参与基础表现更佳，政治全球化参与基础表现较差。

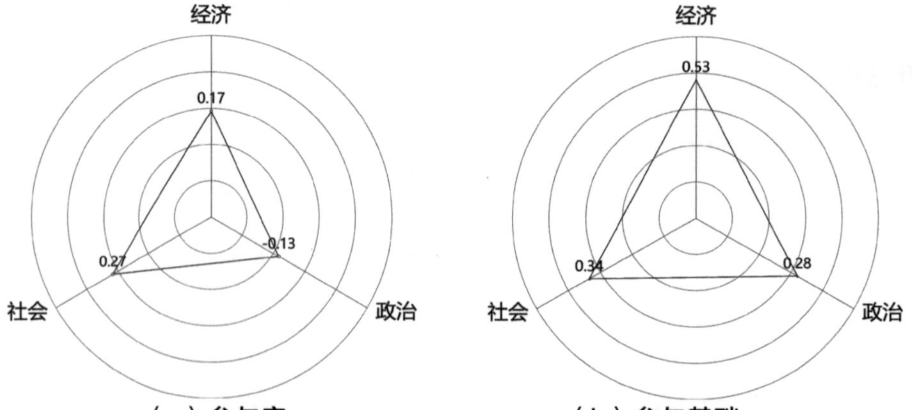

（a）参与度　　（b）参与基础

图 6-62　中东欧地区其他国家全球化参与度和参与基础雷达图

根据图 6-63、6-64、6-65 和 6-66，中东欧其他国家的全球化参与度晴雨指数为 99.65，符合趋势。其中，经济全球化参与度晴雨指数为 97.41，低于趋势；社会全球化参与度晴雨指数为 101.87，高于趋势；政治全球化参与度晴雨指数为 98.95，低于趋势。中东欧其他国家全球化参与基础晴雨指数为 97.88，低于趋势。其中，经济全球化参与基础晴雨指数为 98.07，低于趋势；社会全球化参与基础晴雨指数为 98.39，低于趋势；政治全球化参与基础晴雨指数为 98.74，低于趋势。

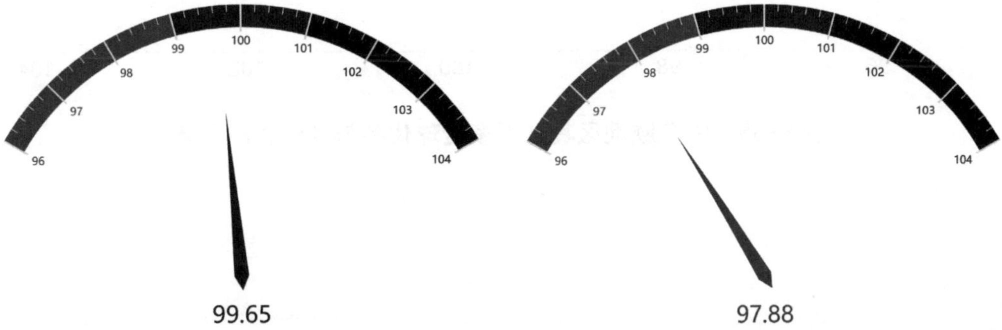

（a）参与度　　（b）参与基础

图 6-63　中东欧地区其他国家全球化参与度和参与基础晴雨表

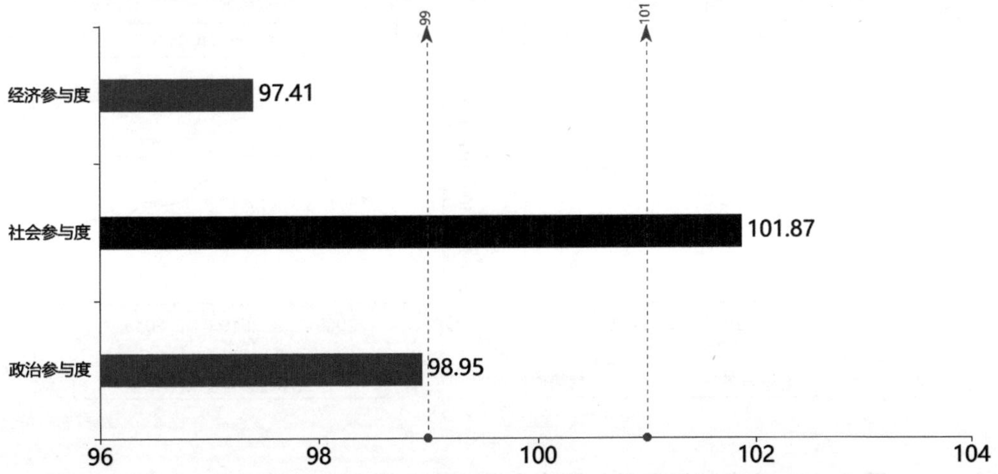

图 6-64　中东欧地区其他国家全球化参与度驱动因素

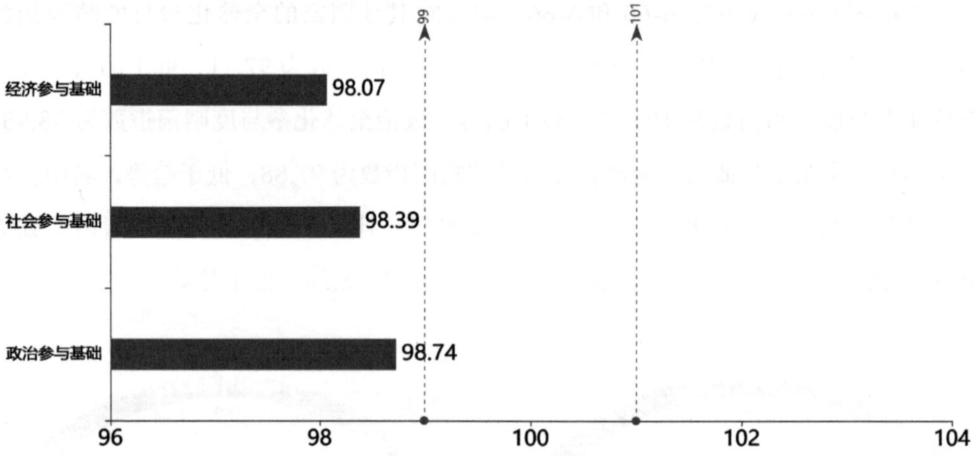

图 6-65　中东欧地区其他国家全球化参与基础驱动因素

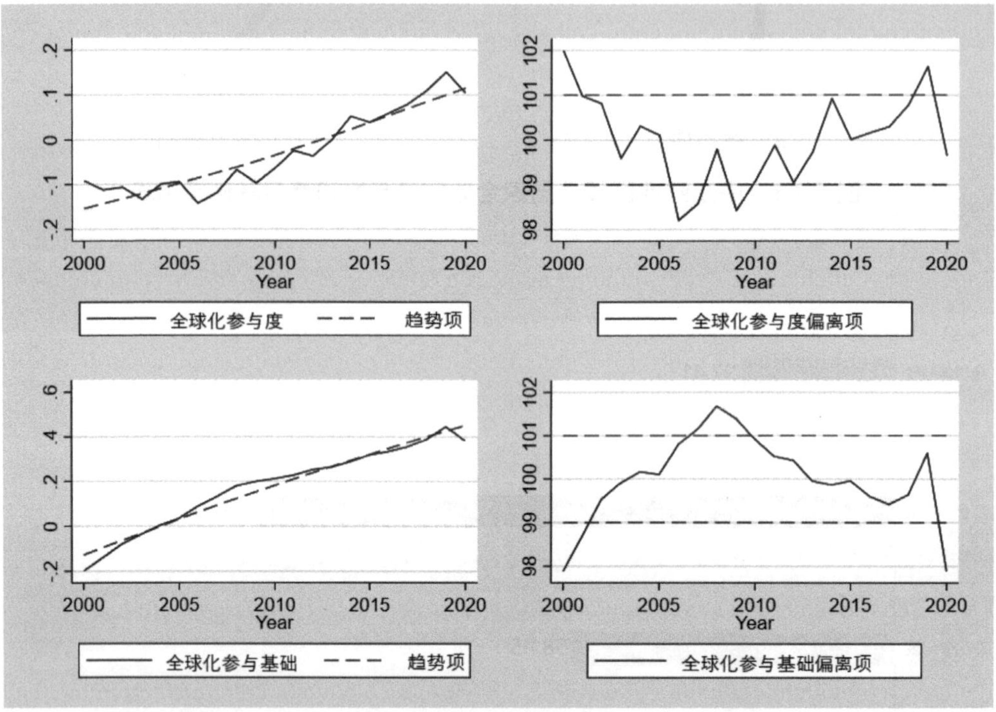

图 6-66　中东欧地区其他国家全球化参与度和参与基础 HP 滤波图

2020 年新冠肺炎疫情对中东欧其他国家的负面冲击明显。全球化晴雨表结果显示，这些国家的全球化参与度符合趋势。对中东欧其他国家而言，它们在一定程度上较为有效地抵御了来自疫情的强烈冲击，符合趋势的全球化参与度也体现出这些国家在疫情面前强大的韧性与潜力。但是这些国家的全球化参与基础则呈现出低于趋势的状态，也体现出这些国家难以较为出色地抵御突发事件带来的风险，无法快速实现对于风险的妥善处理及应对。分维度看，社会参与度是中东欧其他国家在2020年唯一能够延续原先发展势态的一级指标，这种优势尤其体现在信息和人际领域，这也在一定程度上为后疫情时代中东欧其他国家的经济、社会、政治复苏提供了较为扎实的基础。

6.11.2 经济全球化

中东欧其他国家的经济全球化参与度和参与基础均低于趋势。这一点在贸易领域尤为突出，贸易全球化参与度和参与基础均表现出明显的下跌趋势。以斯洛伐克为例，2020年上半年，新冠肺炎疫情严重打击了斯洛伐克的经济并在第二季度触底。虽然在第三季度由于消费者需求以及工业生产恢复等原因经济状况得以转好，但随着第二波疫情到来的影响，2020年第四季度的经济趋势又打破了先前乐观的走向。2020年，斯洛伐克的商品出口总值为867亿美元，与2019年相比，其商品出口总体下降了3.56%，减少了约32亿美元。[1] 同样地，2020年，立陶宛的商品出口价值共计超328亿美元，与2019年相比，其商品出口整体下降了0.944%[2]；摩尔多瓦的商品出口价值共计约24.6亿美元，与2019年相比，其商品出口整体下降了11.2%[3]。与商品贸易相似，服务贸易在中东欧其他国家也受到了不小的冲击。以匈牙利为例，2020年第四季度，匈牙利以欧元计算的服务出口和进口与2019年同期相比分别减少32%和25%，顺差为8.1亿欧元（比2019年第四季度减少8.55亿欧元）。2020年全年同2019年相比，出口额下降了28%（75.5亿欧元），进口额下降

1 TrendEconomy. Slovak Republic | Imports and Exports | World | ALL COMMODITIES | Value (US$) and Value Growth, YoY (%) | 2009-2020 [DB/OL]. https://trendeconomy.com/data/h2/SlovakRepublic?time_period=2020,2019,2018,2017,2016,2015,2014,2013,2012,2011,2010,2009, 2023-05-14.

2 TrendEconomy. Lithuania | Imports and Exports | World | ALL COMMODITIES | Value (US$) and Value Growth, YoY (%) | 2009-2020 [DB/OL]. https://trendeconomy.com/data/h2/Lithuania/TOTAL, 2023-05-14.

3 TrendEconomy. Moldova | Imports and Exports | World | ALL COMMODITIES | Value (US$) and Value Growth, YoY (%) | 2009-2020 [DB/OL]. https://trendeconomy.com/data/h2/Moldova/TOTAL, 2023-05-14.

了 21%（40.61 亿欧元）。[1] 阿尔巴尼亚在 2020 年服务贸易的 GDP 占比约为 26.2%，而其 2019 年的数值约为 40.3%。[2] 与贸易参与度相反，尽管中东欧其他国家在金融参与基础上的表现不如 2019 年，但在金融参与度方面的回升还是在一定程度上缓冲了贸易的下调。在整体上，虽然流向转型经济体的国外直接投资大幅下降，但在这些国家中，对于白俄罗斯与黑山共和国的 FDI 却依然有所增长。此外，2020 年第四季度，匈牙利的外国直接投资也增加了 1606.5 万欧元。[3] 事实上，所有国家与全球供应价值链有关的活动几乎都承受着压力，这也是大部分国家外国直接投资下降的原因之一。但是从 FDI 的 GDP 占比来看，中东欧其他国家在这一指标上还是呈现整体正增长趋势。在这一数值上，2020 年塞浦路斯的表现为 –13.2%，而其在 2019 年的表现为 –14.1%。[4] 2020 年初，受疫情影响，商业活动减少，再加上疫情形势的不确定性增强，各种投资活动倾向于推迟延后，投资活动整体上也明显减少。

从整体上来看，新冠肺炎疫情对中东欧其他国家的经济全球化造成了明显的冲击，且当时不断增加的不确定性也使发展趋势前景并不明确。

6.11.3 社会全球化

2020 年，中东欧其他国家社会全球化参与度打破了之前的上升趋势，呈现出轻微下降，但其二级指标信息参与度以及人际参与度仍保持缓慢增长趋势。数据显示，立陶宛的国际带宽在 2020 年已经达到了 1,649,879 Mbit/s，其在 2019 年的国际带宽速度为 1,068,098 Mbit/s，在这一方面有了明显的提升。且其在 2020 年的互联网用户人均国际带宽速度已经达到 729,708.16 Mbit/s，在 2019 年时这一数字仅为 474,424.46 Mbit/s。[5] 在人际参与度方面，尽管受到疫情冲击，但在疫苗接种取得

1 Hungarian Central Statistical Office. First release - External trade in services, 4th quarter 2020 [EB/OL]. https://www.ksh.hu/docs/eng/xftp/gyor/szk/eszk2012.html?lang=en, 2021-03-02/2022-02-11.

2 The World Bank. Trade in services (% of GDP) - Albania [DB/OL]. https://data.worldbank.org/indicator/BG.GSR.NFSV.GD.ZS?end=2020&locations=AL&start=2005, 2022-03-21.

3 Trading Economics. Hungary Foreign Direct Investment [DB/OL]. https://tradingeconomics.com/hungary/foreign-direct-investment, 2023-03-22.

4 European Bank for Reconstruction and Development (EBRD). Transition report 2020-21 cyprus [R/OL]. https://www.ebrd.com/documents/oce/transition-report-202021-cyprus.pdf, 2020-11-10.

5 ITU. International Bandwidth In Mbits_ 2007-2020 [DB/OL]. https://view.officeapps.live.com/op/view.aspx?src=https%3A%2F%2Fwww.itu.int%2Fen%2FITU-D%2FStatistics%2FDocuments%2Fstatistics%2F2021%2FDecember%2FInternationalBandwidthInMbits_2007-2020.xlsx, 2021-04-26..

快速进展以及许多旅游目的地放宽入境限制的情况下，旅游者信心增强，游客数仍在增长并推动了商品服务需求的提高。尽管疫情导致 2020 年全球旅行减少，但欧洲是本年度全球出境旅游游客增长下降幅度最小的地区之一。与 2019 年相比，中东欧地区的国际旅游业增长了约 18%。[1] 在文化及科技全球化参与度方面，中东欧其他国家的表现符合总体政治全球化参与度的变化趋势，出现了不同程度的下滑。以保加利亚为例，根据欧洲信息和通信技术调查问卷，2020 年，保加利亚有 41% 的互联网用户访问了在线新闻网站、报纸或新闻杂志，与 2019 年相比，这一数值下降了 4%。[2] 同样，在 2020 年高科技出口占制成品出口百分比的数值上，塞浦路斯约为 12.2%（2019 年约为 19.9%），摩尔多瓦约为 2.2%（2019 年约为 3.0%）。[3]

与参与度表现相反，中东欧其他国家在社会全球化参与基础方面仍然维持了此前的缓慢上升趋势，这主要取决于其二级指标信息基础的快速上升。2020 年，塞浦路斯有 93% 的城市家庭可以使用互联网，比 2019 年多了 1 个百分点。[4] 同样，2020 年，立陶宛有 78% 的农村家庭可以使用互联网，这一数值比 2019 年增加了 1%。[5] 但在科技参与基础方面，受全球范围内疫情影响，欧盟企业的研发投资下降了 22%，打破了过去多年一直呈现的积极增长趋势，特别是在受封锁影响最严重的运输相关行业。[6] 总而言之，中东欧其他国家在社会全球化方面的表现从综合视角来看较为稳定。

6.11.4 政治全球化

2020 年，中东欧其他国家在政治全球化参与度以及参与基础方面均呈现出明显

1 UNWTO. Impact assessment of the COVID-19 outbreak on international tourism [EB/OL]. https://www.unwto.org/impact-assessment-of-the-covid-19-outbreak-on-international-tourism, 2022-02-05/2022-02-13.

2 Statista. Share of individuals in Bulgaria reading news online from 2014 to 2020 [DB/OL]. https://www.statista.com/statistics/1237653/bulgaria-internet-users-reading-online-news/, 2023-04-09.

3 World Bank. High-technology exports (% of manufactured exports) [DB/OL]. https://data.worldbank.org/indicator/TX.VAL.TECH.MF.ZS, 2023-04-09.

4 Statista. Share of urban households with internet access in Cyprus from 2011 to 2020 [EB/OL]. https://www.statista.com/statistics/1235537/internet-access-urban-households-cyprus/, 2023-04-08/2023-05-02.

5 Statista. Share of urban households with internet access in Cyprus from 2011 to 2020 [EB/OL]. https://www.statista.com/statistics/1236302/share-rural-households-internet-access-lithuania/, 2023-04-09/2023-05-01.

6 European Commission. The 2021 EU Industrial R&D Investment Scoreboard [EB/OL]. https://publications.jrc.ec.europa.eu/repository/handle/JRC127360, 2021-12-06/2022-02-13.

下降趋势，且政治全球化参与基础的下降幅度较参与度而言更加显著。虽然在国际合作方面，中东欧其他国家的表现呈积极态势，但政治全球化参与度以及参与基础两项指标仍然因受全球治理方面消极表现的影响而下降。在这一方面，数据不能完全展示中东欧其他国家参与政治全球化的主观意愿。例如，受疫情影响，许多重要国际会议、会晤等事项被推迟甚至被取消，从而导致这些国家的正常建言渠道受阻。且在尝试过线上会议的形式之后，许多国家对此采取反对态度，这对在疫情中恢复正常交流合作也起到了一定的阻碍作用。

2020 年，新冠肺炎疫情、英国“脱欧”、中东冲突与挑战、与俄罗斯之间的双边关系、与中国之间的双边关系、欧盟与土耳其边界的紧张局势、巴尔干地区相关事宜等都是中东欧不同国家关心的焦点问题。这些危机虽然给社会带来了负面冲击、改变了人们的生产生活方式，但从另一个角度来看，也激励了各国团结合作、相互支持。以捷克为例，其在疫情期间向疫情更为严重的国家提供援助，即使在自身经济处于近乎停滞的状态时，也仍然维持着与各个国家的医疗等多层面的合作。[1]2020 年，捷克国内政治呈现出动荡与平稳交织的局面，但其自由民主宪政体制最终经受住了考验，没有因国内激进或极端势力的威胁而过分影响其政治全球化表现。此外，2020 年，立陶宛的外交呈现日益多元化的趋势，以提升其在国际组织和联盟中的战略地位，一方面，立陶宛进一步发展其外交网络、发展与其他国家的外交关系；另一方面，其努力发展与在国际体系中发挥重要作用的国家的双边关系。此外，在 3 月，由保加利亚、捷克、爱沙尼亚、拉脱维亚、波兰、立陶宛、罗马尼亚、斯洛伐克和匈牙利外长组成的名为“布加勒斯特九国”（B9）的组织在维尔纽斯举行会议，美国和北约代表作为嘉宾出席会议[2]，这也是立陶宛继续积极主动参与维系多边关系的体现。总体来讲，中东欧其他国家在政治全球化方面的表现顺应了疫情冲击下极度不确定性国际关系的趋势，符合受不可预估的现实情况影响的政治全球化表现的惯性。

---

1 中国社会科学院欧洲研究所. 捷克2020年政治模式的发展变化 [EB/OL]. http://ies.cssn.cn/chinacee/zdo_cbw/zdo_zb/202102/P020210218397794402312.pdf, 2020-12-03/2022-02-13.

2 中国社会科学院欧洲研究所. 立陶宛2020年致力于加强双合作 [J/OL]. http://ies.cssn.cn/chinacee/zdo_cbw/zdo_zb/202012/P020201202336166005324.pdf, 2020-12-02.

6.12 哈萨克斯坦

6.12.1 总体情况

哈萨克斯坦虽是世界上最大的内陆国，但其地理位置并未影响其积极参与全球化。2020年以来，受疫情影响，哈萨克斯坦经济活动中心产生巨大变动，其国际经济贸易总量严重下跌，此外，世界油价暴跌更是让哈萨克斯坦的经济全球化进程雪上加霜。疫情给哈萨克斯坦经济、政治、社会全球化活动的现有参与模式带来了新的挑战。

总的来看，哈萨克斯坦全球化参与度排名第96位，全球化参与基础排名第87位。根据图6-67，从趋势上看，哈萨克斯坦全球化参与度显著下降，全球化参与基础则略微波动。

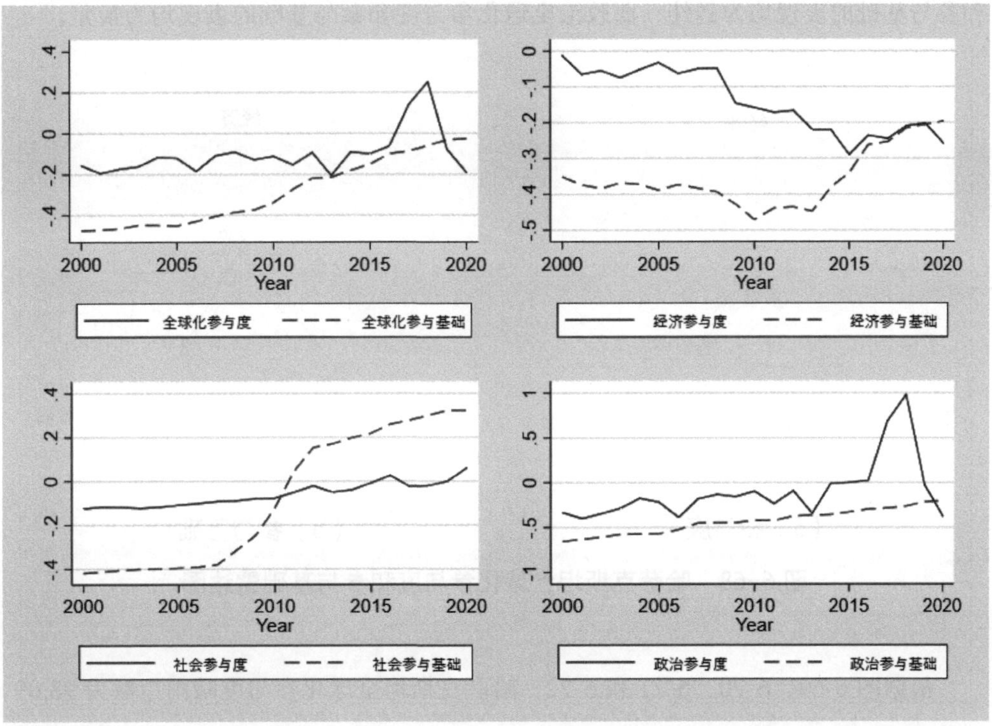

图 6-67　哈萨克斯坦全球化参与度和参与基础折线图（总指标和一级指标）

分领域看，哈萨克斯坦经济全球化参与度排名第 96 位，经济全球化参与基础排名第 90 位。哈萨克斯坦的经济全球化参与度下降，其中，贸易全球化参与度显著下降，金融全球化参与度小幅下降，经济全球化参与基础略微上升，其中，金融全球化参与基础大幅提升，贸易全球化参与基础出现相对下降。哈萨克斯坦的社会全球化参与度排名第 56 位，社会全球化参与基础排名第 58 位。社会全球化参与度略有提升，其中，信息全球化和科技全球化参与度增长幅度较大，人际全球化和文化全球化参与度则小幅下降。社会全球化参与基础表现出零增长态势，其中，信息全球化参与基础有所提升，科技全球化参与基础小幅下降，人际全球化和文化全球化参与基础则基本维持不变。哈萨克斯坦的政治全球化参与度排名第 87 位，政治全球化参与基础排名第 58 位。政治全球化参与度急剧下降，其中，全球治理参与度大幅下降，国际合作参与度相对持平。哈萨克斯坦的政治全球化参与基础略微上升，其中，全球治理参与基础大致持平，国际合作参与基础在原有上升趋势的基础上稳步提升。

从图 6-68 可知，在参与度和参与基础两方面，哈萨克斯坦的社会全球化参与度和参与基础的表现均为最佳；而政治全球化参与度和参与基础的表现均为最差。

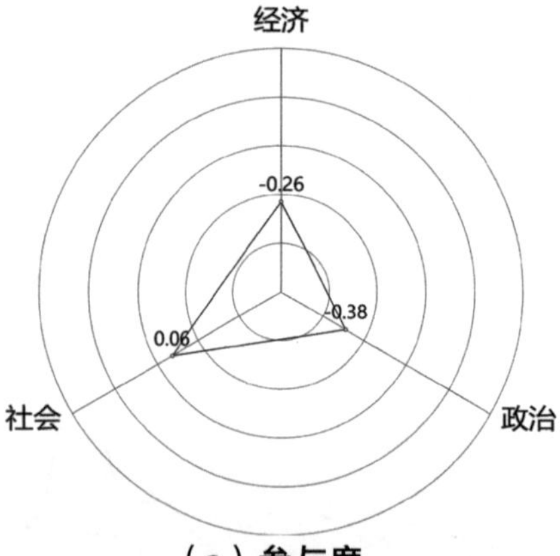

（a）参与度

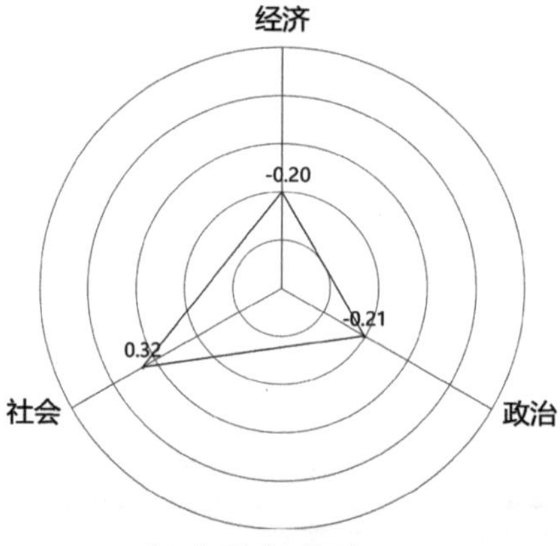

（b）参与基础

图 6-68　哈萨克斯坦全球化参与度和参与基础雷达图

根据图 6-69、6-70、6-71 和 6-72，哈萨克斯坦全球化参与度晴雨指数为 98.09，低于趋势。其中，经济全球化参与度晴雨指数为 100.27，符合趋势；社会全球化参与度晴雨指数为 102.19，高于趋势；政治全球化参与度晴雨指数为 97.93，低于趋势。哈萨克斯坦全球化参与基础晴雨指数为 99.87，符合趋势。其中，经济全球化参与基础晴雨指数为 101.11，高于趋势；社会全球化参与基础晴雨指数为 99.11，符合趋势；政治全球化参与基础晴雨指数为 100.28，符合趋势。

（a）参与度

（b）参与基础

图 6-69　哈萨克斯坦全球化参与度和参与基础晴雨表

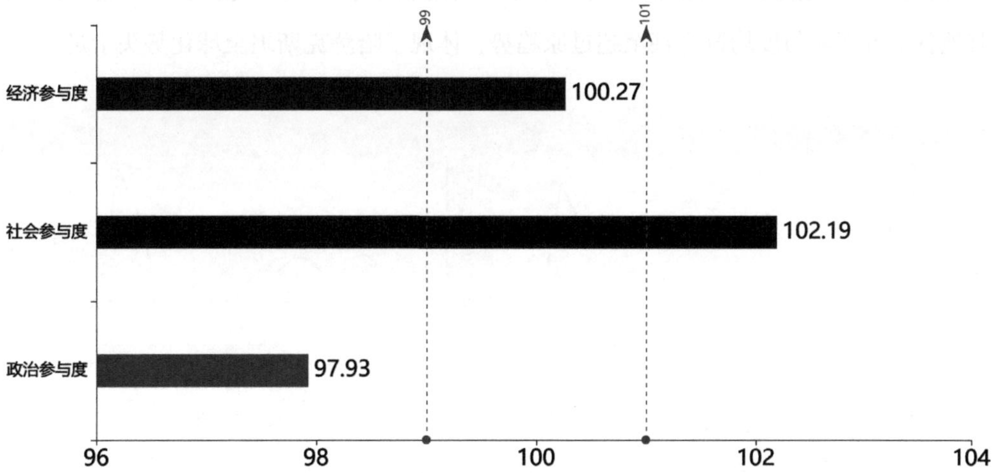

图 6-70　哈萨克斯坦全球化参与度驱动因素

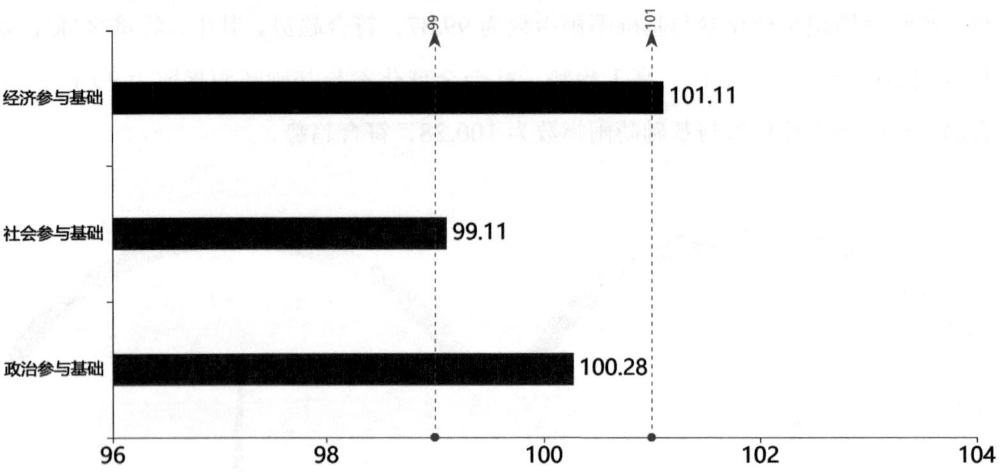

图 6-71　哈萨克斯坦全球化参与基础驱动因素

由上述可知，苏联解体以后，哈萨克斯坦积极参与全球化，其总排名和各分排名均位于 100 名以内。2020 年来自新冠肺炎疫情的强烈冲击，使哈萨克斯坦在各领域的全球化参与都受到了显著消极影响。全球化晴雨表显示，除了政治参与度低于趋势，其他各个方面参与度均符合甚至超过原趋势，体现了哈萨克斯坦全球化势头十足。

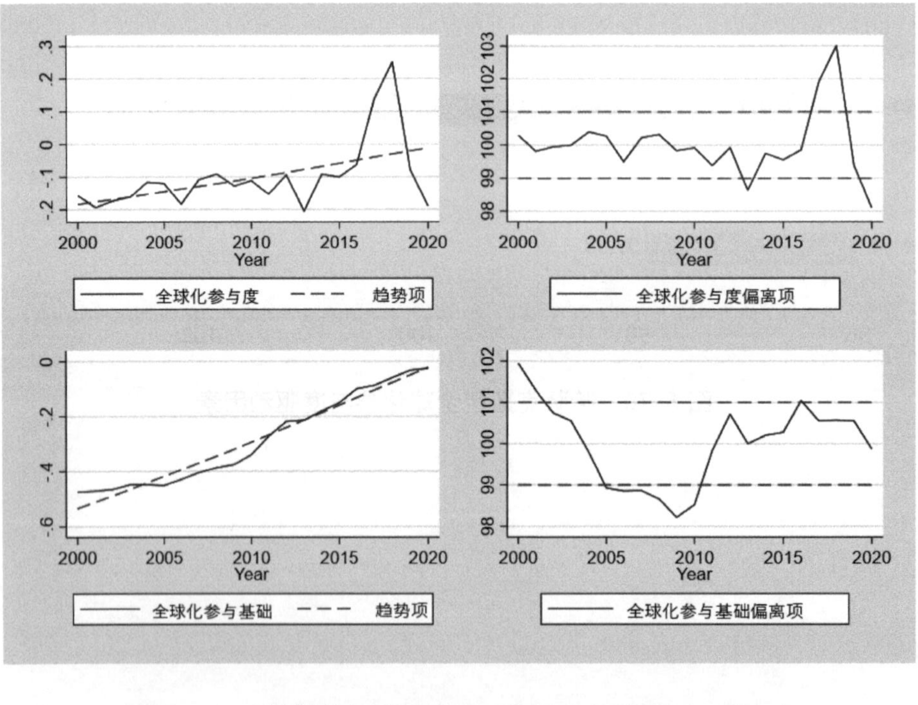

图 6-72　哈萨克斯坦全球化参与度和参与基础 HP 滤波图

6.12.2 经济全球化

2020年，哈萨克斯坦经济全球化参与度保持趋势，而参与基础高于趋势，在疫情影响下，哈萨克斯坦全球经济参与度持续走低，其服务和商品贸易受到严重影响。自3月中旬中亚地区首次出现病例后，哈萨克斯坦的疫情防控举措连续升级，封国、封城、禁足，快速进入“自我隔离”状态。但随着秋冬季来临，9月中下旬起多国又出现第二波疫情。截至11月18日，哈萨克斯坦累计确诊病例超过12.2万人。[1] 受经济不稳、侨汇减少等影响，各国的汇率出现不同幅度的贬值。其中，哈萨克斯坦货币贬值幅度较大，且受到国际油价影响，波动非常剧烈，年初为382坚戈兑1美元，4月随着国际油价暴跌，坚戈大幅贬值，与美元的汇率一度达到447:1。后随着油价回升有所回调，至11月中旬，坚戈与美元的汇率约为432:1。[2] 国际经济整体恶化，外部发展环境不佳。国际需求下降，包括能源在内的大宗商品的价格出现大幅下降，不仅直接影响哈萨克斯坦等中亚的资源出口国，也影响了俄罗斯，而后者的经济下行又传导到中亚地区。在贸易领域，哈萨克斯坦的国际贸易额因受到新冠肺炎疫情实施的“锁国”政策影响而显著下降。为确保疫情期间社会稳定，哈萨克斯坦3月初宣布暂时禁止小麦粉、胡萝卜、糖和土豆出口。哈萨克斯坦国家统计局发布的数据显示，2020年，哈萨克斯坦外贸实现贸易顺差，为88.5亿美元，但与2019年相比较，贸易额大幅减少。整体上，2020年哈萨克斯坦对外贸易总额为850.5亿美元，同比下降13%。其中，出口额为469.5亿美元，进口额为381亿美元。[3,4] 由上述数据的变动可以看出新冠肺炎疫情给哈萨克斯坦的国际贸易带来了巨大影响。在金融领域，虽然哈萨克斯坦的金融参与度有所下降，但是相较于其贸易领域参与度的下跌，情况还是较为乐观的。当然，这也与哈萨克斯坦在金融方面所做出的努力紧密相关。总统托卡耶夫强调，吸引投资和促进商品和服务出口是哈政

1 李自国.2020年新冠肺炎疫情影响下的中亚地区经济形势[M]//孙力，高焓迅，李睿思.中亚国家发展报告（2021）.北京：社会科学文献出版社，2021：16-33.

2 Национальный Банк Казахстана. Ежедневные официальные (рыночные) курсывалют [EB/OL]. https://www.nationalbank.kz/ru, 2021-10-13/2022-01-30.

3 强晓云.2020年中亚与欧盟互动关系的新趋势——中亚各国外交战略中的欧盟及其关系互动[M]//孙力，高焓迅，李睿思.中亚国家发展报告（2021）.北京：社会科学文献出版社，2021：188-204.

4 驻哈萨克斯坦使馆经商处.哈萨克斯坦邮政国际包裹业务收入下降20%[EB/OL]. http://kz.mofcom.gov.cn/article/jmxw/202012/20201203025373.shtml, 2020-12-23/2022-01/30.

府的优先工作，要求各部门保持务实和专业性来捍卫国家利益。[1] 哈萨克斯坦与 IMF 合作于 2023 年在阿拉木图设立区域中心。2020 年 12 月，IMF 和哈萨克斯坦央行在线签署协议，IMF 计划在阿拉木图市设立高加索、中亚地区和蒙古国能力发展中心，这也是 IMF 在全球设立的第 17 个能力发展中心。[2] 哈萨克斯坦还有效利用阿斯塔纳国际金融中心（AIFC）的潜力，使其成为哈萨克斯坦吸引直接投资和证券投资的主要工具。哈萨克斯坦将分步建立国家支付系统，逐渐摆脱对外国运营商的依赖，促进非现金支付的普及。[3] 哈萨克斯坦的经济在各项措施的影响下逐渐有所恢复，随着国际油价的提升，哈萨克斯坦经济也将迎来进一步复苏。

6.12.3 社会全球化

2020 年，哈萨克斯坦社会全球化参与度高于趋势，而参与基础保持趋势，这主要得益于信息全球化和科技全球化的拉动。在信息全球化方面，哈萨克斯坦的数字经济水平在中亚国家数字经济发展进程中处于过渡阶段。为加快数字经济建设步伐，哈萨克斯坦政府邀请了世界银行、波士顿咨询公司、高德纳咨询公司、哈萨克斯坦“阿塔梅肯”企业家协会、信息技术企业协会及多个政府部门联合起草《数字哈萨克斯坦》国家规划，并于 2017 年 12 月 12 日批准了《数字哈萨克斯坦》国家规划。[4] 根据规划，哈萨克斯坦将在国际电信联盟（ITU）发布的 ICT 发展指数排名中由 2016 年的第 52 位提升到 2025 年的第 25 位、2050 年的第 15 位。[5] 哈萨克斯坦在科技全球化的进程中也做出了巨大努力，2020 年初，哈萨克斯坦发布全年政府工作计划，制订了全年稳定和发展工作目标。根据该计划，2020 年哈萨克斯坦的经济

1 赵常庆.2020年哈萨克斯坦渐入托卡耶夫执政时代[M]//孙力，高焓迅，李睿思.中亚国家发展报告(2021).北京：社会科学文献出版社，2021：69-82.

2 中国驻哈萨克斯坦大使馆经商参处.国际货币基金组织将在阿拉木图设立区域中心[EB/OL]. http://kz.mofcom.gov.cn/article/jmxw/202012/20201203023397.shtml, 2020-12-16/2022-01-31.

3 Sputnik. Глава Нацбанка рассказал о сроках внедрения национальной платежной системы [EB/OL]. https://ru.sputnik.kz/20201210/natsionalnaya-platezhnaya-sistema-kazakhstan-15698280.html, 2020-12-10/2022-02-01.

4 Правительства Республики Казахстан. Об утверждении государственной программы “Цифровой Казахстан” [EB/OL]. http://adilet.zan.kz/rus/docs/P1700000827, 2022-05-17/2022-05-25.

5 Правительства Республики Казахстан. Постановление Правительства Республики Казахстан от 12 декабря 2017 года № 827 Об утверждении Государственной программы «Цифровой Казахстан»[EB/OL]. https://online.zakon.kz/Document/?doc_id=37168057, 2020-10-01/2022-02-04.

增速为 4.7%—5%，高新科技成为政府工作的突出亮点。[1] 相比之下，因受疫情持续升温而采取的严格封控措施影响，哈萨克斯坦与全球区域间的文化和人际交流活动大幅减少。对外来政治文化，如果触及其民族主义，哈萨克斯坦可能会出现过激行为，如反美、反俄抗议。民族主义的复兴表现为对跨国主义的拒绝，在中亚各国，原先存在的价值体系的崩溃和新价值体系的形成，在部分民众中引起了不安全感，在“参与”现代性和后现代性文明的人们的大众意识中，他们周围发生的事情被视为邻国的经济和文化扩张和外来的生活方式。[2] 随着疫情状况的好转以及应对机制的完善，哈萨克斯坦逐渐放宽了流动政策，其社会全球化进程也逐步深入。

6.12.4 政治全球化

2020 年，哈萨克斯坦的政治全球化参与度低于趋势，而参与基础保持趋势，这表明哈萨克斯坦的政治参与受到疫情的小幅冲击。疫情期间，哈萨克斯坦将国内疫情治理置于首位，其后才是国际政治治理等政治全球化问题。疫情较为稳定后，哈萨克斯坦逐渐投身于政治全球化进程中。总统托卡耶夫强调，哈萨克斯坦作为欧亚经济联盟成员国，将最大限度地参与同其他国家的合作。“一带一路”建设特别是“钢铁驼队”使哈萨克斯坦成为连接欧亚两大洲的桥梁，其从中获益匪浅，为此要继续发展与有关国家特别是与中国的合作。[3] 此外，新版的《2020—2030 年哈萨克斯坦外交政策纲要》明确指出，在哈萨克斯坦周边创造一个政治稳定、经济可持续并安全的空间是其外交战略的一项基本任务。哈萨克斯坦在区域及多边外交领域的优先方向是：进一步发展与俄罗斯的联盟关系、与中国的永久全面战略伙伴关系、与美国的扩大战略伙伴关系、与中亚国家的战略协作关系、与欧盟及其成员国的扩大伙伴关系和合作。[4] 在国际合作领域，哈萨克斯坦与多个国际组织达成合作。疫情期间，

1 单晓冰.哈萨克斯坦出台2020年政府工作计划 释放颇多信息[EB/OL]. http://intl.ce.cn/sjjj/qy/202001/25/t20200125_34186658.shtml, 2020-01-25/2022-02-04.

2 Сергей Масаулов. Кыргызстан под угрозой из-за этнического национализма? [EB/OL]. https://ia-centr.ru/experts/sergey-masaulov/kyrgyzstan-pod-ugrozoy-iz-za-etnicheskogo-natsionalizma/, 2022-01-15/2022-02-04.

3 赵常庆.2020年哈萨克斯坦渐入托卡耶夫执政时代[M]//孙力，高焓迅，李睿思.中亚国家发展报告(2021).北京：社会科学文献出版社，2021: 69-82.

4 Нур-Султан, Акорда. О Концепции внешней политики Республики Казахстан на 2020 – 2030 годы [EB/OL]. https://www.akorda.kz/ru/legal_acts/decrees/o-koncepcii-vneshnei-politiki-respubliki-kazahstan-na-2020-2030-gody, 2020-03-09/2022-02-04.

中亚国家主动向国际组织寻求帮助，世界卫生组织（WHO）与中亚各国普遍进行了抗疫合作。世界卫生组织与哈萨克斯坦定期召开工作磋商会，以修正关于疫情的统计数据和新冠肺炎病毒的变化特点。[1] 在同国际组织经济合作方面，2020 年，哈萨克斯坦致力于加强与经济合作与发展组织、国际货币基金组织、世界银行、亚洲基础设施投资银行（AIIB）、欧洲复兴开发银行（EBRD）、亚洲开发银行（ADB）、欧亚开发银行（EDB）、欧洲投资银行（EIB）、伊斯兰开发银行（IDB）等国际和地区经济、金融机构及国际组织的合作。与欧盟之外的欧洲主要机构建立互利关系是哈萨克斯坦外交政策的另一优先方向，该国继续在政策、安全领域扩大与集安组织（CSTO）、欧安组织（OSCE）、欧洲理事会（EC）、北约组织（NATO）等欧洲、欧亚地区多边组织的合作。此外，哈萨克斯坦与中亚及其他独联体邻国加强战略协作关系，继续推动与中亚及其他独联体国家、欧亚经济联盟国家的经济一体化合作，在政治、安全、经济、人文等多领域推进多、双边务实合作，以及应对新挑战等的多边对话。哈萨克斯坦着重以《里海法律地位公约》为基础，在考虑本国能源、交通、环保、安全等方面长期利益的条件下，维护里海地区稳定和扩大合作。哈萨克斯坦还计划在《欧亚经济联盟条约》框架下与联盟其他成员国保持密切合作，完善联盟谈判机制，维护国家长期利益。[2] 总而言之，哈萨克斯坦积极融入政治全球化，疫情虽然对其产生了一定的阻碍作用，但凭借地理位置的先天优势，其政治全球化进程也将进一步推进。

6.13 土耳其

6.13.1 总体情况

土耳其地跨欧亚大陆，北接黑海，南接地中海，是阿拉伯、高加索地区与西方世界的交会点，起着欧亚十字路口的重要作用。

在排名上，土耳其的全球化参与度排名第 15 位，全球化参与基础排名第 35 位。

---

1 驻哈萨克斯坦使馆经商处.欧洲复兴开发银行为哈提供绿色经济融资[EB/OL]. http://www.mofcom.gov.cn/article/i/jyjl/e/202009/20200903002232.shtml, 2020-09-18/2022-02-04.

2 王海燕. 2020～2021哈萨克斯坦国别报告[M]//孙力，高焓迅，李睿思.中亚国家发展报告（2021）. 北京：社会科学文献出版社，2021：252-275.

根据图 6-73，从趋势上看，土耳其的全球化参与度曲折上升，全球化参与基础呈逐步上升趋势。

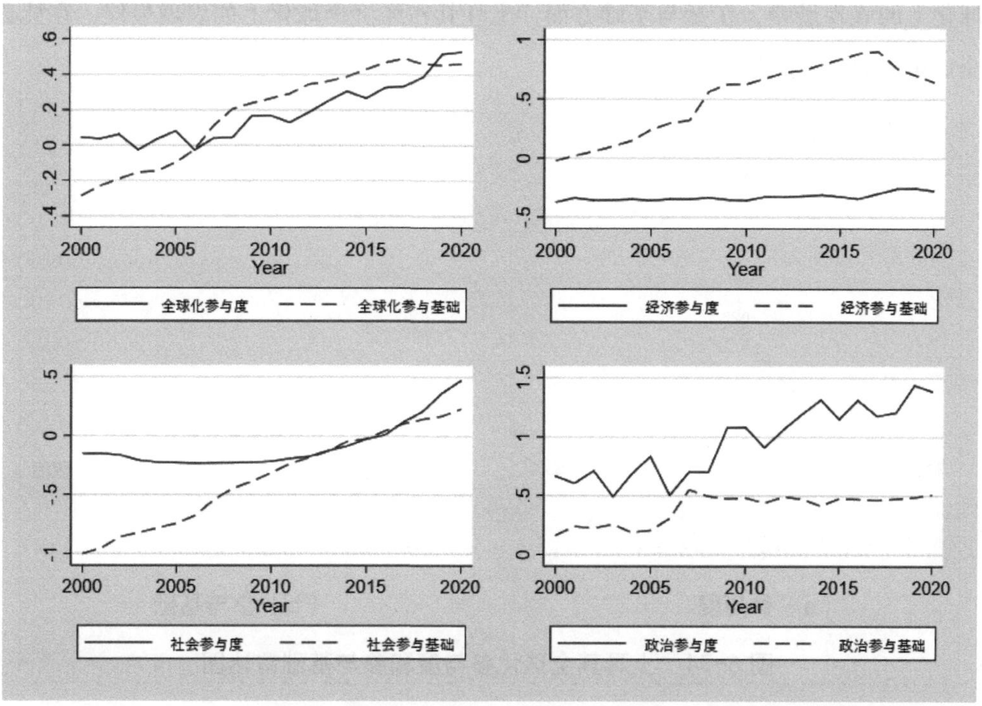

图 6-73　土耳其全球化参与度和参与基础折线图（总指标和一级指标）

分领域看，土耳其的经济全球化参与度排名第 99 位，经济全球化参与基础排名第 39 位。土耳其的经济全球化参与度基本持平，其中，贸易全球化参与度呈波动上升趋势，金融全球化参与度基本保持不变。经济全球化参与基础在 2008 年前后出现急剧上升，2015 年后开始快速下降，其中，贸易全球化与金融全球化参与基础的趋势与经济全球化参与基础的趋势基本保持一致。土耳其的社会全球化参与度排名第 18 位，社会全球化参与基础排名第 72 位。社会全球化参与度在 2015 年前后出现稳定增长，其中，信息全球化参与度迅猛增长，人际全球化和文化全球化参与度基本持平，科技全球化参与度有所下降。社会全球化参与基础稳定上升，其中，信息全球化与科技全球化参与基础有所提升，人际全球化和文化全球化参与基础则基本维持不变。土耳其的政治全球化参与度排名第 7 位，政治全球化参与基础排名第 33 位。政治全球化参与度波浪式上升，其中，全球治理参与度波浪式上升，国际合作参与度持续上升。政治全球化参与基础自 2007 年来基本稳定，其中，全球治理在 2007 年后出现缓慢下滑，国际合作参与基础则有小幅上升。

从图 6-74 可知，在参与度方面，土耳其在政治全球化上的表现最佳，在经济全球化上的表现最差；在参与基础方面，土耳其在经济全球化上的表现最佳，在社会全球化上的表现最差。

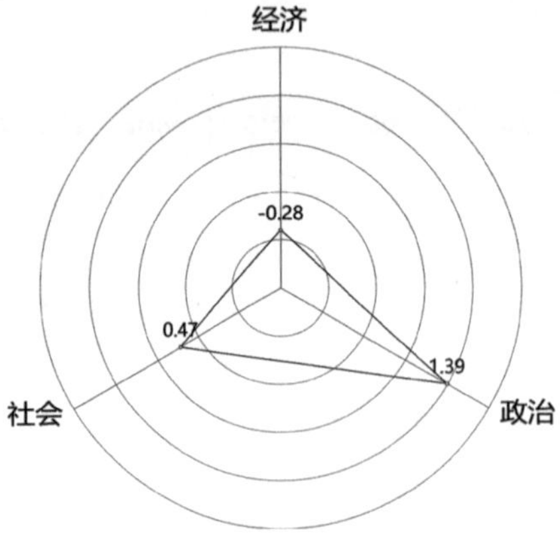

（a）参与度

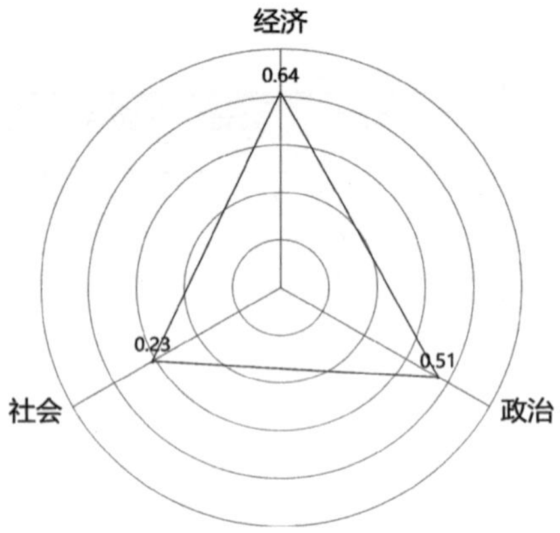

（b）参与基础

图 6-74　土耳其全球化参与度和参与基础雷达图

根据图 6-75、6-76、6-77 和 6-78，土耳其的全球化参与度晴雨指数为 101.38，高于趋势。其中，经济全球化参与度晴雨指数为 100.38，符合趋势；社会全球化参与度晴雨指数为 102.34，高于趋势；政治全球化参与度晴雨指数为 99.81，符合趋势。土耳其的全球化参与基础晴雨指数为 98.05，低于趋势。其中，经济全球化参与基础晴雨指数为 97.55，低于趋势；社会全球化参与基础晴雨指数为 98.52，低于趋势；政治全球化参与基础晴雨指数为 99.59，符合趋势。

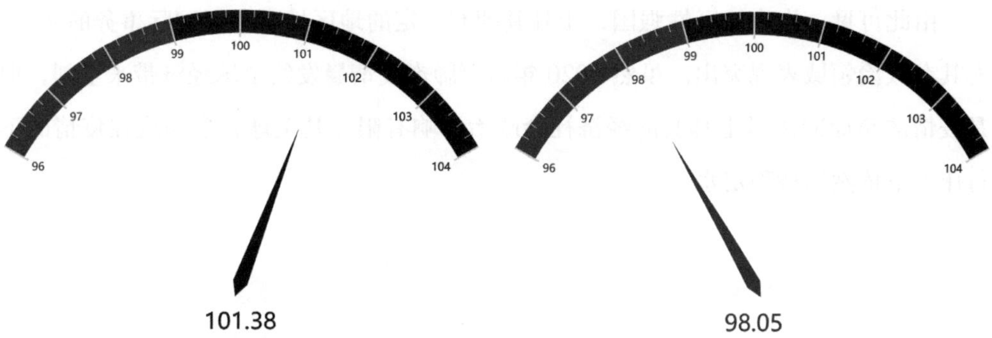

（a）参与度　　　　　　（b）参与基础

图 6-75　土耳其全球化参与度和参与基础晴雨表

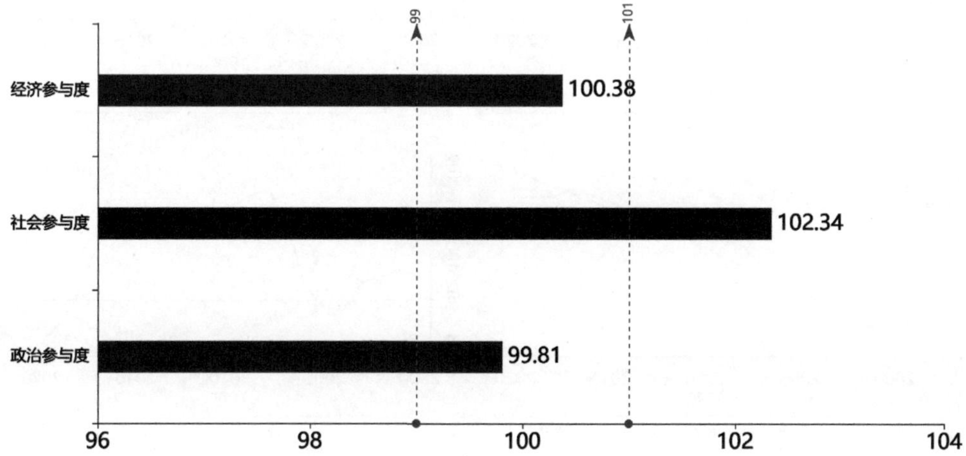

图 6-76　土耳其全球化参与度驱动因素

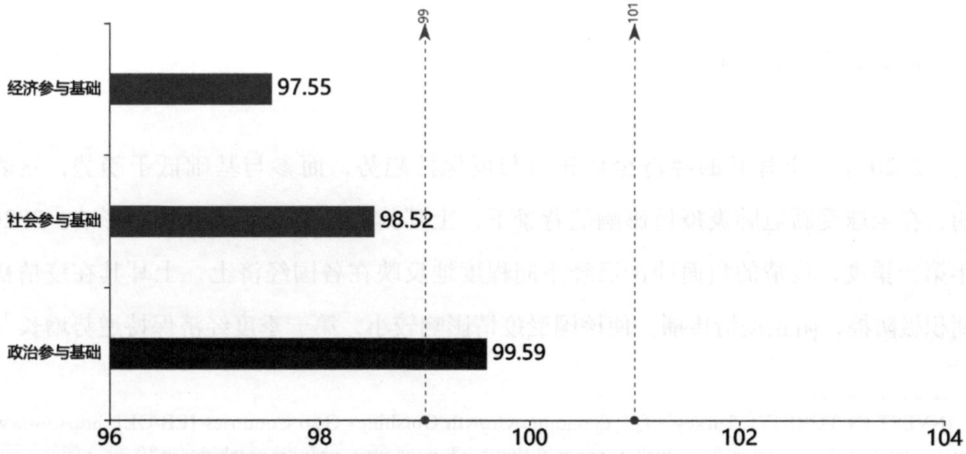

图 6-77　土耳其全球化参与基础驱动因素

由此可见，作为地区性强国，土耳其拥有一定的地区性事务和国际事务的能力，尤其在政治领域表现突出。虽然 2020 年新冠肺炎疫情暴发给全球经济带来重创，但是疫情的负面冲击对土耳其的经济社会政治影响有限，其全球化参与度在疫情的下行压力下依然保持稳定水平。

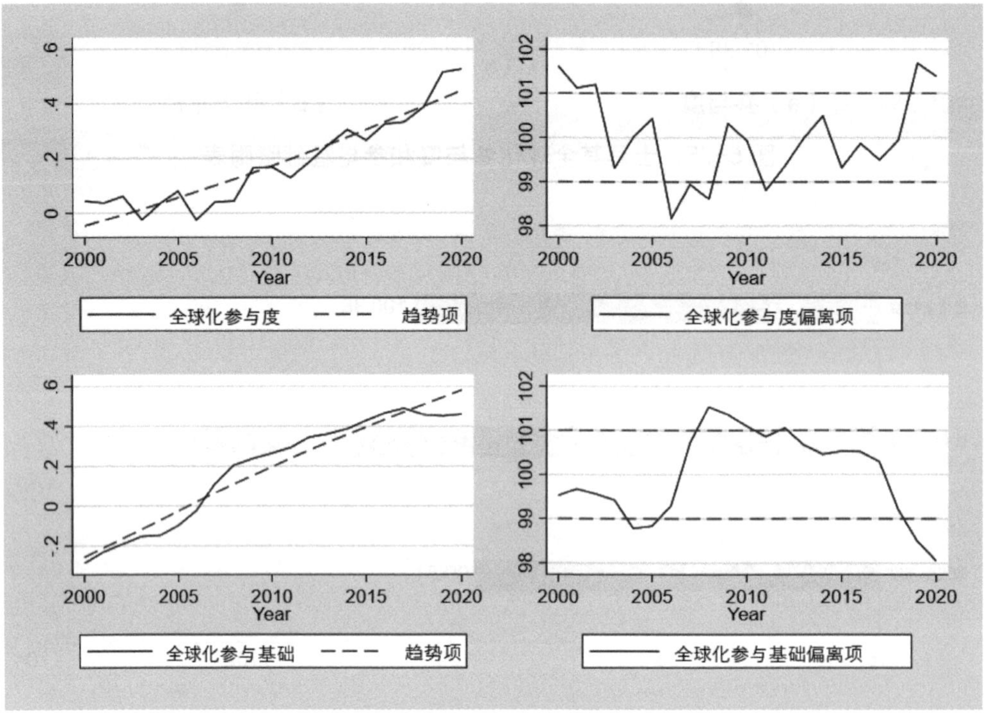

图 6-78　土耳其全球化参与度和参与基础 HP 滤波图

6.13.2 经济全球化

2020 年，土耳其的经济全球化参与度保持趋势，而参与基础低于趋势，这表明，在全球受新冠肺炎疫情影响的背景下，土耳其的经济受到轻微负面影响。2020 年第一季度，疫情的负面冲击已经不同程度地反映在各国经济上，土耳其在疫情初期积极防控，阻止疫情传播，使该国受疫情影响较小，第一季度经济保持逆势增长[1]。

1 INVEST IN TÜRKİYE.Turkey's Q1 Economic Growth Outshines G20 Countries [EB/OL]. https://www.invest.gov.tr/en/news/news-from-turkey/pages/turkeys-q1-economic-growth-outshines-g20-countries.aspx, 2020-01-11/2022-01-12.

即使在2020年底，土耳其依然实现了2020年全年经济正增长，成为二十国集团中除中国外实现正增长的经济体[1]。从贸易领域上看，土耳其的经济依托其较好的制造业基础快速摆脱了疫情影响，成功实现经济逆势增长，制造业对经济的贡献度高达10.7%[2]。2020年12月，土耳其进口增长率同比上涨11.7%，出口增长率同比上涨16%[3]。其中，医疗器械及其生产原料出口量上涨尤为明显，口罩出口量达到2019年的22倍[4]。这在一定程度上表明，土耳其的贸易全球化并没有受到疫情冲击。然而土耳其在金融领域上的表现并不十分突出，土耳其脆弱的金融环境在疫情冲击下遭遇更多波动。一方面，为了对抗疫情的负面冲击，土耳其同时采取扩张性货币与财政政策，考虑到土耳其疫情前国家负债和通胀水平已经处于高位[5]，经济持续过热对其经济运行带来极大威胁，在2020年已经出现金融风险的征兆。同时，土耳其里拉自2018年货币危机以来一直表现疲软，里拉的购买力并没有从货币危机中恢复过来[6]，土耳其参与全球金融的能力处于收缩状态。土耳其国内的金融压力加上本国货币在国际市场的不佳表现进一步削弱了其参与金融全球化的信心。

6.13.3 社会全球化

2020年，土耳其的社会全球化参与度高于趋势，而参与基础低于趋势。土耳其的社会全球化参与度得以增长，最主要的原因在于其信息全球化的迅猛增长。自疫情暴发以来，保持社交距离已成为各国防疫的共识，各种线下活动被迫改为线上，为互联网行业的发展提供了充足的动力。据土耳其运营商Turk Telecom统计，

---

1 Tuba Sahin.Turkish economy grows 1.8% in 2020 [EB/OL]. https://www.aa.com.tr/en/economy/turkish-economy-grows-18-in-2020/2160307, 2021-01-03/2022-01-12.

2 Gokhan Ergocun.Manufacturing industry contributes to Turkey's GDP [EB/OL]. https://www.aa.com.tr/en/economy/manufacturing-industry-contributes-to-turkeys-gdp/2161738, 2021-02-03/2022-01-12.

3 Republic of Turkey. Developments in Turkey's External Merchandise Trade in 2020 [EB/OL]. https://www.trade.gov.tr/announcements/developments-in-turkeys-external-merchandise-trade-in-2020_2, 2021-02-17/2022-01-12.

4 Turkey.Turkey's medical mask, cologne exports increased by 22 times in 2020 - COVID-19 Turkey [EB/OL]. https://covid19turkey.com/turkeys-medical-mask-cologne-exports-increased-by-22-times-in-2020/, 2021-05-02/2022-01-12.

5 Central Bank of the Republic of Türkiye Head Office.Summary of the Monetary Policy Committee Meeting [EB/OL]. https://www.tcmb.gov.tr/wps/wcm/connect/EN/TCMB+EN/Main+Menu/Announcements/Press+Releases/2020/ANO2020-77, 2020-12-31/2022-01-12.

6 Yilmaz Akyüz.Crisis alla Turca II - From Currency Crisis to Debt Crisis? [EB/OL]. https://www.ipsnews.net/2020/10/crisis-alla-turca-ii-currency-crisis-debt-crisis/, 2020-10-29/2022-01-12.

2020 年 5 月，土耳其的宽带使用流量较前几个月翻了一倍[1]。在互联网使用量激增之下，线上经济也实现了更高水平的繁荣。2020 年，土耳其线上购物消费额同比上涨 85%，达到 3400 万美元[2]。然而，由于虚拟的线上交流替代了线下实体交流，社会全球化的其他三个方面在新冠肺炎疫情大背景下出现了停滞。其中，科技全球化参与度在 2001 年土耳其金融危机与互联网泡沫的双重打击下一蹶不振[3]，虽然土耳其政府有计划地加大了科研支出，但是追求短期收益的经济模式与长期过热运行的经济体制正在对该国的科技产出产生负面影响，进而阻碍了其参与科技全球化的能力与水平。

6.13.4 政治全球化

2020 年，土耳其的政治全球化参与度和参与基础均保持趋势，这与其谋求地区性大国的外交方针有着直接关联，[4] 具体表现在土耳其 2020 年多次高调介入地区性乃至全球性事务。2020 年 1 月 2 日，土耳其大国民议会以 325 票赞成、184 票反对通过了出兵利比亚的议案，使叙利亚战局出现新的僵持局面[5]。在叙利亚，土耳其一直保持军事介入，支持反对派武装。2020 年 3 月，土耳其宣布针对叙利亚发动大规模进攻，总统埃尔多安授权国防部部长阿卡尔，表明了对叙利亚政府军的强硬立场。[6] 在东地中海，土耳其与希腊保持领海上的争议，多次利用海上资源勘探与军事演习的手段争取自己在地中海的权益。除了主动干涉地区内其他国家事务，土耳其还通过间接手段参与其他地区间内部事务，较为典型的例子是介入纳卡地区武装冲突，

1 Istanbul. Internet use increases by 50 percent in Turkey amid pandemic [EB/OL]. https://www.hurriyetdailynews.com/internet-use-increases-by-50-percent-in-turkey-amid-pandemic-154791, 2021-10-23/2022-01-12.

2 Tuba Şahin. Turkey: Online shopping grows 85% in 2020 [EB/OL]. https://www.aa.com.tr/en/economy/turkey-online-shopping-grows-85-in-2020/2111106, 2021-01-15/2022-01-12.

3 Dilek Temiz，Aytaç Gokmen. The 2000-2001 Financial Crisis in Turkey and the Global Economic Crisis of 2008-2009: Reasons and Comparisons[J]. *International Journal of Social Sciences and Humanity Studies*: 2009, 1(01): 1-16.

4 邹志强.土耳其扰动地缘政治格局[EB/OL]. https://www.zaobao.com/forum/views/opinion/story20201106-1098813, 2020-11-06/2022-01-12.

5 Khalifa Haftar. Turkey's parliament approves military deployment to Libya [EB/OL]. https://www.aljazeera.com/news/2020/1/2/turkeys-parliament-approves-military-deployment-to-libya, 2020-06-02/2022-01-12.

6 The New York Times. Turkey Declares Major Offensive against Syrian Government [EB/OL]. https://www.nytimes.com/2020/03/01/world/middleeast/turkey-syria-assault.html, 2020-03-01/2022-01-12.

高调支持阿塞拜疆的领土主张，与俄罗斯进行对抗。[1] 种种迹象表明，土耳其为了提升自己在国际事务上的话语权，主动参与地区性争端问题，积极塑造自己与美、欧、俄等大国或地区斡旋的大国形象。近年来，为了增强国家主体意识，一方面，土耳其依其重要的地缘政治地位和奥斯曼帝国历史，欲成为“中心国家”，进而改变冷战时期从属西方联盟的“侧翼国家”地位，利用“泛突厥主义”思潮扩大自己在中亚地区的话语权，利用“奥斯曼主义”思潮扩大自己在中东地区的影响力。另一方面，土耳其国内潜在的经济危机也促使其利用强硬的外交手段转嫁国内矛盾，以维持土耳其正义与发展党的统治地位。[2]

6.14 阿塞拜疆

6.14.1 总体情况

作为南高加索地区的重要国家，阿塞拜疆在全球化参与上具有一定实力。新冠肺炎疫情对阿塞拜疆的经济全球化造成了显著影响，但其社会全球化和政治全球化参与度仍然保持正向增长态势。

在排名上，阿塞拜疆的全球化参与度排名第 42 位，全球化参与基础排名第 118 位。根据图 6-79，从趋势上看，阿塞拜疆的全球化参与度继续保持正增长态势，全球化参与基础则有所回落。

1 Patrick Keddie. What’s Turkey’s role in the Nagorno-Karabakh conflict? [EB/OL]. https://www.aljazeera.com/features/2020/10/30/whats-turkeys-role-in-the-nagorno-karabakh-conflict, 2020-10-30/2022-01-12.

2 宋斌. 从“泛突厥主义”到“新奥斯曼主义”——论冷战后土耳其外交政策调整[J]. 南京师范大学学报（社会科学版），2018(03): 82-89.

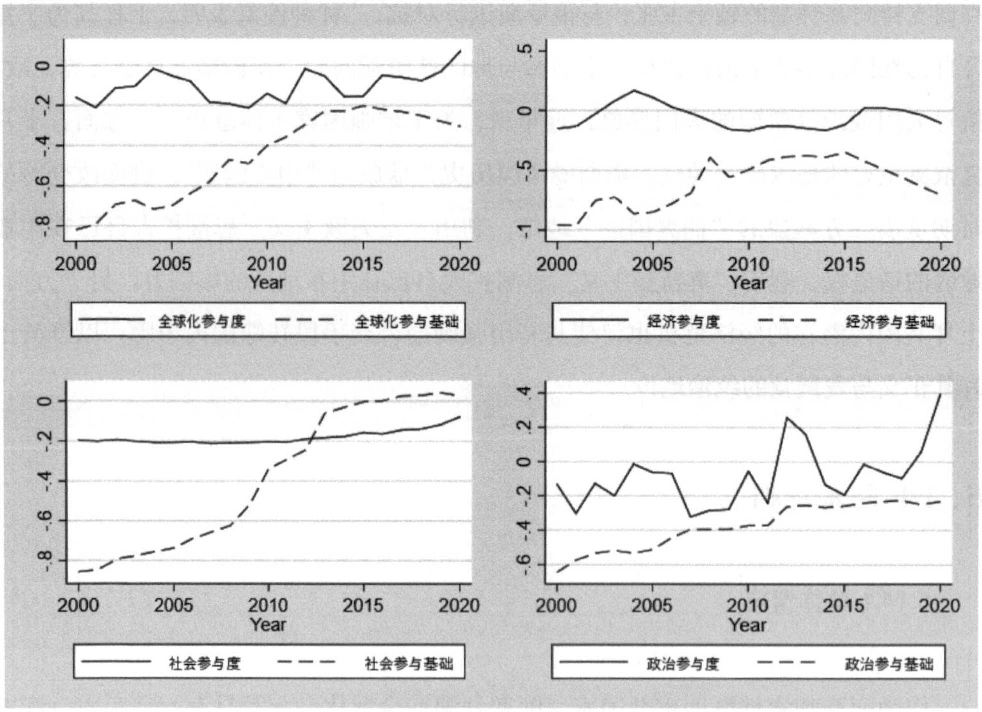

图 6-79　阿塞拜疆全球化参与度和参与基础折线图（总指标和一级指标）

分领域看，阿塞拜疆的经济全球化参与度排名第 56 位，经济全球化参与基础排名第 129 位。阿塞拜疆的经济全球化参与度显著下滑，其中，贸易全球化参与度出现较大跌幅，金融全球化参与度则略有上升。经济全球化参与基础出现负增长，其中，贸易全球化参与基础下跌，金融全球化参与基础维持原先水平。阿塞拜疆的社会全球化参与度排名第 99 位，社会全球化参与基础排名第 90 位。阿塞拜疆的社会全球化参与度呈现小幅增长态势，其中，信息全球化和文化全球化参与度大幅提升，科技全球化和人际全球化参与度则增幅较缓。社会全球化参与基础基本维持原先水平，其中，信息全球化参与基础有小幅增长，科技全球化参与基础略有下滑，文化全球化和人际全球化参与基础则表现出零增长态势。阿塞拜疆的政治全球化参与度排名第 19 位，政治全球化参与基础排名第 94 位。政治全球化参与度增长迅猛，其中，全球治理参与度呈现较高涨幅，国际合作参与度维持水平不变。阿塞拜疆的政治全球化参与基础有小幅提升，其中，全球治理参与基础基本持平，国际合作参与基础水平略有提升。

从图 6-80 可知，在参与度方面，阿塞拜疆在政治全球化上的表现最佳，在经济全球化上的表现最差；在参与基础方面，阿塞拜疆在社会全球化上的表现最佳，在经济全球化上的表现最差。

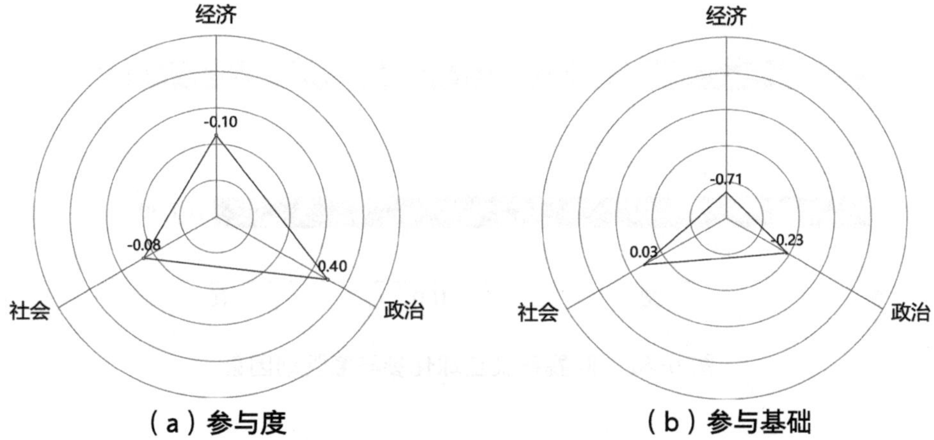

图 6-80　阿塞拜疆全球化参与度和参与基础雷达图

根据图 6-81、6-82、6-83 和 6-84，阿塞拜疆全球化参与度晴雨指数为 101.68，高于趋势。其中，经济全球化参与度晴雨指数为 99.68，符合趋势；社会全球化参与度晴雨指数为 102.82，高于趋势；政治全球化参与度晴雨指数为 101.99，高于趋势。阿塞拜疆全球化参与基础晴雨指数为 97.82，低于趋势。其中，经济全球化参与基础晴雨指数为 97.99，低于趋势；社会全球化参与基础晴雨指数为 98.37，低于趋势；政治全球化参与基础晴雨指数为 98.39，低于趋势。

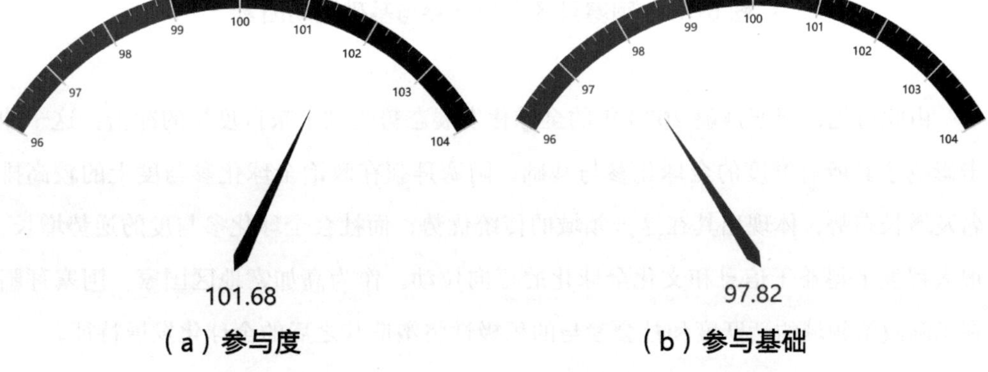

图 6-81　阿塞拜疆全球化参与度和参与基础晴雨表

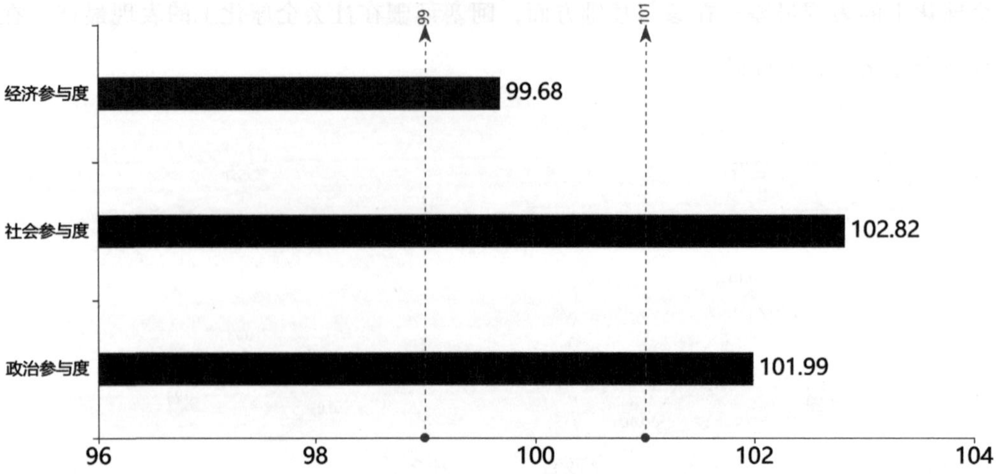

图 6-82　阿塞拜疆全球化参与度驱动因素

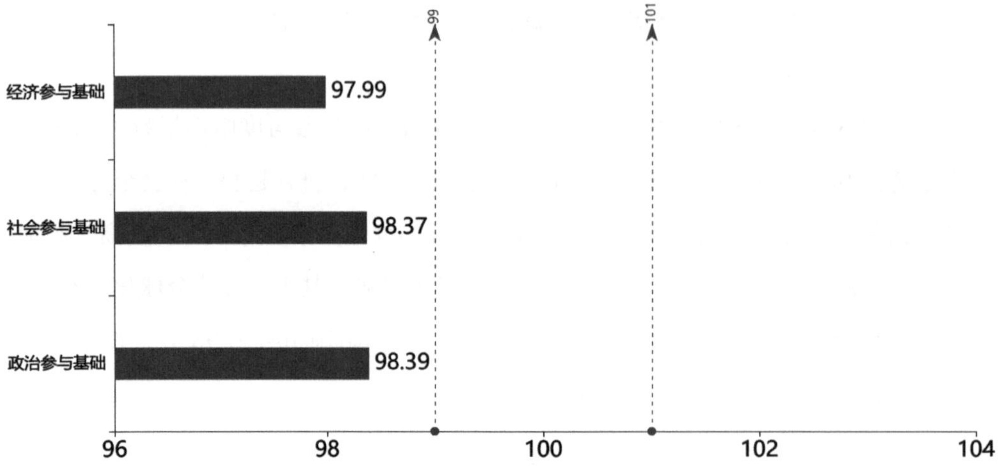

图 6-83　阿塞拜疆全球化参与基础驱动因素

由此可见，阿塞拜疆 2020 年的全球化发展态势受到了来自疫情的冲击，这一冲击影响了其所有维度的全球化参与基础。阿塞拜疆在政治全球化参与度上的较高排名及增长态势，体现出其在这一领域的传统优势；而社会全球化参与度的逆势增长，很大程度上得益于信息和文化全球化的正向拉动。作为高加索地区国家，阿塞拜疆在国际政治领域的活跃度和社会参与的积极性将塑造其之后的全球化发展特征。

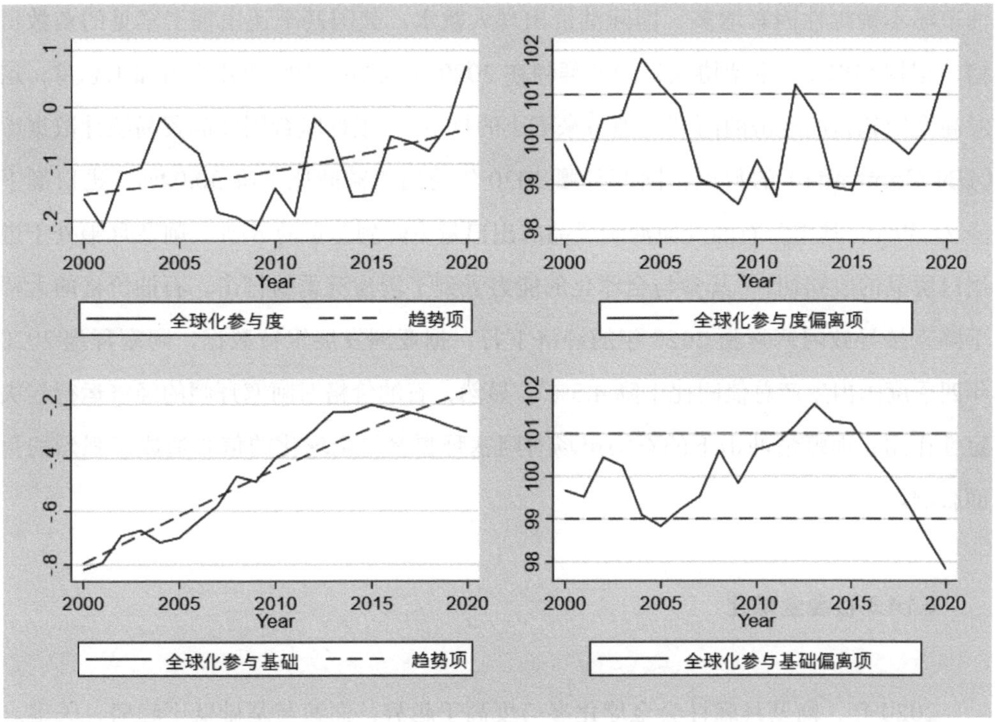

图 6-84　阿塞拜疆全球化参与度和参与基础 HP 滤波图

6.14.2 经济全球化

2020 年，阿塞拜疆的经济全球化参与度保持趋势，而参与基础低于趋势，这与阿塞拜疆自苏联时期以来经济发展高度依赖石油有深度关联。阿塞拜疆是一个传统的石油输出国，其经济运行情况与国际石油价格以及本币汇率高度绑定，导致其国际收入不稳定，经济结构比较脆弱。在新冠肺炎疫情开始之前，阿塞拜疆一直在尝试经济改革，致力于实现经济结构的多元化，建立阿塞拜疆国家原油基金（SOFAZ），控制因油价变动而导致的财政收入浮动，稳定国家财政政策，并利用油价上涨期间获得的收益发展其他领域经济。然而，上述政策依然以石油经济为中心，并没有突破国家依赖石油生存的困局，“荷兰病”现象仍然较为突出，具体表现在国家宏观经济指标随油价的波动呈周期性变化。[1] 受疫情影响，2020 年，国际原

1 Esmira Ahmadova, Lala Hamidova, Leyla Hajiyeva. Diversification of the economy in the context of globalization (case of Azerbaijan) [J]. *SHS Web of Conferences*, 2021(92): 07002.

油市场不确定性因素增多，国际油价出现大跳水，美国甚至还出现了罕见的负数价格，[1] 根据 OPEC+ 框架协议，阿塞拜疆在 2020 年大幅减少原油开采与加工总量，这对高度依赖石油经济的阿塞拜疆带来不小的打击。[2] 根据联合国商品贸易统计数据库（UN Comtrade）的数据，阿塞拜疆 2020 年的出口额同比下降 30.02%，进口额下降 21.39%，其中，石油及原油制成品的出口量下降到总量的 87%，阿塞拜疆处于进出口贸易的收缩期，[3] 其参与全球化的能力受到了较为沉重的打击。石油价格的大幅下降直接导致阿塞拜疆 2020 年的经济下行，据亚洲发展银行数据，阿塞拜疆 2020 年四季度国内生产总值同比下降 4.5%[4]。显然，石油价格对阿塞拜疆的经济运行起决定性作用，而疫情冲击下的石油市场对阿塞拜疆参与全球化的信心造成了强烈的负面影响。

6.14.3 社会全球化

2020 年，阿塞拜疆社会全球化参与度高于趋势，而参与基础低于趋势，关键之一即为信息全球化参与度增幅显著。在疫情之前，阿塞拜疆的信息化方针就已经比较明确，在信息和通信技术发展方面居世界第 65 位，在南高加索国家中处于领先地位。在世界银行《2019 年营商环境报告》中，阿塞拜疆也是欧洲和中亚十大改革者之一，在全球 190 个国家中排名第 25 位。[5] 疫情暴发以后，为了防止新冠病毒的传播，人们积极地改变自己的生活方式，尽可能地将线下活动转移到线上，极大程度地促进了线上活动的繁荣。阿塞拜疆自上而下开展信息化发展与普及工作，自疫情以来，阿塞拜疆政府政务服务机构（ASAN）就致力于政府服务信息化，更好地

1 Investopedia. What Happened to Oil Prices in 2020 [EB/OL]. https://www.investopedia.com/articles/investing/100615/will-oil-prices-go-2017.asp, 2017-01-21/2022-01-23.

2 Reuters. Coronavirus, low oil prices to hit Azeri economy [EB/OL]. https://www.reuters.com/article/health-coronavirus-azerbaijan-economy/coronavirus-low-oil-prices-to-hit-azeri-economy-idUSL8N2BV2PI, 2021-03-24/2022-01-23.

3 TrendEconomy.Azerbaijan | Imports and Exports | World | ALL COMMODITIES | Value (US$) and Value Growth, YoY (%) [EB/OL]. https://trendeconomy.com/data/h2/Azerbaijan/TOTAL, 2021-03-21/2022-01-23.

4 Asian Development Bank. Economic forecasts for Azerbaijan [EB/OL]. https://www.adb.org/countries/azerbaijan/economy?__cf_chl_jschl_tk__=WW5u4n_gc6JU0hpwaQOKIddOwKzP1f03fR5COUH9BtA-1643003129-0-gaNycGzNCZE, 2021-05-26/2022-01-23.

5 Trend. Индустрия 4.0, Четвертая промышленная революция: перспективы для Азербайджана [EB/OL]. https://www.trend.az/business/it/2985605.html, 2018-11-27/2022-01-23.

为企业与个人服务，成果颇丰。首先，ASAN 推出了出行短信服务，鼓励大家错峰出行，为疫情重灾区的人们提供出行许可服务，高加索地区其他国家也在学习阿塞拜疆的成功经验；同时，为了更好地服务阿塞拜疆国内中小企业，政府积极鼓励大型 IT 企业与中小企业，特别是初创企业合作，其中，教育行业表现最为突出，线上教育在疫情隔离期间发展尤为迅猛，在线学习人数已超 100 万。[1] 与此同时，阿塞拜疆积极融入第四次工业革命技术浪潮，利用欧亚大陆交界处的区位优势，努力发展成为地区性数字中心，其中，"阿塞拜疆数字中心"（Azerbaijan Digital Hub）就是其工作的重中之重，阿塞拜疆电信公司（AzerTelecom）通过建设数字"丝绸之路"连接高加索地区与欧洲地区，扩大国家的信息通道，以摆脱对其他互联网线路的依赖。[2] 通过这些举措，阿塞拜疆积极发展数字经济生态系统，在第四次工业革命技术的浪潮中把握时机，利用互联网信息基础所形成的强大推动力，促进了该国经济进一步发展。

6.14.4 政治全球化

2020 年，阿塞拜疆的政治全球化参与度高于趋势，而参与基础低于趋势，主要原因在于它是 2020 年最热门的地缘政治事件纳卡冲突的利益攸关方。纳卡地区位于南高加索阿塞拜疆境内，地区主体民族为亚美尼亚人，占地区总人口的 80%。苏联解体前后，阿塞拜疆和亚美尼亚为争夺纳卡地区曾多次爆发战争。[3] 2020 年 9 月 27 日，阿塞拜疆与亚美尼亚爆发了第二次纳卡战争，战争持续了 42 天，以阿塞拜疆的胜利结束。[4] 这场战争再度拉开了阿塞拜疆与其他高加索国家的综合实力，极大地提升了阿塞拜疆在地区事务中的话语权。同时，纳卡事件作为 2020 年最为严重的地缘政治冲突，受到了联合国的高度关注。在纳卡战争中，阿塞拜疆不仅展现出较高的军事水平，同时也积极寻求外交政治渠道，在联合国安全理事会（UNSC）上阐述

1 Садраддин Агджаев. Пандемия внедрила в Азербайджане ряд ИТ-решений, о которых даже не думали [EB/OL]. https://www.trend.az/business/it/3350784.html, 2021-08-24/2022-01-26.

2 Алимардан Султанов. Азербайджан: от энергетического и транспортного центра к цифровому хабу [EB/OL]. https://news.day.az/economy/1312595.html, 2021-02-02/2022-01-26.

3 FB.Нагорный Карабах. История и суть конфликта [EB/OL]. https://fb.ru/article/207937/nagornyiy-karabah-istoriya-i-sut-konflikta, 2015-10-03/2022-01-26.

4 Михаил Ходаренок. За счет чего Азербайджан победил Армению в прошлом году [EB/OL]. https://www.gazeta.ru/army/2021/09/27/14024317.shtml, 2021-09-27/2022-01-25.

自己的立场，与亚美尼亚达成停火协议。[1]纳卡战争的影响并不局限于高加索地区，对于整个欧洲地区都存在明显的扩散作用。自第一次纳卡战争后，负责停火谈判的明斯克小组就纳卡地区争端在阿亚两国间斡旋，但两国妥协意愿较低，不愿意做出让步，使得纳卡问题一直悬而未决。如今，阿塞拜疆通过武力方式以较小的代价与较短的时间迅速扭转劣势，开始掌握纳卡地区问题的主导权，这让欧洲其他争端地区看到了武力解决问题的可能性。[2]随着第二次纳卡战争的结束，阿塞拜疆在地区性事务上拥有了更多的话语权，这些也会直接反映在阿塞拜疆在政治领域参与全球化的能力与意愿上。

6.15 塞尔维亚

6.15.1 总体情况

塞尔维亚作为南联盟解体后继承其主体的国家，又因为科索沃问题迟迟没有成功加入欧盟，在全球化方面有其局限性。但塞尔维亚作为地处东欧和西欧社会、政治和地理十字路口的国家，在全球化参与基础方面有其优势。尽管疫情使塞尔维亚的全球化参与度略微降低，但其并未发生较大幅度的波动，依然保持稳定态势。同时，其全球化参与基础呈现小幅上升。

在排名上，塞尔维亚的全球化参与度排名第 83 位，全球化参与基础排名第 48 位。根据图 6-85，从趋势上看，塞尔维亚的全球化参与度有所下降，而全球化参与基础继续保持平稳增长趋势。

1 Елена Караева. СБ ООН обсудит ситуацию в Нагорном Карабахе [EB/OL]. https://ru.euronews.com/2020/09/29/nk-un-security-emergency, 2021-08-24/2022-01-25.

2 李静雅. 第二次纳卡战争背后的各方战略博弈[J]. 现代国际关系，2021(01): 29-37.

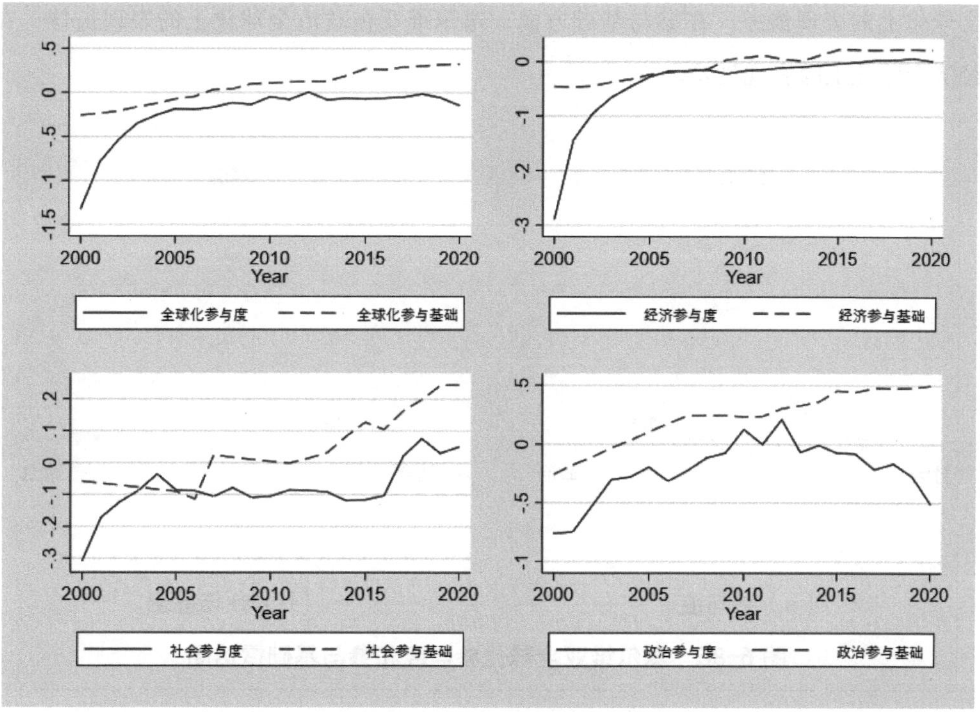

图 6-85　塞尔维亚全球化参与度和参与基础折线图（总指标和一级指标）

分领域看，塞尔维亚的经济全球化参与度排名第 41 位，经济全球化参与基础排名第 56 位。塞尔维亚经济全球化参与度基本持平，其中，贸易全球化参与度轻微下降，金融全球化参与度基本持平。经济全球化参与基础基本保持不变，其中，贸易全球化参与基础与金融全球化参与基础都各自持平。塞尔维亚社会全球化参与度排名第 59 位，社会全球化参与基础排名第 66 位。社会全球化参与度稍有增长，其中，信息全球化参与度有所上升，人际全球化和文化全球化参与度基本持平，科技全球化参与度略有下降。社会全球化参与基础基本持平，其中，信息全球化参与基础大幅提升，人际全球化参与基础小幅上升，科技全球化参与基础有所下降，文化全球化参与基础则基本持平。塞尔维亚政治全球化参与度排名第 106 位，政治全球化参与基础排名第 34 位。政治全球化参与度大幅下降，其中，全球治理参与度降幅显著，国际合作参与度维持不变。塞尔维亚的政治全球化参与基础略有上升，其中，全球治理参与基础略有下降，国际合作参与基础则有小幅上升。

从图 6-86 可知，在参与度方面，塞尔维亚在社会全球化上的表现最佳，在政治全球化上的表现最差；在参与基础方面，塞尔维亚在政治全球化上的表现最佳，在经济全球化上的表现最差。

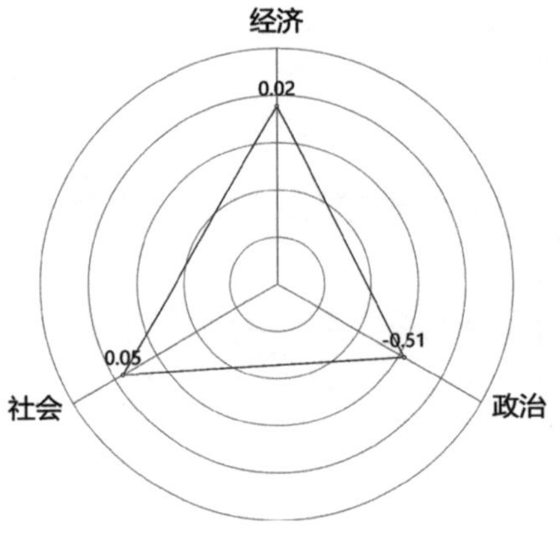

（a）参与度

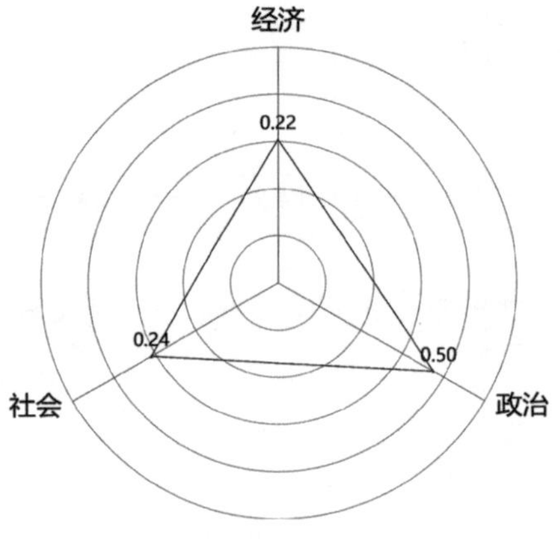

（b）参与基础

图 6–86　塞尔维亚全球化参与度和参与基础雷达图

根据图 6-87、6-88、6-89 和 6-90，塞尔维亚的全球化参与度晴雨指数为 98.88，低于趋势。其中，经济全球化参与度晴雨指数为 99.34，符合趋势；社会全球化参与度晴雨指数为 100.62，符合趋势；政治全球化参与度晴雨指数为 97.82，低于趋势。塞尔维亚的全球化参与基础晴雨指数为 98.40，低于趋势。其中，经济全球化参与基础晴雨指数为 98.30，低于趋势；社会全球化参与基础晴雨指数为 100.94，符合趋势；政治全球化参与基础晴雨指数为 98.85，低于趋势。

（a）参与度

（b）参与基础

图 6–87　塞尔维亚全球化参与度和参与基础晴雨表

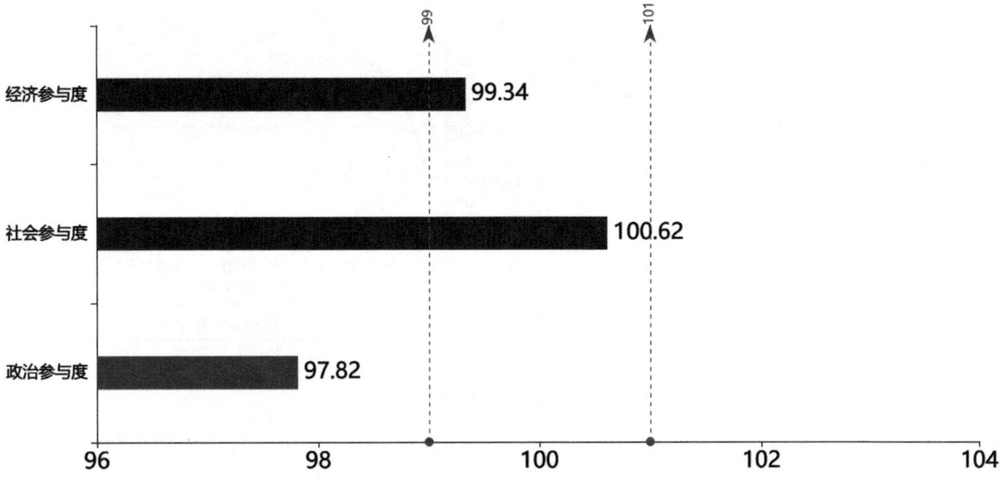

图 6-88　塞尔维亚全球化参与度驱动因素

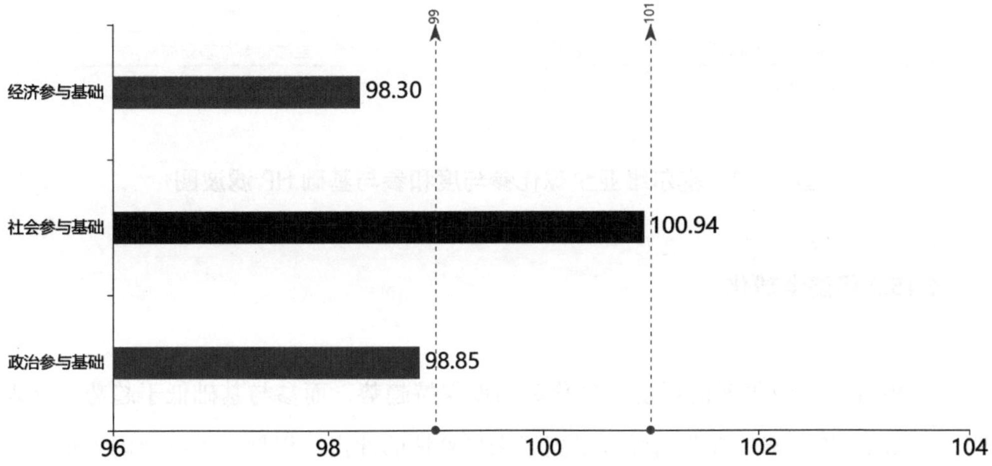

图 6-89　塞尔维亚全球化参与基础驱动因素

由此可见，作为唯一一个同时与欧盟和俄罗斯签署自由贸易协定的欧洲国家，塞尔维亚在全球化，尤其是经济全球化方面有着显著优势，该国的经济全球化参与度排名也是其所有排名中唯一进入前 50 名的指标。2020 年新冠肺炎疫情带来的冲击使塞尔维亚的全球化参与受到了影响，全球化晴雨表显示，它的全球化参与度和参与基础均低于趋势。除在政治方面的全球化参与度排名远低于其全球化参与基础排名外，塞尔维亚的经济和社会全球化参与度排名都较其参与基础排名高，这是其全球化参与度排名的主要正面影响因素。

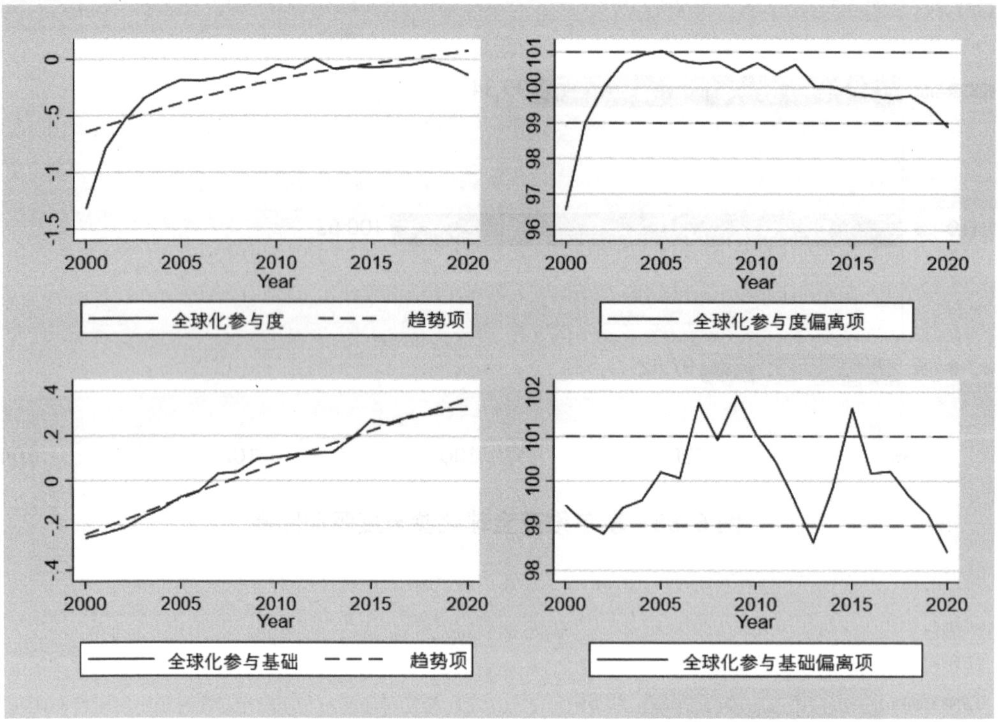

图 6-90　塞尔维亚全球化参与度和参与基础 HP 滤波图

6.15.2 经济全球化

2020 年，塞尔维亚的经济全球化参与度保持趋势，而参与基础低于趋势。这表明，在 2020 年，塞尔维亚的经济受到了来自疫情的冲击。根据塞尔维亚国家统计局数据，2020 年，该国第二、三、四季度的国内生产总值同比增长率均为负数[1]。从贸易领域上看，塞尔维亚总统亚历山大·武契奇为防止疫情继续蔓延，决定重新实施宵禁，而这引发了民众对封锁措施的集体抗议[2]，疫情对该国经济贸易秩序造成了极大的负面影响。此外，武契奇向中国和俄罗斯购买新冠疫苗，此举受到了欧盟的强烈批评，影响了塞尔维亚和欧盟之间的贸易往来（同欧盟成员国之间的对外贸易额

1 National accounts - Quarterly national accounts. Statistical Office of the Republic of Serbia: GDP [EB/OL]. https://www.stat.gov.rs/en-us/oblasti/nacionalni-racuni/kvartalni-nacionalni-racuni/, 2021-11-30/2022-01-23.

2 Media&Reform. Svetski mediji o protestima u Srbiji: Protesti spontani, nedostaju institucije [EB/OL]. https://mediareform.rs/svetski-mediji-o-protestima-u-srbiji-protesti-spontani-nedostaju-institucije/, 2020-11-07/2022-01-23.

占塞尔维亚对外贸易总额的 61.4%）[1]。根据塞尔维亚国家统计局数据，2020 年 1 月至 12 月期间，以美元计，塞尔维亚对外贸易总额较 2019 年同比下降 1.4%，其中，出口额同比下降 0.7%，进口额同比下降 1.9%，逆差同比下降 5.1%[2]。这表明，塞尔维亚的贸易全球化参与度受到了疫情的冲击，呈负增长趋势。从金融领域来看，塞尔维亚财政部与欧洲清算银行于 2020 年签署了一项谅解备忘录，这使外国投资者能够更容易地通过欧洲清算平台（Euroclear）进入政府证券市场[3]。此外，在 2020 年 12 月 14 日发布的报告中，评级机构标准普尔将塞尔维亚评为 BB+ 级信用，这使塞尔维亚成为 2020 年信用评级未被降低的少数几个国家之一。标准普尔指出，由于塞尔维亚政府和塞尔维亚国家银行采取了几乎占国内生产总值 13% 的经济支持措施，疫情造成的危机也得到了缓解。同时，塞尔维亚国家银行在 2020 年将基准利率累积下调了 100 点，并通过互换和回购增加了银行的流动性，此前的外国直接投资也能基本弥补经济支持措施带来的财政赤字压力[4]，塞尔维亚的金融全球化并没有产生太大的波动，参与度和参与基础都基本保持原水平不变。

6.15.3 社会全球化

2020 年，塞尔维亚的经济全球化参与度和参与基础均保持趋势，而其信息全球化参与度轻微上升。在疫情背景下，塞尔维亚采取相关限制措施，如封锁和限制社交距离，这显著提升了其互联网的重要性。根据塞尔维亚统计局数据，2020 年塞尔维亚的互联网使用率达到了 78.4% 的历史最高水平，16—24 岁的年龄分组使用率甚

---

1 Politika. Vučić: Kada budete videli cenu vakcina, spomenik wete da mi dižete jednog dana [EB/OL]. https://www.politika.rs/sr/clanak/471439/Vucic-U-izvestaju-zapadne-tajne-sluzbe-procitao-sam-da-je-kineska-vakcina-najbolja, 2021-01-24/2022-01-23.

2 Statistical Office of the Republic of Serbia. International trade in goods: external trade, final data 2020 [EB/OL]. https://www.stat.gov.rs/en-us/vesti/20210716-spoljnotrgovinska-robna-razmena-konacni-podaci-2020/, 2021-07-16/2022-01-23.

3 The Government of the Republic of Serbia. Ministry of Finance, Euroclear sign memorandum of understanding [EB/OL]. https://www.srbija.gov.rs/vest/en/150096/ministry-of-finance-euroclear-sign-memorandum-of-understanding.php, 2020-02-12/2022-01-23.

4 The Government of The Republic of Serbia. Serbia keeps credit rating at BB+ [EB/OL]. https://www.srbija.gov.rs/vest/en/164966/serbia-keeps-credit-rating-at-bb.php, 2021-04-21/2022-01-23.

至高达 100%[1]。当前欧洲正在进行数字化转型，这显然是塞尔维亚社会全球化参与度正增长的重要推动力。但与此同时，2020 年塞尔维亚曾宣布进入紧急状态，根据塞尔维亚统计局数据，该国 2020 年的空运载客量下降至 89.2 万人次，甚至低于 2011 年的 128.8 万人次，较 2019 年下降了 67.9%[2]。如此大幅的运输规模下降显然是由于疫情，在这种情况下，包括人际交流在内的一些社会活动自然也受到了限制。可见，疫情不只给塞尔维亚带来了信息发展，它对塞尔维亚的人际、科技和文化全球化参与度都造成了一定的负面影响，在这样的条件下，塞尔维亚的人际、科技和文化参与基础也都没有太大的增幅。

6.15.4 政治全球化

2020 年，塞尔维亚的政治全球化参与度和参与基础均低于趋势，这与它和欧盟之间的矛盾密切相关。自 2008 年科索沃单方面宣布独立以来，塞尔维亚和欧盟之间就存在着关于该地区主权的矛盾。塞尔维亚早在 2012 年就成了欧盟成员国的候选国，但入盟进程受该问题阻碍而一度停滞。2020 年，欧盟在布鲁塞尔举行了一系列关于与科索沃关系正常化的高级别会议，称塞尔维亚需要为与科索沃达成一项具有法律约束力的全面协议做出进一步的实质性努力[3]。2020 年 9 月，在美国斡旋下，塞尔维亚和科索沃同意将经济关系正常化，同意在一年内暂停任何反对科索沃加入国际组织和取得其他国家承认的措施，并且将驻以色列的大使馆迁往耶路撒冷[4]。此举遭到欧盟方面的批评，称此举或影响塞尔维亚入盟，此前并无欧盟成员国在耶路撒冷设大使馆，塞尔维亚作为候选国应在耶路撒冷问题上与欧盟保持一致[5]。从政治全

1 Statistical Office of the Republic of Serbia. Usage of information and communication technologies - individuals - computer and internet users (in the last 3 months), by age [EB/OL]. https://data.stat.gov.rs/Home/Result/270205?languageCode=en-US, 2020-12-15/2022-01-23.

2 Statistical Office of the Republic of Serbia. Transport and telecommunications - Transport of passengers and goods - Air traffic - Air transport [EB/OL]. https://data.stat.gov.rs/Home/Result/15010101?languageCode=en-US, 2020-10-15/2022-12-05.

3 European Commission. Key findings of the 2020 Report on Serbia [EB/OL]. https://ec.europa.eu/commission/presscorner/detail/en/country_20_1792, 2021-05-24/2022-01-23.

4 AP NEWS. Serbia, Kosovo normalize economic ties, gesture to Israel [EB/OL]. https://apnews.com/article/ap-top-news-international-news-middle-east-politics-3b7aca39c6829655d43de30f68497ed1, 2022-09-04/2022-11-24.

5 AP NEWS. EU warns Serbia, Kosovo over Israel embassy move [EB/OL]. https://apnews.com/article/international-news-europe-61cac994c0b1e7a3221ef8ea74d4f9f1, 2020-09-08/2022-01-24.

球化参与基础来看，这次与科索沃地区的“和谈”可能给未来塞尔维亚入盟、与科索沃关系正常化带来些许积极影响，但从政治全球化参与度表现来看，这次违背欧盟立场的大使馆迁移显然是负面效应居多。总而言之，塞尔维亚在科索沃问题上还有很长的路要走，参与美国、欧盟等之间的博弈也需小心斟酌，之后塞尔维亚能否在 2025 年前成功加入欧盟、能否在与科索沃经济关系正常化和“迷你申根”的基础上使政治全球化参与度回升，仍需时间检验。

6.16 中亚地区其他国家

6.16.1 总体情况

中亚国家的全球化参与度一直备受关注。中亚处于亚洲大陆腹地，是贯通亚欧大陆的交通枢纽，历来是东进西出和南下北上的必经之地，古代的丝绸之路正是途经此地。冷战结束后，中亚作为重要的战略缓冲地带，其地缘政治意义更加凸显。由于特殊的地理位置和地缘政治因素，中亚积极参与推进全球化进程，并取得了一定成效。然而，2020 年突发的新冠肺炎疫情，严重影响了中亚各国整体经济、政治、社会的发展，一定程度上阻碍了其全球化进程。

总体而言，根据图 6-91，中亚其他国家的全球化参与度显著下降，全球化参与基础略微下滑。分领域看，经济全球化参与度显著下降。其中，贸易全球化大幅下降，相比之下，金融全球化参与度则略微下降。这些国家的经济全球化参与基础持续下降，主要是金融全球化参与基础大幅下降和贸易全球化参与基础小幅下降相累加的结果。这些国家的社会全球化参与度略微上升，其中，信息全球化参与度增长显著，人际全球化参与度小幅增长，而文化全球化和科技全球化参与度略微下降。该地区的社会全球化参与基础轻微上升，其中，科技全球化参与基础显著回落，文化全球化参与基础基本持平，人际全球化和信息全球化参与基础则保持了正增长趋势。这些国家在 2020 年的政治全球化参与度急剧下降，这与其中二级指标全球治理参与度的显著负增长有密切关联，而国际合作参与度基本持平。这些国家的政治全球化参与基础则略微上扬，其中，全球治理参与基础与 2019 年持平，国际合作参与基础则略有上扬。

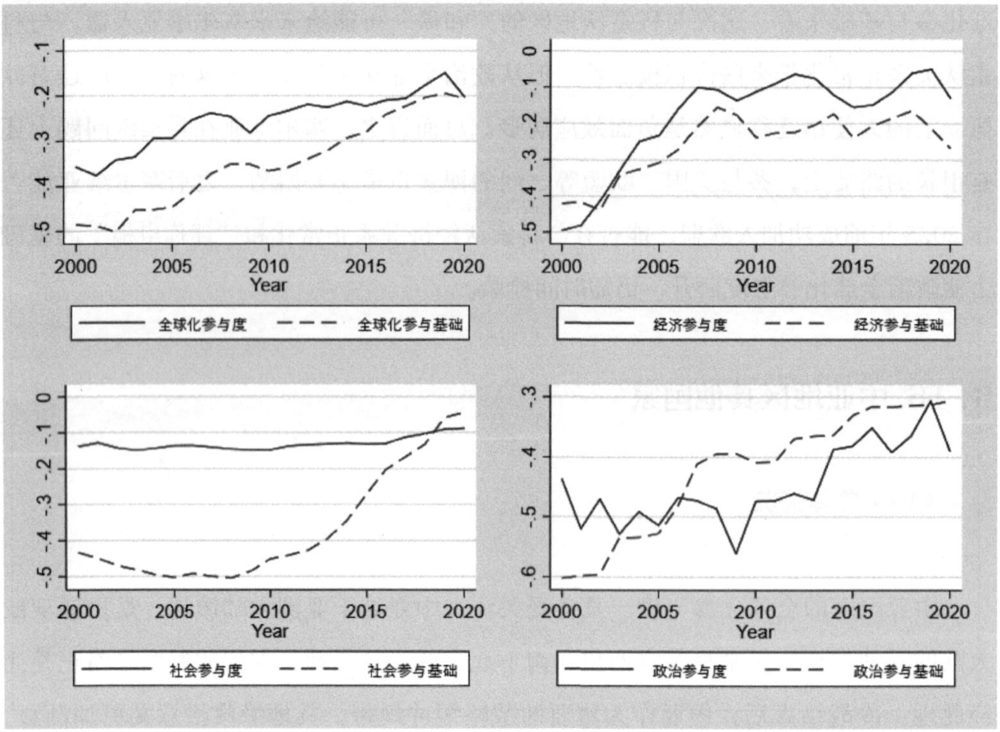

图 6-91　中亚地区其他国家全球化参与度和参与基础折线图（总指标和一级指标）

由图 6-92 可知，在参与度和参与基础方面，中亚其他国家在社会全球化上的表现均为最佳，在政治全球化上的表现均为最差。

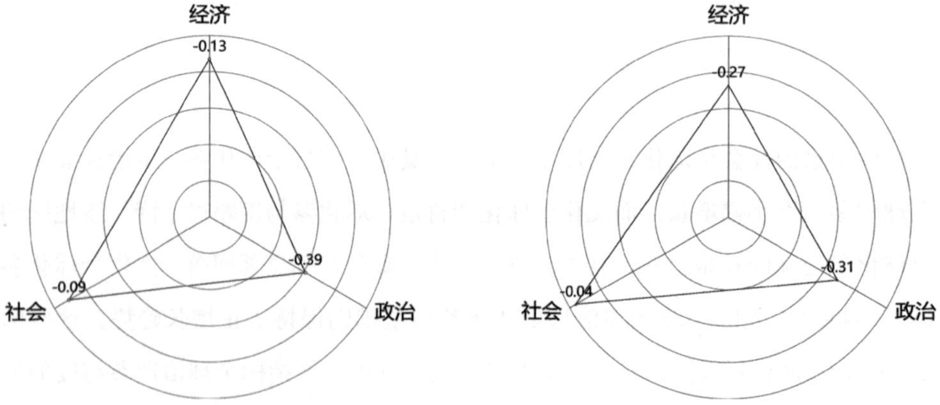

图 6-92　中亚地区其他国家全球化参与度和参与基础雷达图

根据图 6-93、6-94、6-95 和 6-96，中亚其他国家的全球化参与度晴雨指数为 99.10，符合趋势。其中经济全球化参与度晴雨指数为 98.67，低于趋势；社会全球化参与度晴雨指数为 101.76，高于趋势；政治全球化参与度晴雨指数为 99.25，符合趋势。中亚其他国家全球化参与基础晴雨指数为 98.29，低于趋势。其中，经济全球化参与基础晴雨指数为 98.09，低于趋势；社会全球化参与基础晴雨指数为 101.27，高于趋势；政治全球化参与基础晴雨指数为 98.72，低于趋势。

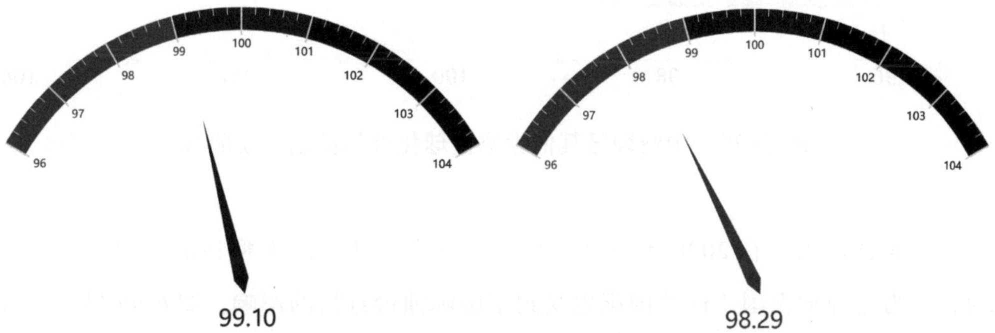

（a）参与度　　（b）参与基础

图 6-93　中亚地区其他国家全球化参与度和参与基础晴雨表

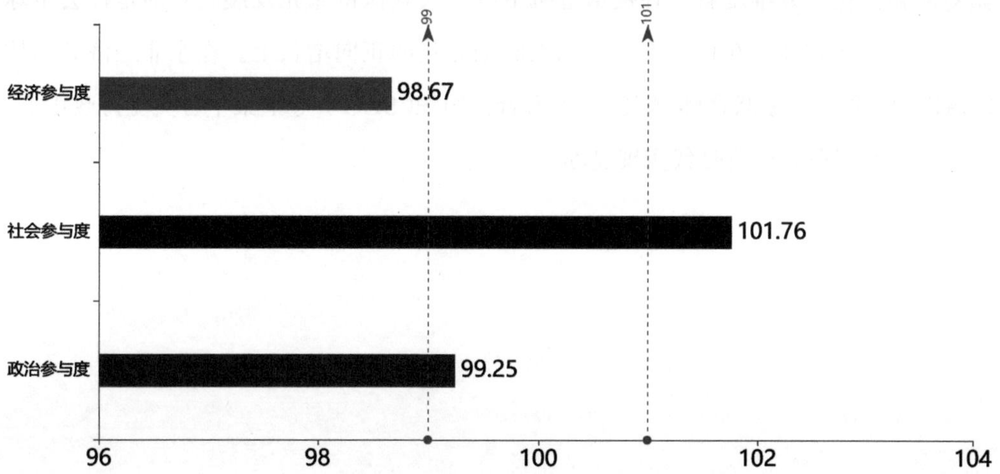

图 6-94　中亚地区其他国家全球化参与度驱动因素

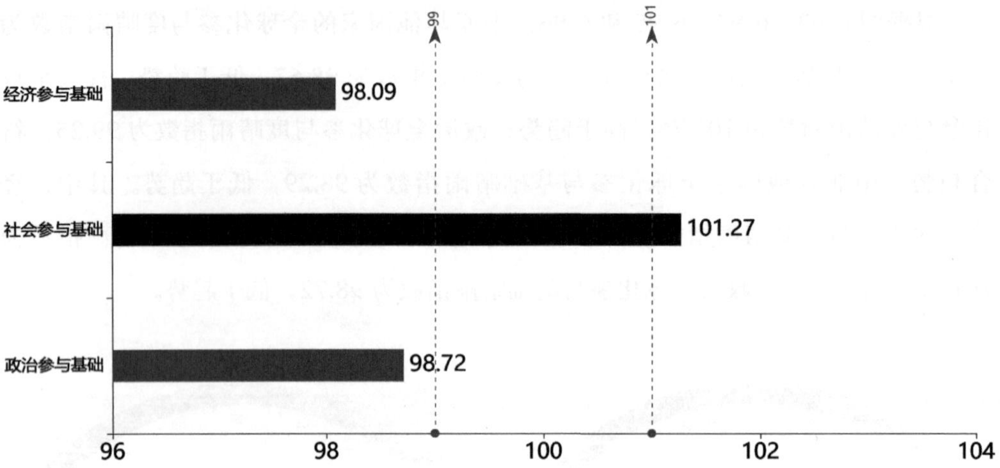

图 6-95 中亚地区其他国家全球化参与基础驱动因素

中亚其他国家在2020年的全球化参与受到了新冠肺炎疫情的负面冲击。同时，作为能源输出国，这些国家也受到了国际油价行情的影响。图6-96显示，这些国家的全球化参与基础显著低于趋势。一方面，这与中亚国家绝大部分为能源输出型国家，其石油出口依赖度较高有关；另一方面，这些国家体量相对较小，经济自我调整能力较差，并且受到国内政权交替的影响，在突发危机中难以实现快速风险对冲和内化。分维度看，在疫情危机下唯一大致保持原先发展趋势的是社会全球化参与度，尤其体现在信息全球化和人际全球化的正向增长上。在东非经济共同体（EAEC）、独立国家联合体（CIS）、上海合作组织（SCO）等框架中各类支持政策下，这些国家有望在后疫情时代实现复苏。

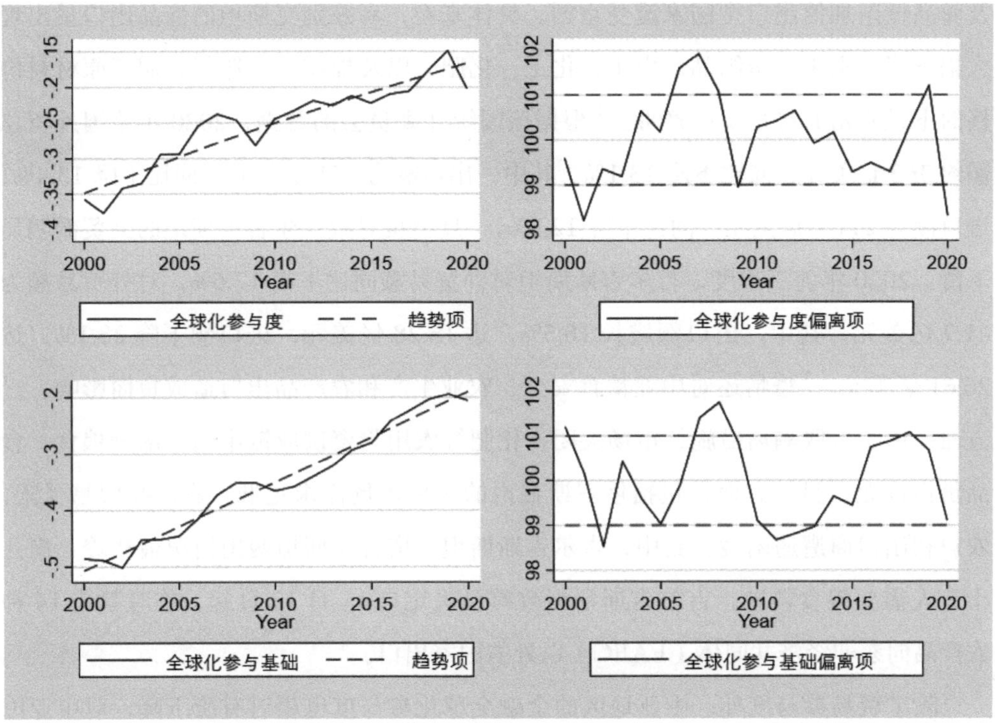

图 6-96　中亚地区其他国家全球化参与度和参与基础 HP 滤波图

6.16.2 经济全球化

2020 年，中亚其他国家的经济全球化参与度和参与基础均低于趋势，可以看出，疫情充分暴露了中亚国家的经济短板和不足。自疫情发生以来，中亚各国采取了封闭管控措施，特别是俄罗斯疫情的持续恶化，加剧了中亚各国经济的下滑，货币贬值、通货膨胀、失业率上升等问题趋于严重。[1] 其中，贸易全球化参与度的下降对经济全球化影响最大。国际经济形势整体恶化，外部发展环境不佳。国际需求下降，大宗商品价格大幅下降，不仅直接影响哈萨克斯坦、土库曼斯坦等资源出口国，也影响了俄罗斯，而后者的经济下滑又传导到中亚地区。[2] 2020 年初新冠肺炎疫情蔓延，全球经济发展放缓，全球商品价格的下降以及外部需求的萎缩，使原料

1 孙力. 2020年的中亚：抗疫情、谋稳定、求发展[M]//孙力，高焓迅，李睿思. 中亚国家发展报告(2021). 北京：社会科学文献出版社，2021：1-15.

2 李自国. 2020年新冠肺炎疫情影响下的中亚地区经济形势[M]//孙力，高焓迅，李睿思. 中亚国家发展报告(2021). 北京：社会科学文献出版社，2021：16-33.

及商品低附加值出口型国家遭受重创。具体来看，乌兹别克斯坦的商品出口量出现大幅下降，水果、纺织品、电工、化工、化肥，以及棉花、天然气、铜等原材料价格的下跌直击其经济支柱产业。[1]根据该国统计委员会的数据，2020年该国外贸总额约363亿美元，同比下降13.1%。其中，出口额为151亿美元，同比下降13.4%；进口额为211.7亿美元，同比下降12.8%。[2]疫情也导致吉尔吉斯斯坦的外贸额明显下滑。2020年前三季度，吉尔吉斯斯坦对外贸易额同比下滑17.6%，对外贸易额为41.9亿美元，其中，出口额增长10.5%，达15.28亿美元，进口额下降28.1%，达26.61亿美元。[3]疫情还对中亚粮食安全、农业生产和农产品出口造成负面影响。一方面，由于采取隔离措施，市场关闭，化肥等农用物资供应链中断，部分粮食、食品价格高企；另一方面，包括俄罗斯在内的主要市场需求走低，农产品贸易受限，农户和出口商遭遇困境。其中，吉尔吉斯斯坦、塔吉克斯坦两国情况最严峻，逾几十万人需要粮食救助。吉尔吉斯斯坦政府已决定自11月19日起，临时禁止14种农产品向东非经济共同体（EAEC）以外的国家出口。[4]

除了贸易参与度外，中亚地区的金融全球化参与度也相对有所下降，对中亚国家经济稳定造成了巨大影响。自2020年初以来，吉尔吉斯斯坦国家银行实施了19次市场干预措施，为了稳定苏姆的汇率，累计抛售3.97亿美元。[5]乌兹别克斯坦的本币苏姆和塔吉克斯坦本币索莫尼也明显贬值，但波动较小，呈现低速持续贬值态势。1月，苏姆与美元的汇率为9500:1，11月份跌至10,350:1。索莫尼贬值幅度和趋势与苏姆类似，年初索莫尼与美元的汇率为9.7:1，11月份为11.3:1。[6]土库曼斯坦仍实行固定汇率，官方汇率保持3.5马纳特兑1美元不变，但据称黑市的价格降至23:1，较年初19:1也有明显贬值。中亚国家的政治稳定一直是备受关注的问

1 Экономика. Экономика Узбекистана-2020: кризис в сферах, рост безналичных платежей и дефицит бюджета [EB/OL]. https://stanradar.com/news/full/39472-ekonomika-uzbekistana-2020-krizis-v-sferah-rost-beznalichnyh-platezhej-i-defitsit-bjudzheta.html, 2020-05-07/2022-02-14.

2 腾讯网.乌兹别克斯坦2020年外贸额下降逾13% 中国仍为第一大贸易伙伴[EB/OL]. https://new.qq.com/omn/20210121/20210121A0GPL900.html, 2021-01-21/2022-02-14.

3 驻吉尔吉斯共和国大使馆经济商务处.2020年前三季度吉尔吉斯斯坦对外贸易同比下降17.6%[EB/OL]. http://www.mofcom.gov.cn/article/i/jyjl/e/202011/20201103017645.shtml, 2020-11-23/2022-02-14.

4 驻吉尔吉斯共和国大使馆经济商务处.吉尔吉斯斯坦政府宣布临时禁止部分农产品出口[EB/OL]. http://www.mofcom.gov.cn/article/i/jyjl/e/202011/20201103017902.shtml, 2020-11-24/2022-02-14.

5 驻吉尔吉斯共和国大使馆经济商务处.自2020年初以来，吉尔吉斯斯坦国家银行累计抛售3.97亿美元，以稳定索姆汇率[EB/OL]. http://www.mofcom.gov.cn/article/i/jyjl/e/202011/20201103017076.shtml, 2020-11-19/2022-02-14.

6 Курс валюты [EB/OL]. https://nbt.tj/ru/kurs/kurs.php/, 2021-10-14/2022-02-14.

题，已有四个国家实现了权力交接，除吉尔吉斯斯坦外，三个国家实现了权力的和平过渡。其实，中亚五国元首均不是首任领导人。政权交替期间，经济全球化参与度下降，有望在度过政权过渡期后得到缓解。

6.16.3 社会全球化

2020 年，中亚其他国家的社会全球化参与度和参与基础均高于趋势，这主要在于信息全球化参与度提升的拉动。具体来看，2020 年，乌兹别克斯坦政府宣布该年为“科学、教育和数字经济发展年”。乌总统米尔济约耶夫于 2020 年 3 月签署《关于采取措施在电子政务和数字经济框架下进一步完善管理体系的总统令》，4 月签署《关于采取措施广泛推广数字经济和电子政务的总统令》，计划到 2022 年电子公共服务的份额增加至 60%，到 2023 年数字经济占 GDP 的份额增加两倍。[1] 2018 年 12 月，吉尔吉斯共和国安全委员会审议并批准了《2019—2023 年吉尔吉斯共和国数字化转型构想》的决议。为了实现数字化转型的目标，该国于 2019 年 2 月批准实施“数字化吉尔吉斯斯坦 2019—2023”路线图。[2] 土库曼斯坦政府计划在其经济部门实施数字化项目，并将其纳入国际数字经济体系。可以预见，数字经济将在土库曼斯坦的各个领域发挥越来越大的作用。在不久的将来，通信和电信行业将使用 3G、4G 和 5G（第五代移动通信、高速互联网和其他服务）进行升级，并将移动技术运用于远程医疗、远程教育、运输管理、安全和公共秩序领域。[3]

近年来，中亚国家均在信息技术发展领域投入了更多精力，可以清晰看出这些国家在信息全球化参与上的坚定决心。人际全球化参与度显示，随着疫情控制能力的提升，人际全球化参与度也在不断回升。疫情得到控制后，中亚各国逐渐恢复国际联通和旅游业发展。相比之下，文化参与度则有所下降。民族主义在中亚一些国家抬头，影响社会政治稳定和民族间关系。民粹思想抬头，带有政治色彩的、以排

1 Шухрат Латипов. Развитие цифровой экономики ускорят [EB/OL]. https://www.gazeta.uz/ru/2020/04/29/digital/, 2020-04-29/2022-02-14.

2 ПРАВИТЕЛЬСТВО КЫРГЫЗСКОЙ РЕСПУБЛИКИ. О стратегических направлениях развития системы образования в Кыргызской Республике [EB/OL]. http://cbd.minjust.gov.kg/act/view/ru-ru/92984?cl=ru-ru., 2018-04-06/2022-02-14.

3 Гурбангулы Бердымухамедов. Туркменистан приступил к реализации Концепции развития цифровой экономики [EB/OL]. https://sng.today/ashkhabad/8750-turkmenistan-nachal-realizovyvat-koncepciju-razvitija-cifrovoj-jekonomiki.html, 2019-01-04/2022-02-14.

外为主题的社会运动增多。这主要发生在哈萨克斯坦、吉尔吉斯斯坦，但表现各有特点：一是哈萨克斯坦发生了规模大小不等的民族冲突；二是吉尔吉斯斯坦在政治动荡过程中冲击外资企业；三是对外来政治文化，如果触及其民族主义，可能会出现过激行为，如反美、反俄抗议（哈萨克斯坦）。民族主义的复兴表现为对跨国主义的拒绝，在中亚国家，先前价值体系的崩溃和新体系的形成引起了部分民众的不安全感，周围发生的事情被视为邻国和一种外来生活方式的经济和文化扩张。[1]总体而言，中亚地区在2020年的社会一体化进程深受疫情和民族情绪阻挠，但由于信息化进程和人际政策放宽，社会参与度将在未来有进一步的提升。

6.16.4 政治全球化

2020年，中亚其他国家政治全球化参与度保持趋势，而参与基础低于趋势，这与中亚其他国家的政权更迭密切相关。究其原因，中亚四国均在经历政权更迭，内政成了第一要务，权力过渡期间，对全球政治化稍有懈怠。在实现政权交接后，中亚各国也立刻投身全球政治参与。

2020年，中亚国家积极开展"电话外交"和"云外交"，全年外交取得显著成果。原定于2020年在吉尔吉斯斯坦举行的中亚国家领导人第三次会议，因新冠肺炎疫情和吉国内局势变化而推迟，但中亚国家高层互动没有停止。中亚国家元首间"电话外交"频繁，内容涵盖领域广泛，涉及双边政治、经贸和安全关系以及抗疫合作等，并相互协调对国际和地区局势的立场和看法。[2]

此外，中亚地区在合作抗疫方面也与区域组织和国际组织密切合作。新冠肺炎疫情在全世界的暴发改变了全球国际关系，对中亚与欧盟的互动关系也产生了一系列的影响。开展抗疫合作、加强医疗援助、巩固政治经济对话成为中亚与欧盟合作的主要内容。[3]疫情在中亚地区扩散后，世界银行迅速向中亚各国提供大量资金帮助抗击疫情，包括加强国家卫生系统在疾病监测、检测等方面的能力，以及采购个人

---

1 Сергей Масаулов. Кыргызстан под угрозой из-за этнического национализма? [EB/OL]. https://ia-centr.ru/experts/sergey-masaulov/kyrgyzstan-pod-ugrozoy-iz-za-etnicheskogo-natsionalizma/, 2020-11-05/2022-02-14.

2 孙力. 2020年的中亚：抗疫情、谋稳定、求发展[M]//孙力，高焓迅，李睿思. 中亚国家发展报告(2021). 北京：社会科学文献出版社，2021：1-15.

3 强晓云. 2020年中亚与欧盟互动关系的新趋势——中亚各国外交战略中的欧盟及其关系互动[M]//孙力，高焓迅，李睿思. 中亚国家发展报告(2021). 北京：社会科学文献出版社，2021：188-204.

防护设备、药品和医疗器材、专科医院所需诊疗设备等。第一阶段累计拨款 3.87 亿美元，其中，哈萨克斯坦获得 2700 万美元；乌兹别克斯坦获得 3.11 亿美元；吉尔吉斯斯坦获得 2100 万美元；塔吉克斯坦获得 2750 万美元。[1] 同时，世界银行还向吉尔吉斯斯坦提供了 1.21 亿美元贷款，其中，一半为无偿援助，一半为优惠贷款，用以支持该国中小微企业发展，支持构建社会保障和紧急状态应急保障；向乌兹别克斯坦提供 12 亿美元贷款，其中，7 亿美元用于支持该国基础设施建设和农产品生产企业发展，5 亿美元则用于农业领域现代化改造。

综上，新冠肺炎疫情暴发后，中亚国家主动向国际组织求援，特别是向国际金融组织寻求帮助，双方展开了积极的抗疫合作。国际货币基金组织、世界银行等国际金融组织向哈萨克斯坦、乌兹别克斯坦、吉尔吉斯斯坦、塔吉克斯坦等中亚四国提供了总计约为 61 亿美元的各种无偿援助和优惠贷款，在中亚国家抗击疫情和消除经济危机方面发挥了重要作用。疫情加深了中亚国家对国际组织的依赖，相应地，其政治全球化参与度也不断提升。政权过渡期结束之后的中亚地区将会在原有基础上，进一步提升政治全球化参与度。

1 驻哈萨克斯坦共和国大使馆经济商务处.世界银行为哈萨克斯坦提供2700万美元抗疫资金[EB/OL]. http://www.mofcom.gov.cn/article/i/jyjl/e/202005/20200502964778.shtml, 2020-05-15/2022-02-14.

第七章　东亚和太平洋地区全球化晴雨指数分析

7.1 中国

7.1.1 总体情况

2020年，中国作为全球第二大经济体，不仅在抗击新冠肺炎疫情中取得巨大成就，还成为全球少数实现正增长的经济体[1]，在经济、社会、政治领域全球化参与上依然保持强劲韧性。

在排名上，中国内地的全球化参与度排名第5位，全球化参与基础排名第30位；中国香港的全球化参与度排名第1位，全球化参与基础排名第71位；中国澳门的全球化参与度排名第25位，全球化参与基础排名第99位。根据图7-1，从趋势上看，中国内地的全球化参与度有所下降，而全球化参与基础继续保持平稳增长态势；根据图7-2，中国香港的全球化参与度持续增长，而全球化参与基础基本维持不变；根据图7-3，中国澳门的全球化参与度有所下降，而全球化参与基础继续保持稳定增长态势。

分领域看，中国内地经济全球化参与度排名第133位，经济全球化参与基础排名第47位。中国内地经济全球化参与度出现下降，其中，贸易全球化参与度显著下降，金融全球化参与度基本维持不变。经济全球化参与基础上升，其中，金融全球化参与基础基本维持不变，贸易全球化参与基础大幅提升。中国内地的社会全球化参与度排名第3位，社会全球化参与基础排名第60位。社会全球化参与度大幅提

1 人民网. 从RCEP看新型经济全球化（热点对话）[EB/OL]. http://world.people.com.cn/n1/2021/0109/c1002-31994353.html, 2021-01-09/2022-02-14.

升，其中，信息全球化参与度增长幅度较大，人际全球化、科技全球化和文化全球化参与度则基本维持不变。社会全球化参与基础有所增长，其中，信息全球化参与基础大幅提升，人际全球化、科技全球化和文化全球化参与基础基本维持不变。中国内地的政治全球化参与度排名第 3 位，政治全球化参与基础排名第 15 位。政治全球化参与度大幅下降，其中，全球治理参与度降幅显著，国际合作参与度基本维持不变。中国内地的政治全球化参与基础基本维持不变，其中，全球治理参与基础和国际合作参与基础基本维持不变。

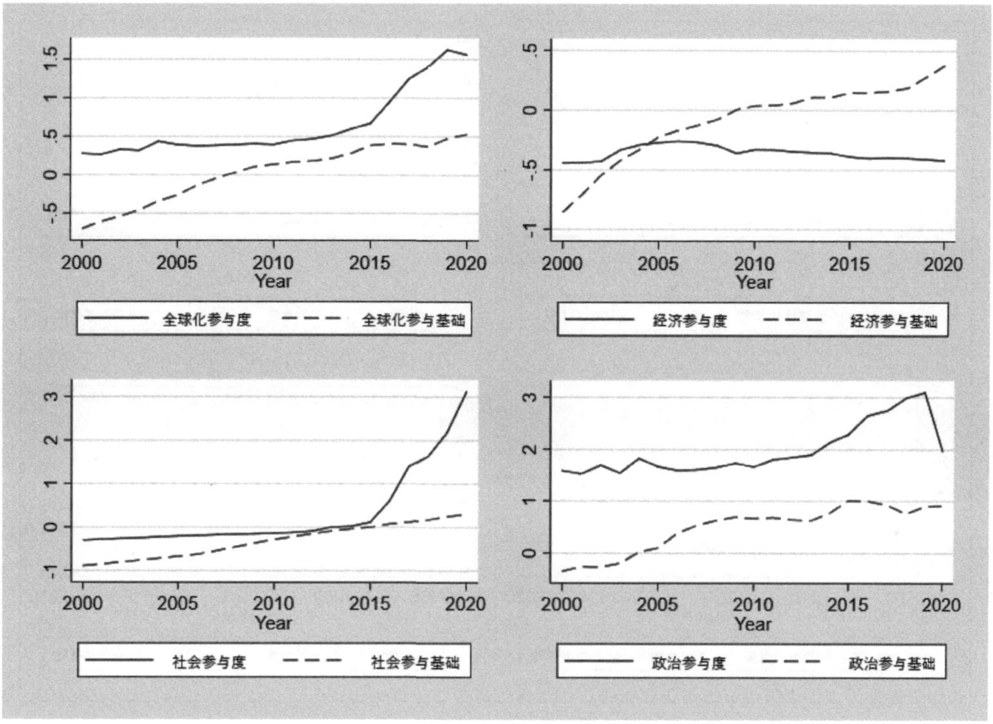

图 7-1　中国内地全球化参与度和参与基础折线图（总指标和一级指标）

中国香港的经济全球化参与度排名第 4 位，经济全球化参与基础排名第 64 位。中国香港的经济全球化参与度出现下降，其中，贸易全球化参与度显著下降，金融全球化参与度略有下降，基本保持不变。经济全球化参与基础基本维持不变，其中，金融全球化参与基础略有上升，贸易全球化参与基础基本维持不变。中国香港的社会全球化参与度排名第 1 位，社会全球化参与基础排名第 3 位。社会全球化参与度大幅提升，其中，信息全球化参与度增长幅度较大，人际全球化、科技全球化和文化全球化参与度则基本维持不变。社会全球化参与基础基本维持不变，其中，信息全球化参与基础略有提升，科技全球化参与基础有所下降，人际全球化和文化全球化参与基础则基本维持不变。中国香港的政治全球化参与度排名第 48 位，政治全球化参与基础排名第 141 位。政治全球化参与度基本维持不变，其中，全球治理参与度和国际合作参与度均基本维持不变。中国香港的政治全球化参与基础基本维持不变，其中，全球治理参与基础和国际合作参与基础基本维持不变。

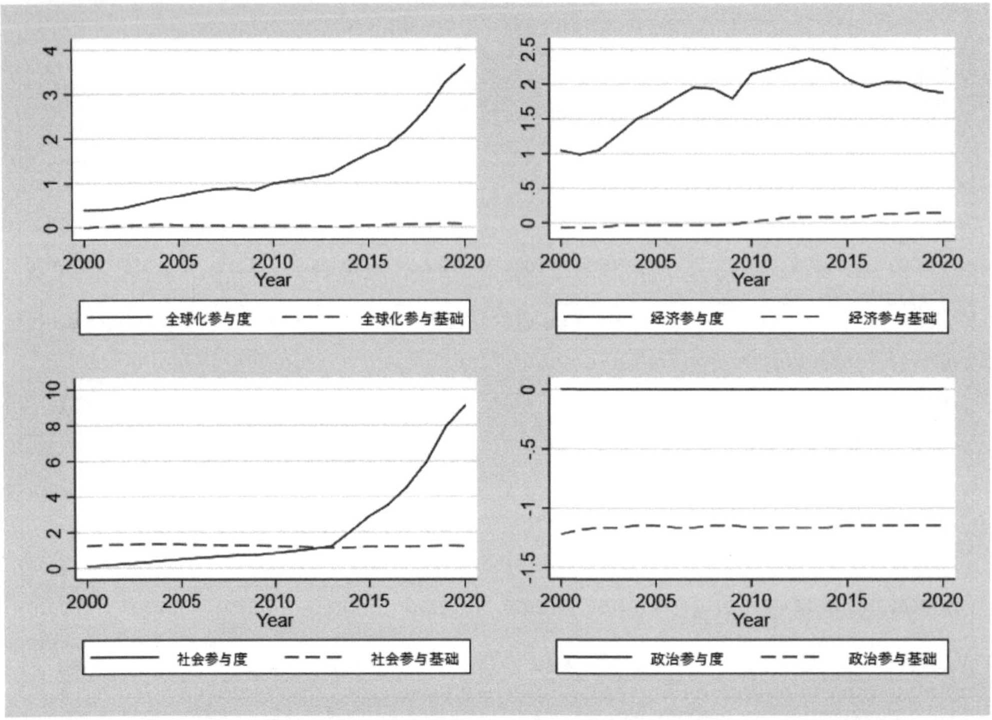

图 7-2 中国香港全球化参与度和参与基础折线图（总指标和一级指标）[1]

中国澳门的经济全球化参与度排名第 20 位，经济全球化参与基础排名第 100 位。中国澳门的经济全球化参与度显著下降，其中，贸易全球化参与度略有下降，金融全球化参与度显著下降。经济全球化参与基础基本维持不变，其中，金融全球化参与基础和贸易全球化参与基础基本维持不变。中国澳门的社会全球化参与度排

1 由于数据缺失，经补值后香港的政治参与度为0。

名第 10 位，社会全球化参与基础排名第 5 位。社会全球化参与度略有提升，其中，人际全球化参与度增长幅度较大，信息全球化、科技全球化和文化全球化参与度则基本维持不变。社会全球化参与基础略有上升，其中，信息全球化参与基础有所提升，人际全球化参与基础略有上升，科技全球化和文化全球化参与基础则基本维持不变。中国澳门的政治全球化参与度排名第 137 位，政治全球化参与基础排名第 142 位。政治全球化参与度基本维持不变，其中，全球治理参与度和国际合作参与度均基本维持不变。中国香港政治全球化参与基础基本维持不变，其中，全球治理参与基础和国际合作参与基础基本维持不变。

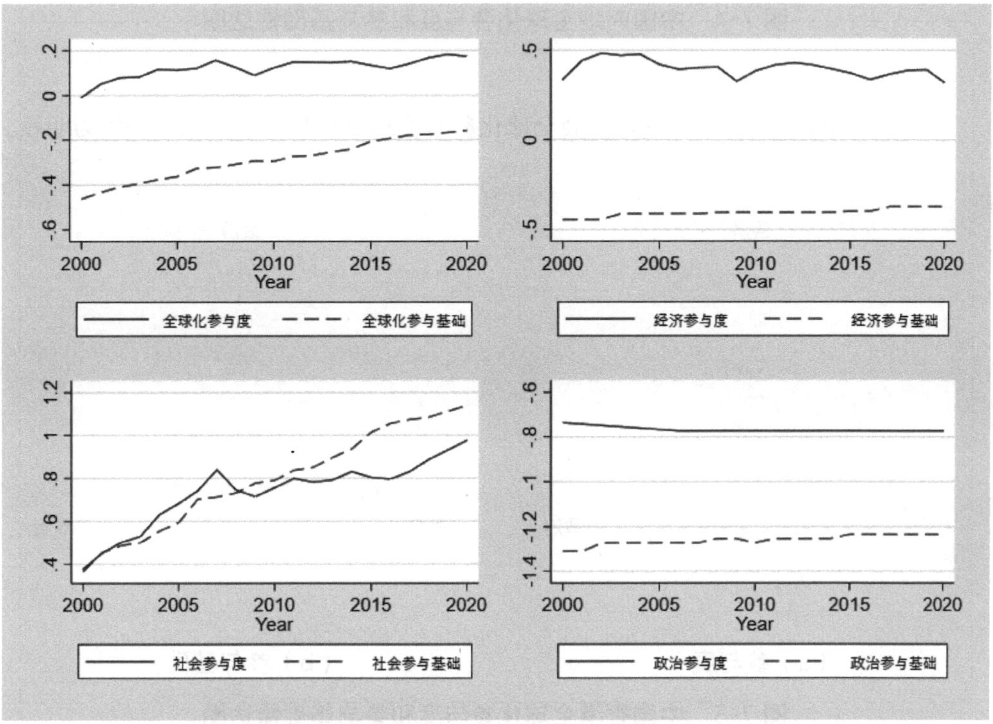

图 7-3　中国澳门全球化参与度和参与基础折线图（总指标和一级指标）

从图 7-4 可知，在全球化参与度方面，中国内地在社会全球化参与度方面表现更佳。而在参与基础方面，中国内地的政治全球化参与基础更高。

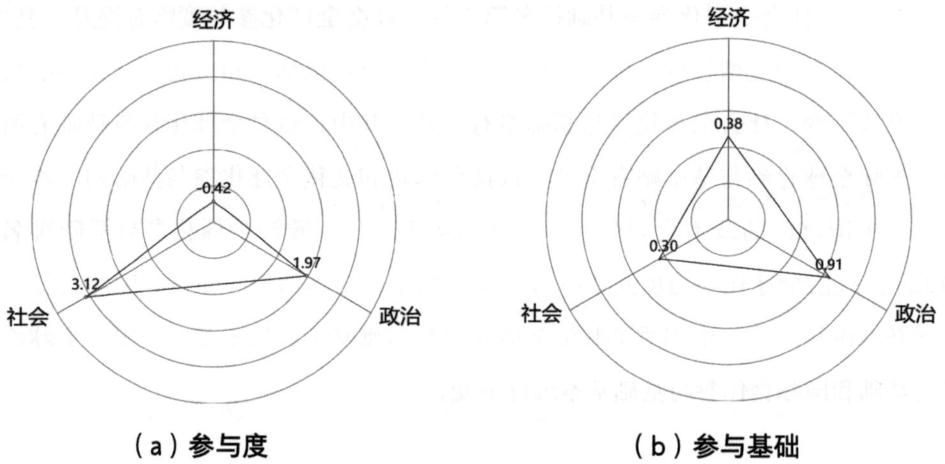

图 7-4　中国内地全球化参与度和参与基础雷达图

由图 7-5 可知，中国香港在社会全球化参与度和参与基础维度上优势较为明显。

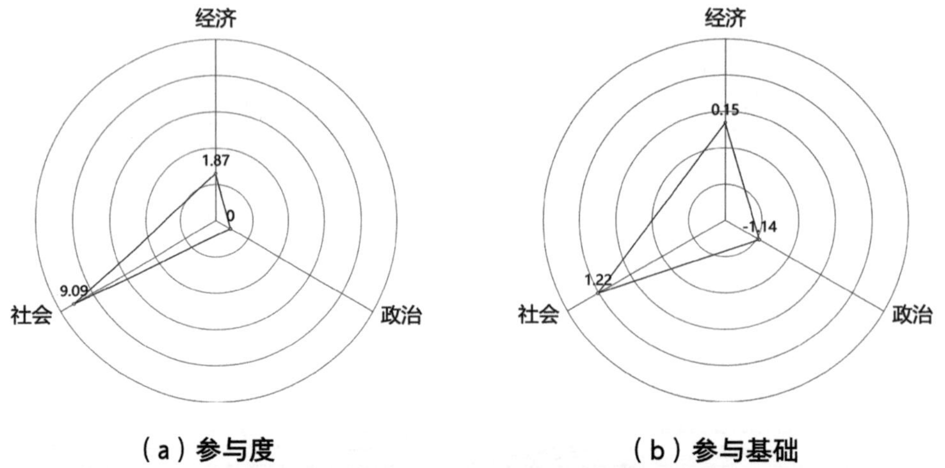

图 7-5　中国香港全球化参与度和参与基础雷达图

由图 7-6 可知，中国澳门在社会全球化参与度和参与基础上都呈现明显优势。

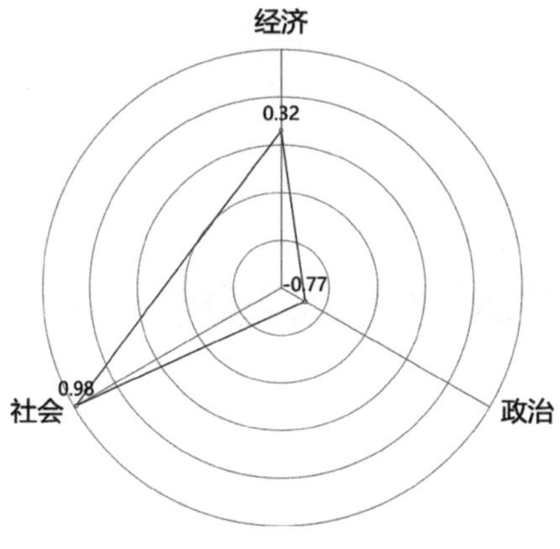

(a)参与度

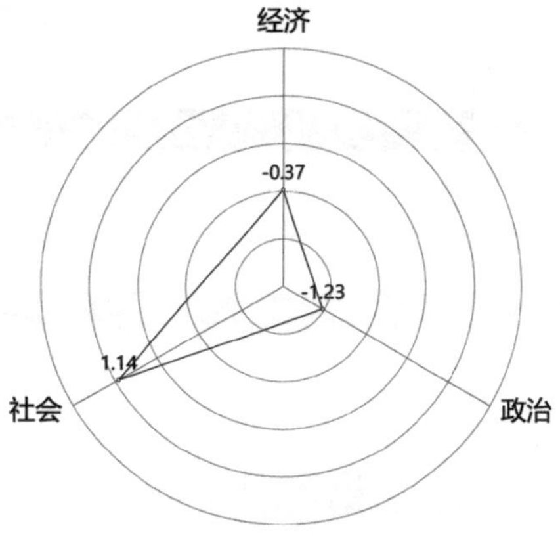

(b)参与基础

图 7-6　中国澳门全球化参与度和参与基础雷达图

根据图 7-7、7-8、7-9 和 7-10，中国内地的全球化参与度晴雨指数为 101.25，高于趋势。其中，经济全球化参与度晴雨指数为 99.50，符合趋势；社会全球化参与度晴雨指数 102.80，高于趋势；政治全球化参与度晴雨指数为 97.60，低于趋势。中国内地的全球化参与基础晴雨指数为 99.07，符合趋势。其中，经济全球化参与基础晴雨指数为 99.97，符合趋势；社会全球化参与基础晴雨指数为 99.61，符合趋势；政治全球化参与基础晴雨指数为 98.80，低于趋势。

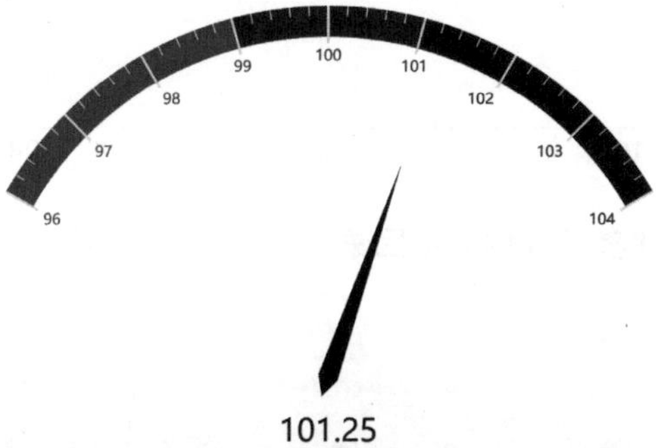

(a)参与度

(b)参与基础

图 7-7　中国内地全球化参与度和参与基础晴雨表

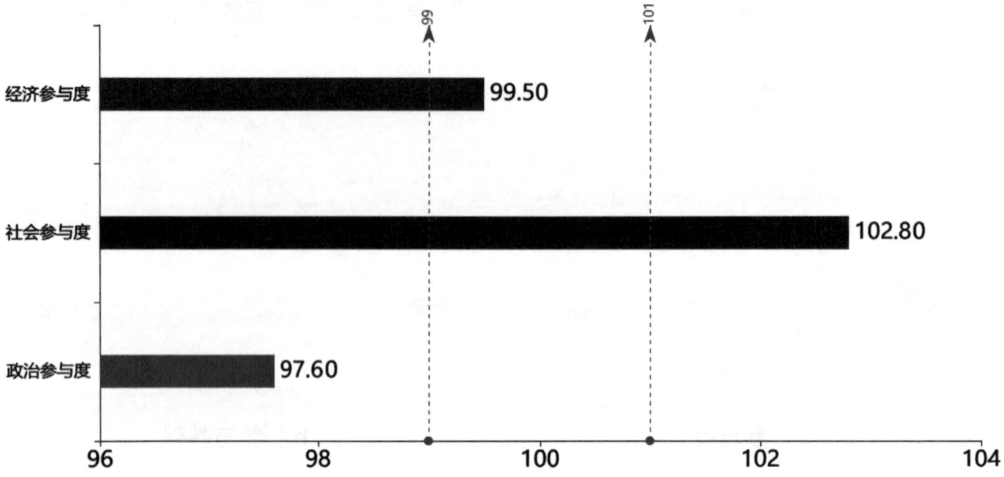

图 7-8　中国内地全球化参与度驱动因素

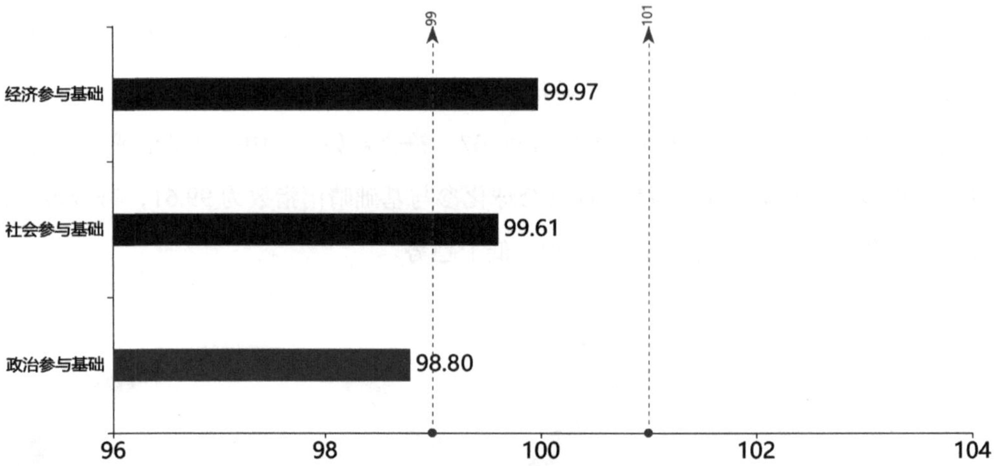

图 7-9　中国内地全球化参与基础驱动因素

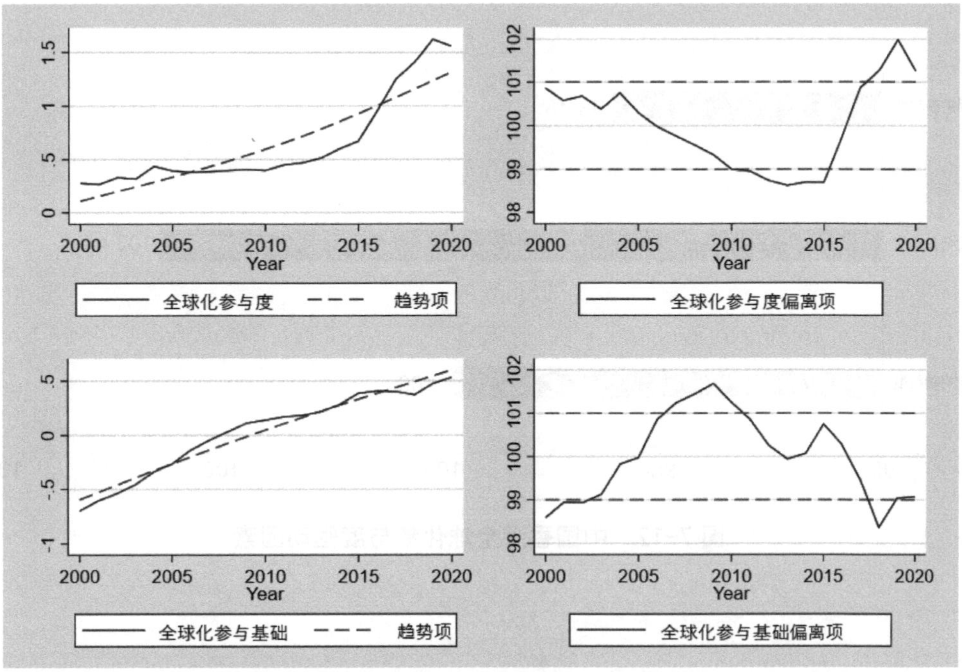

图 7-10　中国内地全球化参与度和参与基础 HP 滤波图

根据图 7-11、7-12、7-13 和 7-14，中国香港全球化参与度晴雨指数为 102.53，高于趋势。其中经济全球化参与度晴雨指数为 98.46，低于趋势；社会全球化参与度晴雨指数 102.44，高于趋势；政治全球化参与度晴雨指数为 100，符合趋势。中国香港全球化参与基础晴雨指数为 100.71，符合趋势。其中，经济全球化参与基础晴雨指数为 99.61，符合趋势；社会全球化参与基础晴雨指数为 101.02，高于趋势；政治全球化参与基础晴雨指数为 99.82，符合趋势。

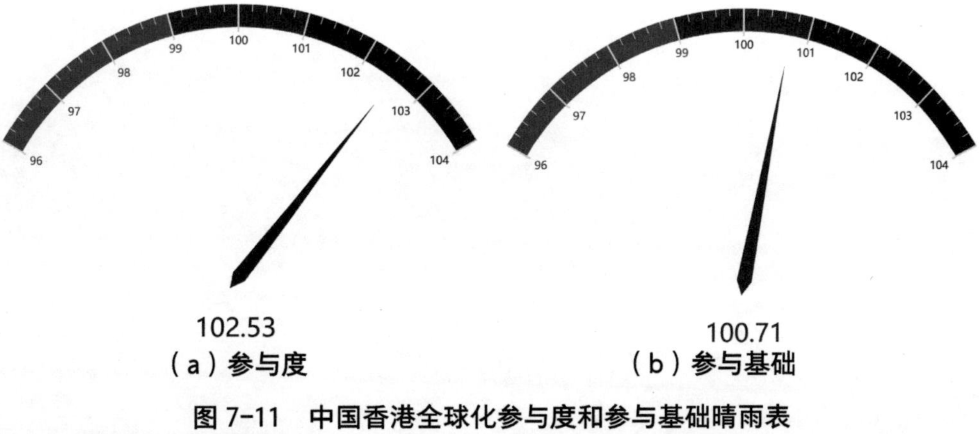

（a）参与度　　（b）参与基础

图 7-11　中国香港全球化参与度和参与基础晴雨表

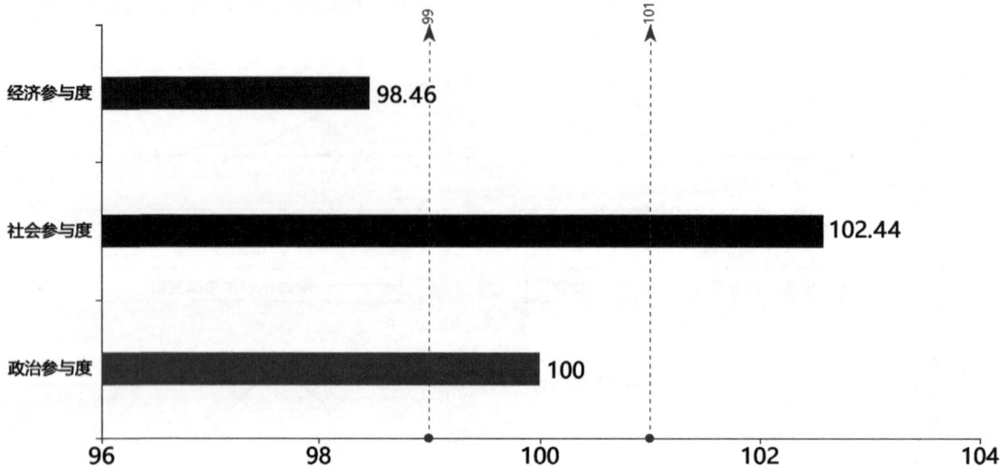

图 7-12　中国香港全球化参与度驱动因素

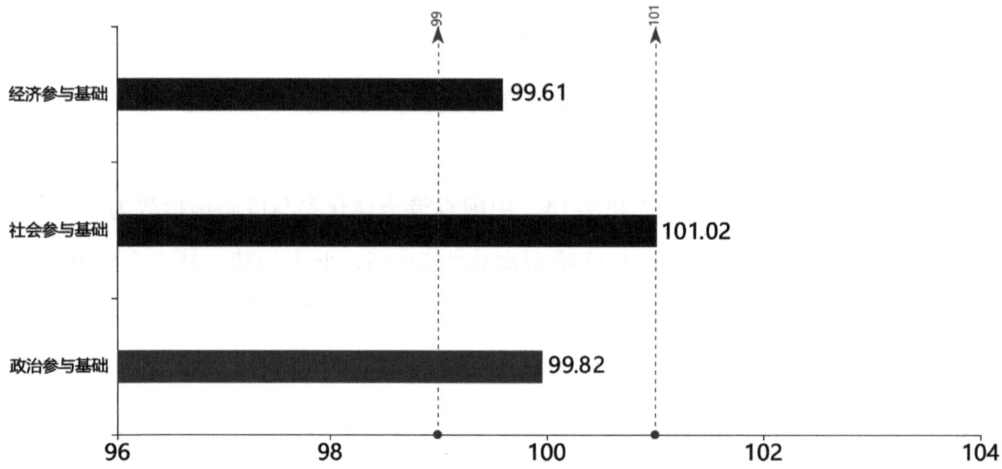

图 7-13　中国香港全球化参与基础驱动因素

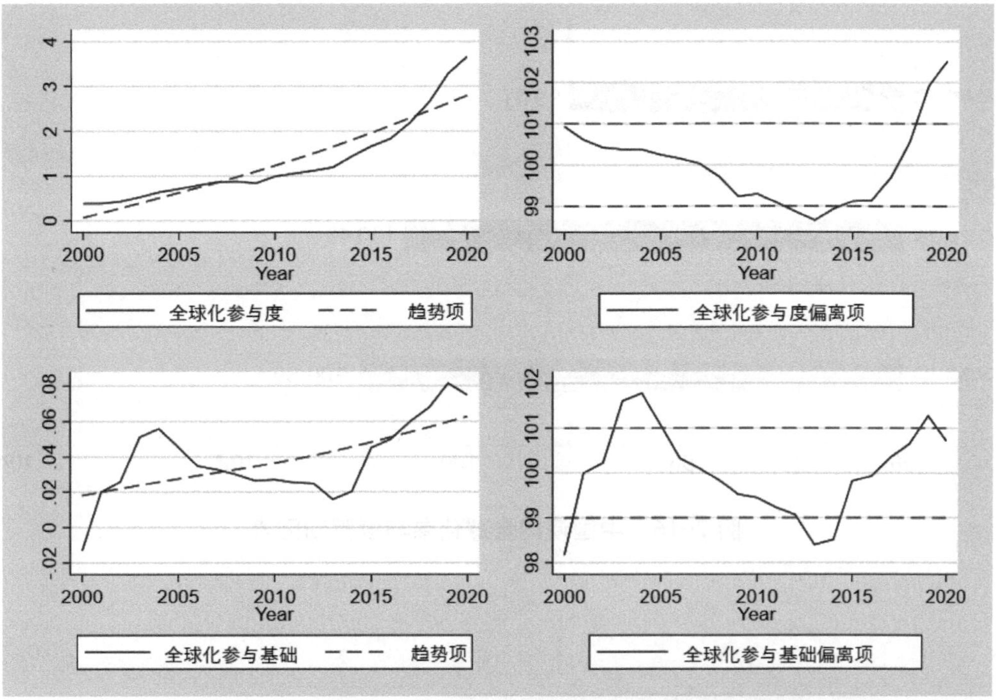

图 7-14　中国香港全球化参与度和参与基础 HP 滤波图

根据图 7-15、7-16、7-17 和 7-18，中国澳门的全球化参与度晴雨指数为 99.90，符合趋势。其中，经济全球化参与度晴雨指数为 99.01，符合趋势；社会全球化参与度晴雨指数 100.43，符合趋势；政治全球化参与度晴雨指数为 100.89，符合趋势。中国澳门的全球化参与基础晴雨指数为 98.87，低于趋势。其中，经济全球化参与基础晴雨指数为 100.19，符合趋势；社会全球化参与基础晴雨指数为 98.80，低于趋势；政治全球化参与基础晴雨指数为 99.25，符合趋势。

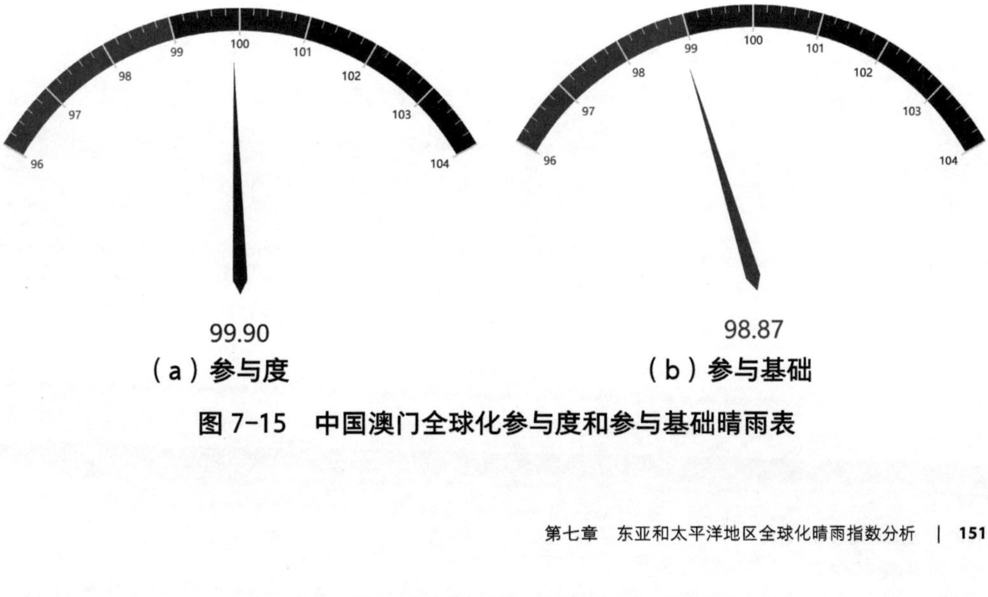

（a）参与度　　（b）参与基础

图 7-15　中国澳门全球化参与度和参与基础晴雨表

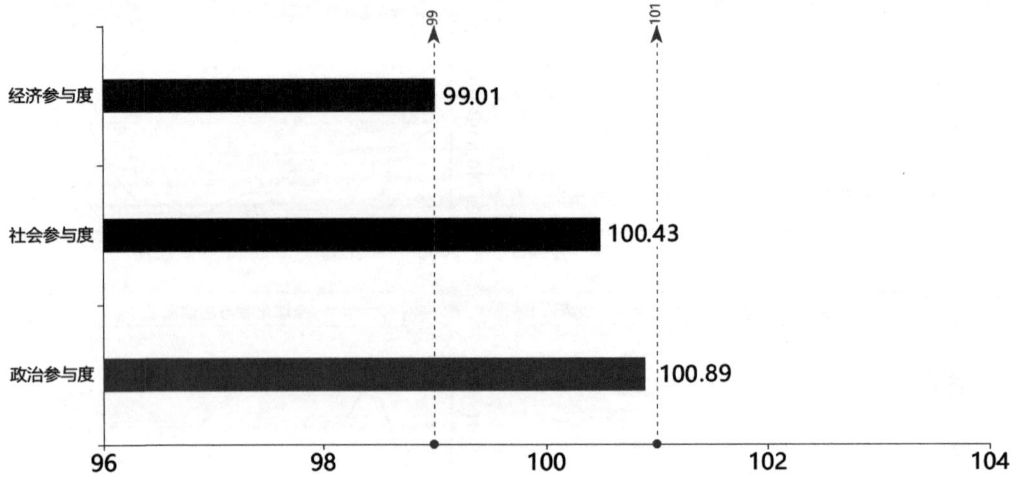

图 7-16　中国澳门全球化参与度驱动因素

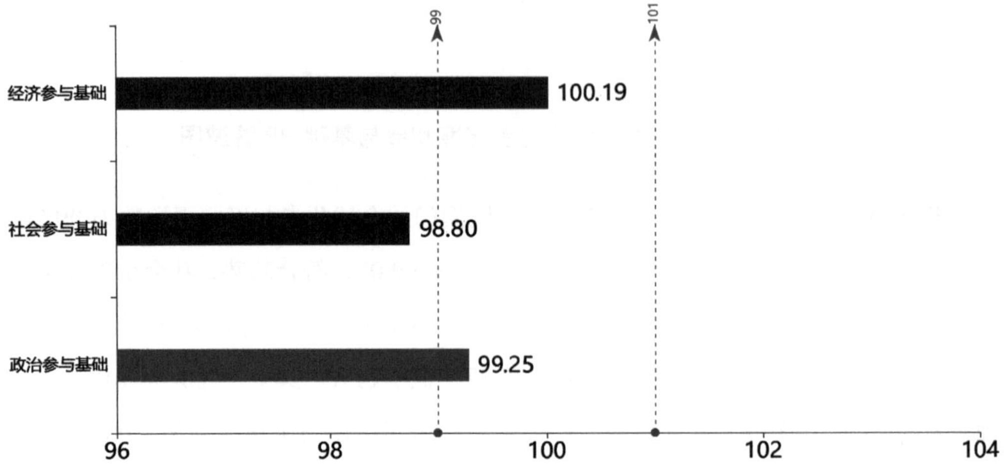

图 7-17　中国澳门全球化参与基础驱动因素

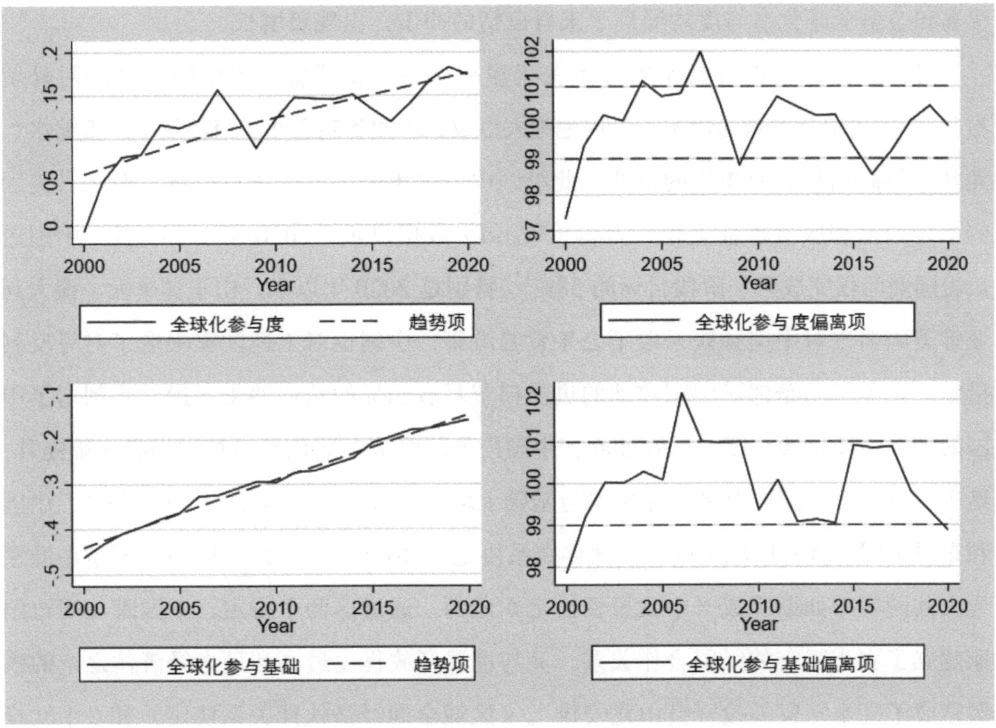

图 7-18　中国澳门全球化参与度和参与基础 HP 滤波图

由此可见，中国作为全球第二大经济体，在社会全球化参与度上依然保持强劲韧性，成为 2020 年全球化表现中的逆势增长点。

7.1.2 经济全球化

2020 年，中国内地的经济全球化参与度和参与基础均保持趋势。其中，经济全球化参与度有所下降，这主要是受到了疫情的冲击与中美贸易摩擦的影响。一方面，疫情暴发对中国内地的进出口贸易和投资带来了不同程度的负面冲击。根据《中华人民共和国 2020 年国民经济和社会发展统计公报》，2020 年，中国内地大部分主要商品出口金额的增长速度与进口金额的增长速度均处于负增长状态，全年外商直接投资（不含银行、证券、保险领域）新设立企业数量比 2019 年下降 5.7%，对外非金融类直接投资额下降 0.4%，对外承包工程完成营业额下降 9.8%[1]。这表明中国内地的

1 国家统计局. 中华人民共和国2020年国民经济和社会发展统计公报[R]. http://www.gov.cn/xinwen/2021-02/28/content_5589283.htm, 2021-02-28.

贸易和金融全球化参与度均受到了来自疫情的冲击，出现负增长。

另一方面，中美贸易摩擦导致关税税率调整，直接影响了中国内地的对外贸易[1]。在中美贸易脱钩的情况下，内地绝大多数服务业和制造业出口都发生严重缩水[2]，尤其是与高端制造业相关的行业。此外，中国采用多种方式进行反制，对来自美国的部分商品和服务加征关税，万得（Wind）数据显示，2020 年 1—11 月，中国进口美国商品仅完成第一阶段目标的 58%[3]。特别是 2020 年以来，由于加拿大、澳大利亚等美国盟友对中国频繁采取不公平贸易政策，中国也对上述国家采取了对等反制措施。中美贸易摩擦对中国内地的进出口贸易有明显的负向冲击，进一步削弱了中国的经济全球化参与度。尽管如此，中国内地的经济全球化参与基础仍有大幅提升，这主要得益于中国在贸易全球化参与基础上取得的成果。2020 年 11 月 15 日，中国和东盟十国签署《区域全面经济伙伴关系协定》（RCEP）；12 月 30 日，多位中欧领导人共同宣布如期完成《中欧投资协定》谈判。通过这两个协定，中国既与周边国家建立了更为紧密的经贸合作关系，又与世界开放程度最高和最大经济体之一的欧盟达成了高水平贸易投资自由化安排[4]。《区域全面经济伙伴关系协定》和《中欧投资协定》提振了投资者对中国的信心[5]。

中国香港和中国澳门的经济全球化参与度也不同程度地受到了疫情冲击，但香港的经济全球化参与度高居第 4 位，澳门为第 20 位，均处于较高水平。香港作为国际金融、航运、贸易中心和国际航空枢纽，拥有高度国际化、法治化及市场化的营商环境，以及遍布全球的商业网络。据联合国贸易和发展会议（UNCTAD）发布的《世界投资报告 2021》，中国香港于 2020 年吸纳直接外来投资达 1192 亿美元，全球排第三位，仅次于美国（1563 亿美元）和中国内地（1493 亿美元）[6]。在中国内地的对外贸易中，有很大部分经香港处理。2020 年，中国内地约有 10.1% 的出口货物（总价值 2632 亿美元），及 14.3% 的进口货物（总价值 2952 亿美元）通过香港

---

1 鲍勤，苏丹华，汪寿阳. 中美贸易摩擦对中国经济影响的系统分析[J]. 管理评论，2020，32(07)：3-16.

2 郭晴，陈伟光. 中美贸易摩擦对中国国际贸易的影响及对策研究[J]. 经济社会体制比较，2019(05)：78-90.

3 阳结南. 拜登时代中美贸易摩擦前景展望[J]. 国际贸易，2021(04)：40-48.

4 王跃生. 全方位高水平开放是必然选择[J]. 中国外资，2021(05)：28-29.

5 李圣依. 联合国：中国成2020年全球最大外资流入国[EB/OL]. https://oversea.huanqiu.com/article/41f17dv6rZZ, 2021-01-25/2021-12-03.

6 联合国贸易和发展会议（UNCTAD）. 2021年世界投资报告[R/OL]. https://unctad.org/system/files/official-document/wir2021_overview_ch.pdf, 2021-09-13.

处理[1]。澳门属单独关税区，拥有独立税务制度，实行低税制。根据《澳门特别行政区基本法》规定，澳门对进口货物绝大部分不征收税项。2020年，澳门出口货值约108.1亿澳门元，进口货值约925.6亿澳门元[2]。香港和澳门作为中国的两个国际贸易自由港，与国际经济联系密切，即使受到疫情冲击，其经济全球化的国际排名依然靠前。总体而言，疫情对中国的经济全球化造成了不小的冲击，但对中国经济的影响是短期的，不会影响其作为世界第二大经济体的地位；中美贸易摩擦对中国的对外贸易产生了较大冲击，两国关系的未来走向对中国的经济全球化依然有着不可忽视的影响。

7.1.3 社会全球化

中国内地的社会全球化参与度高于趋势，社会参与基础保持趋势。2020年，中国内地的社会全球化参与度显著增长，其中一个关键因素即为信息全球化的迅猛增长。新冠肺炎疫情的暴发刺激了线上活动的增加。疫情下，中国的在线教育、远程医疗、远程办公等新模式、新业态快速发展，人们对互联网的需求增强。根据《数字中国发展报告（2020年）》，移动互联网用户接入流量由2015年底的41.9亿GB增长到2020年的1656亿GB；互联网协议第六版（IPv6）规模部署取得明显成效，固定宽带和移动LTE网络IPv6升级改造全面完成，截至2020年底，IPv6活跃用户数达4.62亿[3]。

社会全球化参与基础也在稳定增长，其中，信息全球化参与基础的提升是重要因素。内地的固定宽带家庭普及率由2015年底的52.6%提升到2020年底的96%，移动宽带用户普及率由2015年底的57.4%提升到2020年底的108%，行政村、贫困村通光纤和通4G比例均超过98%；5G网络建设速度和规模位居全球第1位，已建成5G基站71.8万个，5G终端连接数超过2亿。互联网使用量的激增与信息基础设施建设规模的不断扩大促进了内地信息全球化的发展。

---

1 严颖彤. 香港进出口贸易业概况[EB/OL]. https://research.hktdc.com/sc/article/MzEzODkxODY0, 2021-08-23/2022-01-21.

2 澳门特别行政区政府统计暨普查局. 对外商品贸易统计2020年12月[R/OL]. https://www.dsec.gov.mo/getAttachment/31599040-9126-48ac-a90f-278186b205a2/SC_CE_FR_2020_M12.aspx, 2021-01.

3 中华人民共和国中央人民政府. 国家互联网信息办公室发布《数字中国发展报告（2020年）》[R/OL]. http://www.gov.cn/xinwen/2021-07/03/content_5622668.htm, 2021-07-03.

中国香港的社会全球化参与度大幅提升，排名高居第1位，也主要得益于其较高的信息全球化参与度。香港是全球人口密度最高的城市之一，同时又配备世界级的信息及通信科技基建和互联网连接[1]，信息全球化参与度不断攀升。中国澳门的人际全球化参与度增长幅度较大，人际全球化参与基础也略有上升。疫情影响下，澳门成了“就近留学”的热选，启德教育集团发布的《2021中国澳门求学报告》显示，近年来，中国内地学生赴澳门求学人数持续增长，2020年同比增长近16%，部分热门高校报录比高达15：1[2]。澳门大学官网数据显示，2020年，赴澳门大学求学的内地注册学生人数为4147人，相比2019年上涨了15.61%[3]。

总体而言，信息全球化的参与度和参与基础的增长是中国社会全球化参与度和参与基础得以增长的重要原因。

7.1.4 政治全球化

2020年，中国内地的政治全球化参与度和参与基础均低于趋势，这主要是受到了疫情与中美关系的影响。在全球治理方面，在疫情冲击下，全球治理领域呈现负增长。联合国、世界贸易组织、国际货币基金组织、世界银行、二十国集团等全球合作机构总体上缺乏实际有效行动，短期内并未有效构建起世界范围内的抗疫统一战线[4]。2020年3月26日，二十国集团领导人特别峰会发布应对新冠肺炎声明，承诺建立统一战线以应对这一共同威胁，但除了一纸声明之外，短期内也没有足够有力的协调行动。在全球治理框架遭遇危机的情况下，中国的全球治理也受到了相应冲击。国际合作方面，在疫情冲击下，中美关系的竞争进一步加剧，导致合作更加困难。2020年，中美关系受到疫情、美国大选两大因素的冲击，而特朗普政府内的极端反华鹰派趁机主导对华政策，制造中美严重冲突，挑战中国核心利益，使中美

---

1 冯凯盈. 香港创新及科技业概况[EB/OL]. https://research.hktdc.com/sc/article/MzEzOTIwMDIy, 2021-03-12/2022-01-22.

2 徐虹.《2021中国澳门求学报告》：内地学生持续增加 部分院校报录比高达15:1[R/OL]. http://edu.china.com.cn/2021-11/01/content_77844186.htm, 2021-11-01.

3 澳门大学. 2020/2021学年第一学期注册学生人数统计资料[EB/OL]. https://reg.um.edu.mo/qfacts/y2020/students/registered-students/?lang=zh-hant, 2020-11-13/2022-01-16.

4 赵可金. 疫情冲击下的全球治理困境及其根源[J]. 东北亚论坛，2020，29(04)：27-42+127.

关系直线下跌[1]。2020 年 7 月 21 日，美国要求中国驻休斯敦总领事馆撤离所有人员，并在 72 小时内关闭；作为应对，7 月 24 日，中国决定撤销对美国驻成都总领事馆的设立和运行许可，并对该总领事馆停止一切业务和活动提出具体要求[2]。自 2000 年以来一直稳定增长的国际合作参与度明显受挫，陷入增长停滞状态。此外，疫情与中美关系的恶化给中国的政治全球化参与基础也带来了更多不稳定因素。中华人民共和国外交部发布的《2020 年中国对外缔结条约情况》显示，据不完全统计，2020 年，中国对外缔结的国家间、政府间和政府部门间的双边条约、协定及其他具有条约、协定性质的文件共 100 余项，相比 2019 年减少了 100 余项[3]。这体现出疫情对中国在国际合作参与基础方面有一定的消极影响。除此之外，2020 年，围绕着以 5G 为代表的高科技产业和美国因涉港、涉疆等问题对华发起的经济制裁，中美进行了激烈的斗争[4]。面对美国的打压，中国对美国实施反制措施，反击制裁美国相关实体与主要人员。中美之间激烈的战略博弈，对中国的政治全球化参与基础构成了不可忽视的不确定性和挑战。

总体而言，在疫情和中美关系恶化双重影响之下，中国政治全球化参与在一定程度上遭遇挫折，但在全球治理与国际合作层面，中国的政治全球化参与仍保持发展趋势。

7.2 日本

7.2.1 总体情况

日本是位于东亚的发达国家，世界第三大经济体，在经济、政治、人文等方面有着重要影响力。然而，2020 年以来，日本相继暴发了六波全国性新冠肺炎疫情[5]，

1 吴心伯. 特朗普对中美关系的冲击与美国对华政策剖析[J]，复旦学报(社会科学版)，2021，63(05)：169-175.

2 中华人民共和国外交部. 2020年7月24日外交部发言人汪文斌主持例行记者会[EB/OL]. https://www.mfa.gov.cn/fyrbt_673021/jzhsl_673025/202007/t20200724_5419160.shtml, 2020-07-24/2022-01-16.

3 中华人民共和国外交部. 2020年中国对外缔结条约情况[EB/OL]. http://new.fmprc.gov.cn/web/ziliao_674904/tytj_674911/tyfg_674913/202104/t20210401_9180854.shtml, 2021-04-01/2022-01-16.

4 宋国友. 从特朗普到拜登：中美经贸关系评估与展望[J]. 复旦学报(社会科学版)，2021，63(05)：176–182.

5 NHK:「まん延防止」で再び生活に制限？“第6波突入”に危機感も [EB/OL]. https://www3.nhk.or.jp/news/html/20220106/k10013417391000.html, 2022-01-06/2022-01-25.

对其全球化表现产生了严重的负面影响。

在排名上，日本的全球化参与度排名第 29 位，全球化参与基础排名第 43 位。根据图 7-19，从趋势上看，日本的全球化参与度和全球化参与基础均在 2020 年出现显著下降。

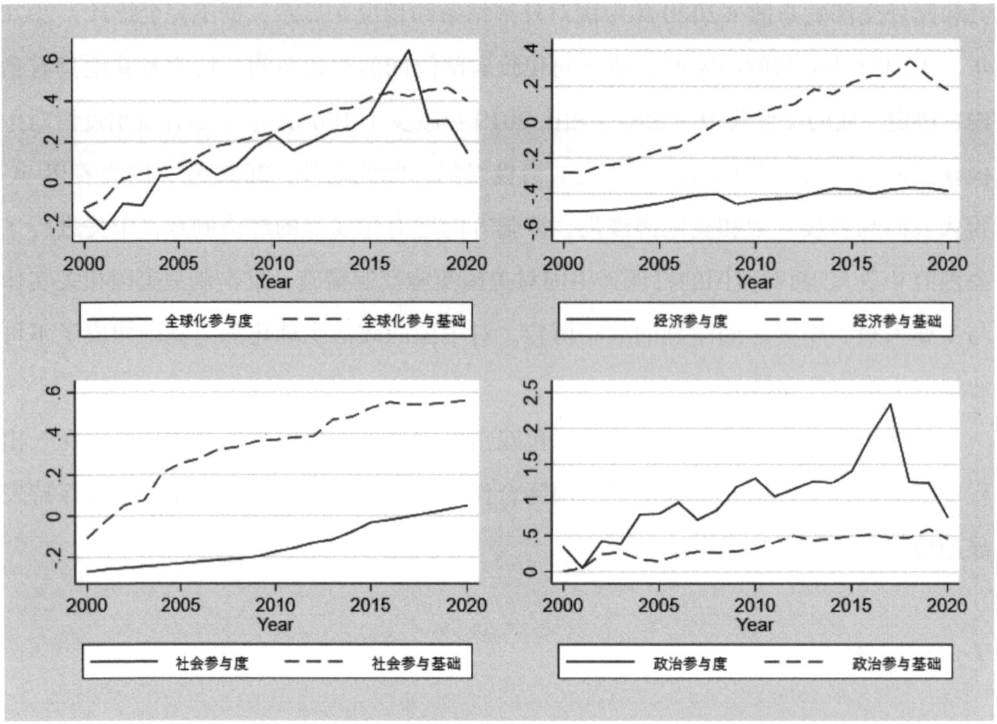

图 7-19　日本全球化参与度和参与基础折线图（总指标和一级指标）

分领域看，日本的经济全球化参与度排名第 125 位，经济全球化参与基础排名第 62 位。日本的经济全球化参与度有小幅下降，其中，贸易全球化参与度显著下降，金融全球化参与度略有上升。经济全球化参与基础同样出现下降，其中，金融全球化参与基础小幅提升，而贸易全球化参与基础则显著下降。日本的社会全球化参与度排名第 60 位，社会全球化参与基础排名第 32 位。社会全球化参与度略有提升，其中，信息全球化参与度大幅增长，人际全球化和科技全球化参与度略有上升，文化全球化参与度则基本维持原状。社会全球化参与基础基本不变，其中，信息全球化参与基础略有提升，科技全球化、人际全球化和文化全球化参与基础则基本维持原有水平。日本的政治全球化参与度排名第 10 位，政治全球化参与基础排名第 36 位。政治全球化参与度大幅下降，其中，全球治理参与度降幅显著，国际合作参与度则略有提升。日本的政治全球化参与基础有所下降，其中，全球治理参与基础大幅下降，国际合作参与基础则小幅提升。

从图 7-20 中可知，在全球化参与度方面，日本的政治全球化表现更佳，而在全球化参与基础方面，日本在社会全球化参与基础方面优势更加显著。

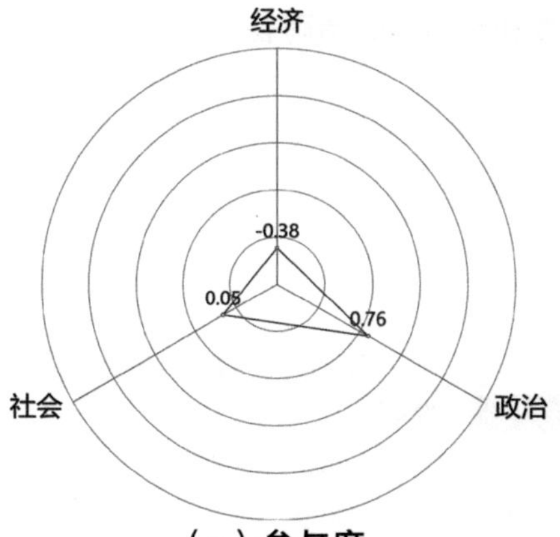

（a）参与度

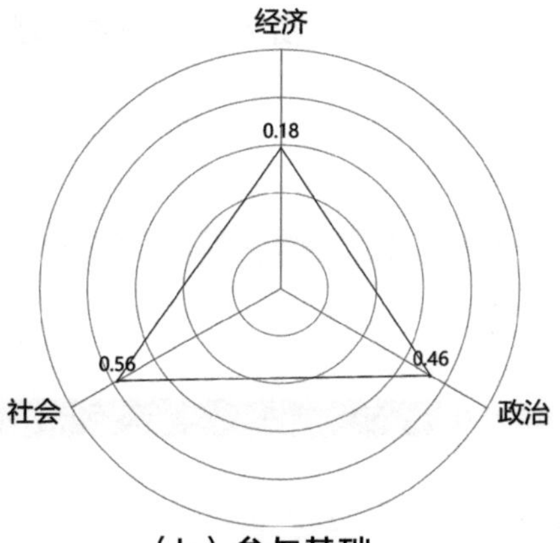

（b）参与基础

图 7-20　日本全球化参与度和参与基础雷达图

根据图 7-21、7-22 和 7-23，日本的全球化参与度晴雨指数为 97.52，低于趋势。其中，经济全球化参与度晴雨指数为 98.68，低于趋势；社会全球化参与度晴雨指数为 100.67，符合趋势；政治全球化参与度晴雨指数为 97.55，低于趋势。日本的全球化参与基础晴雨指数为 96.95，低于趋势。其中，经济全球化参与基础晴雨指数为 96.81，低于趋势；社会全球化参与基础晴雨指数为 98.65，低于趋势；政治全球化参与基础晴雨指数为 98.22，低于趋势。

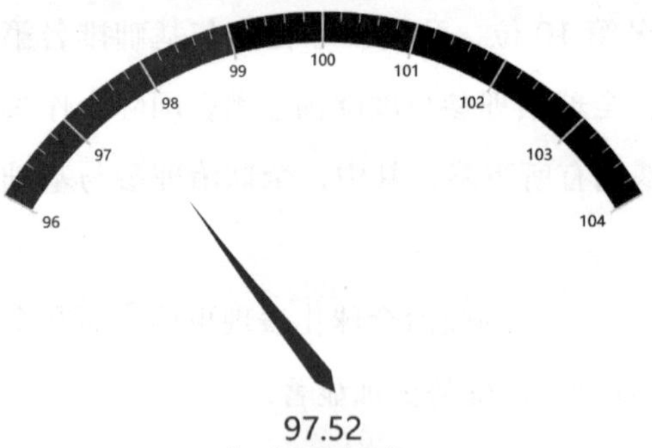

（a）参与度

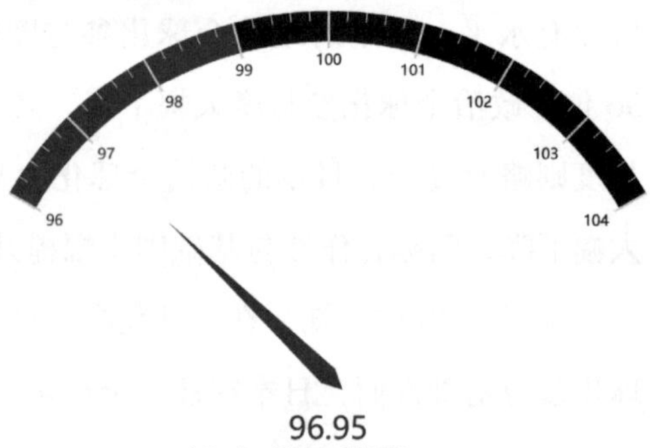

（b）参与基础

图 7-21　日本全球化参与度和参与基础晴雨表

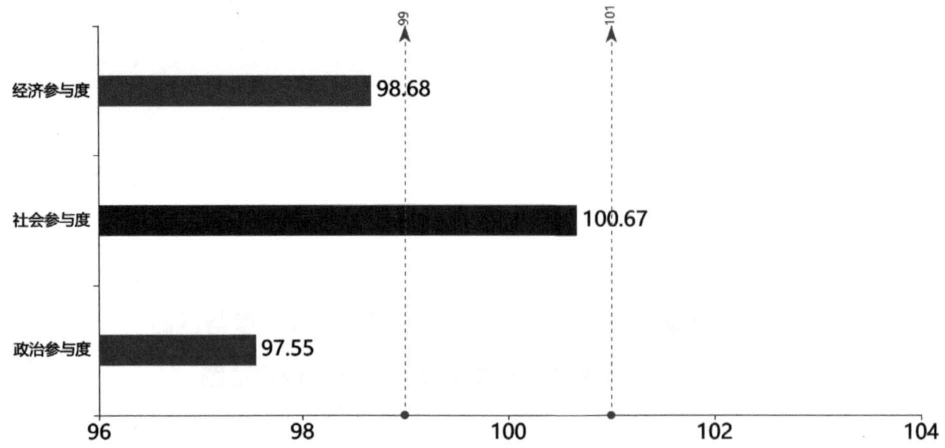

图 7-22　日本全球化参与度驱动因素

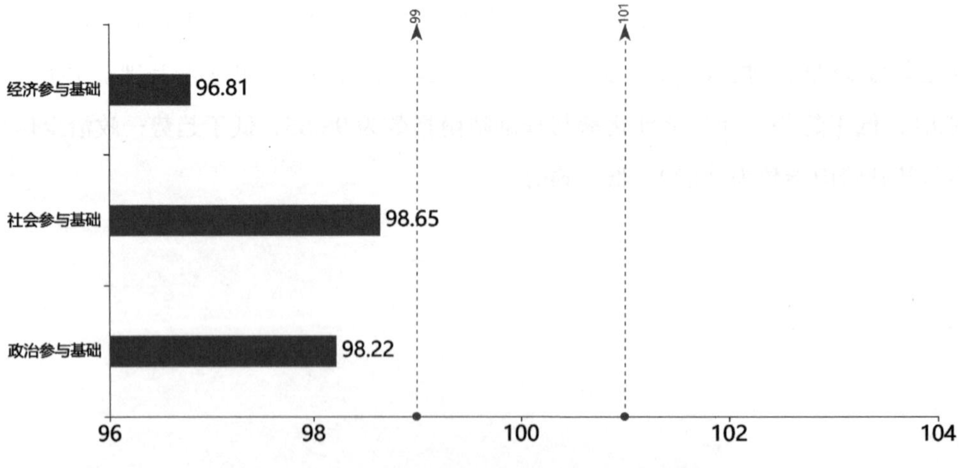

图 7-23　日本全球化参与基础驱动因素

根据图 7-24，日本 2020 年的全球化参与度和参与基础值均低于趋势项；参与度偏离项与参与基础偏离项均大幅低于趋势阈值。这表明，日本的全球化参与度和参与基础均呈现下降趋势。

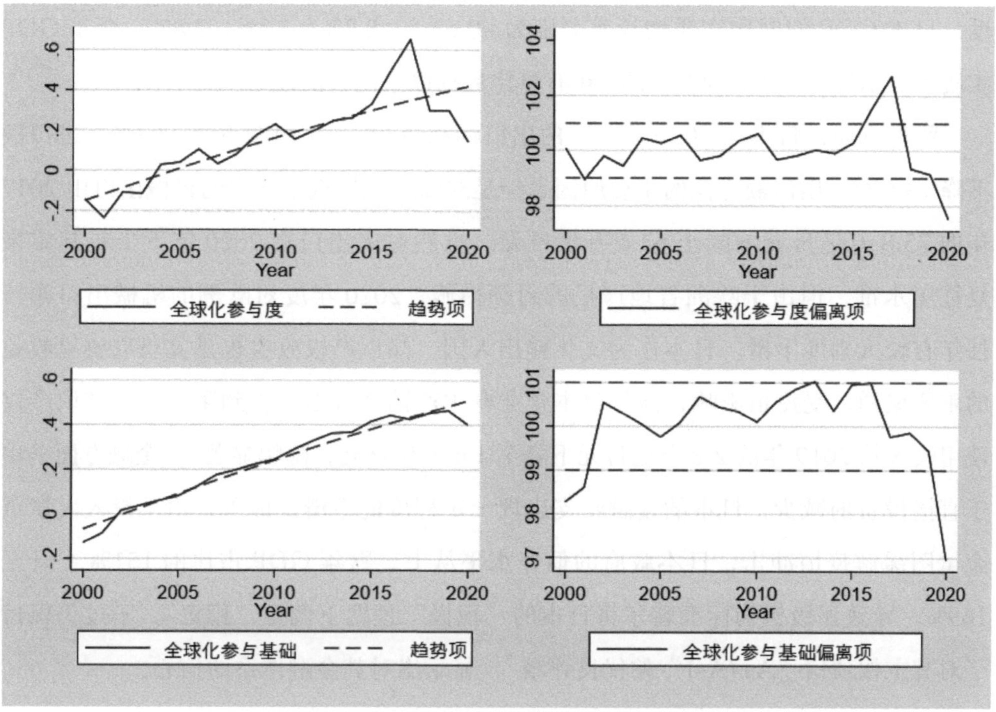

图 7-24　日本全球化参与度和参与基础 HP 滤波图

由此可见，日本作为成熟的发达资本主义国家，在全球化方面的表现与其世界第三经济大国的地位并不相符。全球化晴雨表显示，日本在 2020 年的经济和政治全球化参与度和参与基础的偏离程度均低于趋势项。然而，日本在全球化中的影响力仍不容忽视，其社会全球化参与度成为全球化表现的一项亮点。

7.2.2 经济全球化

日本的经济参与度和参与基础均低于趋势，这表明日本的经济全球化受疫情影响显著。日本于2020年1月15日确诊了本国第一例新冠肺炎感染者[1]。此后，其国内疫情反复不断。为抗击疫情，政府多次呼吁避免“三密”（密闭、密集、密接）并限制大型活动人数上限以及要求各类饮食店缩短运营时长等，这些措施对以第三产业为主体的日本经济造成了巨大冲击。日本内阁府的统计数据显示，2020年四个季度，日本GDP的同比实质增长率分别为-0.6%、-8.3%、5.3%、2.8%，全年GDP实质增长率为-4.6%，是自1995年有可比数据以来最大的衰退[2]。

贸易方面，日本在2020年全年的出口额相较2019年同期下降11.1%，进口额下降13.5%[3]。出口额降低的主要原因之一是对欧美包括汽车在内的机械出口由2017年的75.8万亿日元下降至67.4万亿日元。虽然对美出口在2020年下半年基本恢复往年水准，但由于欧洲各地严格的封锁措施，2020年度对欧洲的机械出口额较往年有较大幅度下滑。日本作为文化输出大国，知识产权收益也是其获取贸易收益的重要渠道。受疫情影响，海外日本企业在生产销售方面均受到限制，使知识产权使用收入从2019年的2.2万亿日元下降至1.6万亿日元，降幅显著[4]。金融方面，由于直接投资的减少，日本的金融收支出现一定程度的下滑。此外，由于投入大量资金试图缓解疫情冲击，日本政府的债务水平从上一财年GDP占比的151%上升至169%，导致评级机构标准普尔将日本的“积极”预期下调至“稳定”，不过仍保持了对其主权债信“A+/A-1”的优良评级[5]，显示出对其金融体系的信心。

7.2.3 社会全球化

日本的社会全球化参与度保持趋势，参与基础低于趋势。值得注意的是，社会全球化参与度是日本在2020年度三项参与度指标中唯一呈现正向增长的一项。其背

1 厚生労働省.新型コロナウイルスに関連した肺炎の患者の発生について（1例目）[EB/OL]. https://www.mhlw.go.jp/stf/newpage_08906.html, 2020-01-16/2022-01-25.

2 内閣府.国民経済計算（GDP統計）：統計表一覧（2020年10－12月期2次速報値）[EB/OL]. https://www.esri.cao.go.jp/jp/sna/data/data_list/sokuhou/files/2020/qe204_2/gdemenuja.html, 2020-10-12/2022-01-25.

3 財務省貿易統計.令和2年分（確定）[EB/OL]. https://www.customs.go.jp/toukei/shinbun/trade-st/2020/202028f.xml, 2021-11-12/2022-01-25.

4 日本銀行.2020年の国際収支統計および本邦対外資産負債残高[EB/OL]. https://www.boj.or.jp/statistics/br/bop_06/exdata/data/bop2020a.pdf, 2021-07/2022-01-25.

5 S&P Global. S&P revises Japan's outlook to stable from positive over debt concerns [EB/OL]. https://www.spglobal.com/marketintelligence/en/news-insights/latest-news-headlines/s-p-revises-japan-s-outlook-to-stable-from-positive-over-debt-concerns-58976157, 2020-01-09/2022-01-25.

后最大的推动因素是疫情下信息全球化参与度的迅猛增长。2019 年，日本的个人互联网使用率为 93%[1]，位于世界前列。一方面，自 2020 年 4 月政府宣布第一次紧急事态宣言后，大量日本企业为降低新冠病毒传播风险开始推行居家办公，学校也开始实施远程教学。3 月至 4 月一个月内，在发表紧急事态宣言的 7 个都府县，居家办公实施率从 17.2% 上升到 38.8%，鼓励或要求居家办公的企业比例也从 28.8% 激增至 53.3%[2]。由于居家时间的增加，网络视频平台、社交媒体的使用量随即迅速增长。疫情之前，日本网络流量的增长率常年保持在 20%—40%，而 2020 年 5 月的网络流量使用量则比 2019 年同月增加 57.4%，11 月也比 2019 年同月增加 56.7%[3]。另一方面，作为政府防疫措施的一环，日本在 2020 年的大多数时间停止向外国人发放签证，使在日本的留学生总数从 2019 年的 321,214 人下降至 279,507 人，其中，本科留学生减少 10.9%，语言学校留学生减少 27.4%[4]。2020 年访日外国游客数则相较 2019 年下降 87.1%，是 22 年来的最低水平[5]。这无疑对日本提升其社会全球化水准产生了严重负面影响，抑制了该国人际、科技、文化全球化的增长。

7.2.4 政治全球化

2020 年，日本的政治全球化参与度和参与基础均低于趋势，其中，政治全球化参与度排名为全球第 10 位，是其六项指标中最高的一项。然而，在看似乐观的排名背后，不管是其政治参与度还是参与基础都呈现下降趋势。这可能与日本在全球治理方面的参与度下降有关。在国际合作方面，2020 年是日本实现联合国可持续发展目标（SDGs）“行动十年”的第一年。该年度，日本实施的政府开发援助以经济合

1 The World Bank. Individuals using the Internet (% of population) [EB/OL]. https://data.worldbank.org/indicator/IT.NET.USER.ZS?name_desc=false, 2021-09-14/2022-01-25.

2 総務省.令和2年 情報通信白書ポイント：テレワーク導入の増加[EB/OL]. https://www.soumu.go.jp/johotsusintokei/whitepaper/ja/r02/html/nb000000.html, 2021-08-25/2022-01-25.

3 総務省.最近のインターネットトラヒックの状況について[EB/OL]. https://www.soumu.go.jp/main_content/000733741.pdf, 2021-02-18/2022-01-25.

4 JASSO.2020（令和2）年度外国人留学生在籍状況調査結果[EB/OL]. https://www.studyinjapan.go.jp/ja/statistics/zaiseki/data/2020.html, 2021-03/2022-01-26.

5 nippon.com.2020年の訪日外国人、前年比87%減：22年ぶりの低水準[EB/OL]. https://www.nippon.com/ja/japan-data/h00920/, 2021-01-20/2022-01-26.

作与发展组织发展援助委员会标准计算为162.3亿美元，是成员国中的第四位[1]。

此外，对于医疗保健体系较为落后的国家，日本政府提供了超过1700亿日元的医疗保健援助，并以亚太地区发展中国家为主要对象，创设了为期两年最高5000亿日元的新冠危机应对紧急支援借款[2]，这些举措都使日本在国际合作方面的参与度得以上升。

日本在全球治理方面的参与度则有所下降。截至2020年，在联合国各组织中工作的日本职员数为918人，低于联合国按国别确立的理想职员人数[3]。另据皮尤研究中心调查，2020年，有55%的日本人对联合国有负面印象，较2019年上升20个百分点，是参与调查的14个国家中的最低水准[4]，表现出部分日本民众对于全球治理机构的不信任感。因此，在全球治理方面的参与下降对日本的政治全球化造成了较为明显的消极影响。

7.3 韩国

7.3.1 总体情况

作为G20成员，韩国在全球化方面扮演着相当积极的角色，其创下的东亚奇迹和席卷全球的“韩流”都彰显了这个国家不容小觑的综合实力。尽管在新冠肺炎疫情期间遭受一定冲击，但韩国在经济、社会和政治领域的全球化参与上依然维持稳健姿态。

在排名上，韩国的全球化参与度排名第28位，全球化参与基础排名第21位。根据图7-25，从趋势上看，韩国的全球化参与度和全球化参与基础略微增长，全球化参与度的增长幅度略大于全球化参与基础。

---

1 外務省. ODA実績[EB/OL]. https://www.mofa.go.jp/mofaj/gaiko/oda/shiryo/jisseki.html, 2020-04-19/2022-01-26.

2 外務省. 2020年版開発協力白書　日本の国際協力[EB/OL]. https://www.mofa.go.jp/mofaj/gaiko/oda/press/shiryo/page22_001366.html, 2021-06-04/2022-01-26.

3 外務省. 国際機関で働く日本人職員[EB/OL]. https://www.mofa.go.jp/mofaj/fp/unp_a/page22_001263.html, 2020-08-31/2022-01-26.

4 Pew Research Center. International Cooperation Welcomed across 14 Advanced Economies [EB/OL]. https://www.pewresearch.org/global/2020/09/21/international-cooperation-welcomed-across-14-advanced-economies/, 2020-09-21/2022-01-26.

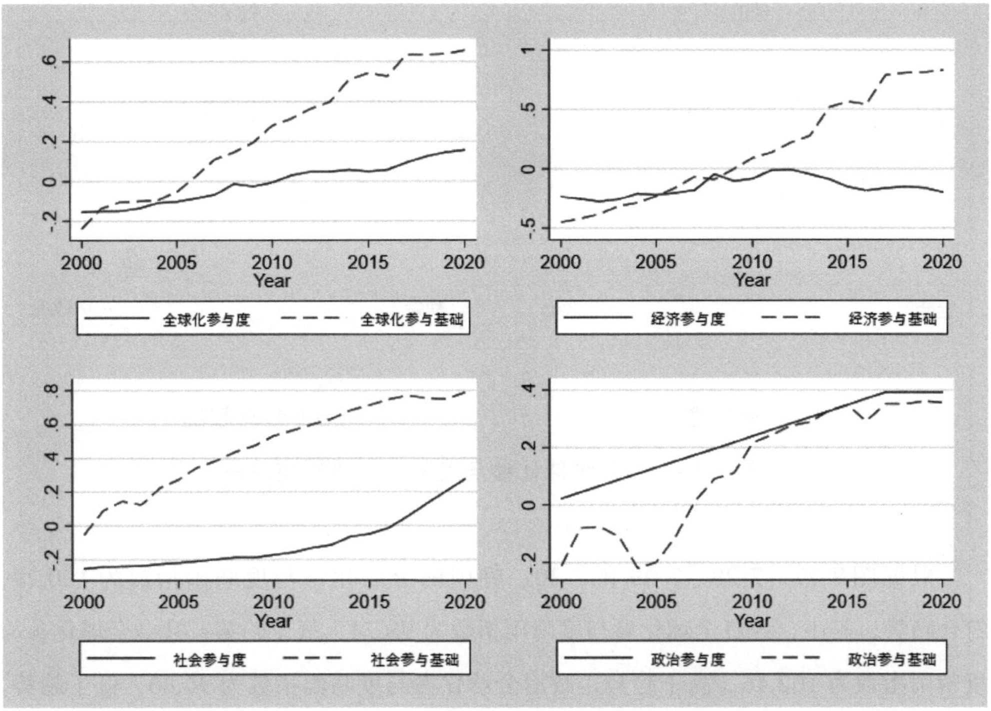

图 7-25　韩国全球化参与度和参与基础折线图（总指标和一级指标）

分领域看，韩国的经济全球化参与度排名第 84 位，经济全球化参与基础排名第 33 位。韩国的经济全球化参与度出现下降，其中，贸易全球化参与度显著下降，金融全球化参与度略有提升。经济全球化参与基础小幅上升，其中，金融全球化参与基础基本不变，贸易全球化参与基础略有提升。韩国的社会全球化参与度排名第 28 位，社会全球化参与基础排名第 17 位。社会全球化参与度大幅提升，其中，信息全球化参与度增长幅度较大，人际全球化、社会全球化和科技全球化参与度则保持平稳趋势。社会全球化参与基础表现出略微增长态势，其中，信息全球化参与基础略有提升，科技全球化参与基础明显提高，人际全球化参与基础出现显著下降，文化全球化参与基础则基本维持不变。韩国的政治全球化参与度排名第 20 位，政治全球化参与基础排名第 43 位。政治全球化参与度呈现零增长趋势，其中，全球治理参与度和国际合作参与度都维持不变。

从图 7-26 中可知，在全球化参与度方面，韩国在政治全球化方面表现较佳。而在参与基础方面，韩国的经济全球化参与基础更有优势。

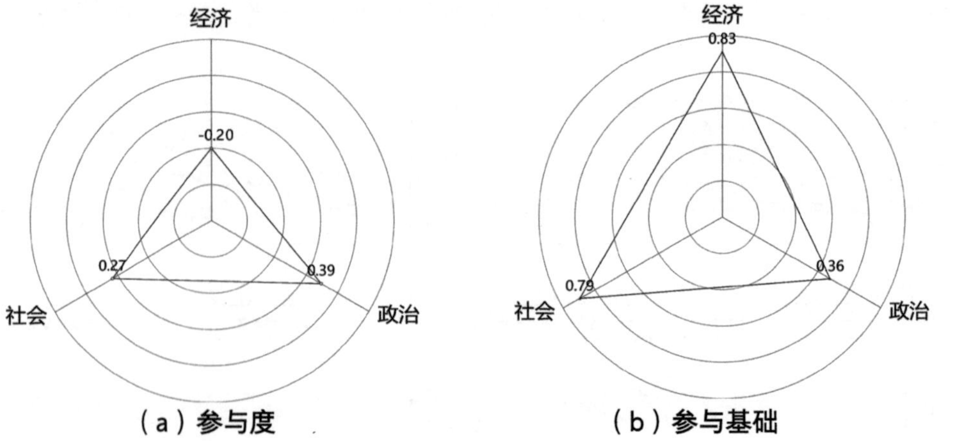

图 7-26　韩国全球化参与度和参与基础雷达图

根据图 7-27、7-28、7-29 和 7-30，韩国的全球化参与度晴雨指数为 100.29，符合趋势。其中，经济全球化参与度晴雨指数为 98.74，低于趋势；社会全球化参与度晴雨指数为 102.46，高于趋势；政治全球化参与度晴雨指数为 96.86，低于趋势。韩国全球化参与基础晴雨指数为 98.14，低于趋势。其中，经济全球化参与基础晴雨指数为 99.32，符合趋势；社会全球化参与基础晴雨指数为 98.23，低于趋势；政治全球化参与基础晴雨指数为 98.88，低于趋势。

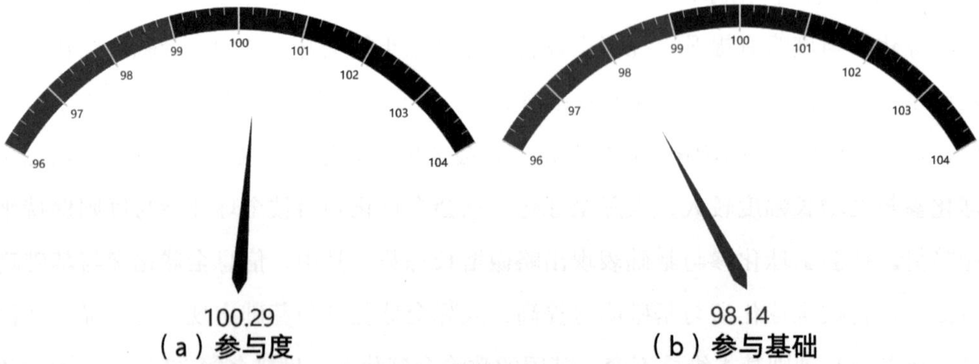

图 7-27　韩国全球化参与度和参与基础晴雨表

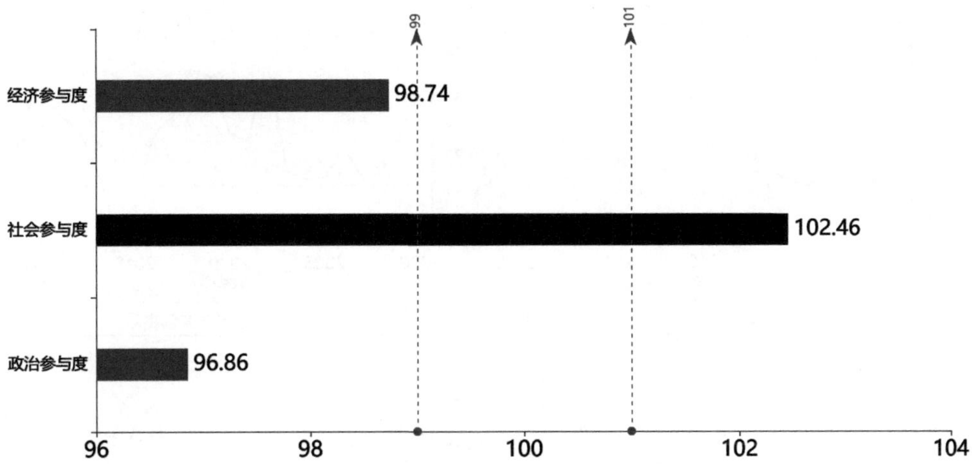

图 7-28　韩国全球化参与度驱动因素

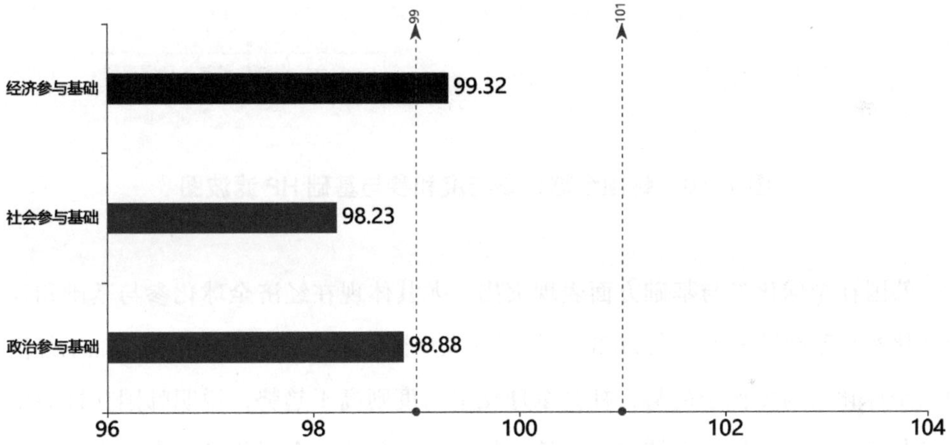

图 7-29　韩国全球化参与基础驱动因素

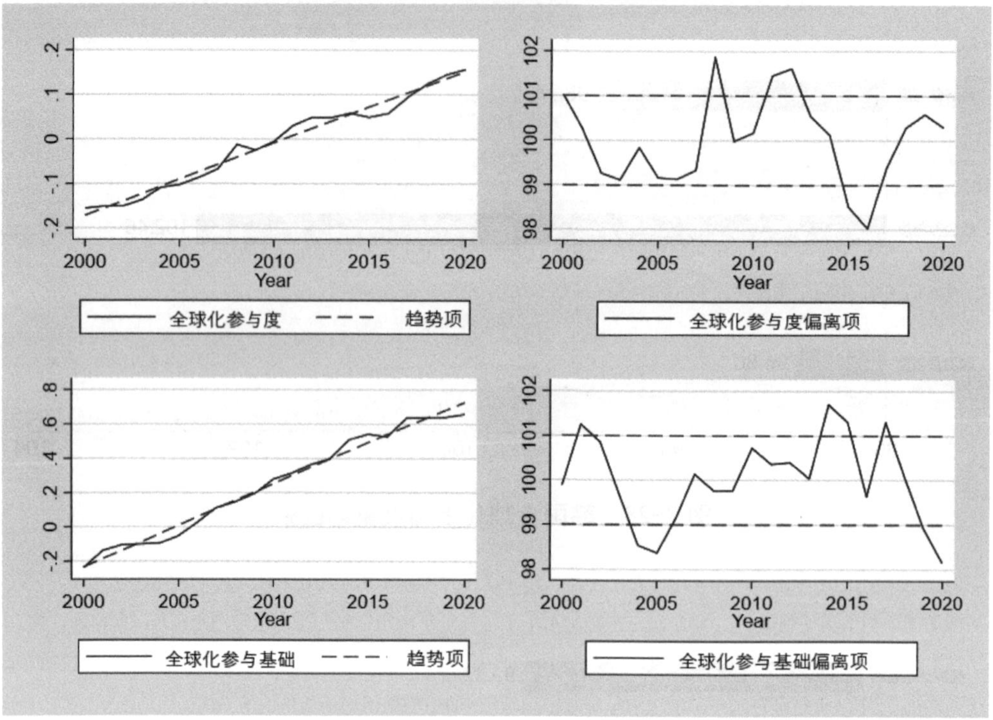

图 7-30 韩国全球化参与度和参与基础 HP 滤波图

韩国在全球化参与基础方面表现突出，尤其体现在经济全球化参与基础和社会全球化参与基础排名上。在 2020 年新冠肺炎疫情冲击下，全球化晴雨表显示经济和政治全球化参与度低于趋势，社会全球化参与度则高于趋势，说明韩国在社会全球化参与度上表现积极，保持强劲韧性，但在经济和政治全球化参与上呈现相对消极姿态，体现出韩国社会的高活跃度，但受疫情影响的经济也亟待复苏。

7.3.2 经济全球化

2020 年，韩国的经济全球化参与度低于趋势，参与基础保持趋势。这主要是受疫情反复蔓延的拖累，韩国经济运行困难增多，消费和出口低迷不振，全年陷入亚洲金融危机以来的首次负增长。从指标来看，2020 年，韩国的经济全球化参与度和参与基础呈骤降缓升趋势；从实际 GDP 看，韩国全年下降 1.0%；分季度看，受疫情流行和其国内封锁措施影响，经济同比变化分别为 +1.4%、−2.7%、−1.1%

和 –1.2%。[1]

贸易方面，2020 年，韩国的消费和出口分别下降 2.3% 和 2.5%，贸易全球化参与度出现显著下降趋势。第四季度随着疫情形势趋稳，韩国的对外贸易回暖，出口增长 1.2%，进口下降 2.8%，较疫情初期有所好转，但仍未恢复至一季度的水平。金融方面，虽然韩国 2020 年的就业市场受疫情反复打击，劳动力就业信心下降，复苏动力不足，但 4 月以来，就业人口稳步回升，11 月上升至 2724.1 万[2]，达到全年最高水平；供需两侧也均出现回暖迹象，经济下行压力减弱，工业生产有所起色，通缩风险趋于缓解，经济账户盈余扩大，韩元贬值压力减轻，整体上经济基本面不断改善，金融全球化参与度也呈上升态势。

2020 年，韩国持续新冠疫苗接种计划，疫情得到有效控制，对经济活动的制约有所缓解。从供给侧看，企业生产有序恢复，制造业 PMI 自 2020 年 10 月以来已连续 5 个月[3]位于荣枯线上方；从需求侧看，居民消费缓慢复苏，投资保持增长态势，出口延续反弹，经济基本面持续改善。在国内刺激政策拉动、国际经济环境向好、新冠疫苗迅速普及等多重利好因素的带动下，2021 年韩国经济出现了一定幅度的正增长，经济全球化参与基础相对稳定发展。

7.3.3 社会全球化

2020 年，韩国的社会全球化参与度显著高于趋势。其中，信息全球化迅猛增长态势是关键影响因素，具体表现为人工智能等高精尖科技的发展。韩国于 2019 年 12 月 17 日公布了《国家人工智能战略》，目标是实现从“IT 强国”到“人工智能强国”的转变[4]。根据评估，2018 年，韩国人工智能技术水平是发达国家的 81.6%（美国为 100%），到 2030 年达到 95%。[5]

然而，与全球市场相比，韩国的人工智能市场规模和投资水平还相对较低，为

1 张一婷. 韩国2020年经济形势分析及2021年经济走势展望[J]. 中国经贸导刊，2021(08)：35-37.
2 대한민국정책브리핑. 2020년 11월고용동향[EB/OL]. https://www.korea.kr/news/policyBriefingView.do?newsId=156427190，2020-12-16/2022-01-31.
3 연합뉴스. 한국 제조업 12월 PMI 51.9…1년3개월째확장국면[EB/OL]. https://www.yna.co.kr/view/AKR20220103080400009?input=1195m，2020-01-03/2022-02-01.
4 晓瑗. 人工智能持续升温，国家力量站上前台[N]. 人民邮电报，2020-01-15(03).
5 정보통신기술진흥센터. ICT기술수순조사보고서[EB/OL]. https://www.iitp.kr/kr/1/knowledge/openReference/view.it，2021-09-16/2022-01-31.

推动人工智能技术发展，韩国于2020年召开人工智能投资基金和人工智能创业企业专用投资说明会，扩充数据、互联网、人工智能领域的投资资金。[1] 此外，韩国还单独设立3000亿韩元规模的人工智能基金，新设“未来技术培育资金”，为有潜力的人工智能创业企业提供资金支持；同时，修订了《软件产业振兴法》，促进以人工智能为基础的软件产业发展，全面改善人工智能相关研发技术，使韩国成为全球人工智能创业企业领先国家。

7.3.4 政治全球化

长期以来，韩国受到地缘政治因素和朝鲜半岛问题的制约，外交自主选择的空间有限，相较于其他国家，韩国对于施行大国平衡外交也有着更为迫切的需求。2020年，韩国的政治全球化参与度和参与基础均低于趋势，部分原因是韩国政府主动出击的外交攻势未达到预期效果。近年来，韩朝、韩日以及韩美关系均出现波澜。2017年，中韩关系因“萨德”入韩事件跌落谷底，经贸往来备受打击。根据韩国观光公社发布的数据，2017年访韩中国游客同比减少48.3%，韩国国内生产总值因此减少约5万亿韩元[2]。此外，由于美国打击华为、中兴等中国科技企业，迫使三星电子、SK海力士等韩企暂停向华为提供半导体材料，这导致韩国半导体企业及供应链相关行业短期内遭受较大损失。韩朝关系同样面临严峻考验，2020年6月16日，朝鲜炸毁了位于开城工业园内的朝韩联络办公室，并于同年10月10日在劳动党建党75周年阅兵式上高调展示一系列先进武器[3]，向外界释放出强大的军事威慑信号，韩朝关系也陷入僵局。

同时，韩国也在积极寻求国际合作，时任总统文在寅发表2020年新年致辞时称，韩国将把韩美同盟提升到更高水平，共同促进半岛和平进程；同中国开展更多领域的合作，力促两国关系发展；同日本发展面向未来的合作关系，并通过推动“新

1 대한민국정책브리핑. 대한민국이인공지능강국으로가려면[EB/OL]. https://www.korea.kr/news/contributePolicyView.do?newsId=148868204&call_from=naver_news，2020-01-13/2022-01-31.

2 韩联社. 中国反萨措施致去年韩国GDP减少293亿[EB/OL]. https://cn.yna.co.kr/view/ACK20180304000200881，2018-03-04/2021-11-12.

3 大公报. 防卫费谈不拢 华府拟削驻韩美军[EB/OL]. http://www.takungpao.com/news/232111/2020/0719/476833.html, 2020-07-19/2021-11-12.

北方政策”加强韩俄合作。[1] 2018年，韩国《国防白皮书》同样对于中韩关系给予高度重视，明确提出韩国将不断加强与中国的战略沟通。

7.4 新加坡

7.4.1 总体情况

作为亚太地区第二大港口，世界第三大金融中心，新加坡在全球化方面的实力不容小觑。尽管在新冠肺炎疫情期间遭受一定冲击，但是新加坡在经济、社会和政治领域的全球化参与上依然维持稳健姿态。

在排名上，新加坡全球化参与度排名第12位，全球化参与基础排名第38位。根据图7-31，从趋势上看，新加坡的全球化参与度和全球化参与基础都有所下降。

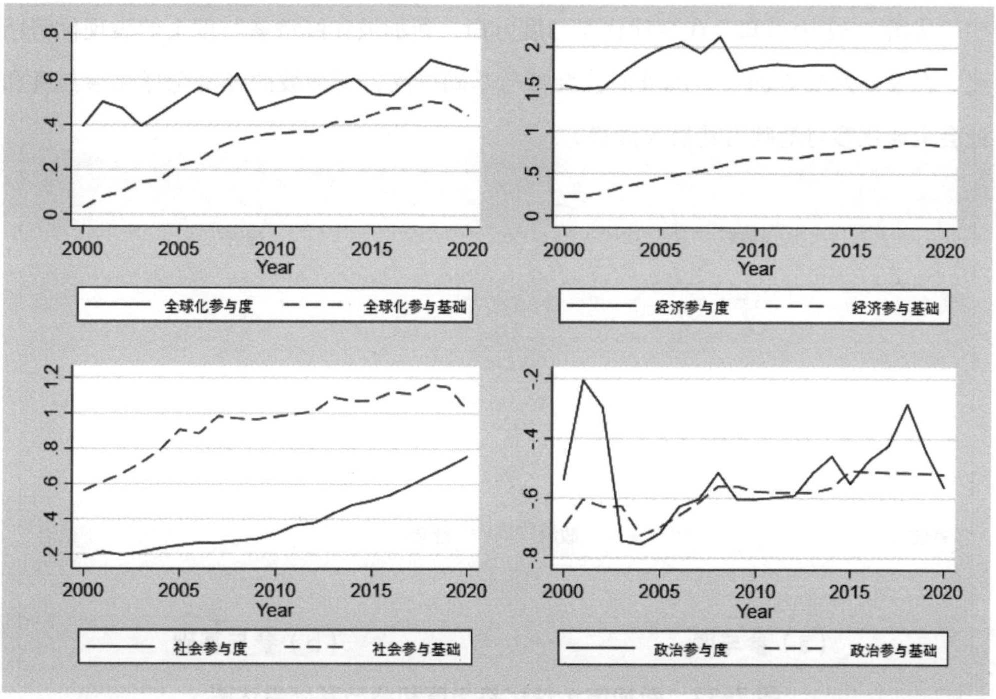

图 7-31　新加坡全球化参与度和参与基础折线图（总指标和一级指标）

1 大公报. 韩国总统文在寅：力促韩中关系发展、推动韩朝合作[EB/OL]. http://www.takungpao.com/news/232111/2020/0107/401485.html, 2020-01-17/2021-11-12.

分领域看，新加坡的经济全球化参与度排名第 5 位，经济全球化参与基础排名第 32 位。新加坡的经济全球化参与度略有提升，其中，贸易全球化参与度略有下降，金融全球化参与度稳步提升。经济全球化参与基础总体呈下降态势，其中，金融全球化参与基础提升明显，但贸易全球化参与基础大幅下降。新加坡的社会全球化参与度排名第 12 位，社会全球化参与基础排名第 7 位。社会全球化参与度略有提升，其中，信息全球化参与度增长幅度较大，人际全球化和科技全球化参与度基本持平，文化全球化参与度则呈下降趋势。社会全球化参与基础表现出小幅下降态势，其中，信息全球化参与基础大幅下降，科技全球化参与基础小幅下降，人际全球化和文化全球化参与基础则基本维持不变。新加坡的政治全球化参与度排名第 113 位，政治全球化参与基础排名第 130 位。政治全球化参与度大幅下降，其中，全球治理参与度降幅显著，国际合作参与度维持 2017 年以来水平不变。新加坡的政治全球化参与基础水平维持不变，其中，全球治理参与基础略有下降，国际合作参与基础则保持平稳态势。

从图 7-32 中可知，在全球化参与度方面，新加坡在经济参与度上的表现优势明显。在参与基础方面，新加坡的社会参与基础更高。新加坡的经济全球化参与度和社会全球化参与基础为其最大优势。

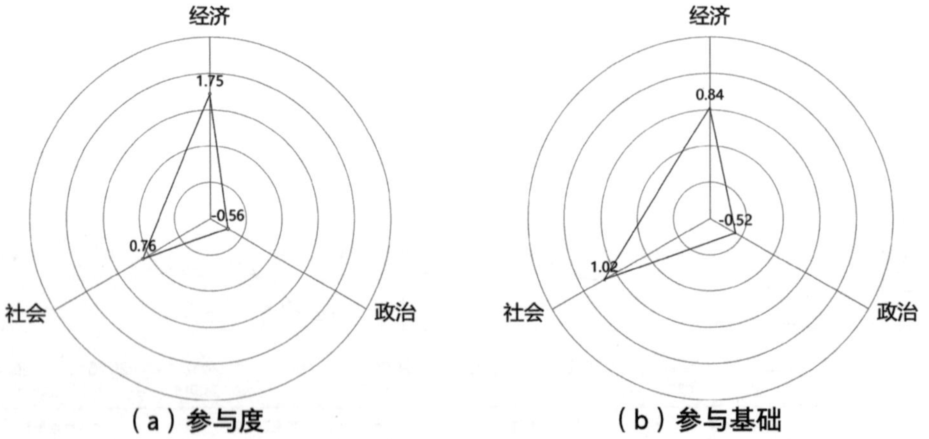

图 7-32　新加坡全球化参与度和参与基础雷达图

根据图 7-33、7-34、7-35 和 7-36，新加坡的全球化参与度晴雨指数为 100.04，符合趋势。其中，经济全球化参与度晴雨指数为100.13，符合趋势；社会全球化参与度晴雨指数为101.95，高于趋势；政治全球化参与度晴雨指数为99.30，符合趋势。新加坡的全球化参与基础晴雨指数为97.28，低于趋势。其中，经济全球化参与基础晴雨指数为97.80，低于趋势；社会全球化参与基础晴雨指数为97.39，低于趋势；政治全球化参与基础晴雨指数为99.39，符合趋势。

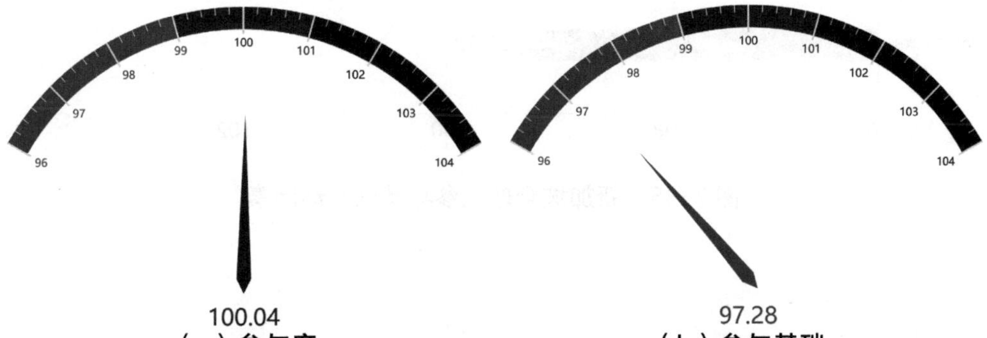

（a）参与度　　（b）参与基础

图 7-33　新加坡全球化参与度和参与基础晴雨表

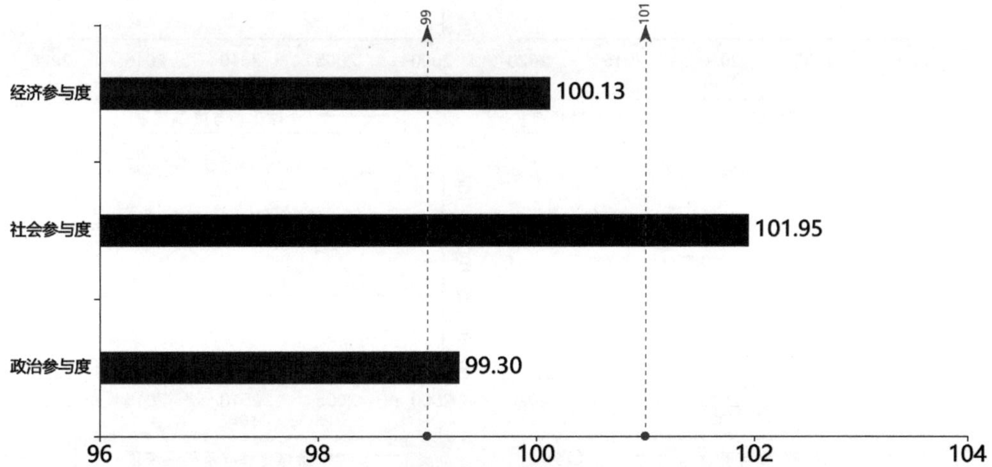

图 7-34　新加坡全球化参与度驱动因素

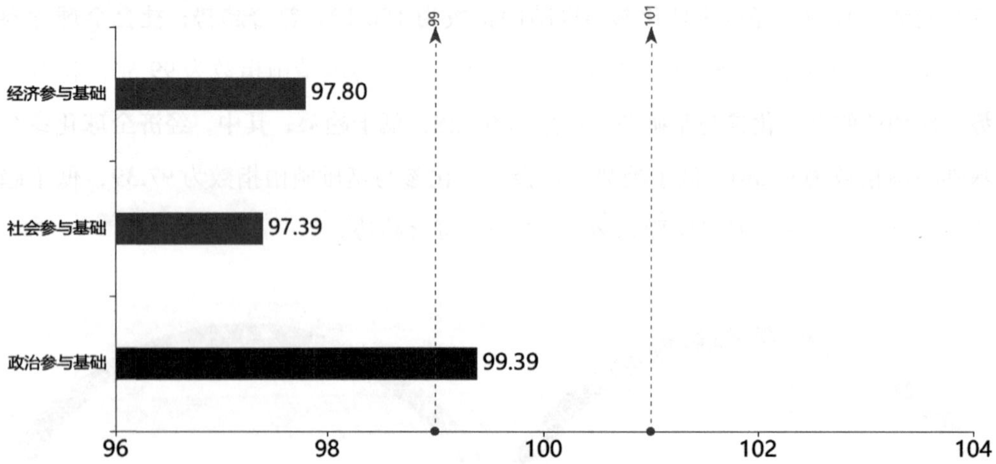

图 7-35　新加坡全球化参与基础驱动因素

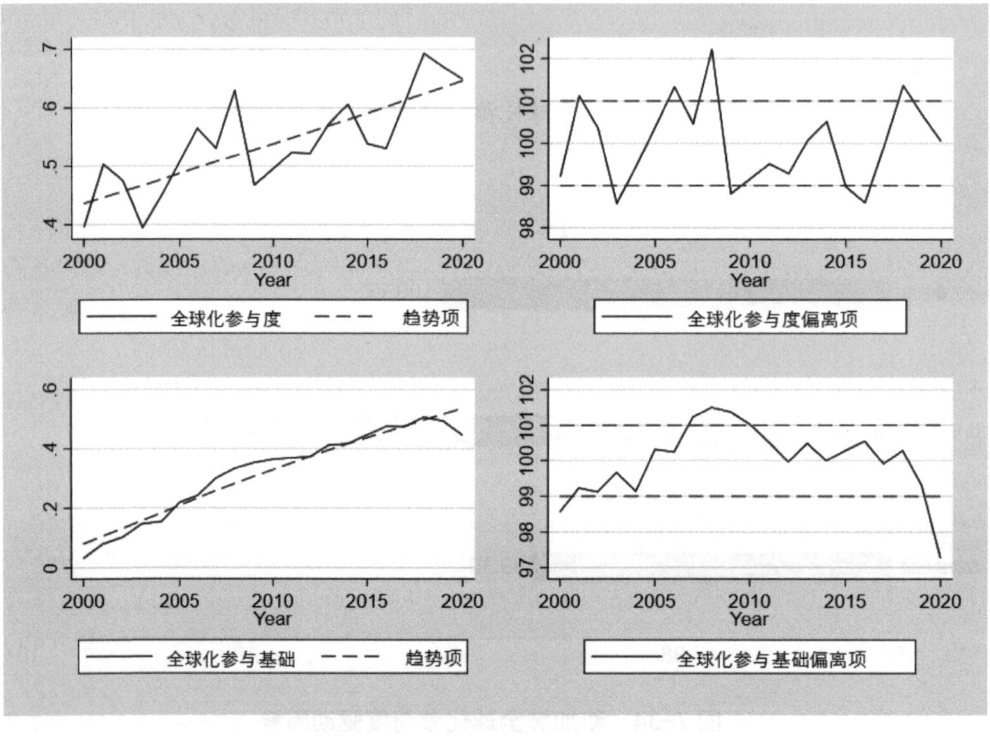

图 7-36　新加坡全球化参与度和参与基础 HP 滤波图

新加坡具有强劲的全球化实力，在全球参与度方面表现突出，尤其体现在经济全球化参与度（第 5 名）和社会全球化参与度（第 12 名）排名上。2020 年，在疫情冲击下，全球化晴雨表显示其经济和政治全球化参与度依然符合趋势，社会全球化参与度高于趋势，说明这一年新加坡在全球化参与度上表现积极，保持强劲韧性。在政治全球化参与度和参与基础方面，新加坡排名较为靠后，且政治全球化参与趋势呈现消极姿态，体现出该国在国际合作方面保持了持续投入，但需更多关注全球治理参与度情况。

7.4.2 经济全球化

数据显示，2020 年，新加坡的经济全球化参与度保持趋势，参与基础低于趋势。从实际 GDP 看，新加坡的 GDP 全年同比增长 –5.4%，为其自独立以来的最低增速。2020 年四个季度的增速分别为 0、–13.3%、–5.8% 和 –2.4%。[1] 其中，对外贸易、旅游和零售等领域受疫情影响显著，下降幅度较大；制造业的强劲发展成为新加坡经济的重要支撑。

从贸易领域看，新加坡毗邻马六甲海峡，是世界重要的航运贸易中心之一，但受疫情影响，周边各国封锁和港口加强管控措施使其商品与服务贸易遭受一定负面影响，导致贸易全球化参与度呈略微下降趋势。2020 年，新加坡的货物对外贸易总额为 9691.1 亿美元，同比减少 5.2%，其中，货物出口同比下降 3.2%，进口同比下降 7.4%；服务贸易总额由 2019 年的 5800 亿美元减少到 2020 年的 4970 亿美元，降幅为 14.3%。其中，服务贸易出口额和进口额分别下降 12.7% 和 16.1%。

从金融领域看，新加坡拥有高度整合的金融系统，其金融环境在疫情下仍保持较活跃的态势。此外，新加坡和中国在数字银行领域开展了深入合作，中国金融服务提供商也大量涌向新加坡。截至 2020 年初，新加坡金融管理局已经收到了 21 份申请（其中 7 份数字全银行牌照、14 份数字批发银行牌照），申请方包括阿里巴巴集团旗下的蚂蚁金服、小米公司和腾讯控股的 Sea Ltd 等公司 [2]。随着数字基础设施建设进展顺利，新加坡已成为中国重要的东盟合作伙伴，这也促使新加坡金融全球化参与度呈略微上升态势。

1 Ministry of Trade and Industry Republic of Singapore. Economic Survey of Singapore 2020 [R/OL]. https://www.mti.gov.sg/-/ media/ MTI/ Resources/ Economic-Survey-of-Singapore/ 2020/ Economic-Survey-of-Singapore-2020/ FullReport_AES 2020.pdf, 2021-11-24.

2 The Global Times. Chinese fintech firms flock to Singapore [EB/OL]. http://www.globaltimes.cn/content/ 1176028.shtml, 2020-01-07/2022-10-09.

7.4.3 社会全球化

2020 年，新加坡的社会全球化参与度显著增长，高于趋势。其中，信息全球化迅猛增长是关键影响因素，具体表现为数字平台蓬勃发展和智慧城市体系建设。作为东南亚地区的创新和金融中心，新加坡和中国进行了多方面的投资与合作。例如，阿里巴巴收购了新加坡最大的电子商务平台来赞达（Lazada）；全球领先社交软件抖音（TikTok）在新加坡建立数据中心；专业加密货币采矿设备的顶级供应商 Bitman 也在新加坡设立区域总部。与东南亚其他国家相比，新加坡在地理位置、法律框架、物流基础设施、金融便利等方面也具有不可替代的优势，因此越来越多的高科技公司选择新加坡作为总部。例如，东南亚地区 12 家最大的高科技公司中，有 6 家选择新加坡作为总部，包括雷蛇（Razer）、Sea Ltd、来赞达（Lazada）、Grab、Trax 和欢聚时代（Bigo Live）。[1] 此外，世界银行《2020 年营商环境报告》显示，新加坡在营商环境便利度方面全球排名第 2 位，亚洲排名第 1 位[2]。

在数字互联互通方面，新加坡在全球疫情背景下继续与中国加强合作。2020 年 6 月，两国举行了深圳—新加坡智慧城市合作联合执行委员会（JJC）的首次会议，以深化东南亚与粤港澳大湾区的数字合作，促进互联互通、创新创业及科技人才的交流和发展，[3] 两国合作促进了区域间的实物贸易，提升了互联互通水平。

7.4.4 政治全球化

2020 年，新加坡的政治全球化参与度和参与基础均保持趋势。新加坡奉行“大国平衡”战略，在疫情期间也积极开展全方位外交，加强与东盟及其成员国的对话与合作。在国际合作方面，受疫情影响，新加坡积极开展线上外交活动，新加坡领导人以视频形式多次参加东盟抗击疫情领导人特别会议，呼吁东盟各成员国加强合

---

1 Nora Setiawan. How Startup Raise Capital in Singapore? [EB/OL]. https://www.viettonkinconsulting.com/global-business/how-startup-raise-capital-in-singapore/, 2020-07-20/2022-10-09.

2 World Bank Group. Doing Business 2020 [EB/OL]. https://documents1.worldbank.org/curated/en/688761571934946384/pdf/Doing-Business-2020-Comparing-Business-Regulation-in-190-Economies.pdf, 2019-10-24/2022-10-09.

3 The Star. Singapore and China Enjoy Good Momentum in Development of Bilateral Relations [EB/OL]. https://www.thestar.com.my/aseanplus/aseanplus-news/2020/10/04/singapore-and-china-enjoy-good-momentum-in-development-of-bilateral-relations, 2020-10-04/2022-10-09.

作，保持疫情信息共享、贸易航线和供应链畅通，共同应对未来的经济冲击。在全球治理方面，新加坡积极参与东盟举行的关于合作抗疫的相关会议，全面加强与东盟的抗疫合作。

7.5 印度尼西亚

7.5.1 总体情况

印度尼西亚是东南亚人口最多、世界人口排名第四的大国。该国是东南亚国家联盟（ASEAN）创始国之一，也是东南亚唯一一个 G20 成员。以购买力平价（PPP）计算，印度尼西亚是世界第十大经济体[1]。

从排名上看，印度尼西亚的全球化参与度排名第 17 位，全球化参与基础排名第 59 位。根据图 7-37，其全球化参与度显著下降，全球化参与基础略有上升。

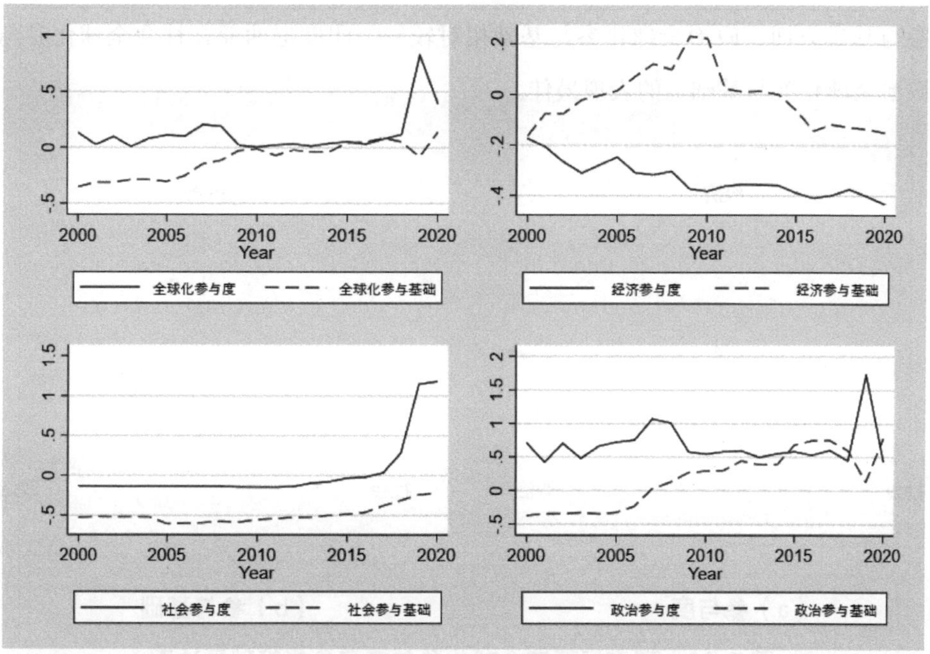

图 7-37 印度尼西亚全球化参与度和参与基础折线图（总指标和一级指标）

1 World Bank Group. The World Bank In Indonesia [EB/OL]. https://www.worldbank.org/en/country/indonesia/overview#1, 2020-07-23/2022-02-06.

分领域看，印度尼西亚的经济全球化参与度排名第 138 位，经济全球化参与基础排名第 85 位。印度尼西亚的经济全球化参与度有所下降，其中，贸易全球化参与度下降明显，金融全球化参与度则维持原先水平。印度尼西亚的经济全球化参与基础小幅回落，其中，贸易全球化参与基础出现较大负增长，金融全球化参与基础则小幅上升。印度尼西亚的社会全球化参与度排名第 8 位，社会全球化参与基础排名第 111 位。社会全球化参与度基本持平，其中，信息全球化参与度增幅显著，人际全球化参与度与先前持平，科技全球化参与度出现小幅下降，文化全球化参与度则出现小幅上升。社会全球化参与基础略有上升，其中，信息全球化参与基础有明显上升趋势，人际全球化参与基础增速较缓，科技全球化参与基础有较大幅度下降，文化全球化参与基础则保持稳定。印度尼西亚的政治全球化参与度排名第 17 位，政治全球化参与基础排名第 19 位。政治全球化参与度出现明显下滑，主要与其全球治理参与度大幅下降有关。政治全球化参与基础则有所提升，这主要得益于全球治理基础的正增长，国际合作基础则保持稳定趋势。

从图 7-38 中可知，2020 年，印度尼西亚在社会全球化参与度上表现更佳，而在参与基础方面，政治全球化参与基础相对较好。印度尼西亚在社会全球化参与度和政治全球化参与基础上的表现最佳。

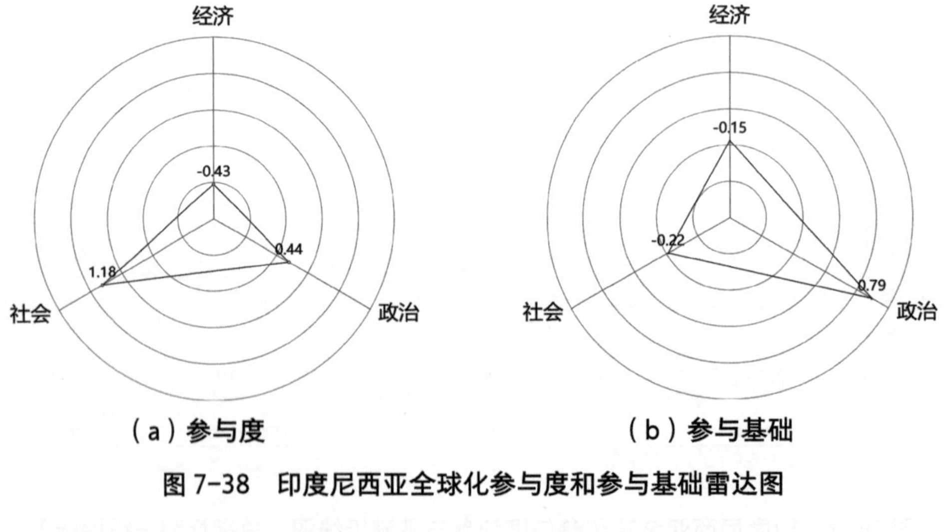

图 7-38　印度尼西亚全球化参与度和参与基础雷达图

根据图 7-39、7-40 和 7-41，印度尼西亚全球化参与度晴雨指数为 100.78，符合趋势。其中，经济全球化参与度晴雨指数为 99.87，符合趋势；社会全球化参与度晴雨指数为 102.49，高于趋势；政治全球化参与度晴雨指数为 99.02，符合趋势。印度尼西亚的全球化参与基础晴雨指数为 100.49，符合趋势。其中，经济全球化参与基础晴雨指数为 99.38，符合趋势；社会全球化参与基础晴雨指数为 101.80，高于趋势；政治全球化参与基础晴雨指数为 100.16，符合趋势。

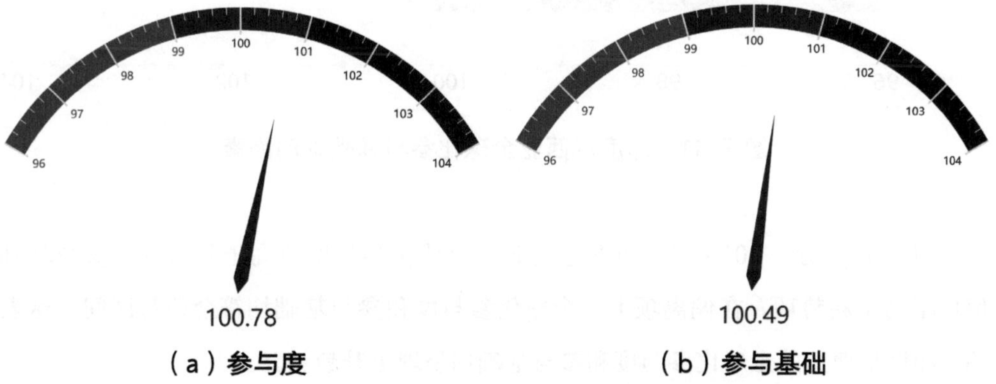

图 7-39　印度尼西亚全球化参与度和参与基础晴雨表

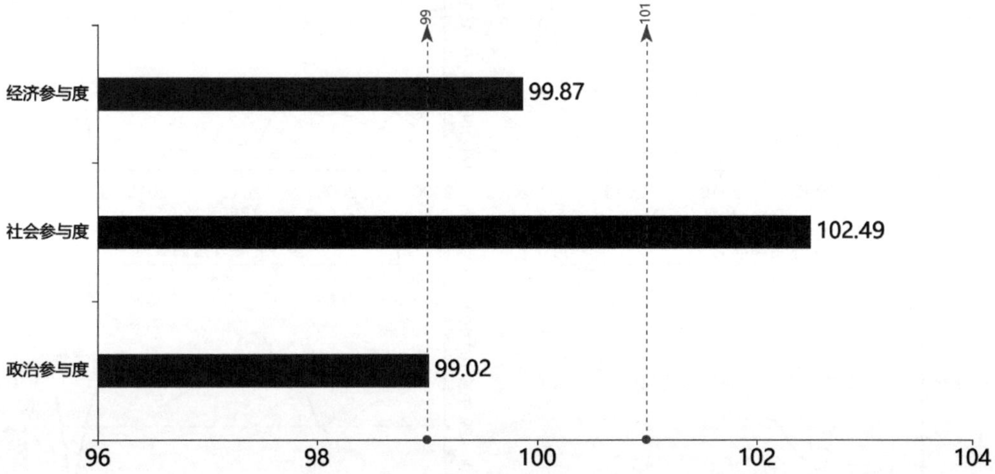

图 7-40　印度尼西亚全球化参与度驱动因素

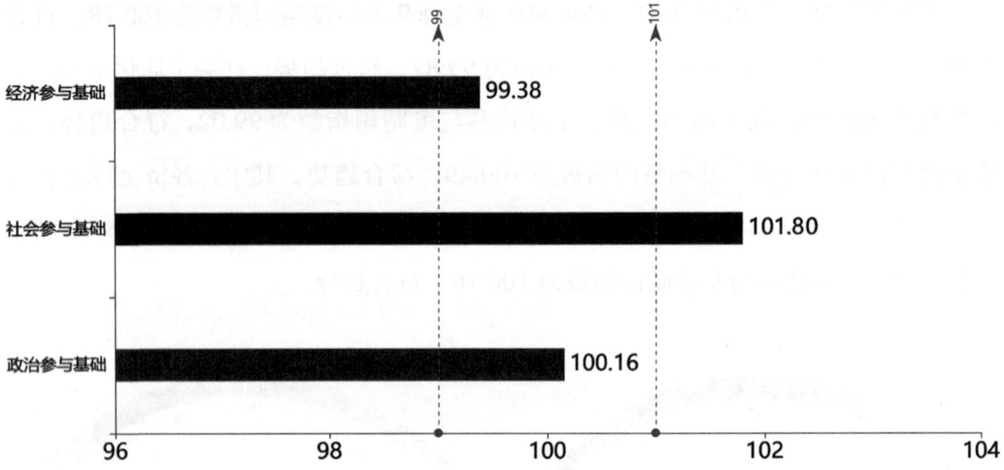

图 7-41　印度尼西亚全球化参与基础驱动因素

图 7-42 显示，2020 年，印度尼西亚的全球化参与度值高于趋势项，参与基础值也略高于趋势项。在偏离项上，全球化参与度和参与基础均符合趋势区间。这表明，印度尼西亚的全球化参与度和参与基础均呈现上升趋势。

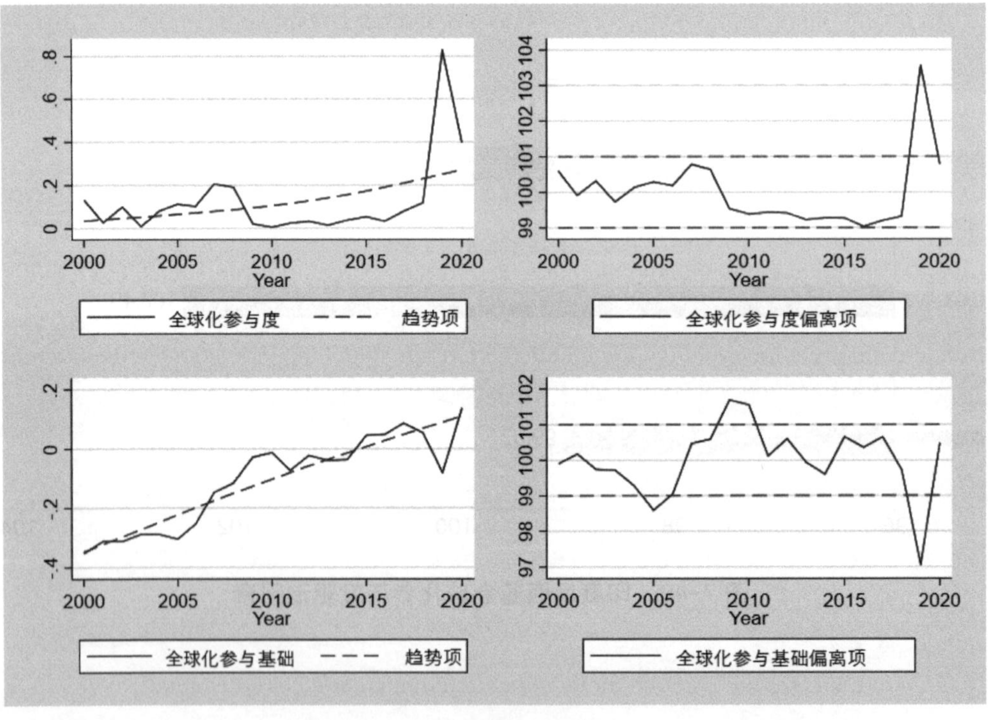

图 7-42　印度尼西亚全球化参与度和参与基础 HP 滤波图

印度尼西亚作为东南亚最大的经济体，虽然其全球化参与基础仍有待提升，但其表现出了可观的全球化参与度水平。尤其是其社会全球化参与度大幅高于参与基础，名列世界前茅，展现出印度尼西亚积极参与全球化的姿态。但同时，新冠肺炎疫情对其全球化各维度表现的影响也不容忽视。

7.5.2 经济全球化

2020 年，印度尼西亚的经济全球化参与度和参与基础均保持趋势，但呈现明显下降。疫情对该国经济造成了空前的负面影响。世界银行依据 2020 年人均国民总收入数据的变化，将该国从中等偏上收入国家下调至中等偏下收入国家 [1]。

印度尼西亚的经济全球化参与度显著下降，主要是贸易全球化参与度下降造成的结果。世界银行数据显示，2019 年，印度尼西亚的商品与服务进口额为 2126.55 亿美元，而 2020 年则降至 1695.83 亿美元；同时，进口额与 GDP 的比值从 18.446% 下降至 17.168%；出口额在 2019 年为 2064.31 亿美元，2020 年降至 1817.14 亿美元，同时，出口额与 GDP 的比值从 19.002% 下降至 16.022%。[2] 研究发现，疫情直接导致印度尼西亚的出口量降低 10.7%，出口值下降 13.4%；进口量降低 16.42%，进口值下降 25.9%[3]，显示出全球疫情对印度尼西亚国际贸易的冲击，并直接影响了其经济全球化参与度。

与之相比，印度尼西亚的金融全球化参与度则保持了相对稳定，该国的金融系统稳定指数（Financial System Stability Index）虽然承受了一定压力，但保持在正常区间。由于包括银行在内的金融系统基础较好，在疫情面前也保持了相对稳定，这在一定程度上缓冲了包括资本、信用质量、流动性在内的金融系统所受到的冲击 [4]。

此外，该国大力推进数字转型，着力于发展数字经济，提出了要实现数字独立的构想。副总统马鲁夫·阿敏曾表示，“印度尼西亚必须实现数字独立，数字经济的

---

1 World Bank Blogs. New World Bank country classifications by income level: 2021–2022 [EB/OL]. https://blogs.worldbank.org/opendata/new-world-bank-country-classifications-income-level-2021-2022, 2021-07-01/2022-02-06.

2 The World Bank. Indonesia [EB/OL]. https://data.worldbank.org/country/indonesia, 2020-07-31/2022-02-06.

3 Ing LY, Vadila Y. How COVID-19 impacts Indonesia’s trade [EB/OL]. https://www.thejakartapost.com/paper/2020/06/30/how-covid-19-impacts-indonesias-trade.html，2020-04-01/2022-02-06.

4 Bank Indonesia. 2020 Economic Report on Indonesia [EB/OL]. https://www.bi.go.id/en/publikasi/laporan/Documents/4.LPI2020_Bab_2_en.pdf, 2021-03-30/2022-02-06.

车轮必须涵盖大型、小型以及微型企业”。预测显示，到 2025 年，印度尼西亚的数字经济体量将达到东南亚最大水准，达到 1700 万亿印尼卢比[1]，这也将有助于推动其金融全球化的发展。

7.5.3 社会全球化

2020 年，印度尼西亚的社会全球化参与度和参与基础均高于趋势。在新冠肺炎疫情影响下，社会全球化参与度的各项子指标均未出现大幅下降。具体来看，其信息全球化与文化全球化参与度均有小幅上升。近年来，印度尼西亚的个人网络利用率逐步提升，2019 年，利用互联网的个人占该国总人口的 47.691%，这一数据在 2020 年增长至 53.726%[2]，而使用互联网的人口平均每天在线长达 6 小时，属于世界前列水平。在疫情期间，该国新增约 2100 万名网络购物者[3]，社交网络使用人数也从 2019 年的 166.1 百万人提高至 2020 年的 180.67 百万人[4]。2019 年，该国每季度网络流量的增长率仅为 5%，而 2020 年则剧增至 46%[5]。以上数据充分显示了印度尼西亚在信息化方面的长足发展，并总体上促进了其社会全球化的稳定。

在人际全球化方面，印度尼西亚在 2020 年 4 月 2 日封锁国界，禁止外国公民入境，导致 2020 年该国的国际游客数量为 4.02 百万人次，相较 2019 年下降 75.03%[6]。然而，这一数据相较于其他严格封锁国界的国家仍然是一个较为可观的数值。得益于此，本年度印度尼西亚的人际全球化参与度并没有出现明显下降。

而在文化全球化方面，由于疫情原因，虽然大规模的线下国际交流活动数量减少，但通过实时在线平台进行的线上交流活动日益活跃。联合国教科文组织的数据

---

1 OpenGov. Indonesia Aims to be Digitally Independent [EB/OL]. https://opengovasia.com/indonesia-aims-to-be-digitally-independent/, 2022-02-10/2022-03-06.

2 The World Bank. Individuals using the Internet (% of population) – Indonesia [EB/OL]. https://data.worldbank.org/indicator/IT.NET.USER.ZS?locations=ID, 2021-01-23/2022-02-06.

3 同注释1。

4 Statista. Number of social media users in Indonesia from 2017 to 2020 with forecasts until 2026 [EB/OL]. https://www.statista.com/statistics/247938/number-of-social-network-users-in-indonesia/, 2023-08-16/2023-10-07.

5 Akamai. Indonesia: The Challenge of Monetizing in a Fast-Growing Market [EB/OL]. https://www.telin.net/download/downloadWhitePapers?catalog=6_FINAL_Indonesia%20Media%20Report%20(interactive).pdf, 2021-09-16/2022-02-12.

6 Statista. Number of international visitor arrivals in Indonesia from 2011 to 2020 [EB/OL]. https://www.statista.com/statistics/707633/number-of-international-visitor-arrivals-in-indonesia/, 2023-06-15/2023-10-08.

显示，2020 年，印度尼西亚举办的大型国际线上文化交流活动就包括世界新闻自由日地区大会、世界水日“水与气候危机”社交媒体竞赛、亚太青年与青年专业人员 COVID-19 协作等活动[1]，丰富多彩的国际文化交流活动使该国的文化全球化参与度实现了小幅上升。

7.5.4 政治全球化

2020 年，印度尼西亚的政治全球化参与度符合趋势，但存在显著下滑。具体来看，全球治理参与度和国际合作参与度两项子指标均有下滑。

从全球治理方面看，受疫情影响，大量联合国会议被延期或取消，多数会议转为线上举行，这导致印度尼西亚在联合国会议中活跃的机会减少。而在维和方面，截至 2020 年 10 月，印度尼西亚在联合国维和部队中部署超过 2900 名人员，在 119 个参与维和任务的国家中排名第 8 位[2]。实际上，早在 2012 年，时任总统、前维和人员苏西洛就提出了实现印度尼西亚拥有“4000 名维和人员愿景”，以期维持该国在维和人员数量方面世界前 10 的地位。近年，印度尼西亚又宣布将着力提升该国维和人员中女性成员的比例。然而，从现状来看，印度尼西亚距离实现以上两个目标都还有一定的距离，在全球治理参与度方面还有很大的上升空间。

在国际合作参与度方面，2019 年末，时任印度尼西亚副总统优素福 · 卡拉创立了印度尼西亚国际开发署，旨在提高该国在国际发展合作中作为援助者的地位。印度尼西亚国际开发署也是印度尼西亚实现联合国可持续发展目标（SDGs）的主要机构[3]。虽然后期由于疫情冲击，印度尼西亚在国际合作方面的参与度出现了一定程度的下滑，但这一措施仍为其参与后疫情时代的国际合作奠定了良好的基础。

---

1 UNESCO. Events- Indonesia [EB/OL]. https://en.unesco.org/countries/Indonesia/events, 2019-09-19/2022-02-12.

2 Jakarta Globe. Indonesia among Top Contributors to UN Peacekeeping Mission [EB/OL]. https://jakartaglobe.id/news/indonesia-among-top-contributors-to-un-peacekeeping-mission/, 2020-10-16/2022-02-12.

3 Detiknews. JK Resmikan Lembaga Kerja Sama Pembangunan Internasional Indonesia [EB/OL]. https://news.detik.com/berita/d-4750577/jk-resmikan-lembaga-kerja-sama-pembangunan-internasional-indonesia, 2019-10-08/2022-02-12.

7.6 东南亚地区其他国家

7.6.1 总体情况

在经济全球化和区域化浪潮中，东南亚国家迅速崛起，但突然暴发的疫情打破了东南亚地区持续向上的经济走势，给该区域发展带来了较大的不确定性。根据图 7-43，总体而言，东南亚其他国家全球化参与度轻微上升，全球化参与基础略有下滑。

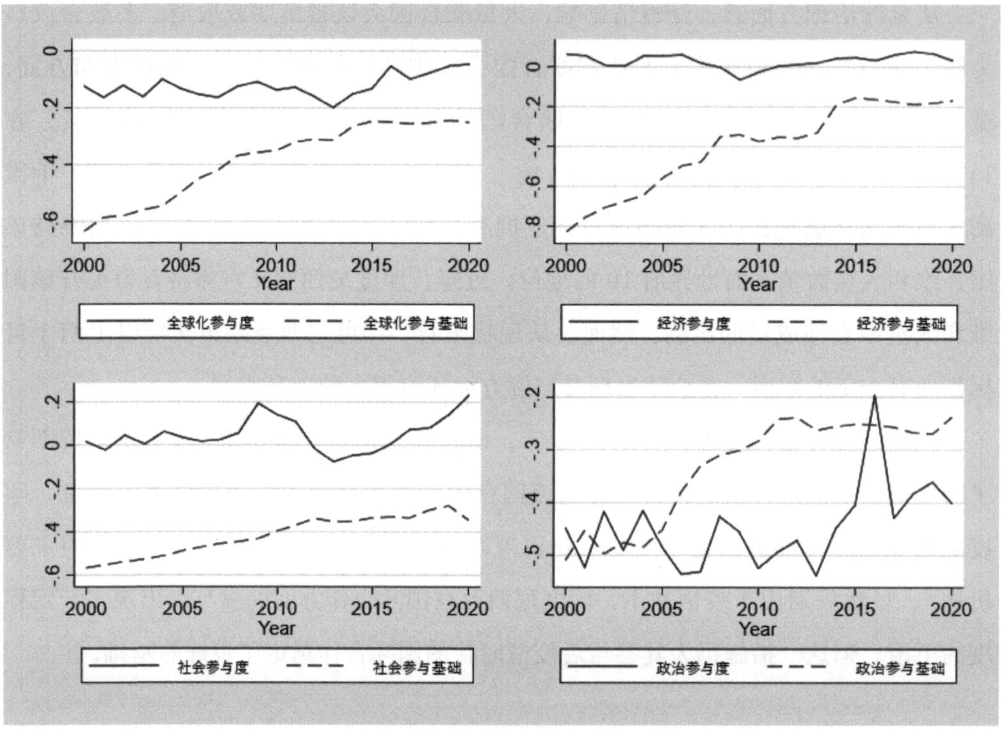

图 7-43　东南亚地区其他国家全球化参与度和参与基础折线图（总指标和一级指标）

分领域看，经济全球化参与度显著下降。其中，金融全球化呈现负增长态势，而金融全球化参与度则明显下降。这些国家的经济全球化参与基础维持在原先水平之上，主要原因可能是金融全球化参与基础大幅上升趋势和贸易全球化参与基础小幅回落态势相抵消。这些国家的社会全球化参与度显著上升。其中，信息全球化参与度增长显著，文化全球化参与度也有所上升，人际全球化和科技全球化参与度则基本维持不变。该地区社会全球化参与基础下降明显。其中，人际全球化和科技全球化参与基础显著回落，文化全球化参与基础维持原先水平不变，信息全球化参与基础则保持了高速正增长趋势。该区域国家在 2020 年的政治全球化参与度急剧下降，这与二级指标全球治理参与度的显著负增长有密切关联；国际合作参与度则维持了平稳增长趋势。这些国家的政治全球化参与基础则有所上升，其中，全球治理参与基础与其保持相同的正增长趋势，国际合作参与基础则略有上扬。

从图 7-44 可知，在全球化参与度方面，东南亚其他国家在社会全球化参与度上优势明显。而在参与基础上，经济全球化参与基础相对更佳。东南亚其他国家的社会全球化参与度为其最大优势。

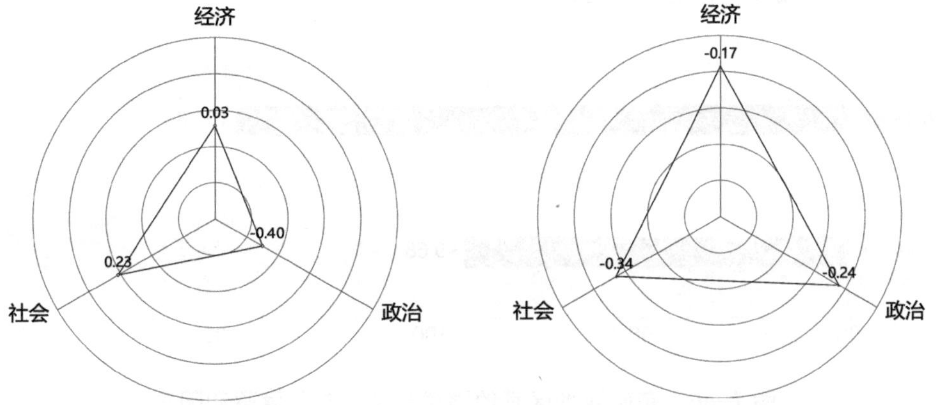

（a）参与度　　（b）参与基础

图 7-44　东南亚地区其他国家全球化参与度和参与基础雷达图

根据图 7-45、7-46、7-47 和 7-48，东南亚其他国家的全球化参与度晴雨指数为 101.08，高于趋势。其中，经济全球化参与度晴雨指数为 99.65，符合趋势；社会全球化参与度晴雨指数为 101.86，高于趋势；政治全球化参与度晴雨指数为 99.68，符合趋势。东南亚其他国家的全球化参与基础晴雨指数为 98.02，低于趋势。其中，经济全球化参与基础晴雨指数为 98.44，低于趋势；社会全球化参与基础晴雨指数为 96.88，低于趋势；政治全球化参与基础晴雨指数为 99.16，符合趋势。

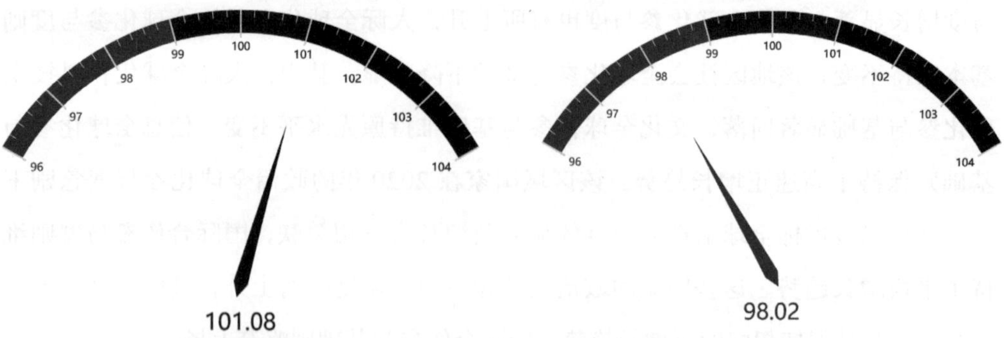

图 7-45　东南亚地区其他国家全球化参与度和参与基础晴雨表

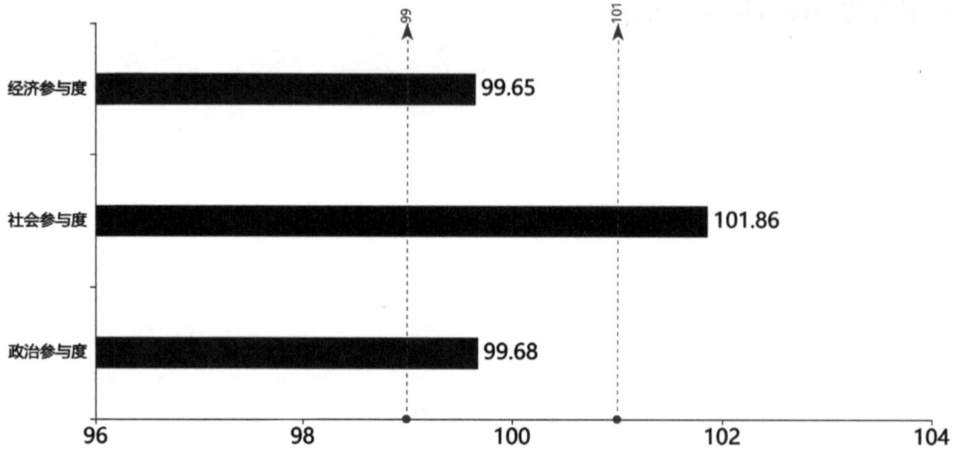

图 7-46　东南亚地区其他国家全球化参与度驱动因素

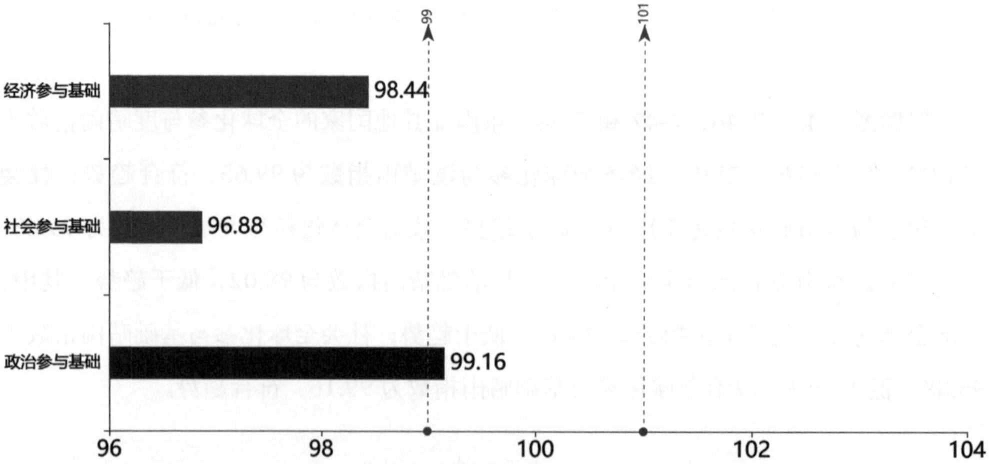

图 7-47　东南亚地区其他国家全球化参与基础驱动因素

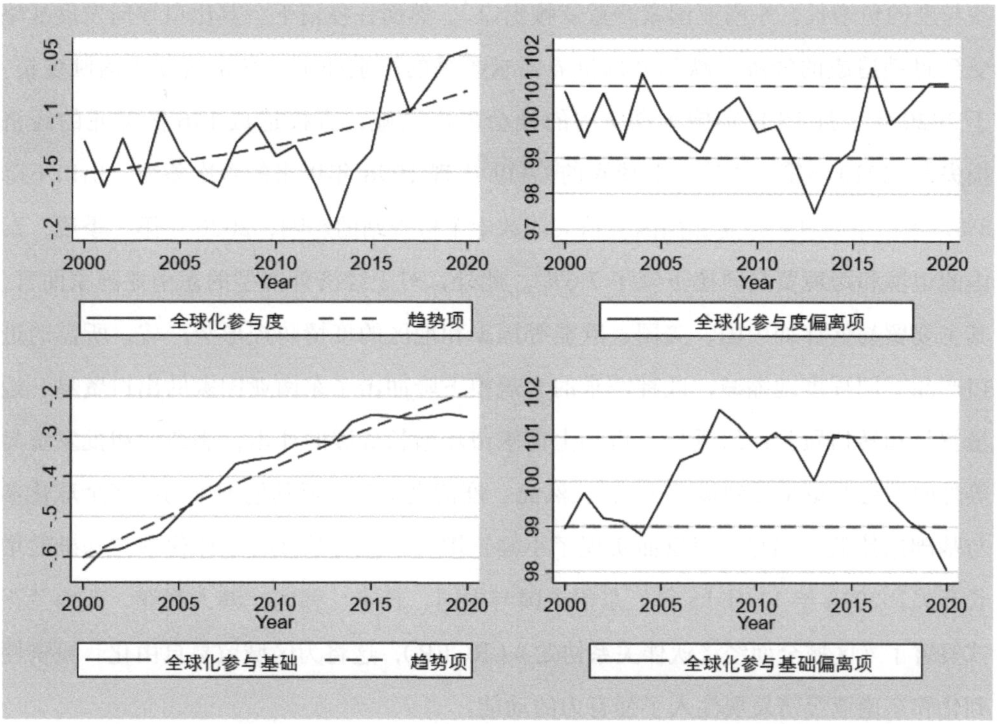

图 7-48　东南亚地区其他国家全球化参与度和参与基础 HP 滤波图

东南亚其他国家的全球化参与度表现较好，尤其体现在社会全球化参与度的正向增长上。其中，信息全球化参与度增长强劲，这与疫情防控措施下人们对互联网与线上平台的需求增长有关。然而，受疫情冲击，东南亚其他国家的全球化参与基础受到明显的负面影响，经济和社会全球化参与基础显著低于趋势。一方面，东南亚国家绝大部分为高度外向型经济体，多数国家经济受外部需求影响较大，各国经济复苏仍有赖于全球疫情的消退；另一方面，这些国家市场、体量相对较小，经济自我调整能力较差，在突发危机中难以实现快速风险对冲和内化。

7.6.2 经济全球化

2020 年，东南亚其他国家的经济全球化参与度保持趋势，参与基础低于趋势。新冠肺炎疫情在全球的暴发，对世界经济增长带来了极大的冲击，东南亚经济也遭受重创，各国经济全球化参与度显著下降。其中最为显著的，无疑是贸易全球化参与度的负增长。东南亚国家严重依赖出口[1]，然而在疫情下，其出口导向发展战略受到封锁造成的经济下跌和外部世界需求萎缩的严重冲击。马来西亚为遏制疫情，于2020年3月18日实施为期7周的社会隔离措施，直接造成146亿美元的经济损失[2]。2020年第一季度，菲律宾的GDP出现1998年以来的首次萎缩，出口下降3%，进口下降9%[3]。受邻国因疫情关闭数十个检查站的影响，2020年第一季度，泰国的边境和跨境贸易同比下降了7.6%[4]。此外，对于经济外向型的东南亚国家而言，其主要贸易伙伴如中国、美国、欧盟等国家和地区的疫情防控形势严峻，所需的进口产品不同程度地缩减，此种需求的大规模下降冲击了东南亚国家的出口贸易。边境贸易和转口贸易纷纷受挫，再加上需求市场增长放缓的冲击，制造业和批发贸易等外向型行业更是受到显著影响[5]。然而，疫情之下东南亚其他国家的经济全球化参与基础虽然低于趋势，但反而实现了小幅正增长，这与其金融全球化参与基础的增长有关。2020年11月15日，东盟十国与中国、日本、韩国、澳大利亚、新西兰正式签署了《区域全面经济伙伴关系协定》(RCEP)，这将为区域贸易自由化、投资便利化和东南亚经济发展注入了强有力的动能。

2020年以来，东盟成员国在国家基础设施计划、政策措施和私营部门参与机会增多的推动下，加快了对基础设施的投资。该地区基础设施投资需求巨大，据估计，2015—2030年东南亚地区的相关投资需求每年将在1100亿—1840亿美元之间，主要包含运输、电力和电信等领域[6]。东南亚是目前世界上最具投资吸引力和投资潜力的地区之一，这一事实不会改变。总之，在疫情冲击下，东南亚国家的出口、投资放缓，各国经济形势不容乐观，但东南亚国家拥有较强的发展潜力，未来有可能成

1 Suriyankietkaew S., Nimsai S. COVID-19 Impacts and Sustainability Strategies for Regional Recovery in Southeast Asia: Challenges and Opportunities [J]. *Sustainability*, 2021, 13(16): 8907.

2 Department of Statistics Malaysia. Malaysian Economic Statistics Review (MESR) [EB/OL]. https://www.dosm.gov.my/v1/uploads/files/1_Articles_By_Themes/External_Sector/MESR/Malaysia_Economic_Statistics_Review-Vol-1-2020.pdf, 2020-05-29/2022-01-23.

3 Philippine Statistics Authority. GDP declines by 0.2 percent in the first quarter of 2020; the first contraction since fourth quarter of 1998 [EB/OL]. https://psa.gov.ph/content/gdp-declines-02-percent-first-quarter-2020-first-contraction-fourth-quarter-1998, 2020-05-07/2022-01-23.

4 Bangkok Post. Cross-border Movement Down 7.6% [EB/OL]. https://www.bangkokpost.com/business/1913144/cross-border-movement-down-7-6, 2020-05-06/2022-01-23.

5 张应进. 新冠疫情影响下的东南亚经济[J]，东南亚研究，2021(01)：64-84+154.

6 中华人民共和国驻东盟使团经济商务处.《2020-2021东盟投资报告》(二)：RCEP和中国投资塑造东盟FDI格局[R/OL]. http://asean.mofcom.gov.cn/article/zthdt/dmjmdt/202109/20210903202265.shtml, 2021-09-24.

为国际直接投资的热点地区。

7.6.3 社会全球化

东南亚其他国家的社会全球化参与度显著高于趋势。其中，信息全球化进程在疫情特殊条件下的迅猛增长成为一大亮点，对社会全球化整体趋势具有拉动效应。疫情冲击了传统的线下经济，在线教育、远程办公、电商配送等线上活动增多，在线平台和移动应用程序兴起，互联网在社会各方面内的使用度和普及率大幅提升。根据谷歌、淡马锡和贝恩咨询公司发布的报告，2020 年，东南亚互联网新增用户达到 4000 万，每小时上网人数比疫情前高出 10 倍。疫情还促进了数字消费的发展，每 3 个数字服务消费者中就有至少 1 人因疫情而开始使用该服务。人们的上网时间增加，其中，菲律宾人均上网时间最长。此外，东南亚地区电子商务迅速发展，2020 年，马来西亚的电子商务同比增长 87%，泰国同比增长 81%，菲律宾同比增长 55%，越南则同比增长 46%[1]。互联网的普及与电子商务的迅速发展促进了信息全球化参与度和参与基础的显著增长。在社会全球化参与基础贡献因素中，东南亚其他国家的人际全球化参与基础显著下滑，其中一个关键因素即疫情防控措施下各国加强了外籍人员的入境防控。为防止新冠病毒的进一步传播，马来西亚于 2020 年 3 月 18 日至 3 月 31 日对外国游客关闭边境，并暂时停止马来西亚公民出境[2];3 月 26 日，泰国在全国范围内正式实施紧急状态法，包括关闭所有边境口岸，除了泰国公民、外交官及其家人，以及持工作准证或其他获准在泰国工作的外国公民，泰国所有陆海空边境口岸禁止外国人入境[3]；3 月 15 日，文莱宣布实施全面旅行禁令，除少数情况外，所有在文莱的本国和外国公民不得出入境[4]；缅甸自 3 月 29 日至 4 月 30 日，除驻缅外交官、联合国工作人员、船员、机组人员外，暂停向所有外国公民发放

1 Google，Temasek，Bain & Company. e-Conomy SEA 2020 [R/OL]. https://www.bain.com/globalassets/noindex/2020/e_conomy_sea_2020_report.pdf, 2020-11-10.

2 Crisis24. Malaysia: Government closes borders to all foreigners over COVID-19 concerns [EB/OL]. https://crisis24.garda.com/insights-intelligence/intelligence/risk-alerts/kruhbrimczvaobsb8/malaysia-government-closes-borders-to-all-foreigners-over-covid-19-concerns-march-18-update-5, 2020-03-16/2022-01-24.

3 新华网. 泰国将实施紧急状态法 关闭所有边境口岸[EB/OL]. http://www.xinhuanet.com/world/2020-03/25/c_1125767868.htm, 2020-03-25/2022-01-24.

4 Nile Bowie. Devout at a distance in contagion-hit Brunei [EB/OL]. https://asiatimes.com/2020/04/devout-at-a-distance-in-contagion-hit-brunei/, 2020-04-03/2022-01-24.

入境签证[1]；越南自3月22日起，除外交、公务或特殊情况以外，暂停所有外国公民入境，4月1日起，关闭与柬埔寨和老挝之间所有口岸[2]；3月18日起，老挝关闭全国所有地方口岸，加大国际口岸防控力度，暂停签发落地签、旅游签，暂停双边免签[3]。在严格的出入境限制措施下，东南亚的跨国人员往来大幅下降，尤其是跨国旅游大幅减少。总体而言，上升的信息全球化参与度和参与基础是拉动东南亚其他国家社会全球化参与的重要因素，但人际全球化参与基础大幅下降，社会全球化参与基础呈现消退态势。

7.6.4 政治全球化

2020年，东南亚其他国家在政治全球化参与度和参与基础方面保持趋势，但呈现负增长局面，其中，全球治理参与度的下降为重要影响因素。究其原因，全球治理方面的疲软局面对其消极发展态势构成了重要影响。在全球治理参与度上的回落，主要归结于其在联合国建言献策的实际量下降。一方面，由于疫情限制措施，联合国许多会议被取消、延期、缩小规模，或改为线上举行，这导致东南亚其他国家在联合国可发言的次数、时长和内容规模更为有限，进而造成建言贡献度指标的下降；另一方面，在疫情冲击下，各国国内面临严峻的政治挑战，经济衰退、疫情防控压力，以及医疗卫生系统、行政管理体系应对疫情要求的不断升级，都对东南亚各国的政治体制和公共治理能力提出了新的考验[4]。然而，在疫情冲击下，2020年东南亚其他国家的政治全球化参与基础反而出现了小幅正增长，这主要与全球治理领域的参与基础上升有关。而促成这一趋势的，是该地区国家在维和行动参与方面的相对积极行为。马来西亚自1960年首次派出赴刚果（金）维和部队以来，积极参与维

1 国家移民管理局. 前往国家（地区）入境临时管制措施查询[EB/OL]. https://www.nia.gov.cn/n741435/n907688/n1234186/n1248051/index.html, 2021-09-15/2022-01-24.

2 Minh Duc N, Duc Ha H, Anh Tuan T, Lien Bang MT, Hong Duc P, Minh Thong P. From First COVID-19 Case to Current Outbreak: A Vietnamese Report [J]. *Electronic Journal of General Medicine*. 2020, 17(04): 208-215.

3 同注释1。

4 张应进. 新冠疫情影响下的东南亚经济[J]. 东南亚研究，2021(01)：64-84+154.

和行动，足迹遍布东帝汶、克什米尔、黎巴嫩、南苏丹、西撒哈拉等国家和地区[1]。2020 年 1 － 8 月，马来西亚参与了联合国在世界各地的五项维和任务[2]。越南虽于 2014 年才首次参与维和行动，但潜力不小。2019 年，越南国防部副部长阮志荣在维和行动五周年会议上讲话时提到，越南从 2020 年以后将扩大维和行动规模，部署区域也将扩展至南苏丹、中非以外地区[3]；2020 年 10 月 22 日，越南国防部派遣三名军官参加联合国在南苏丹和中非共和国的维和行动[4]。总体而言，东南亚其他国家的政治全球化参与度受疫情冲击较大，参与基础虽呈现上升趋势，其水平也有待提升，这意味着其政治全球化参与程度的发展仍面临多重困难与挑战。

7.7 澳大利亚

7.7.1 总体情况

作为 G20 的创始国和成员，澳大利亚在全球化进程中占据重要地位。虽然在疫情期间遭受一定冲击，但是其经济、社会和政治状况恢复较快，在全球化进程参与中持续发力。

在排名上，澳大利亚全球化参与度排名第 36 位，全球化参与基础排名第 33 位。根据图 7-49，从趋势上看，澳大利亚的全球化参与度显著下降，而全球化参与基础略有下降。

1 Wisma Putra. Strengthening the UN Peacekeeping Operations [EB/OL]. http://malaysiaunsc.kln.gov.my/index.php/malaysia-at-the-unsc/malaysia-s-commitment/strengthening-the-un-peacekeeping-operations#:~:text=In%20October%201960%2C%20Malaysia%20deployed%20its%20first%20contingent,Malaysian%20Armed%20Forces%20and%20the%20Royal%20Malaysian%20Police, 2021-06-25/2022-01-25.

2 Muhammad Afifi Abdul Razak, Kamarul Azman Khamis, Rusdi Omar. Commemorating 60 Years of Malaysia's Participation and Contribution in United Nations Peacekeeping Operations [J]. *Sustaining Global Strategic Partnership in the Age of Uncertainties*, 2020, 5(06): 129-140.

3 Vietnam Plus. Vietnam enhances cooperation in UN peacekeeping operations [EB/OL]. https://en.vietnamplus.vn/vietnam-enhances-cooperation-in-un-peacekeeping-operations/153980.vnp, 2019-06-07/2022-01-25.

4 Vietnam Plus. Three more Vietnamese officers to join UN peacekeeping missions [EB/OL]. https://en.vietnamplus.vn/three-more-vietnamese-officers-to-join-un-peacekeeping-missions/189059.vnp, 2020-10-22/2022-01-25.

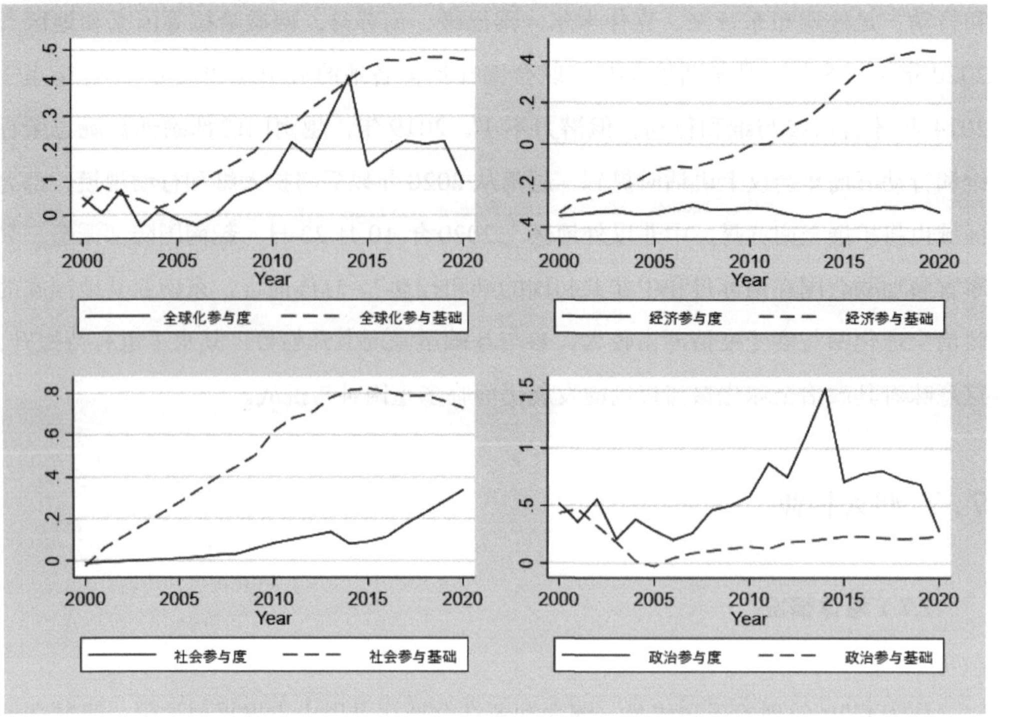

图 7-49　澳大利亚全球化参与度和参与基础折线图（总指标和一级指标）

分领域看，澳大利亚的经济全球化参与度排名第 112 位，经济全球化参与基础排名第 46 位。澳大利亚的经济全球化参与度在 2020 年出现下降，全球化参与基础近五年来基本持平。经济全球化参与度出现明显下降，其中，贸易全球化参与度和金融全球化参与度均略有下降。经济全球化参与基础略有下降，其中，金融全球化参与基础提升，贸易全球化参与基础有小幅下降。澳大利亚的社会全球化参与度排名第 25 位，社会全球化参与基础排名第 22 位。社会全球化参与度逐步提升，其中，信息全球化参与度增长幅度较大，人际全球化参与度稳步提升，但科技全球化参与度基本持平，文化全球化参与度略有下降。社会全球化参与基础略微下降，其中，科技全球化参与基础有所下降，社会全球化参与基础轻微下降，信息全球化和文化全球化参与基础则基本维持不变。澳大利亚的政治全球化参与度排名第 24 位，政治全球化参与基础排名第 49 位。政治全球化参与度大幅下降，其中，全球治理参与度降幅显著，国际合作参与度小幅上升。

从图 7-50 中可知，在全球化参与度方面，澳大利亚的社会全球化参与度表现相对较佳。而在参与基础上，澳大利亚的社会全球化参与基础优势明显。

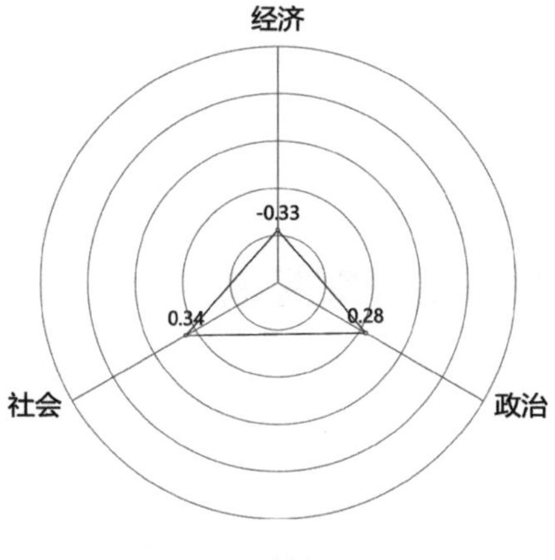

（a）参与度

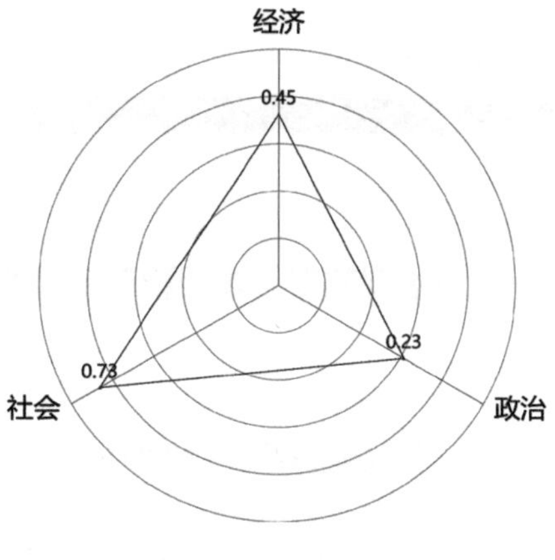

（b）参与基础

图 7-50　澳大利亚全球化参与度和参与基础雷达图

根据图 7-51、7-52、7-53 和 7-54，澳大利亚的全球化参与度晴雨指数为 98.23，低于趋势。其中，经济全球化参与度晴雨指数为 99.31，符合趋势；社会全球化参与度晴雨指数为 102.51，高于趋势；政治全球化参与度晴雨指数为 98.05，低于趋势。澳大利亚的全球化参与基础晴雨指数为 98.65，低于趋势。其中，经济全球化参与基础晴雨指数为 99.44，符合趋势；社会全球化参与基础晴雨指数为 97.62，低于趋势；政治全球化参与基础晴雨指数为 100.36，符合趋势。

（a）参与度

（b）参与基础

图 7-51　澳大利亚全球化参与度和参与基础晴雨表

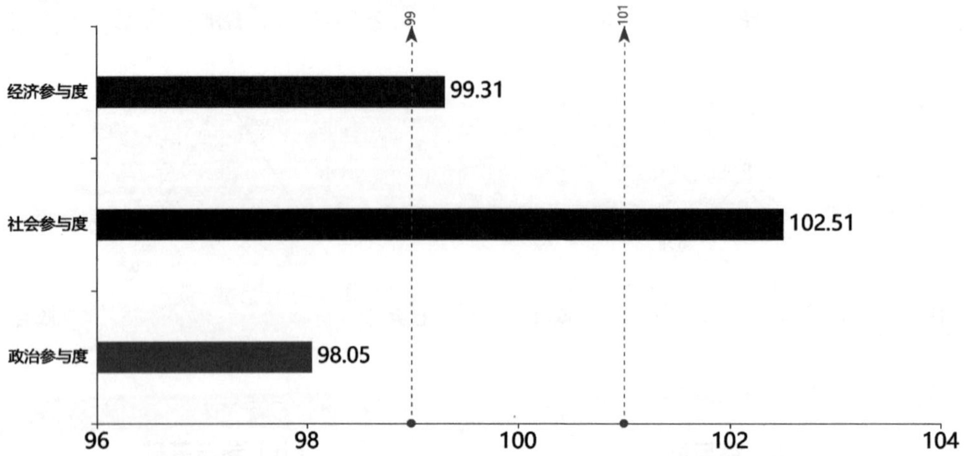

图 7-52　澳大利亚全球化参与度驱动因素

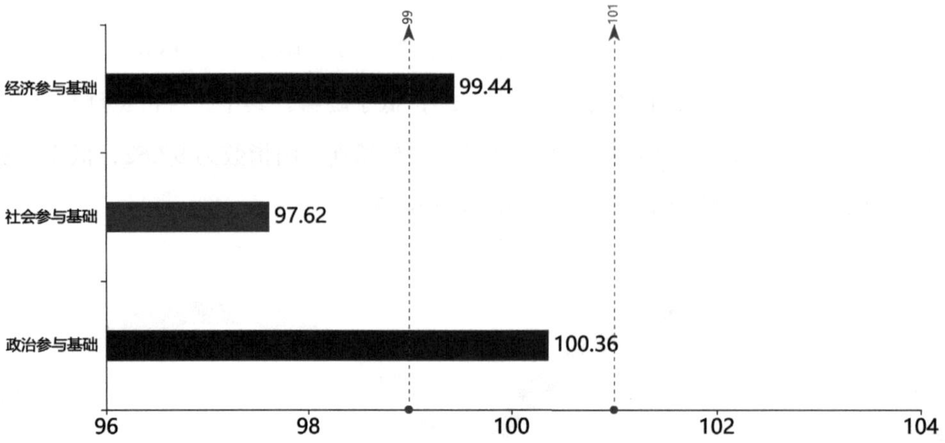

图 7-53　澳大利亚全球化参与基础驱动因素

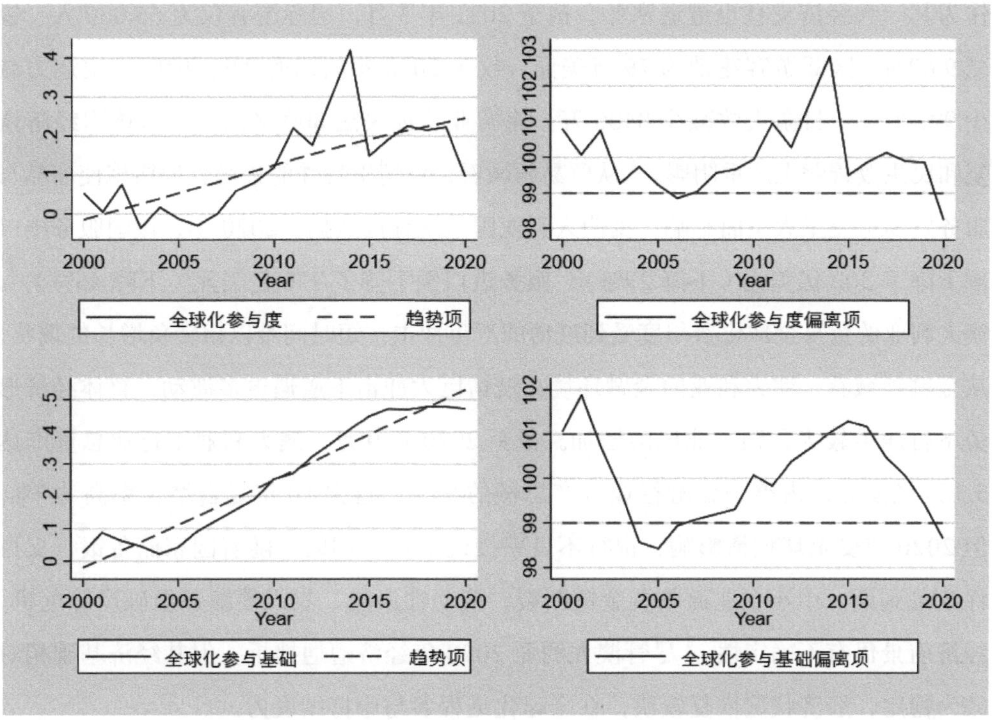

图 7-54　澳大利亚全球化参与度和参与基础 HP 滤波图

由此可见，澳大利亚作为 G20 成员之一，在经济、社会全球化方面保持了较高程度的参与度，经济与政治全球化保持了较高程度的参与基础。澳大利亚经受住疫情的强烈冲击，各领域全球化参与受到的消极影响相对较小。

7.7.2 经济全球化

2020 年，澳大利亚的经济全球化参与度和参与基础基本保持趋势，但受到疫情影响，它经历了约 30 年来的首次经济衰退。根据澳大利亚统计局于 2021 年 3 月发布的统计数据，该国 2020 年全年 GDP 增速为 – 1.1%[1]，反映出防疫封锁限制措施对经济造成的不利影响。自 2020 年 3 月起，澳大利亚各州和地区边境关闭，旅游业

1 Australian National Accounts. National Income, Expenditure and Product [EB/OL]. https://www.abs.gov.au/statistics/economy/national-accounts/australian-national-accounts-national-income-expenditure-and-product/mar-2021, 2021-02-06/2022-02-04.

作为其一大经济支柱也遭遇寒冬。截至2021年3月，国际游客仅为66,000人，锐减99.2%；国际游客花销为79万美元，仅为2020年同期的2%；国际航空运力减少92.7%，一日游人数减少8400万，旅游业总损失达800亿澳元，给该国经济恢复和民生改善蒙上严重阴影。[1]从贸易领域看，疫情下特殊的边境管控措施使商品与服务贸易遭受重大负面影响。据澳大利亚国家统计局数据，2020年，该国服务出口额下降了300亿美元（下降29%）；服务进口额下降了470亿美元（下降45%）[2]。澳大利亚的贸易全球化参与度受到疫情的严重冲击，短时间难以扭转负增长的现状。从金融领域看，澳大利亚的金融环境在疫情巨大冲击下遭遇更多波动，整体经济形势下行压力较大，银行业风险增加。截至2020年9月，澳大利亚银行业总资产达5.3万亿澳元，占整个金融行业资产总额的93%，过去10年复合增长率高达7%，但2020年受全球疫情影响，银行不良率接近1%。[3]同时，随着国家储备银行支持性政策到期，中小企业面临资金链断裂、流动性风险、收入萎缩甚至破产等危机，经济前景仍有不确定性。[4]尽管澳大利亚2020年经济遭遇挫折，但其经济基础相对较为稳定，经济状况恢复较快，在全球化进程参与中持续发力。

7.7.3 社会全球化

澳大利亚的社会全球化参与度高于趋势，参与基础低于趋势。2020年，澳大利亚的社会全球化参与度得以增长，一大动力是信息全球化的迅猛发展。信息和通信技术已经成为澳大利亚经济增长和竞争力构建的驱动因素。澳大利亚的数字经济每年贡献产值超1000亿澳元，创造了超过60万个工作岗位。信息和通信技术产业占

---

1 Tourism Australia. International Tourism Snapshot as at 31st march 2021 [EB/OL]. https://www.tourism.australia.com/content/dam/digital/corporate/images/international-tourism-snapshot-march-2021.pdf, 2021-03-31/2022-02-04.

2 International Trade. Supplementary Information，Calendar Year [EB/OL]. https://www.abs.gov.au/statistics/economy/international-trade/international-trade-supplementary-information-calendar-year/2020, 2021-06-16/2022-02-04.

3 招商银行研究院. 2020年澳大利亚信贷市场及银行业调研报告[EB/OL]. https://pdf.dfcfw.com/pdf/H3_AP202104251487629762_1.pdf?1619347032000.pdf, 2021-04-23/2022-02-04.

4 Reserve Bank of Australia. Annual Report 2020 [EB/OL]. https://www.rba.gov.au/publications/annual-reports/rba/2020/, 2021-01-23/2022-02-04.

澳大利亚 GDP 约 6.9%，是澳大利亚全球竞争力和整体经济的重要组成部分。[1] 随着互联网使用量激增，电商零售业蓬勃发展，线上经济也实现了更高水平的繁荣。澳大利亚国民银行（NAB）在线零售销售指数显示，2021 年 9 月，销售指数同比增长 31.3%，随着防疫限制政策逐步解除，这一增长速度将进一步提升。[2] 同时，澳大利亚 2020 年社会全球化参与基础低于趋势。疫情对澳大利亚社会产生的负面效应，在其社会全球化参与基础发展停滞状态中可见一斑。文化全球化和科技全球化参与基础均失去正增长趋势。世界贸易组织发布的 2020 年全球创新指数（GII）显示，澳大利亚在 131 个参评经济体中排名第 23 位，与 2019 年排名第 22 位、2018 年排名第 20 位相比 [3]，呈现小幅下降趋势，这也体现出在全球第四次信息科技革命的大浪潮中，澳大利亚的科技创新动力不足的问题。参与基础发展的消退，可能会导致近年内其社会全球化参与的疲软局面，进而深刻影响澳大利亚在后疫情时期全球化进程中的地位。

7.7.4 政治全球化

2020 年，澳大利亚的政治全球化参与度低于趋势，尤其表现在全球治理参与度的下降。疫情危机使国际秩序不确定性、不稳定性加剧，全球治理体系面临更严峻的挑战。澳大利亚洛伊研究所（Lowy Institute）称，新冠肺炎疫情表明，在一个更加横向的世界中存在进行创造性外交的机会，变革将不仅来自单一的动力源，还来自具有胜任能力的中等强国合作网络。[4] 然而作为中等强国，出于地缘政治考量，澳大利亚一贯的对外战略是紧随美国的脚步，将本国的战略利益和外交目的与西方强国捆绑在一起。澳大利亚在美国主导成立的“四边机制”（QUAD）中扮演主要角色，不仅是首批禁止华为 5G 的国家之一，而且领导成立“四边机制”技术网络（QTN）就核心技术展开多边合作，意图在全球技术供应链端围堵中国，以应对中国崛起的

---

1 Australian Trade and Investment. Australian Industry Capabilities [EB/OL]. Committee:https://www.austrade.gov.au/local-sites/china/buy-from-australia/australian-industry-capabilities/inno, 2020-03-24/2022-02-04.

2 NAB Online Retail Sales Index. September 2021 [EB/OL]. https://business.nab.com.au/nab-online-retail-sales-index-september-2021-49622/, 2021-10-28/2022-02-04.

3 WTO. Global Innovation Index 2020: Australia [EB/OL]. https://www.wipo.int/edocs/pubdocs/en/wipo_pub_gii_2020/au.pdf, 2021-03-21/2022-02-10.

4 戴维来. 疫情影响下的全球治理：碎片化与中等强国的角色[J]. 学术月刊，2021，53(04)：92-103.

国际权力结构变化和全球治理模式竞争。[1]

在2020年中美关系日益紧张的局面之下，澳大利亚的追随战略也给其自身带来极大负面影响。中国一直是澳大利亚的主要贸易伙伴，贸易额占其GDP的7%和出口总额的36%[2]。除此之外，澳大利亚的中国学生留学人数在世界上排名第2，中国游客占国际旅游支出的27%。[3]澳大利亚加入美国遏制中国的行动中，将会对自身经济、文化、社会各方面产生难以估量的影响。这对澳大利亚未来的政治全球化参与基础走向带来了一定程度的不确定性。总之，澳大利亚在中美博弈和疫情双重影响之下，政治全球化参与前景不容乐观。

7.8 大洋洲其他国家

7.8.1 总体情况

大洋洲国家在全球化参与上差异较大，经济发展程度、社会发展水平和国际政治参与均有较大差距。面对2020年以来疫情持续的负面冲击，该地区各国家应对水平参差不齐，澳大利亚和新西兰两个发达国家的全球化基本面受影响较小，但疫情对其他12个国家的经济、社会、政治各方面破坏显著，其全球化水平也明显降低。

根据图7-55，总体而言，大洋洲其他国家2020年全球化参与度和全球化参与基础均有显著下降。

1 走出去智库. 澳洲政策洞察 | 澳大利亚领导的Quad技术网络：围堵中国能否成功？[EB/OL]. http://www.cggthinktank.com/2021-06-18/100077322.html, 2021-06-18/2022-02-10.

2 刘甜. 深度分析！政治经济摩擦影响下的2020年中澳双边贸易发展全景 [EB/OL]. https://www.qianzhan.com/analyst/detail/220/210514-a6cdf087.html, 2021-05-14/2022-02-10.

3 Journal of Indo-Pacific Affairs. Australia's Role in the Quad and Its Crumbling Ties with China [EB/OL]. https://www.airuniversity.af.edu/JIPA/Display/Article/2870644/australias-role-in-the-quad-and-its-crumbling-ties-with-china/, 2021-04-21/2022-02-10.

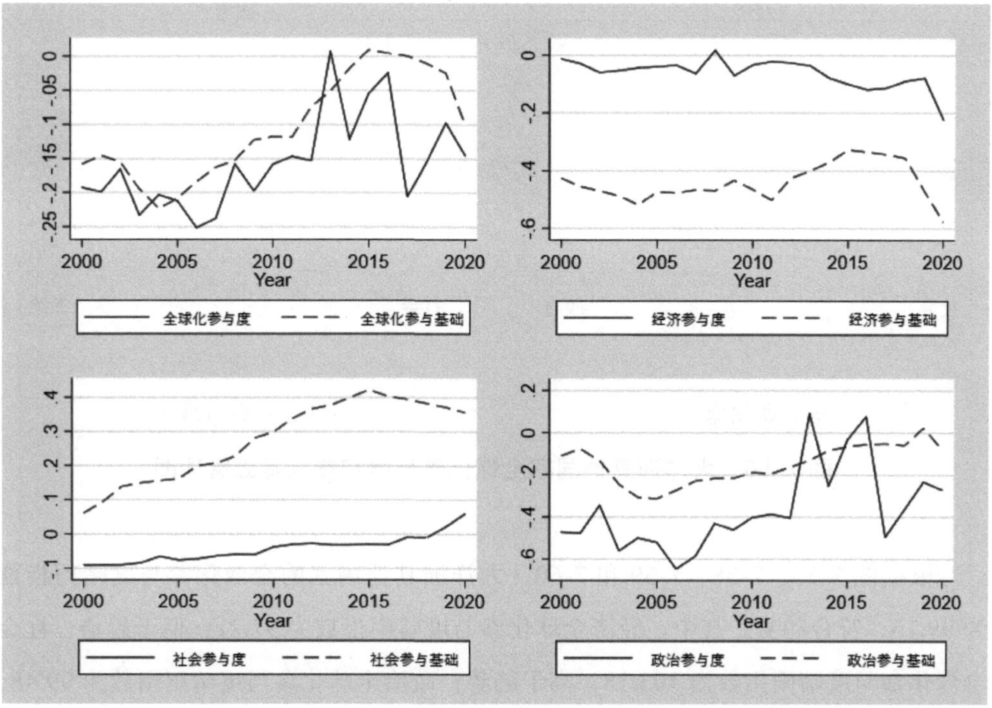

图 7-55　大洋洲其他国家全球化参与度和参与基础折线图（总指标和一级指标）

分领域看，该地区其他国家的经济全球化参与度显著下降。其中，贸易全球化参与度呈现大幅度下降，而金融全球化参与度则略有提升。这些国家经济全球化参与基础存在很大程度下滑，贸易全球化参与基础也急剧下降，金融全球化参与度小幅上升。该地区其他国家的社会全球化参与度略微提升，其中，信息全球化和科技全球化参与度增长显著，文化全球化参与基础也呈现明显回升态势，人际全球化基本维持不变。该地区其他国家的社会全球化参与基础略微下降。其中，科技全球化参与基础显著下降，人际全球化和文化全球化参与基础维持原先水平不变，信息全球化参与基础则保持了正增长趋势。这些国家在 2020 年的政治全球化参与度略微下降，这是由于其二级指标全球治理程度的轻微负增长；国际合作参与度则维持了平稳增长趋势。该地区其他国家的政治全球化参与基础则出现了小幅回落，同样由于其全球治理参与基础的显著下降，国际合作参与基础的轻微上扬趋势不足以抵消全球治理的负增长。

从图 7-56 可知，大洋洲其他国家在社会全球化参与度和参与基础维度上的表现更佳。综合来看，这些国家在全球化参与度和参与基础上的优势项为社会领域。

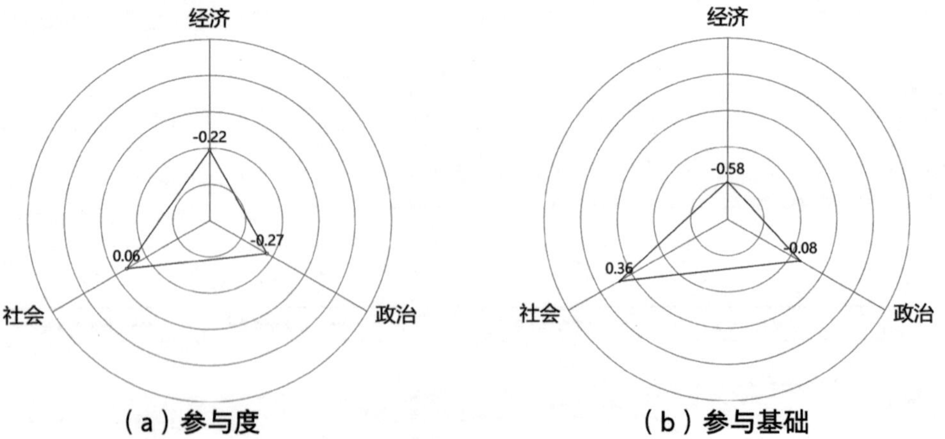

图 7-56　大洋洲其他国家全球化参与度和参与基础雷达图

根据图 7-57、7-58、7-59 和 7-60，大洋洲其他国家的全球化参与度晴雨指数为 99.15，符合趋势。其中，经济全球化参与度晴雨指数为 97.21，低于趋势；社会全球化参与度晴雨指数为 103.18，高于趋势；政治全球化参与度晴雨指数为 99.48，符合趋势。大洋洲其他国家全球化参与基础晴雨指数为 97.69，低于趋势。其中，经济全球化参与基础晴雨指数为 97.20，低于趋势；社会全球化参与基础晴雨指数为 97.67，低于趋势；政治全球化参与基础晴雨指数为 99.47，符合趋势。

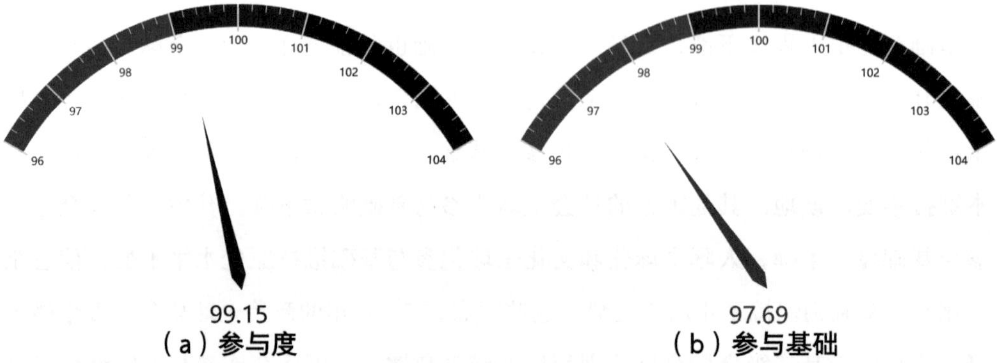

图 7-57　大洋洲其他国家全球化参与度和参与基础晴雨表

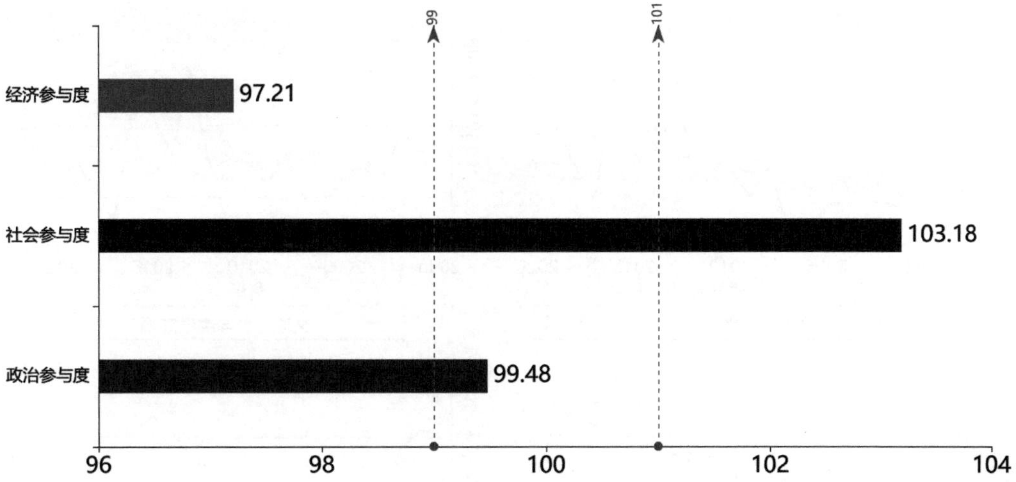

图 7-58　大洋洲其他国家全球化参与度驱动因素

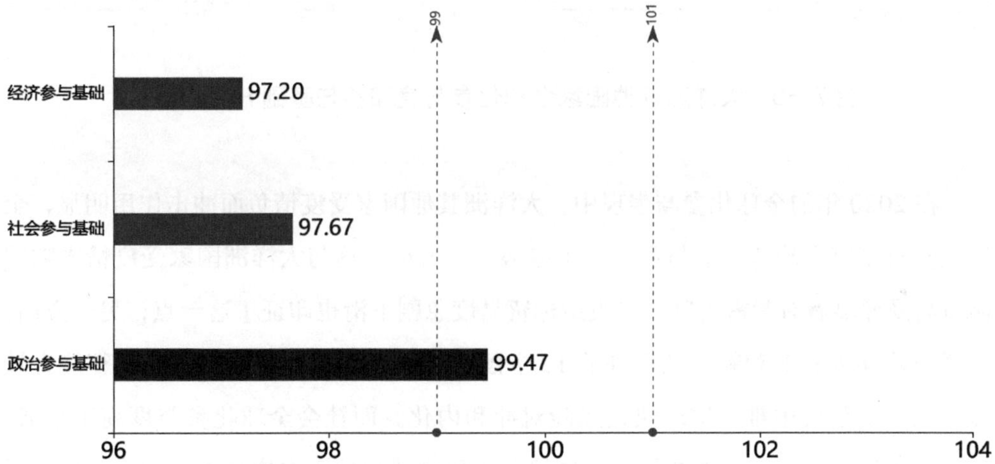

图 7-59　大洋洲其他国家全球化参与基础驱动因素

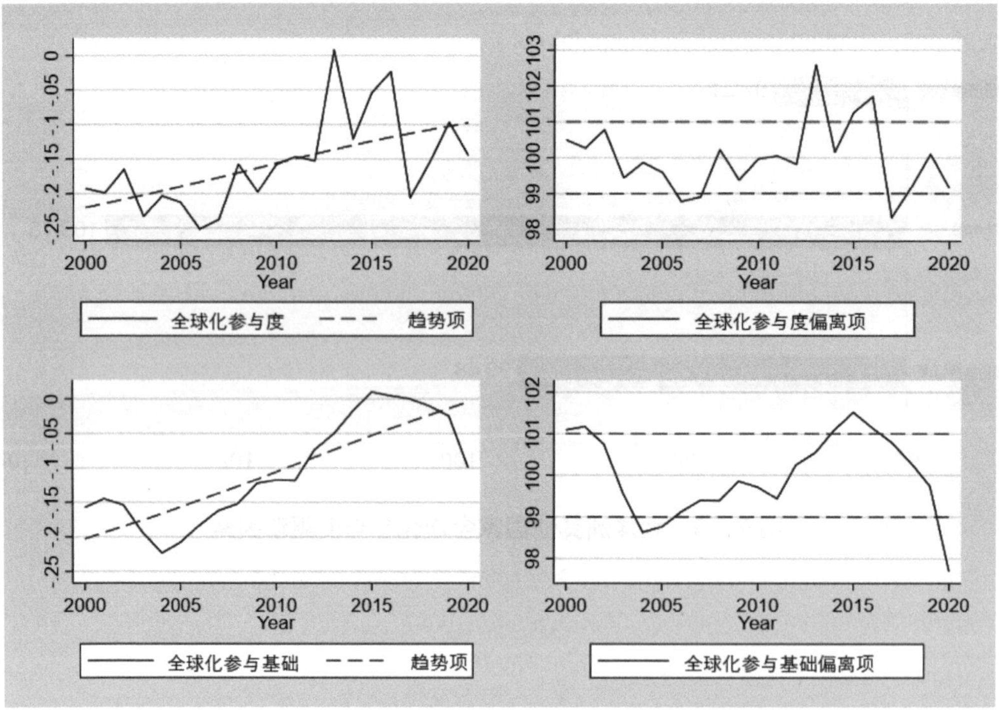

图 7-60 大洋洲其他国家全球化参与度和参与基础 HP 滤波图

在 2020 年的全球化参与表现中，大洋洲其他国家受疫情负面冲击作用明显，全球化参与度符合趋势，参与基础低于趋势。一方面，这与大洋洲国家受疫情影响国际贸易受挫显著有紧密关联，二级指标贸易度急剧下滑也印证了这一点；另一方面，大洋洲除澳大利亚和新西兰以外的 12 个国家体量相对较小，经济自我调整能力较差，在突发危机中难以实现快速风险对冲和内化。而社会全球化参与度高于趋势，发展势头较好，尤其体现在信息、科技和文化全球化的正向增长上。政治全球化受影响较小，在较好的全球化参与基础水平之上发展前景乐观。

7.8.2 经济全球化

2020 年，大洋洲其他国家经济全球化参与度和参与基础明显低于趋势。在疫情持续暴发、政策支持日趋减少和供应瓶颈仍未消退的形势下，大洋洲其他国家经济发展严重受挫，经济前景面临多重下行风险，经济全球化参与度降幅明显，贸易全球化参与度的负增长显著，导致通货膨胀风险和金融压力上升。同时，严峻的气候变化形势加剧了南太平洋大宗商品交易的价格波动，热带气旋等自然灾害使斐济、所罗门群岛等岛国的进出口贸易受到严重影响。贸易全球化在参与意愿上明显受挫，自疫情以来，新西兰商品贸易 GDP 占比持续下降，2020 年仅为 36.10%，较 2019 年下降 2.36%；商品服务出口额从 2019 年的 181.28 亿美元缩水到 118.92 亿美元。[1] 2020 年，所罗门群岛商品出口额仅为 3.66 亿美元，与 2019 年 4.61 亿美元相比，降幅达 20%。[2] 此外，疫情期间，各国实行更加严格的边境管控措施和人员流动限制，使国际游客锐减，旅游业复苏减缓，从而在一定程度上降低了依赖旅游业的国家经济恢复程度。例如，新西兰的旅游服务占商品服务出口比重从 2019 年的 58.36% 大幅下跌至 2020 年的 47.81%[3]。而旅游业的萎靡对于斐济等岛国而言打击更为严重，斐济旅游服务占商品服务出口比重从 2019 年的 63.78% 锐减至 2020 年的 44.08%。[4] 然而，在疫情之下，该区域金融全球化参与度反而实现了小幅正增长，这与各国政府积极通过金融途径进行资金避险的操作有关。新西兰央行自 2020 年 3 月以来在金融市场使用定期标售及企业公开市场操作（COMO）工具，允许银行以合格的企业及资产担保证券来借钱，以此稳定金融市场，增强投资者信心。

总之，新冠肺炎疫情对大洋洲其他国家的经济全球化参与形成了显著负面冲击，虽然随着疫情逐步得到控制，经济有望获得复苏，但恢复速度取决于各国的经济韧性和发展水平等因素。相较于本区域发达国家，大洋洲岛国的人均收入下降明显，增速缓慢。

7.8.3 社会全球化

2020 年，大洋洲其他国家社会全球化参与度显著高于趋势。该区域的社会全球化参与度是唯一显著上升的领域，其中，信息全球化进程和科技全球化进程对社会全球化整体趋势的增长具有显著拉动效应，体现出在疫情特殊情况下新的全球化发

1 World Bank. New Zealand [EB/OL]. https://data.worldbank.org.cn/indicator/TX.VAL.SERV.CD.WT?end=2020&locations=NZ&start=2017, 2021-05-14/2022-02-12.

2 World Bank. Solomon Islands [EB/OL]. https://data.worldbank.org.cn/topic/%E8%B4%B8%E6%98%93?end=2020&locations=SB&start=2017, 2021-03-01/2022-02-12.

3 World Bank. New Zealand [EB/OL]. https://data.worldbank.org.cn/indicator/TX.VAL.TRVL.ZS.WT?end=2020&locations=NZ&start=2017, 2021-03-06/2022-02-12.

4 World Bank. Fiji [EB/OL]. https://data.worldbank.org.cn/indicator/TX.VAL.TRVL.ZS.WT?end=2020&locations=FJ&start=2017, 2021-03-07/2022-02-12.

展点。对于许多新的互联网技术和线上平台而言，疫情从侧面推动了信息化发展。以新西兰为例。2020 年，新西兰的信息和通信技术（ICT）产品出口占其产品出口总量的 1%，[1] 信息流动的效率和规模呈现明显增长态势，通信技术在社会生活中占据重要位置。此外，科技全球化参与程度也出现了正增长，2020 年，新西兰高科技商品占制成品出口的 10.14%，实现了自 2017 年以来的持续稳步增长。[2] 此外，大洋洲其他国家总体而言在文化全球化方面增势显著。新西兰的商标申请总数维持在 2.4 万余个，[3] 受疫情的负面影响较小，体现出文化全球化参与对疫情强烈冲击的有效缓冲作用。总体而言，大洋洲其他国家在 2020 年的社会一体化进程中发展稳定，成为疫情冲击下全球化发展的唯一增长点，其相对稳定性和韧性主要来自信息化、科学技术和社会文化等多领域的稳健发展，积极适应后疫情时代的变化，主动创新应对危机。

7.8.4 政治全球化

2020 年，大洋洲其他国家在政治全球化参与度和参与基础方面均出现下降趋势，其中参与基础负增长程度更甚。究其原因，全球治理方面的疲软局面对其消极发展态势构成了重要影响。而促成这一趋势的，是该地区国家在维和行动参与方面的相对颓势。斐济一向参与联合国维和行动，但在疫情期间，斐济结束维和任务，将本国军队撤回。[4] 这是由于疫情防控考虑、预算开支问题、国内社会对海外军事行动态度转变等因素，斐济选择削减联合国维和部队中本国人员人数，派出维和部队规模减小，参与维和行动的积极性和动力下降。这对大洋洲其他国家在国际维和合作方面的政治参与度上有一定的消极影响。大洋洲的政治全球化参与在国际合作领域一向表现良好，基于地缘政治的考量，大洋洲各国家注重在政治、经济、防务等领域的紧密合作。澳大利亚和新西兰、斐济、萨摩亚、汤加等国家成立“南太平洋

1 World Bank. New Zealand [EB/OL]. https://data.worldbank.org.cn/indicator/TX.VAL.ICTG.ZS.UN?end=2020&locations=NZ&start=2017, 2021-03-07/2022-02-12.

2 World Bank. New Zealand [EB/OL]. https://data.worldbank.org.cn/indicator/TX.VAL.TECH.MF.ZS?end=2020&locations=NZ&start=2017, 2021-03-08/2022-02-12.

3 World Bank. New Zealand [EB/OL]. https://data.worldbank.org.cn/indicator/IP.TMK.TOTL?locations=NZ, 2021-04-02/2022-02-12.

4 UN Peacekeeping. Fijian troops conclude UNIFIL mission [EB/OL]. https://peacekeeping.un.org/en/fijian-troops-conclude-unifil-mission, 2018-12-22/2022-02-12.

论坛”，旨在加强论坛成员间在贸易、经济发展、航空、海运、电信、能源、旅游、教育等领域及其他共同关心问题上的协调和合作。近年来，该论坛加强了在政治、安全等领域的对外政策协调与区域合作。[1] 在防务上，新西兰、汤加、斐济、萨摩亚、瓦努阿图、所罗门群岛等国签有“互相援助计划”，帮助有关岛国训练军队并进行联合军事演习，体现出良好的国际合作基础与前景。总体而言，大洋洲其他国家在政治全球化参与度和参与基础上均表现出符合疫情冲击逻辑的下降趋势，而参与基础薄弱也意味着其在该领域全球化参与程度的复苏仍将面临多重困难与挑战。

1 中华人民共和国外交部. 新西兰国家概况 [EB/OL]. https://www.fmprc.gov.cn/web/gjhdq_676201/gj_676203/dyz_681240/1206_681940/1206x0_681942/, 2023-07/2023-09-12.

第八章　南亚地区全球化晴雨指数分析

8.1 印度

8.1.1 总体情况

印度在全球化进程中扮演着重要角色。尽管受新冠肺炎疫情影响，印度在全球化参与度上有所下降，但其仍然占据重要地位，且在政治、社会、经济领域的参与度上仍然保持着稳健的发展态势。

根据图 8-1，在排名上，印度的全球化参与度排名第 9 位，全球化参与基础排名第 36 位。从趋势上看，印度的全球化参与度显著下降，而全球化参与基础以较好的态势平稳增长。

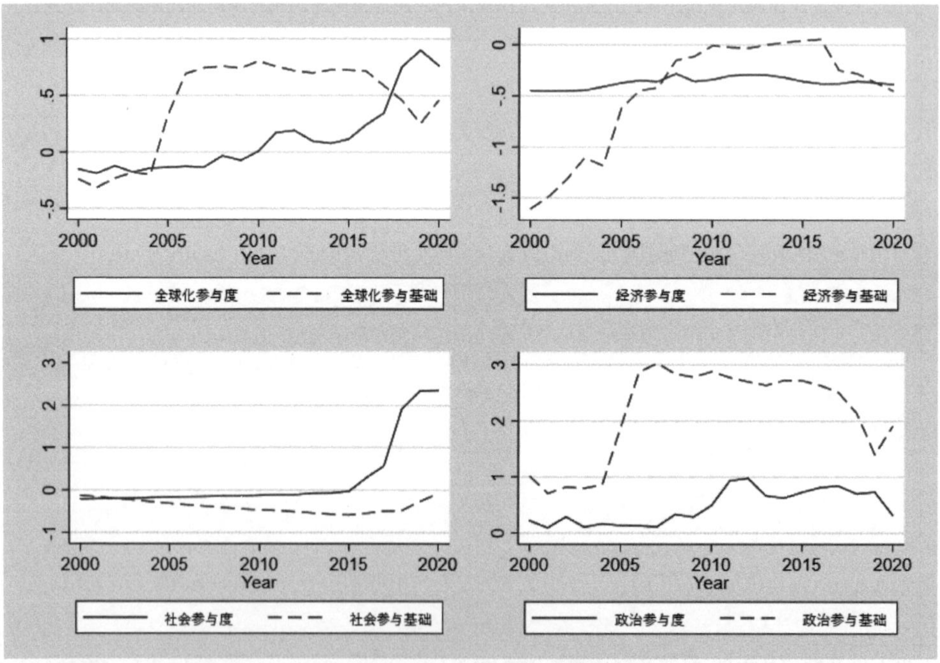

图 8-1　印度全球化参与度和参与基础折线图（总指标和一级指标）

分领域看，印度的经济全球化参与度排名第126位，经济全球化参与基础排名第106位。印度的经济全球化参与度较为平稳，一直维持在此水平，其中，贸易全球化参与度和经济全球化参与度均出现不同程度的下降，下降趋势平稳，金融全球化参与度呈小幅上升趋势；经济全球化参与基础出现下降，其中，经济全球化参与基础、贸易全球化参与基础和金融全球化参与基础均出现中等幅度下降。印度的社会全球化参与度排名第7位，社会全球化参与基础排名第97位。社会全球化参与度保持平稳，其中，信息全球化、文化全球化、人际全球化和科技全球化参与度均小幅增加。社会全球化参与基础表现出小幅增长态势，其中，信息全球化参与基础显著提升，科技全球化、人际全球化和文化全球化参与基础则基本维持不变。印度的政治全球化参与度排名第21位，政治全球化参与基础排名第1位。政治全球化参与度大幅下降，其中，全球治理参与度降幅显著，国际合作参与度自2017年以来缓慢上升。印度的政治全球化参与基础有较大提升，其中，全球治理参与基础和国际合作参与基础均有显著提升。

从图8-2可知，在参与度方面，印度在社会全球化上的表现最佳，在经济全球化上的表现最差；在参与基础方面，印度在政治全球化上的表现最佳，在经济全球化上的表现最差。印度的社会全球化参与度和政治全球化参与基础为其最大优势。

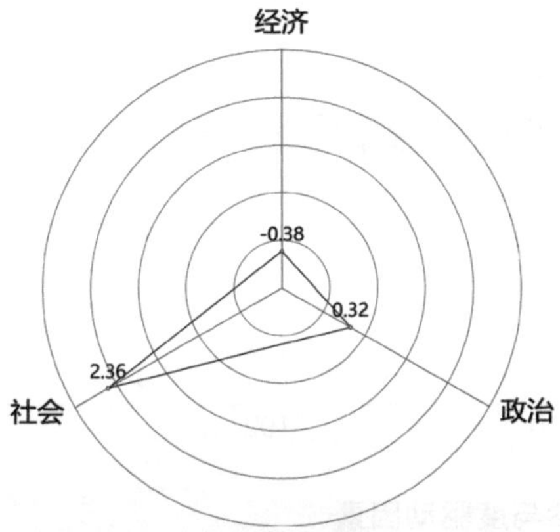

（a）参与度

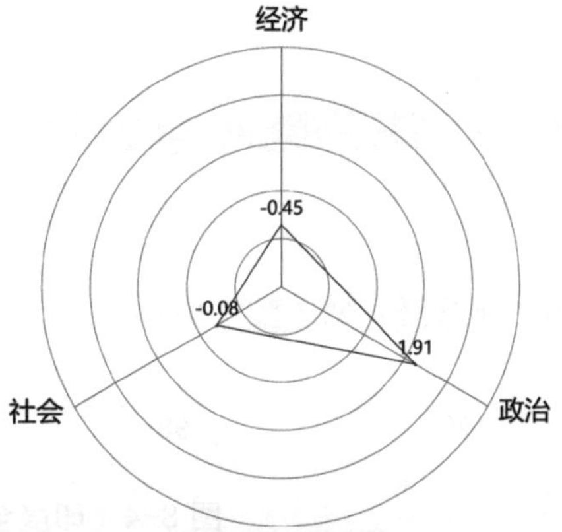

（b）参与基础

图8-2　印度全球化参与度和参与基础雷达图

根据图8-3、8-4、8-5和8-6，印度全球化参与度晴雨指数为101.02，高于趋势。其中，经济全球化参与度晴雨指数为98.81，低于趋势；社会全球化参与度晴雨指数为 101.88，高于趋势；政治全球化参与度晴雨指数为 97.67，低于趋势。印度全球化参与基础晴雨指数为 99.03，符合趋势。其中，经济全球化参与基础晴雨指数为 98.27，低于趋势；社会全球化参与基础晴雨指数为 103.18，高于趋势；政治全球化参与基础晴雨指数为 98.96，低于趋势。

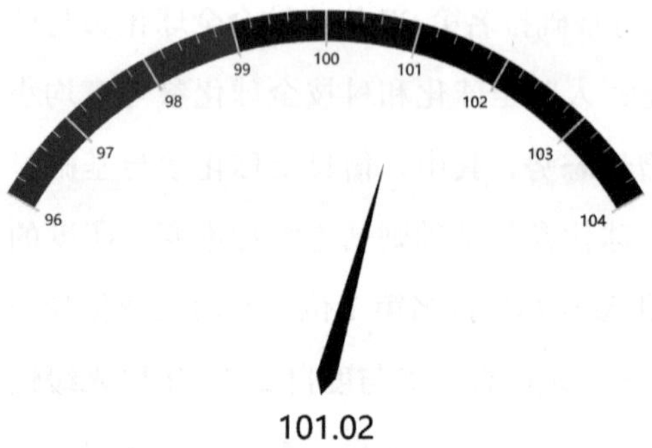

（a）参与度　　（b）参与基础

图 8-3　印度全球化参与度和参与基础晴雨表

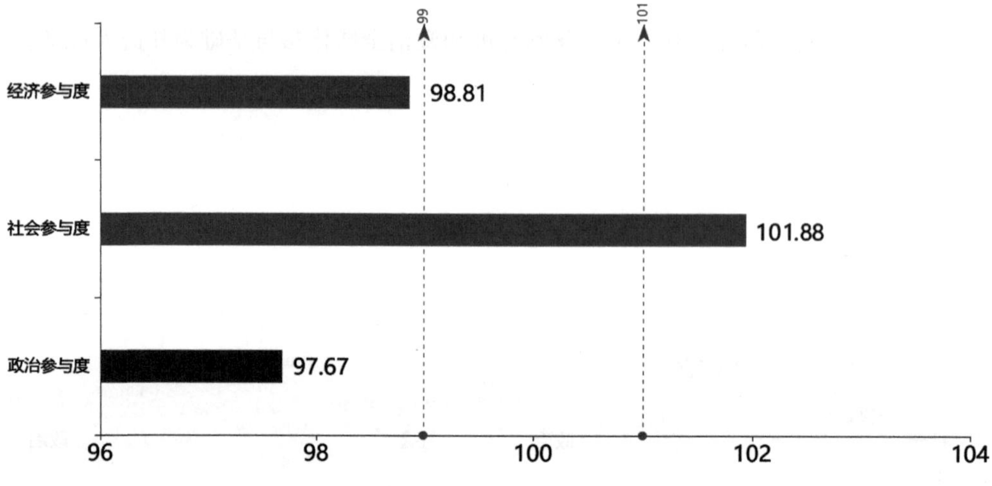

图 8-4　印度全球化参与度驱动因素

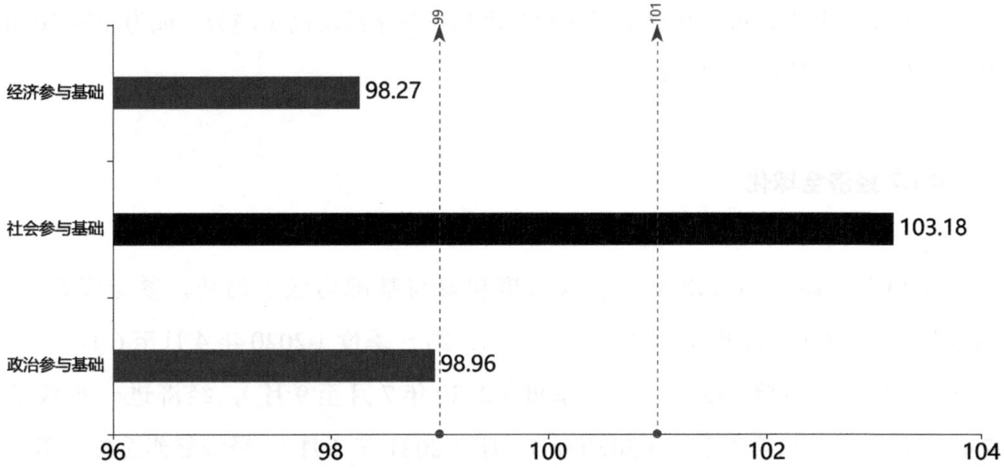

图 8-5　印度全球化参与基础驱动因素

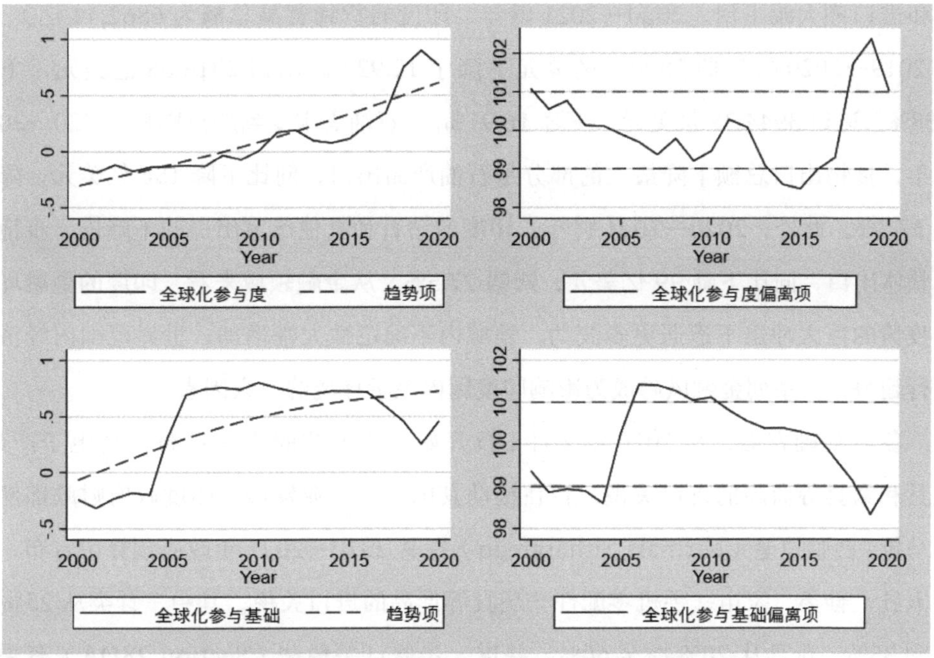

图 8-6　印度全球化参与度和参与基础 HP 滤波图

由此可见，印度在社会和政治领域的全球化参与度正展现着自己的实力，而在经济领域表现相对差一些。2020 年来自新冠肺炎疫情的强烈冲击，使印度在各个方面的全球化参与受到了消极影响，但是并不显著。其中，政治和经济全球化参与度和参与基础均低于趋势，社会全球化参与度和参与基础均高于趋势，成为印度2020年全球化表现中的逆势增长点。

8.1.2 经济全球化

2020年，印度的经济全球化参与度和参与基础均低于趋势。参与度方面，2020—2021财年，印度的GDP萎缩7.3%，第一季度（2020年4月至6月），印度的GDP大幅下降24.4%；第二季度（2020年7月至9月），经济进一步收缩7.4%；第三季度和第四季度（2020年10月至2021年3月），经济复苏乏力，GDP分别增长了0.5%和1.6%。[1]截至2020年11月27日，印度新冠肺炎确诊病例累计升至935万例。疫情的加重迫使印度不得不采取全国封锁策略，进而导致其需求和进口额大幅下滑。2020—2021财年，印度的货物贸易总额为6862.44亿美元，比2019—2020财年的7880.7亿美元下降了12.92%。出口2918.08亿美元，下降6.88%，进口3944.35亿美元，下降16.91%。[2]石油需求受到严重影响，2020—2021财年，货物出口总额下降最大的部分是石油产品出口，同比下降154亿美元，降幅达37.3%。此外，2020—2021财年，印度的钻石和其他珠宝出口的下降进一步拖累了整体出口，同比下降99亿美元，降幅27.5%。从金融领域来看，印度的金融环境在疫情的巨大冲击下遭遇更多波动，领域内不确定性大幅增加，世界范围内经济呈下行趋势，一系列金融风险成为影响印度国内金融环境的巨大因素。

参与基础方面，从2020年2月1日开始，印度政府再次宣布提高电子产品、玩具和家具等商品的进口关税，旨在推动其国内制造业发展。印度政府财政部部长尼马拉·西哈拉曼（Nirmala Sitharaman）在其2020—2021年政府预算中宣布，上调家具、鞋类、家电、手机零配件、玩具等产品的进口关税，其中，鞋类从25%提高到35%，玩具从20%提至60%，并进一步修订关税法（Section 28DA）有关反倾销及相关措施的规定，以限制进口。除了鞋类、玩具，厨房用具、风扇和小家电等进口商品的税率翻倍，达到20%，座椅、灯具和床垫等家具的税率也从20%上调

1 李燕，黄正多.新冠疫情下印度经济发展面临的挑战及应对措施[J].南亚研究季刊，2021(04): 56-78+158.

2 Department of Commerce. Department of Commerce Export Import Data Bank Country — Wise [EB/OL]. https://tradestat.commerce.gov.in/eidb/iecnt.asp, 2021-04-23/2022-02-14.

至 25%。去壳核桃的关税从 30% 提高到 100%。另外，某些汽车和智能手机零件也将面临更高的进口税。[1]

8.1.3 社会全球化

2020 年，印度的社会全球化参与度和参与基础均高于趋势，而信息全球化参与基础是其关键因素。信息全球化参与度方面以稳定的速度前进，而信息全球化参与基础在疫情期间激增。Statista 网站数据表明，2018 年，印度的互联网普及率只有 38.02%，2019 年，这个数据激增到 48.48%，2020 年为 50%。[2] 由于疫情，印度在 2020 年多次下令进行全国封锁，这给互联网普及提供了客观条件。同时，伴随着经济下行，人们生活更加窘迫，印度人民对全国封锁表现出极度不满，互联网成为人们表达情绪的捷径。根据 Statista 统计，截至 2021 年，印度网络每个用户的月平均数据消耗量达到了 13,462MB，活跃的移动互联网用户超过 5 亿。在文化、科技、人际全球化方面，无论是参与度还是参与基础都处于平和状态，疫情并未影响印度的文化传播。

8.1.4 政治全球化

2020 年，印度的政治全球化参与度和参与基础均低于趋势。其中，关键因素为全球治理的消极驱动，具体而言，又可以分为在联合国的实际建言下降以及维和行动方面的变化。从在联合国的实际建言来看，疫情的影响使联合国相当数量的会议被延期、取消，举办的会议也几乎都转为线上，这导致印度在联合国会议中发言次数减少，时长也更有限。在维和方面，截至 2020 年 12 月，印度在维和部队部署的士兵总数达到 5425 人，人数上排名第 5，然而在经费上，印度维和分摊等级被划分到 I 类（第九等级），经费比例在 2018 年只占到了 0.1474，在 2019 年的实际比例仅仅为 0.1668。由此可见，印度在全球治理方面投入比例确实不高。除此之外，印

1 海运信息. 2020年印度关税：印度大幅度上调关税[EB/OL]. https://seller.dhgate.com/industry-trends/c_46147.html, 2020-05-08/2022-02-14.

2 Statista. Internet penetration rate in India from 2007 to 2021 [EB/OL]. https://www.statista.com/statistics/792074/india-internet-penetration-rate/, 2023-02/2023-09-15.

度在疫情期间外交政策的改变也对其政治全球化参与度的下降有很大影响。2019年5月，印度大选投票结束，莫迪继续担任印度总理。莫迪持续采取强硬的措施解决印巴问题，并且在中国积极发展与印度洋和南亚各国友好合作，推动“一带一路”建设的背景下，印度未加入“一带一路”。2020年6月，印度封禁中国58款应用软件。与此同时，莫迪还宣布采取既不亲俄也不亲美的战略，保持独立的外交。总而言之，这一系列政治方向上的调整使印度在全球政治中参与度降低，其未来走向仍待观察。

8.2 南亚地区其他国家

8.2.1 总体情况

南亚其他国家在经济发达程度、社会发展水平和国际政治参与上，都低于世界平均水平，只有在政治参与基础方面位于世界平均水平之上，但是也并不稳定。新冠肺炎疫情的暴发给南亚地区带来了十分严重的负面影响，经济参与度和政治参与度均出现下降，只有社会参与度略有上升。

根据图8-7，总体而言，南亚其他国家的全球化参与度下降，全球化参与基础先经历了下降，随后略有恢复。

分领域看，经济全球化参与度略微下降，其中，贸易全球化呈现负增长态势，下降幅度较大，而金融全球化参与度则保持平稳。这些国家经济全球化参与基础也经历了大幅下降，其中，贸易基础数据呈指数趋势下降，金融基础较为平稳，受疫情影响并不大。这些国家的社会全球化参与度呈上升趋势，其中，信息全球化参与度增长显著，人际全球化、科技全球化及文化全球化参与度较为平稳，但整体仍低于全球平均水平。这些国家的社会全球化参与基础轻微下降，其中，人际全球化、科技全球化参与基础显著下降，文化全球化参与基础维持原先水平不变，信息全球化参与基础则保持低速正增长趋势。这些国家在2020年的政治全球化参与度有所下降，这与其中二级指标全球治理的显著负增长有密切关联。这些国家的政治全球化参与基础则出现了明显回升，其中，全球治理参与基础与其保持相同的增长趋势，国际合作参与基础则较为平稳。

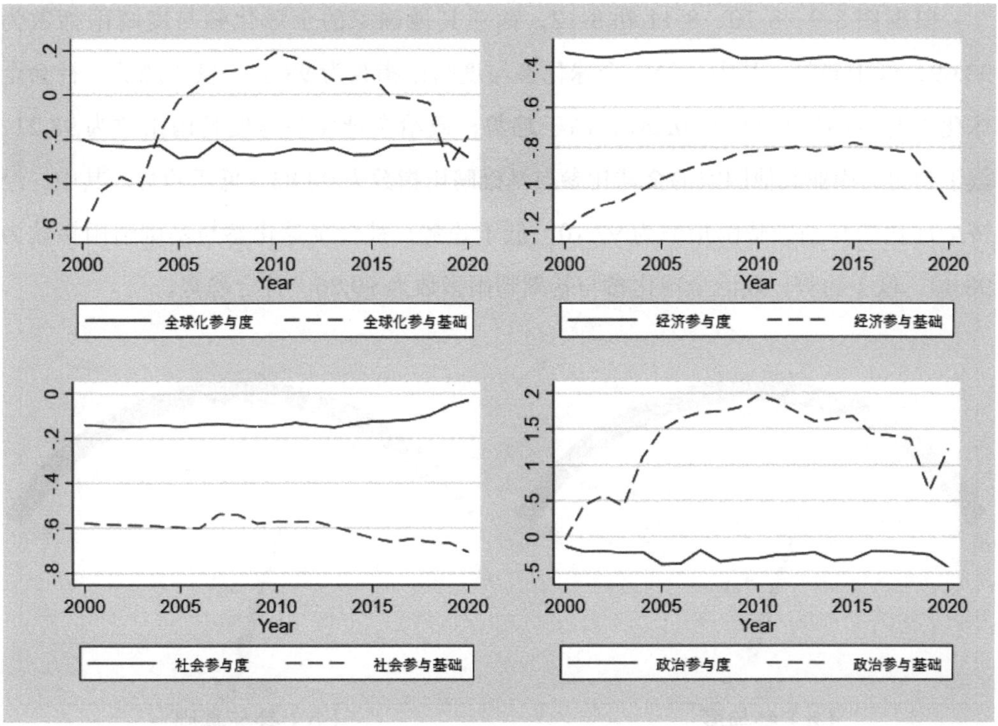

图 8-7　南亚地区其他国家全球化参与度和参与基础折线图（总指标和一级指标）

从图 8-8 中可知，参与度方面，南亚其他国家在社会维度表现最佳，其次是经济和政治维度。而在参与基础方面，南亚其他国家在政治维度表现最佳，其次是社会和经济维度。

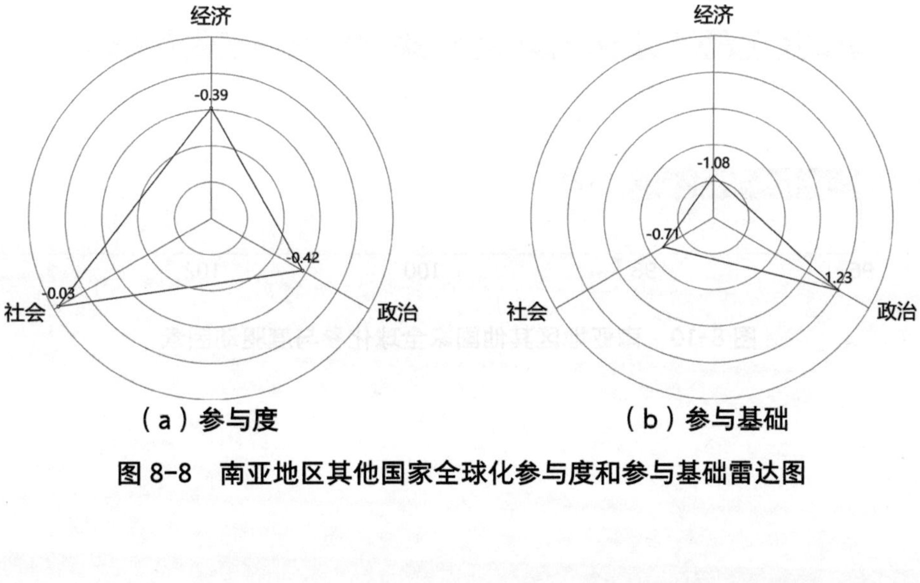

图 8-8　南亚地区其他国家全球化参与度和参与基础雷达图

根据图 8-9、8-10、8-11 和 8-12，南亚其他国家的全球化参与度晴雨指数为 98.69，低于趋势。其中，经济全球化参与度晴雨指数为 98.41，低于趋势；社会全球化参与度晴雨指数为 102.87，高于趋势；政治全球化参与度晴雨指数为 98.21，低于趋势。南亚其他国家的全球化参与基础晴雨指数为 98.82，低于趋势。其中，经济全球化参与基础晴雨指数为 97.10，低于趋势；社会全球化参与基础晴雨指数为 98.40，低于趋势；政治全球化参与基础晴雨指数为 99.26，符合趋势。

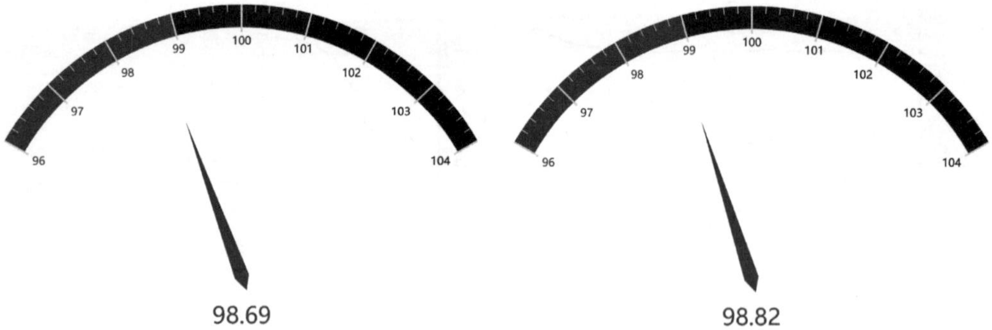

（a）参与度　　（b）参与基础

图 8-9　南亚地区其他国家全球化参与度和参与基础晴雨表

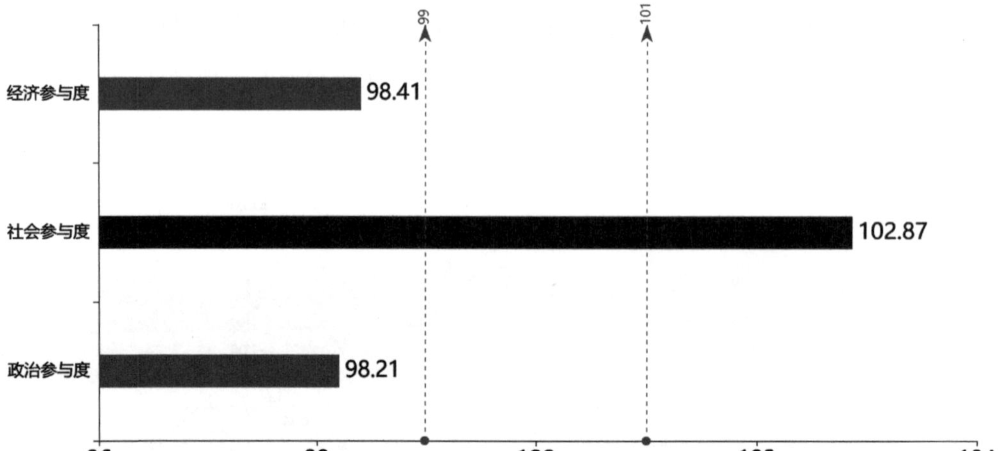

图 8-10　南亚地区其他国家全球化参与度驱动因素

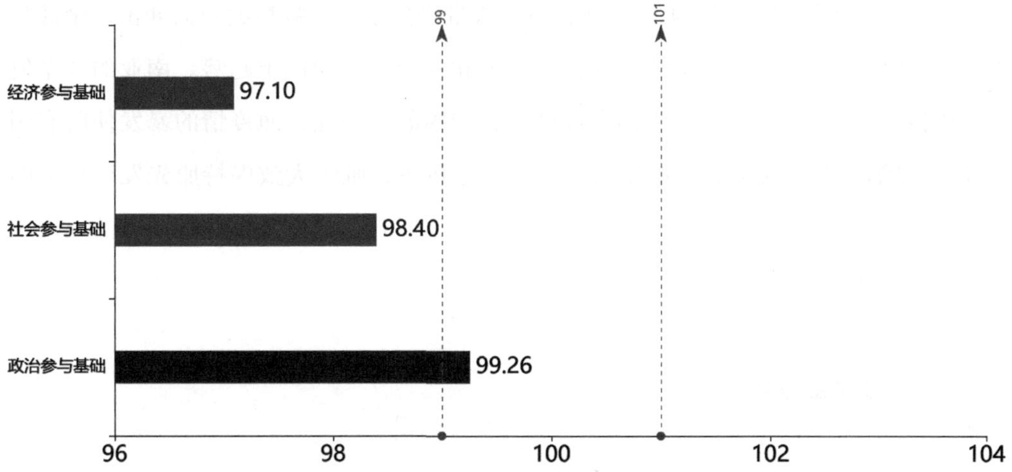

图 8-11　南亚地区其他国家全球化参与基础驱动因素

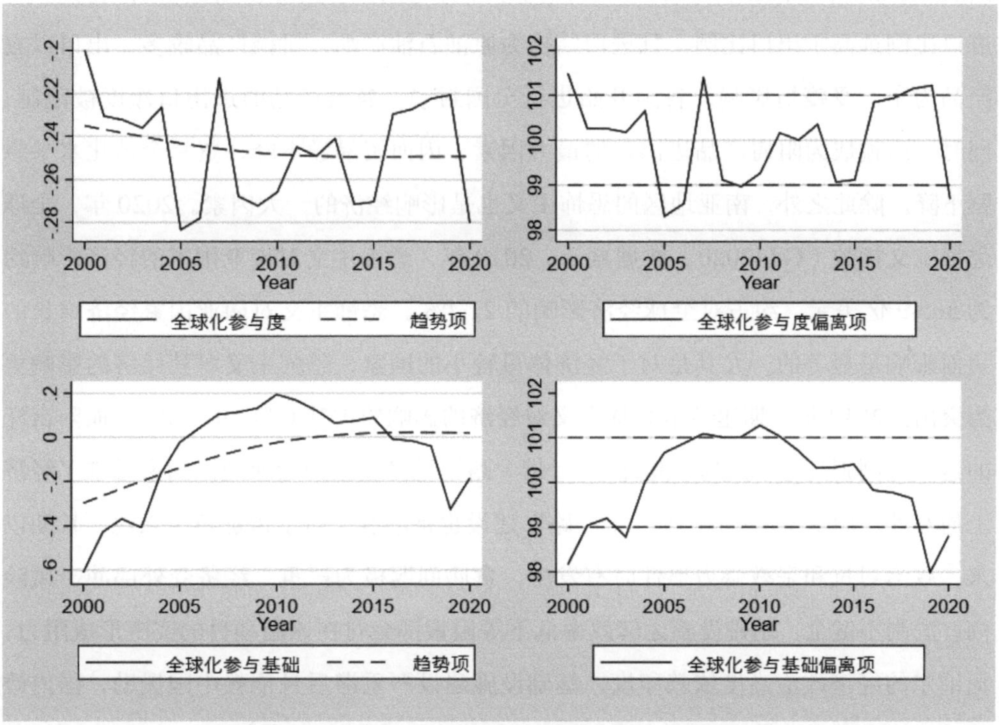

图 8-12　南亚地区其他国家全球化参与度和参与基础 HP 滤波图

南亚其他国家在2020年的全球化参与表现受到了来自疫情的负面冲击。全球化晴雨表结果显示，这些国家的全球化参与度和参与基础均低于趋势。南亚的几个发展中国家本就不发达，全球化很大程度依赖别国的主动性，而疫情的暴发使所有国家都尽量缩减对外交流。分维度看，在疫情危机下，唯一大致保持原先发展趋势的是政治全球化参与基础，在经历一个低谷后快速回升，或许是和这些国家的国内宗教、种族矛盾减少有关。

8.2.2 经济全球化

受疫情影响，南亚其他国家2020年的经济全球化参与度略微下降，波动较小。从更细维度来看，疫情对贸易全球化的影响是最大的，南亚地区贸易全球化参与度出现显著滑坡。根据中华人民共和国商务部历年报告，南亚其他国家的贸易额中，进口比例远高于出口比例，且进口结构为原油石油产品、机械产品较多，出口以农产品为主。受疫情影响，各国开始进行全国封锁，各类产品的进出口额度被限制，同时，运输成为阻碍产品进出口的最大因素，因而贸易额下降，贸易全球化水平急剧下降。除此之外，南亚地区的恐怖主义也是影响经济的一大因素。2020年，全球恐怖主义指数（GTI2020）数据显示，2019年，恐怖主义对南亚国家的经济影响约为56.49亿美元，约占对全球经济影响的21.4%[1]。恐怖主义对南亚国家经济增长的负面影响是显著的，尤其是对于经济体量较小的国家，恐怖主义对其经济的影响更为突出。2019年，斯里兰卡恐怖主义对经济的影响约占其GDP的1.0%，而阿富汗的这一比例则高达16.7%。此外，“一带一路”经济建设为南亚地区国家带来了经济上的好处，而受疫情影响，“一带一路”建设也被限制。对于孟加拉国来说，长期以来，政治对抗和宗教暴力事件时有发生，贪腐问题极为严重，经济受外部冲击风险高，法制不健全，基础设施运转效率低下等因素都会对在该国项目的实施形成阻力。尼泊尔的经济政治高度依赖印度，基础设施建设严重滞后且依赖中国援助，国内政治不稳均会在“一带一路”对尼中资项目推进上产生一定影响[2]。

1 IEP . Global Terrorism Index 2020: Measuring the Impact of Terrorism[EB/OL]. https://reliefweb.int/report/world/global-terrorism-index-2020-measuring-impact-terrorism , 2021-03-04/2021-07-08.
2 公丕萍，卢伟. 高质量推进南亚地区“一带一路”建设的思路及对策建议[J]. 北方经济，2021(10): 5.

8.2.3 社会全球化

南亚其他国家在2020年的社会全球化参与度呈上升趋势，参与基础略微呈下降趋势。整体上升趋势的最大驱动力就是信息全球化参与度。数据显示，自2017年以来，南亚其他国家的信息全球化程度增长迅猛，且截至2020年并未表现出受疫情影响的趋势。信息全球化参与基础也未受疫情影响，继续保持增长态势。究其原因，主要是疫情下各国的封锁政策反而促进了居民线上参与各项事务、娱乐等活动。一方面，线上媒体平台成为居民居家隔离期间的“必需品”，彼此通过网络来表达自己的日常心情，对各种事情进行交流评论，网络成为疫情中为生活增添乐趣的重要途径。另一方面，人们对疫情的重视使他们持续关注疫情最新信息，而官方发布信息都会通过互联网各种平台。为社会全球化参与程度的增长做出贡献的还有社会全球化参与基础。根据世界银行的数据，南亚国家2020年固定宽带用户（每100人）为1.988，与2019年的1.717[1]相比，增长了约15.8%。人际全球化、科技全球化和文化全球化参与度并未表现出增长趋势，也并没有因为疫情而有明显下降。而在全球化参与基础方面，人际全球化参与基础和科技全球化参与基础有大幅下降。受疫情影响，南亚其他国家大都进行了全国封锁。其中，孟加拉国自2020年3月26日开始全国封锁，4月14日结束第一次封锁；尼泊尔宣布自3月22日起封锁边境。这不仅使这些国家人民之间交往减少，更使不同国家之间的人际来往大大减少。此外，新冠肺炎疫情作为历史上规模最大的公共卫生事件之一，给世界带来了巨大开销，南亚其他国家的财政支出重心转移到处理疫情上，因而造成科技投入缩减，科技全球化参与基础下降。

8.2.4 政治全球化

2020年，南亚其他国家的政治全球化参与度明显下降且幅度较大，政治全球化参与基础却有上升。国际合作度还是保持原有态势继续提升，全球治理度急剧下降是政治全球化参与度下降的主要因素。在全球治理参与度上的回落，主要归结于其

---

1 World bank. Fixed broadband subscriptions (per 100 people) - South Asia [EB/OL]. https://data.worldbank.org.cn/indicator/IT.NET.BBND.P2?end=2020&locations=8S&start=2010&view=chart, 2023-02-05/2023-10-14.

在联合国会议上建言献策的实际量下降。一方面，联合国众多会议议程因疫情限制措施而缩短、简化甚至取消，这导致南亚地区的巴基斯坦、孟加拉国、尼泊尔等国在联合国可发言的次数、时长和内容规模更为有限，进而造成建言贡献度指标的下降。另一方面，这一地区的联合国建言贡献度在过去一直有涨落波动，说明2020年参与度的下降是固有波动趋势的正常周期性表现。这一涨落波动，可能与各国政局更迭、外交政策导向、国际合作积极性等有一定关联。除了全球治理参与度上的减少，地区内体系对抗也是该地区政治全球化参与度降低的一大原因。2020年，印度和巴基斯坦军事对抗的激烈程度达到了新高度。以越界交火为指标，印度称，截至10月中旬，巴方“违反停火协议”3800多次，巴基斯坦也指责印度方面“违反停火协议”2400多次。而在疫情大背景下，南亚其他国家的政治全球化参与基础反而有较好态势的提升，原因是共同反对和治理恐怖主义。阿富汗、巴基斯坦、塔吉克斯坦和俄罗斯四国领导人曾多次会晤，并承诺加强区域内贸易，打击恐怖主义和毒品贸易。连接土库曼斯坦、阿富汗、巴基斯坦和印度的天然气管道项目（TAPI）使四国之间形成了一个四边机制。早在2002年，阿富汗、巴基斯坦、伊朗就联合召开了三国合作与发展会议。此后，这三个国家主要就阿富汗重建、打击毒品走私和有组织犯罪等问题建立了不同级别官员间的定期会晤及协调机制。以上三个小型多边机制中，巴基斯坦是主要的推动者，并占有重要地位[1]。总体而言，南亚其他国家在疫情的冲击下政治全球化参与度大幅下降，而政治全球化参与基础的提升有助于疫情中和疫情后该领域的复苏，但其水平仍低于全球平均水平。

1 朱永彪，苗肖阳. 跨文化传播理论视角下的中南亚地区安全合作机制[J]. 南亚研究，2020(03)：18.

第九章　中东和北非地区全球化晴雨指数分析

9.1 沙特阿拉伯

9.1.1 总体情况

作为二十国集团成员、地区性大国、石油输出国组织重要成员国，沙特阿拉伯（以下简称沙特）有一定的全球化参与基础和动力。但沙特的全球化发展态势并不均衡，在新冠肺炎疫情影响下，这一不均衡更加凸显。

在排名上，沙特的全球化参与度排名第 34 位，全球化参与基础排名第 65 位。根据图 9-1，从趋势上看，2020 年前后，沙特的全球化参与度有小幅下降，而全球化参与基础基本不变。

分领域看，沙特的经济全球化参与度排名第 106 位，经济全球化参与基础排名第 67 位。沙特的经济全球化参与度略微下降，其中，贸易全球化参与度断崖式下降，金融全球化参与度略微上扬。经济全球化参与基础上升，其中，金融全球化参与基础基本不变，贸易全球化参与基础有所上升。沙特的社会全球化参与度排名第 11 位，社会全球化参与基础排名第 48 位。社会全球化参与度略有提升，其中，信息全球化参与度增长幅度较大，文化全球化、人际全球化和科技全球化参与度则基本持平。社会全球化参与基础表现出零增长态势，其中，信息全球化参与基础有所提升，科技全球化参与基础显著下降，人际全球化和文化全球化参与基础则基本保持不变。沙特的政治全球化参与度排名第 78 位，政治全球化参与基础排名第 87 位。政治全球化参与度大幅下降，其中，全球治理参与度出现断崖式下滑，国际合作参与度则保持上升趋势。沙特的政治全球化参与基础基本维持不变，其中，全球治理参与基础与国际合作参与基础均基本保持不变。

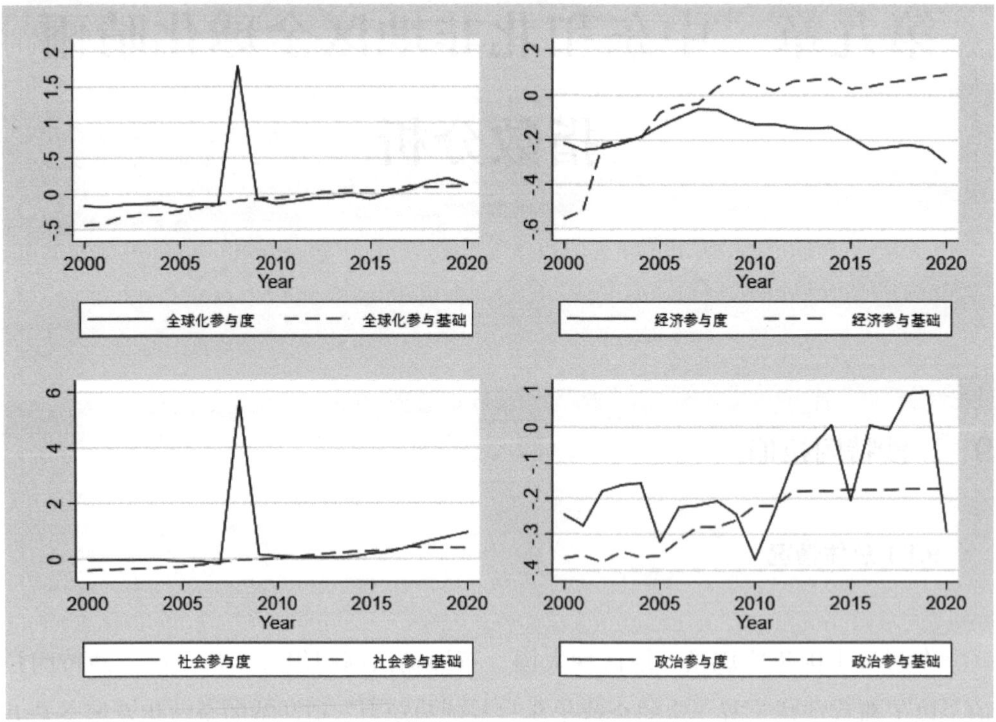

图 9-1　沙特全球化参与度和参与基础折线图（总指标和一级指标）

从图 9-2 可知，在参与度方面，沙特在社会维度表现最佳，其次是政治和经济维度。在参与基础方面，沙特在社会维度表现最佳，其次是经济和政治维度。

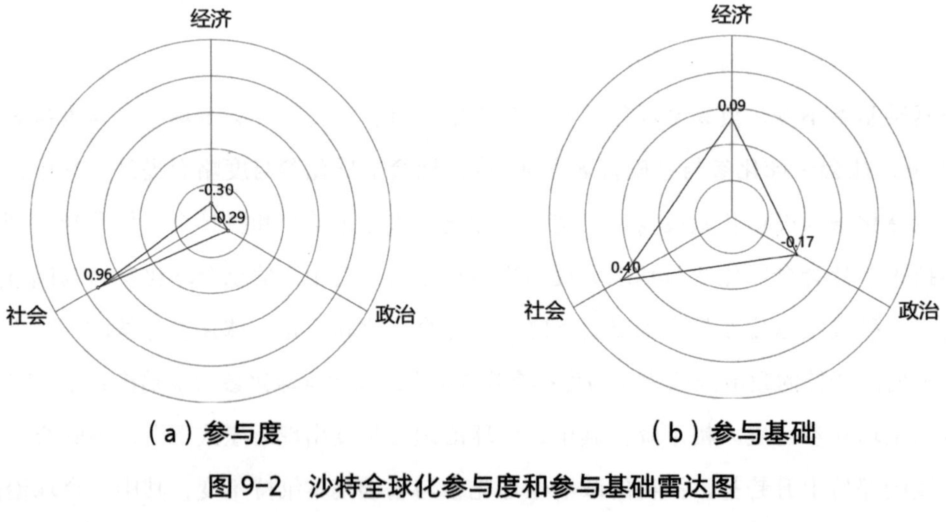

图 9-2　沙特全球化参与度和参与基础雷达图

根据图 9-3、9-4、9-5 和 9-6，沙特的全球化参与度晴雨指数为 99.98，符合趋势。其中，经济全球化参与度晴雨指数为 98.47，低于趋势；社会全球化参与度晴雨指数为 100.26，符合趋势；政治全球化参与度晴雨指数为 97.59，低于趋势。沙特的全球化参与基础晴雨指数为 98.19，低于趋势。其中，经济全球化参与基础晴雨指数为 99.29，符合趋势；社会全球化参与基础晴雨指数为 97.94，低于趋势；政治全球化参与基础晴雨指数为 98.45，低于趋势。

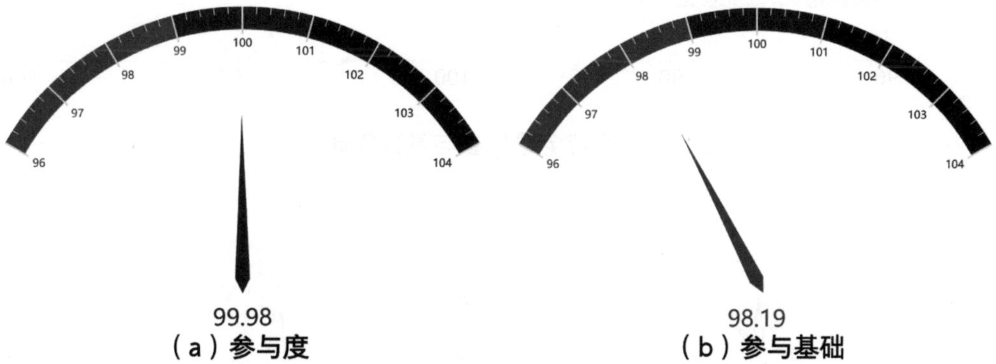

图 9-3　沙特全球化参与度和参与基础晴雨表

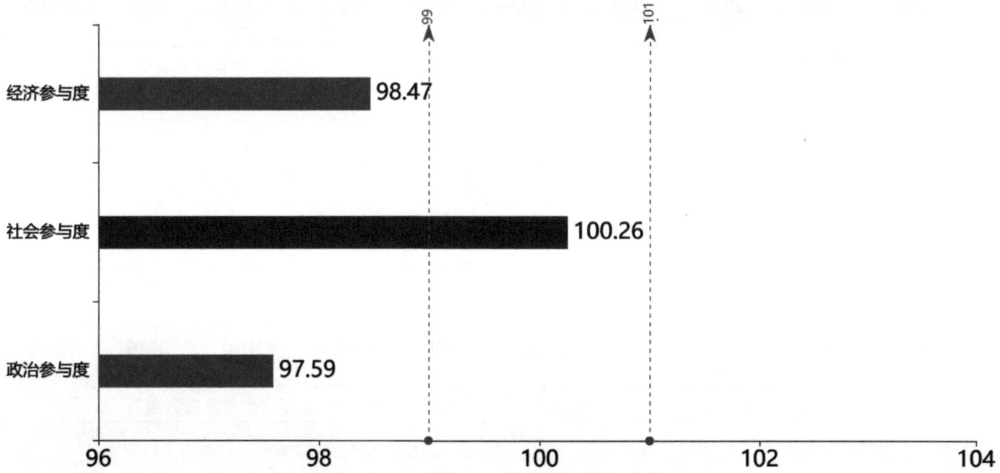

图 9-4　沙特全球化参与度驱动因素

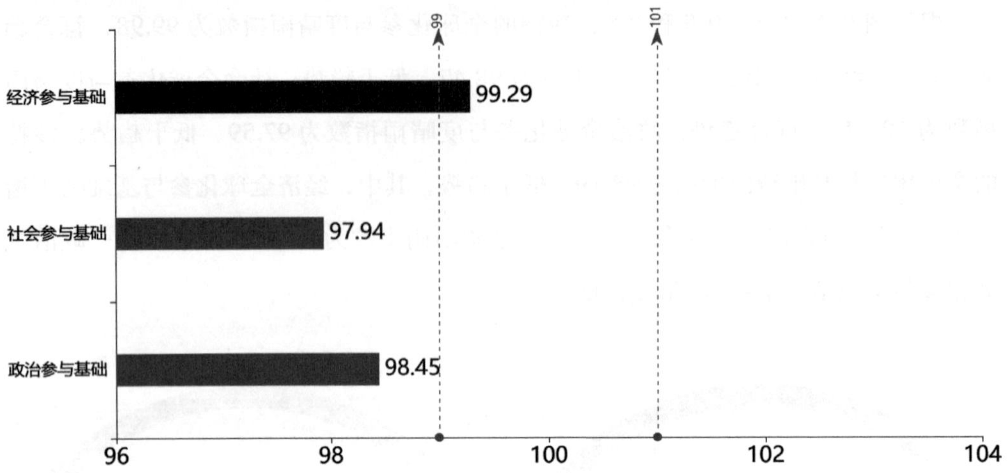

图 9-5 沙特全球化参与基础驱动因素

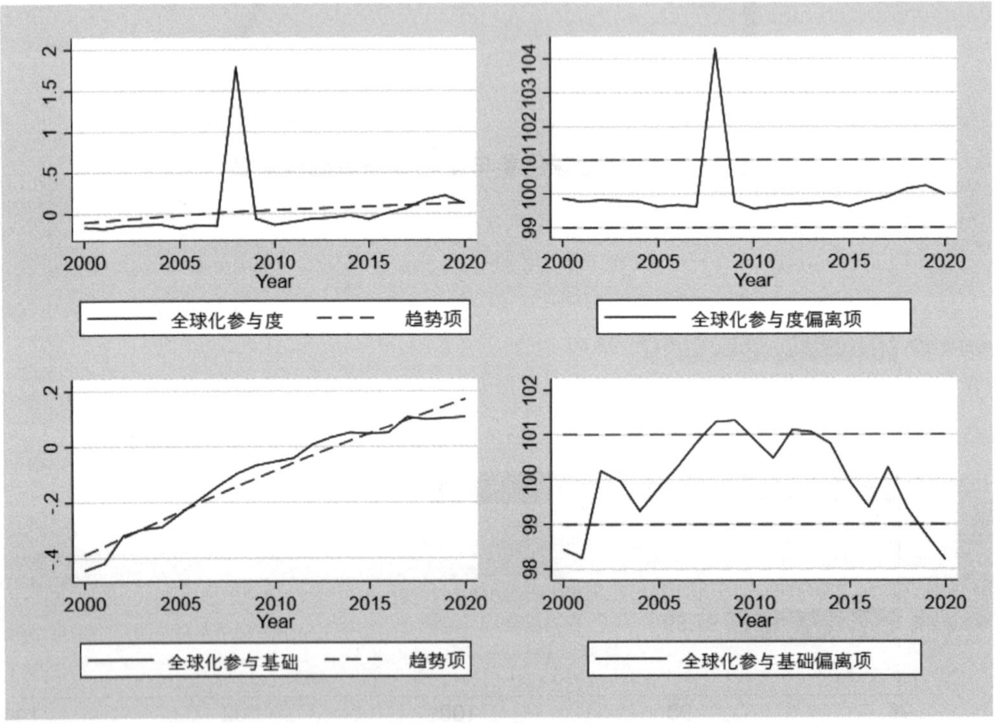

图 9-6 沙特全球化参与度和参与基础 HP 滤波图

由此可见，沙特在全球化参与度上表现较好，尤其体现在社会全球化参与度排名上。沙特全球化参与度在疫情冲击下仍然保持趋势，但其政治全球化与经济全球化受到了明显消极影响。

9.1.2 经济全球化

2020 年，沙特的经济全球化受到了疫情的巨大冲击而有所下降。从贸易领域上看，疫情导致的石油收入减少与旅游业受挫影响了沙特的贸易全球化。一方面，在疫情影响下，全球能源需求下降、国际油价下跌。国际能源署（IEA）的月度石油市场报告指出，2020 年，全球石油日需求量下降 880 万桶[1]。这直接导致了沙特石油出口量大幅减少。2020 年第二季度，沙特的石油出口下降了 61.8%，货物和服务出口总额同比下降了 55.8%，货物和服务进口总额同比下降 24.2%[2]。另一方面，由于疫情而采取的国际航班停运、边境封锁等措施大大打击了沙特的旅游业。沙特境内有麦加和麦地那两大伊斯兰教圣地，每年都有许多来自各国的穆斯林前去朝觐（宗教旅游）。然而由于疫情，这一占非油经济 20% 的活动不得不停止，与旅游业配套的各类服务提供者，如餐厅、酒店，也陷入了停工状态[3]。在金融领域，沙特的金融全球化抵抗住了疫情冲击。实际上，沙特在金融全球化方面一直有较强的动力。2016 年，沙特在“2030 愿景”框架下启动经济改革，目标包括发展私人经济、吸引外国投资等，也向海外金融市场投入了巨资。不过实际结果却与目标相差较大，2017—2019 年，沙特实际吸引的外国直接投资（FDI）未到其原定目标 100 亿美元的 50%[4]。尽管如此，沙特并未停止这方面的尝试。在沙特的努力下，沙特证券交易所（Tadawul）已成为全球十大证券交易市场之一[5]。疫情背景下，沙特从外汇储

1 IEA. Oil Market Report - January 2021 [EB/OL]. https://www.iea.org/reports/oil-market-report-january-2021, 2021-01/2022-01-30.

2 General Authority for Statistics. Gross Domestic Product Second Quarter 2020 [EB/OL]. https://stats.gov.sa/en/823, 2020-10-23/2022-01-30.

3 唐恬波. 2020年：阿拉伯世界的困境与破局[J]. 和平与发展，2021(01)：114-129+135.

4 Abeer Abu Omar. Saudi Chase of $10 Billion FDI Goal Faltered Before Virus [EB/OL]. https://www.bloomberg.com/news/articles/2020-06-18/saudi-chase-of-10-billion-investment-goalfaltered-before-virus+&cd=2&hl=en&ct=clnk&gl=us., 2020-06-18/2022-01-30.

5 Asharq Al-Awsat. Tadawul Ranks Among Top 10 Largest Global Exchanges [EB/OL]. https://english.aawsat.com/home/article/2364676/tadawul-ranks-among-top-10-largest-global-exchanges, 2023-10-08/2023-11-09.

备中提取了1100亿至1200亿里亚尔注入银行业，以稳定金融市场[1]。最终，沙特的金融全球化参与度和参与基础在2019年基础上保持稳定。

9.1.3 社会全球化

2020年，沙特的社会全球化相比2019年有所上升，其中，信息全球化与人际全球化的上升是重要动因。2020年，沙特的信息全球化有所上升，这是由多方面原因决定的。首先，这一指标以互联网带宽与普及率为测度，而沙特在互联网方面有良好的基础。截至2021年1月，沙特的互联网覆盖率达95.7%[2]，在西亚、北非地区国家中居首位，而其5G网络手机下载速度排名世界第1[3]。其次，在疫情肆虐的情况下，民众对网络的使用明显增多。2020—2021年间，沙特的网民数量增加了4.2%（约130万人），社交媒体用户增加了8%（约210万人）[4]。同时，沙特政府在大力推进数字化转型、数字经济、数字教育，这或许也是对互联网广泛深度使用的一个促进因素。2020年11月，沙特在二十国集团领导人峰会上发表的《二十国集团领导人利雅得峰会宣言》强调了互联互通、数字技术和数字政策在应对疫情和促进经济持续发展方面具有的关键作用[5]。沙特也的确在此领域有所行动。在数字经济方面，疫情使沙特实体经济趋于停滞，但也加速了沙特数字经济发展进程，推动了数字经济政策和数据与人工智能战略的实施[6]。数字教育方面，沙特把2021年教育领域的目标设定为"向数字教育转型"。在这几方面因素的作用下，沙特信息全球化在2020年有所上升。

沙特人际全球化则基本与2019年持平。究其原因，疫情导致了国际航线停飞、边境封锁，沙特旅游业因而受挫。不过沙特有大量的外籍劳工，这成为其人际全球

---

1 Tuqa Khalid. Saudi Arabia May Borrow Extra $ 26.6 Bln amid Low Oil Prices, Coronavirus Crisis [EB/OL]. https://english.alarabiya.net/en/coronavirus/2020/04/22/Coronavirus-Saudi-health-min-gets-12-5-bln-6-1-bln-set-up-for-private-sector-dues.html, 2020-04-22/2022-01-30.

2 Simon Kemp. Digital 2021: Saudi Arabia [EB/OL]. https://datareportal.com/reports/digital-2021-saudi-arabia, 2022-01-09/2022-01-30.

3 Ian Fogg. Benchmarking the global 5G user experience - October update [EB/OL]. https://www.opensignal.com/2020/10/13/benchmarking-the-global-5g-user-experience-october-update, 2020-10-13/2022-01-30.

4 同注释2。

5 新华社. 二十国集团领导人利雅得峰会宣言[EB/OL]. http://www.xinhuanet.com/2020-11/23/c_1126772662.htm, 2020-11-23/2022-01-30.

6 潘潇寒. 新冠肺炎疫情下沙特经济社会转型的挑战及其应对[J]. 阿拉伯世界研究，2021(03): 133-156+160.

化的一个缓冲因素。据统计，2017 年，沙特有 1100 万名来自 100 余个国家的外籍劳工[1]，而其总人口数为 3000 余万，外籍劳工占了很大的比例。沙特的人际全球化未因国际旅游减少而大幅下降，与沙特大量的外籍劳工有所关联。

9.1.4 政治全球化

2020 年，沙特的政治全球化总体比 2019 年有所下降。2020 年，沙特在国际合作中发挥了地区性大国的作用，但受疫情影响，它在联合国的建言献策度下降。沙特在 2020 年成为 G20 轮值主席国，并呼吁二十国集团成员加强合作、共同应对全球疫情并助力经济复苏。在沙特推动与各国合作下，二十国集团成员共同注资超 11 万亿美元支持全球经济，捐款 210 亿美元来弥补卫生资金缺口[2]。同时，在地区层面上，沙特也积极推动缓和地区紧张局势。在也门问题上，自 2020 年 4 月 9 日起为时两周的停火后，以沙特为首的多国联军宣布延长一个月的单方面停火[3]。沙特还向联合国也门人道主义应急计划捐款 5 亿美元，并拨付 2500 万美元帮助也门进行疫情防控[4]。然而，沙特 2020 年全球治理指标显著下滑。受疫情影响，联合国大会等重要国际会议大量取消或转为线上进行，这导致沙特在国际会议上建言献策的机会大大减少。因此，2020 年沙特的政治全球化从整体上呈现出下降的特征。

1 Mohammed Rasooldeen. Saudi Arabia has 11 million foreign workers from more than 100 countries[EB/OL]. https://www.arabnews.com/node/1201861/saudi-arabia, 2017-12-01/2022-01-30.

2 潘潇寒. 新冠肺炎疫情下沙特经济社会转型的挑战及其应对[J]. 阿拉伯世界研究，2021(03)：133-156+160.

3 Reuters. Saudi-led coalition announces one-month extension of Yemen ceasefire [EB/OL]. https://www.reuters.com/article/us-yemen-security-saudi/saudi-led-coalition-announces-one-month-extension-of-yemen-ceasefire-idUSKCN2261GS?feedType=RSS&feedName=newsOne, 2020-04-24/2022-01-30.

4 Saudi Embassy. Saudi Arabia Donates an Additional USD $500 Million to Yemen Humanitarian Response Plan [EB/OL]. https://www.saudiembassy.net/news/saudi-arabia-donates-additional-usd-500-million-yemen-humanitarian-response-plan, 2019-02-26/2022-01-30.

9.2 埃及

9.2.1 总体情况

埃及是中东、北非地区重要的地区性大国，是中东人口最多的国家及非洲人口第二大国。埃及的全球化发展水平并不均衡。疫情冲击下，其政治与社会领域全球化参与展现出一定的韧性，实现增长，但经济领域的全球化受影响较大，未能保持先前缓慢增长态势且有所下滑。

在排名上，埃及全球化参与度排名第 75 位，全球化参与基础排名第 26 位。根据图 9-7，从趋势上看，埃及的全球化参与度保持平稳，而全球化参与基础有所上升。

分领域看，埃及的经济全球化参与度排名第 136 位，经济全球化参与基础排名第 58 位。埃及的经济全球化参与度大幅下降，其中，贸易全球化参与度显著下降，金融全球化参与度小幅下降。经济全球化参与基础有所下降，其中，金融全球化参与基础基本不变，贸易全球化参与基础有较大幅度下滑。埃及的社会全球化参与度排名第 47 位，社会全球化参与基础排名第 91 位。社会全球化参与度有所上升，其中，信息全球化大幅攀升，是社会全球化最强劲的拉动因素，人际全球化表现为零增长，文化全球化和科技全球化参与度出现小幅下降。社会全球化参与基础小幅上升，其中，信息全球化参与基础增长迅猛，科技全球化和人际全球化参与基础小幅下降，文化全球化参与基础则基本维持不变。埃及的政治全球化参与度排名第 48 位，政治全球化参与基础排名第 6 位。政治全球化参与度与二级指标全球治理参与度、国际合作参与度均与 2019 年度基本持平。埃及的政治全球化参与基础相比之前有明显回升，其中，全球治理参与基础大幅上升，国际合作参与基础则有微小抬升。

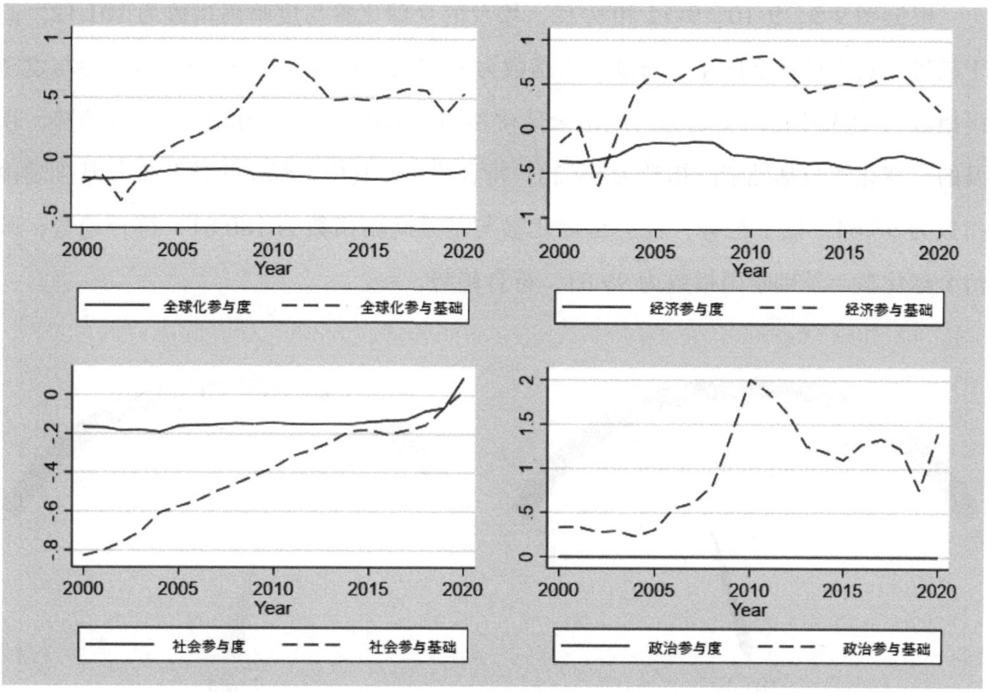

图 9-7　埃及全球化参与度和参与基础折线图（总指标和一级指标）[1]

从图 9-8 可知，在参与度方面，埃及在社会维度表现最佳，其次是政治和经济维度。在参与基础方面，埃及在政治维度表现最佳，其次是经济和社会维度。

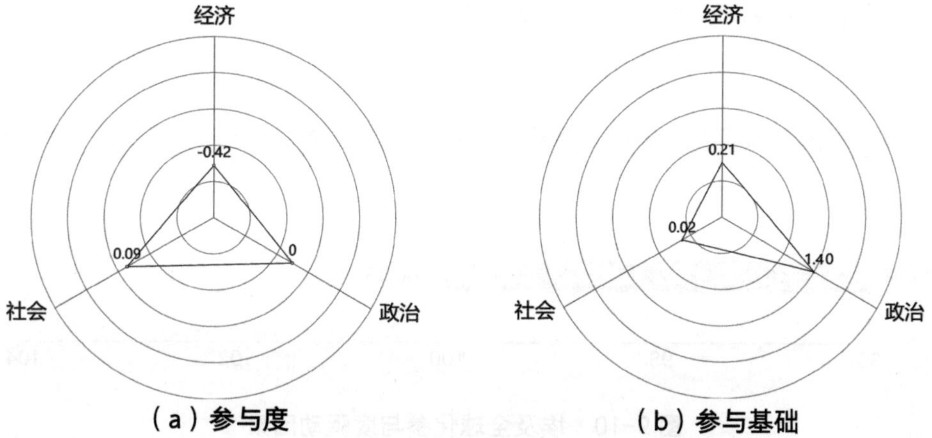

（a）参与度　（b）参与基础

图 9-8　埃及全球化参与度和参与基础雷达图

1 由于数据缺失，经补值后埃及政治参与度为0。

根据图 9-9、9-10、9-11 和 9-12，埃及的全球化参与度晴雨指数为 101.12，高于趋势。其中经济全球化参与度晴雨指数为 99.44，符合趋势；社会全球化参与度晴雨指数为 103.77，高于趋势；政治全球化参与度晴雨指数为 100.15，符合趋势。埃及的全球化参与基础晴雨指数为 99.23，符合趋势。其中，经济全球化参与基础晴雨指数为 98.64，低于趋势；社会全球化参与基础晴雨指数为 100.81，符合趋势；政治全球化参与基础晴雨指数为 99.81，符合趋势。

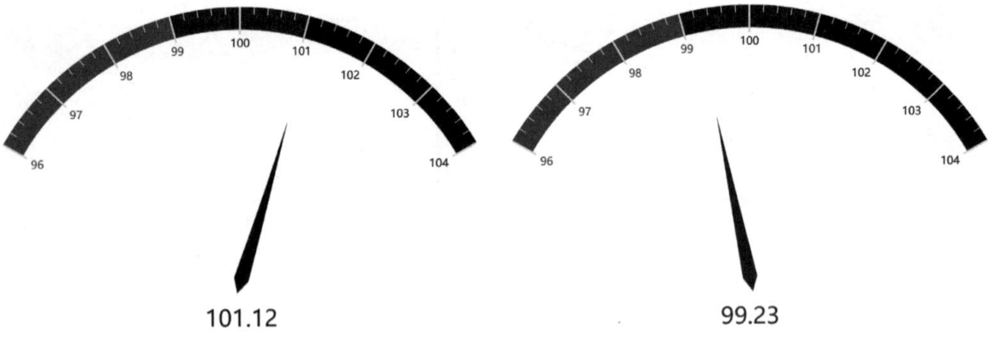

图 9-9　埃及全球化参与度和参与基础晴雨表

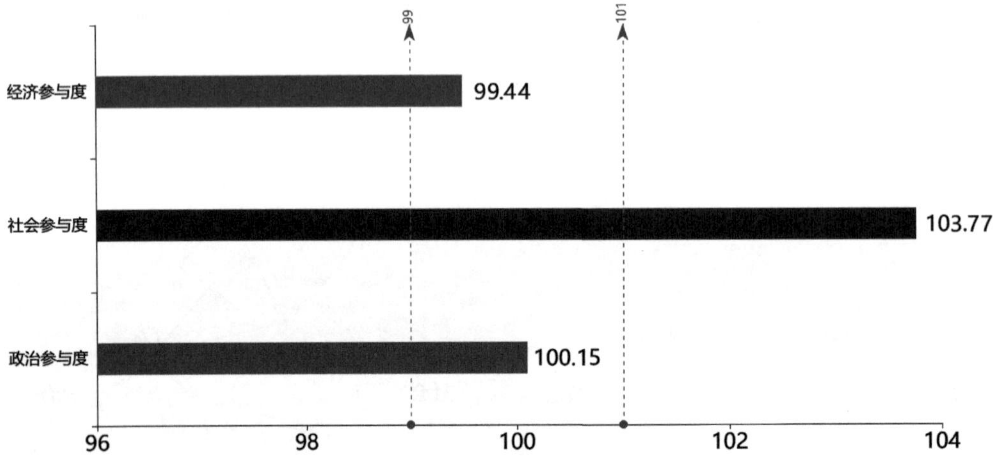

图 9-10　埃及全球化参与度驱动因素

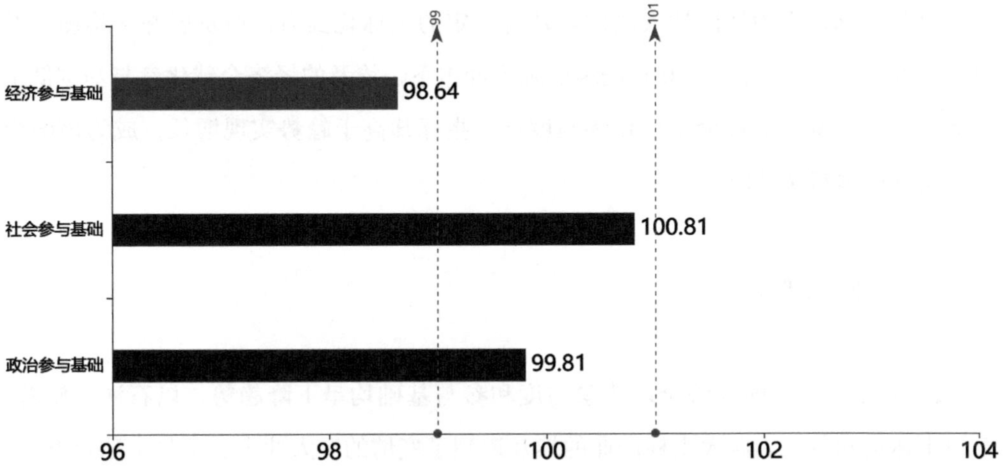

图 9-11　埃及全球化参与基础驱动因素

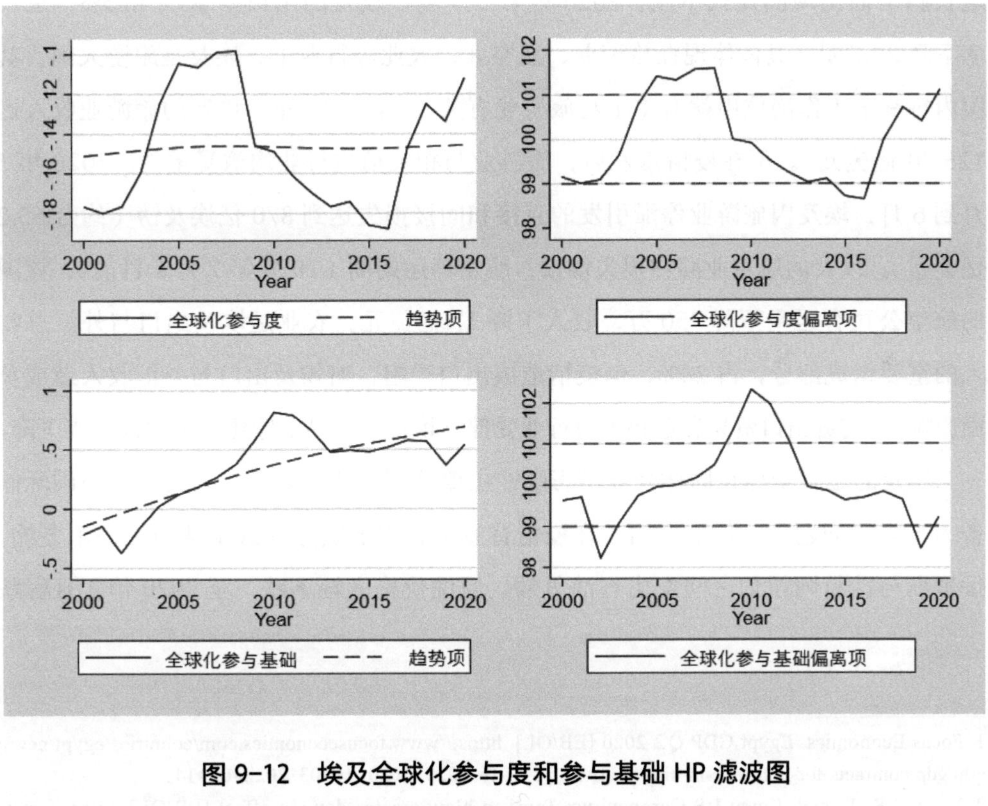

图 9-12　埃及全球化参与度和参与基础 HP 滤波图

由此可见，作为地区性大国的埃及有一定的全球化实力，但发展并不均衡，尤以经济方面为弱点。在2020年疫情的强烈冲击下，埃及的经济全球化参与基础低于趋势，有所下降，而社会全球化参与度这一指标却高于趋势实现增长，成为该国全球化发展的强势拉动因素。

9.2.2 经济全球化

2020年，埃及的经济全球化参与度和参与基础均呈下降趋势。以石油、旅游、苏伊士运河和侨汇为四大支柱产业的埃及遭到了疫情的巨大冲击。贸易全球化方面，埃及的进出口贸易萎缩明显。2016年以来，埃及贸易全球化参与度不断攀升，这要归功于埃及塞西政府2016年开始推行的经济改革，但2020年该指标却未能维持增长趋势而出现断崖式下跌。2020年第二季度，埃及的出口率暴跌48.5%，进口率下降24.7%[1]，具体体现在旅游业、航空业、农业等行业上。埃及是旅游大国，其国内每9个工作岗位中就有1个与旅游业有关[2]，至2019年，埃及的旅游业收入达125.70亿美元[3]。但在疫情暴发后，旅游业与相关衍生行业均遭受重创。2020年3月到6月，埃及因旅游业停滞引发的直接和间接损失达到870亿埃及镑（约合65.2亿美元）。埃及的航空业同样损失惨重，航空停运期间（2020年7月1日前），该国的航空公司客运量下降950万，收入下降17亿美元。农业是埃及出口与外汇总收入的重要组成部分，占20%，但疫情造成出口受阻，对埃及出口与外汇收入造成负面影响[4]。与进出口贸易息息相关的行业受挫，埃及的贸易全球化水平因此大幅下降。

埃及的金融全球化同样受疫情影响，主要体现在侨汇减少、外资外流与国际储备力下降等问题上。侨汇方面，在疫情背景下，工业衰退导致全球原油需求萎缩，俄罗斯与沙特阿拉伯之间发生石油争端，原油价格大幅下跌，至2020年3月底跌

1 Focus Economics. Egypt GDP Q2 2020 [EB/OL]. https://www.focuseconomics.com/countries/egypt/news/gdp/gdp-contracts-for-first-time-in-nine-years-in-q4-of-fy-2020, 2020-10-03/2022-02-14.

2 Mourad R. Kamel. Egypt VS Coronavirus: Tourism blow creates domino effect [EB/OL]. https://www.theafricareport.com/34241/egypt-vs-coronavirus-tourismblow-creates-domino-effect/, 2020-07-21/2022-02-14.

3 Egypt Today. Egypt's tourism revenues rise to $ 12.6B in 2019 [EB/OL]. https://www.egypttoday.com/Article/6/75420/Egypt-s-tourism-revenues-rise-to-12-6B-in-2019, 2019-10-02/2022-02-14.

4 李彩玲，王泰. 新冠肺炎疫情对埃及的冲击及政府的治理与应对[J]. 阿拉伯世界研究，2021(05)：76-93+159.

至每桶30美元，[1]对以石油为支柱产业的阿拉伯海湾国家造成巨大冲击。海湾国家因此实施了紧缩的经济政策，辞退许多外籍员工。而埃及侨民占海湾国家劳动力的比例高，外汇是埃及重要的收入来源，在2019年达252亿美元。在大批海外埃及员工失业的情况下，外汇收入大幅减少。外资方面，疫情暴发后，各国因疫情演变不同步导致全球供应链震荡，许多国家意识到供应链、产业链安全问题的重要性，纷纷出台政策鼓励本土企业回流，造成了埃及许多外资企业纷纷撤资转回本国。据统计，截至2020年底，已有140亿美元的外资从埃及外流[2]。同时，外资的大量外流又造成埃及镑对外国货币的贬值，形成出口成本上升与通货膨胀上升等问题，埃及的国际储备力从2020年2月的455亿美元下降至8月底的383.66亿美元[3]。

9.2.3 社会全球化

2020年，埃及的社会全球化程度实现增长，其中，信息全球化是强劲拉动因素。与其"2030愿景"配合，埃及推出了"数字埃及"计划，其中，数字基础设施建设是重要组成部分，助力互联网与宽带建设，因此推动了埃及的数字全球化常年保持增长趋势。在2020年疫情背景下，互联网的使用在此基础上又有大幅增加。数据显示，从2020年1月到2021年1月，埃及的网民数量增长了450万，增幅为8.1%，网民数达5919万名。社交媒体用户数量增长700万，增幅为17%，达4900万名。2020年初，埃及的互联网覆盖率仅有54%[4]，到2021年初增长至57.3%。埃及的人际全球化则因疫情遭受重创。由于国际航线关闭与其他防疫措施的限制，游客数量大大减少。埃及旅游部副部长在2020年底预测，埃及可能该年仅有约300万游客，这

1 Stephanie Kelly. Oil slumps below $30 a barrel as coronavirus spreads, OPEC rancor remains elevated[EB/OL]. https://www.reuters.com/article/us-global-oil-idUSKBN2121FT, 2021-04-06/2022-02-14.

2 Timothy E. Kaldas. The Road to (In)stability: The Impact of Covid-19 on the Egyptian Economy [EB/OL]. https://www.ispionline.it/en/pubblicazione/road-instability-impact-covid-19-egyptian-economy-27495, 2020-09-18/2022-02-14.

3 Egypt Independent. Egypt's foreign reserves up to US$38.366 billion in August: CBE [EB/OL]. https://www.egyptindependent.com/egypts-foreign-reserves-up-to-us38-366-billion-in-august-cbe/#:~:text=Egypt%E2%80%99s%20foreign%20reserves%20hit%20US%2438.366%20billion%20in%20August%2C,annual%20total%20estimated%20at%20more%20than%20%2455%20billion, 2020-09-08/2022-02-14.

4 Simon Kemp. Digital 2020: Egypt [EB/OL]. https://datareportal.com/reports/digital-2020-egypt, 2020-02-17/2022-02-10.

一数量仅为2019年的23%[1]。埃及的科技全球化略有下降，其原因在于，埃及在其测度指标之一全球创新指数排名上有小幅下滑，从2019年的第92名跌至2020年的第96名。埃及的高科技产品出口量与出口总量占比稍有上升，从2.34%涨至2.678%，但在世界范围内仍处于较低水平[2]。综合来看，信息全球化的强势驱动使埃及社会全球化实现逆势增长。

9.2.4 政治全球化

埃及的政治全球化不仅与该国经济全球化、社会全球化相比发展更佳，而且在全球层面也处于中上水平，其中，政治全球化参与基础排名全球第6位。2020年，埃及在此方面也交出了不错的答卷，政治全球化参与度和参与基础两项指标在疫情冲击下仍符合原先趋势。

在国际合作与对外政策方面，非洲是埃及对外政策的重点。2020年，埃及在非洲维持了较强的政治参与。埃及对埃塞俄比亚复兴大坝有重大关切，埃塞俄比亚复兴大坝如果建成，将助推该国的经济发展，但下游的埃及和苏丹担心水资源受到影响。为此，在2020年埃塞俄比亚开始建设复兴大坝后，埃及和苏丹两国开始走到一起。2020年11月，两国举行了代号为“尼罗河之鹰－1”的军事演习行动[3]。此外，埃及在利比亚局势中也有深度政治参与。利比亚国内势力分为西部“民族团结政府”与东部退役将领哈夫塔尔领导的“国民军”，前者得到土耳其、卡塔尔等国支持，后者得到埃及、阿拉伯联合酋长国等国支持。2020年4月以来，“民族团结政府”接连拿下“国民军”几座重镇。6月6日，埃及总统塞西提出了名为“开罗宣言”的政治倡议，倡导停火[4]，此举被认为是为了挽救哈夫塔尔[5]。10月，联合国促成双方签

---

1 Reuters Staff. Egypt's tourist numbers collapsed in 2020, deputy tourism minister says [EB/OL]. https://www.reuters.com/article/ozabs-uk-egypt-economy-tourism-idAFKBN28R1LL-OZABS, 2020-12-17/2022-02-10.

2 United Nations, Comtrade database through the WITS platform. High-technology exports (% of manufactured exports) - Egypt, Arab Rep [EB/OL]. https://data.worldbank.org/indicator/TX.VAL.TECH.MF.ZS?end=2020&locations=EG&start=2008&view=chart, 2021-11-01/2022-02-10.

3 The Associated Press. Egypt, Sudan launch joint military exercises dubbed "Nile's Eagles-1" [EB/OL]. https://english.alarabiya.net/News/middle-east/2020/11/14/Egypt-Sudan-launch-joint-military-exercises-dubbed-Niles-Eagles-1-#:~:text=Egypt%E2%80%99s%20military%20said%20in%20a%20statement%20that%20the,search%20and%20rescue%20missions%2C%20according%20to%20the%20statement, 2020-11-14/2022-02-10.

4 State Information Service of Egypt. Achievements of Egyptian foreign policy under President Sisi [EB/OL]. https://www.sis.gov.eg/Story/147778/Achievements-of-Egyptian-foreign-policy-under-President-Sisi?lang=en-us, 2020-06-24/2022-02-10.

5 王金岩．埃及与土耳其在利比亚博弈前景几何[J]. 世界知识，2020(14)：44-45.

署停火协议。同时，在非洲与中东之外，埃及与一些亚洲国家开始发展关系。埃及总统塞西访问了中国、新加坡、印度尼西亚、哈萨克斯坦、日本、韩国、越南，并签订了一系列协议与谅解备忘录[1]。例如，埃及与中国在抗击疫情上有良好的国际合作。2020 年 3 月，埃及卫生部部长携物资访华，两国卫生部门交流经验。2020 年 5 月，埃及总统参加不结盟运动峰会，其联合声明立场倾向于推动多边主义和国际合作。

在全球治理方面，埃及是联合国维和行动的积极参与者。联合国于 2020 年 12 月发布的报告显示，埃及为 7 个维和行动派出 3079 名军事人员与警察，其人数列全球第 7 位[2]。埃及对维和行动做出的贡献受到称赞，也多次被选入联合国安全理事会[3]。

9.3 中东和北非地区其他国家

9.3.1 总体情况

中东和北非地区地处三洲五海之地，具有重要的地缘战略价值，是大国博弈的棋盘。海湾地区产油国较为富庶，但有许多地区社会动荡，政治与经济状况并不稳定。总体而言，该地区全球化参与度和参与基础属于中等偏下水平。根据图 9-13，在 2020 年疫情背景下，该地区社会全球化参与度展现了增长态势，其他大部分指标都有所下滑或与去年基本持平。总体而言，中东和北非其他国家全球化参与度相比之前年度有所回落，全球化参与基础略有下滑。

分领域看，该地区其他国家的经济全球化参与度小幅抬升，其中，贸易全球化和金融全球化参与度均小幅提升。这些国家的经济全球化参与基础维持了原先微小的负增长趋势，其中，贸易全球化参与基础有所下降，金融基础则基本与 2019 年持平。这些国家的社会全球化参与度有明显提升，其中，文化全球化参与度显著提升，成为社会全球化参与度的拉动因素，信息全球化与人际全球化参与度有微小提升，

1 State Information Service of Egypt. Achievements of Egyptian foreign policy under President Sisi [EB/OL]. https://www.sis.gov.eg/Story/ 147778 /Achievements-of-Egyptian-foreign-policy-under-President-Sisi?lang=enu , 2020-06-24/2022-02-10.

2 United Nations Peacekeeping. Troop and Police Contributors [EB/OL]. https://peacekeeping.un.org/en/troop-and-police-contributors, 2023-07-31/2023-09-27.

3 Mahmoud Hossam. UN Peacekeepers service and sacrifice hailed in Egypt [EB/OL]. https://egypt.un.org/en/ 131971 -un-peacekeepers-service-and-sacrifice-hailed-egypt, 2021-06-17/2022-02-10.

科技全球化则稍有下降。该地区的社会全球化参与基础有微弱下降，其中，信息全球化参与基础维持了先前的强劲且高速的攀升态势，文化全球化参与基础基本不变，人际全球化与科技全球化参与基础则仍维持原先的负增长趋势。这些国家在 2020 年的政治全球化参与度急剧下降，这是由于其中的二级指标全球治理参与度出现断崖式下滑，而国际合作参与度基本保持平稳。这些国家的政治全球化参与基础出现了小幅回升，其中，全球治理与国际合作参与基础都有小幅抬升。

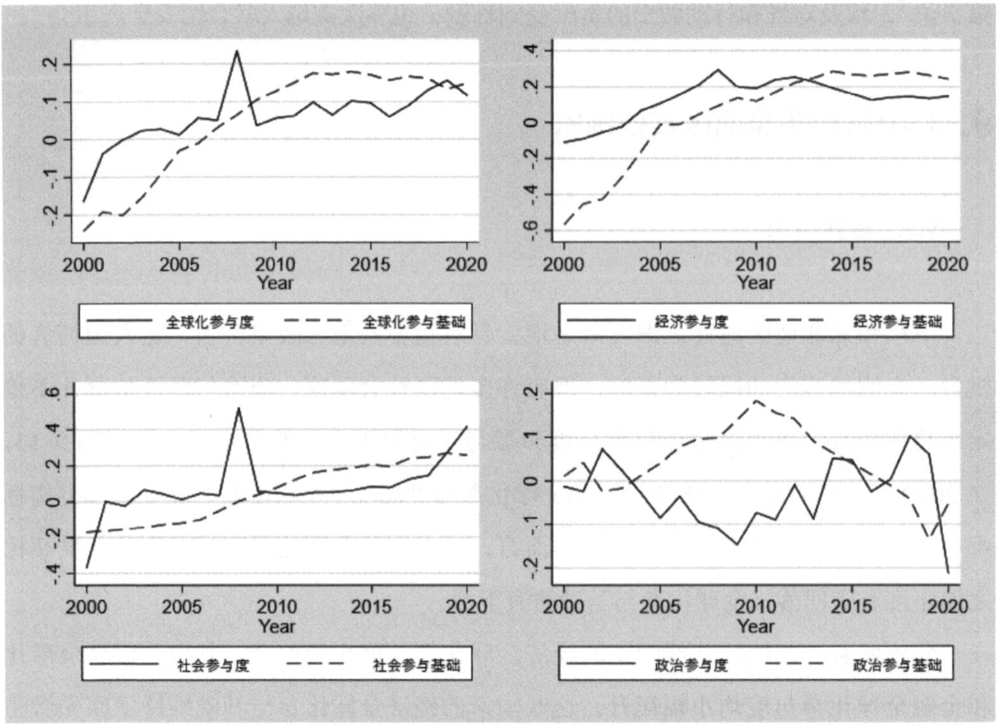

图 9-13　中东和北非地区其他国家全球化参与度和参与基础折线图
（总指标和一级指标）

从图 9-14 可知，在参与度和参与基础方面，中东和北非其他国家均在社会维度表现最佳，其次是经济和政治维度。

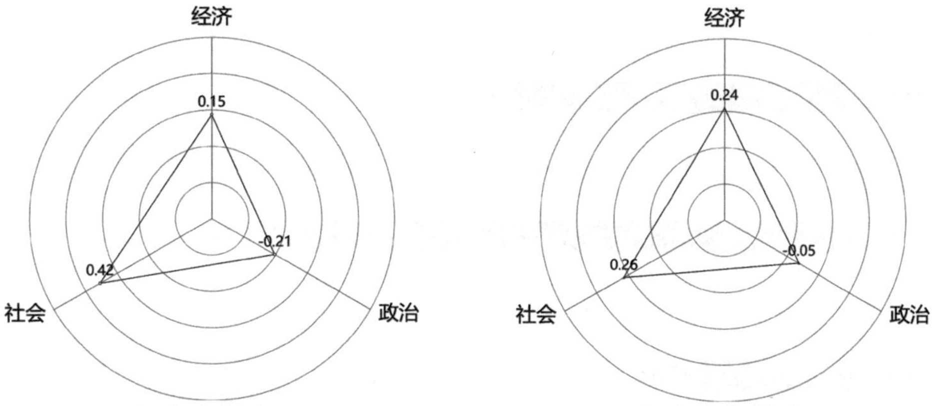

（a）参与度　　（b）参与基础

图 9-14　中东和北非地区其他国家全球化参与度和参与基础雷达图

根据图 9-15、9-16、9-17 和 9-18，中东和北非其他国家的全球化参与度晴雨指数为 99.58，符合趋势。其中，经济全球化参与度晴雨指数为 99.22，符合趋势；社会全球化参与度晴雨指数为 101.29，高于趋势；政治全球化参与度晴雨指数为 97.55，低于趋势。中东和北非其他国家全球化参与基础晴雨指数为 98.41，低于趋势。其中，经济全球化参与基础晴雨指数为 98.37，低于趋势；社会全球化参与基础晴雨指数为 98.36，低于趋势；政治全球化参与基础晴雨指数为 99.32，符合趋势。

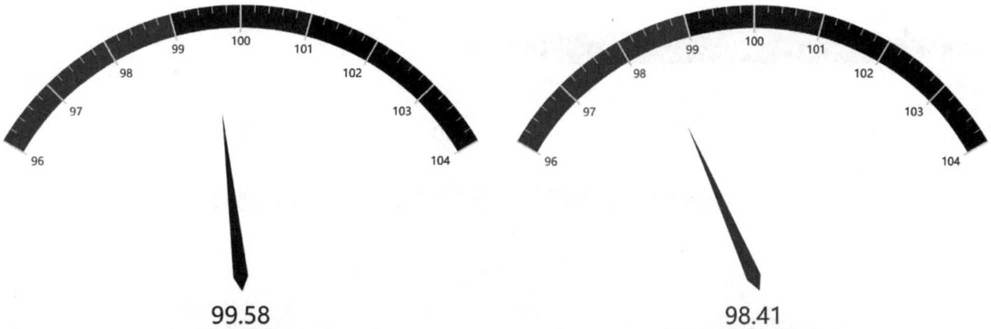

（a）参与度　　（b）参与基础

图 9-15　中东和北非地区其他国家全球化参与度和参与基础晴雨表

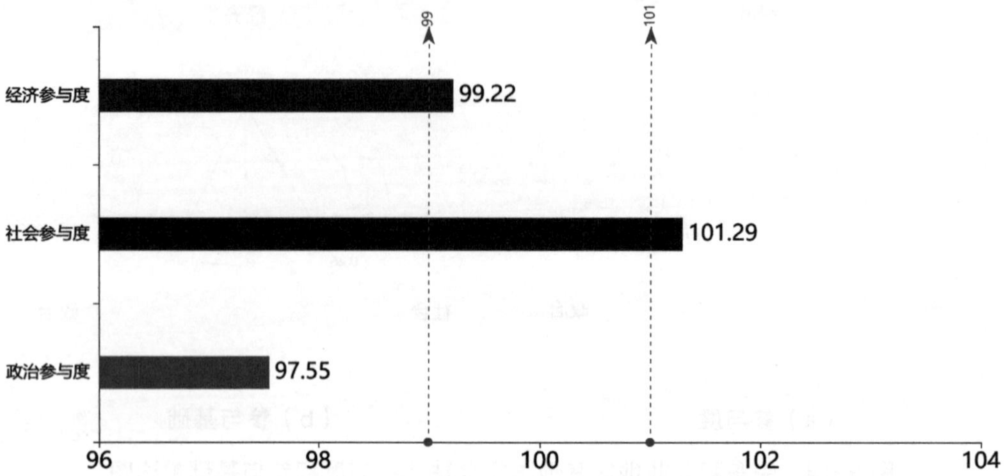

图 9-16　中东和北非地区其他国家全球化参与度驱动因素

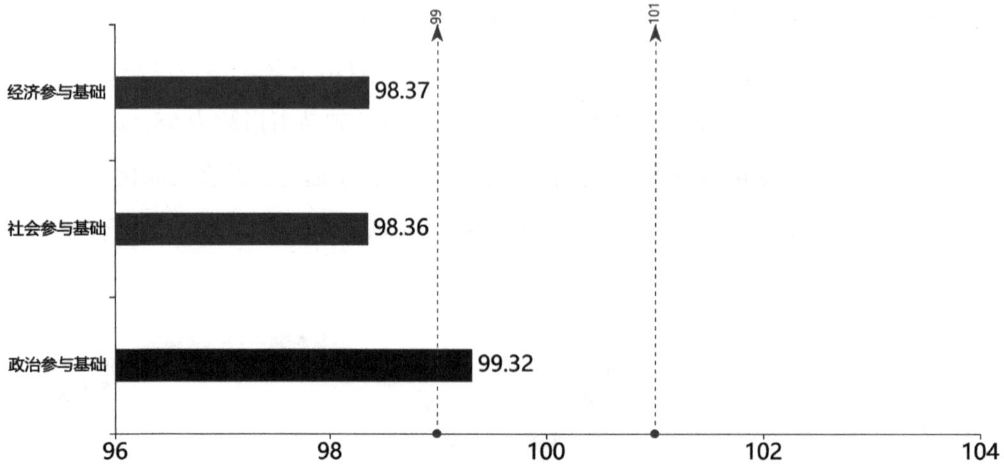

图 9-17　中东和北非地区其他国家全球化参与基础驱动因素

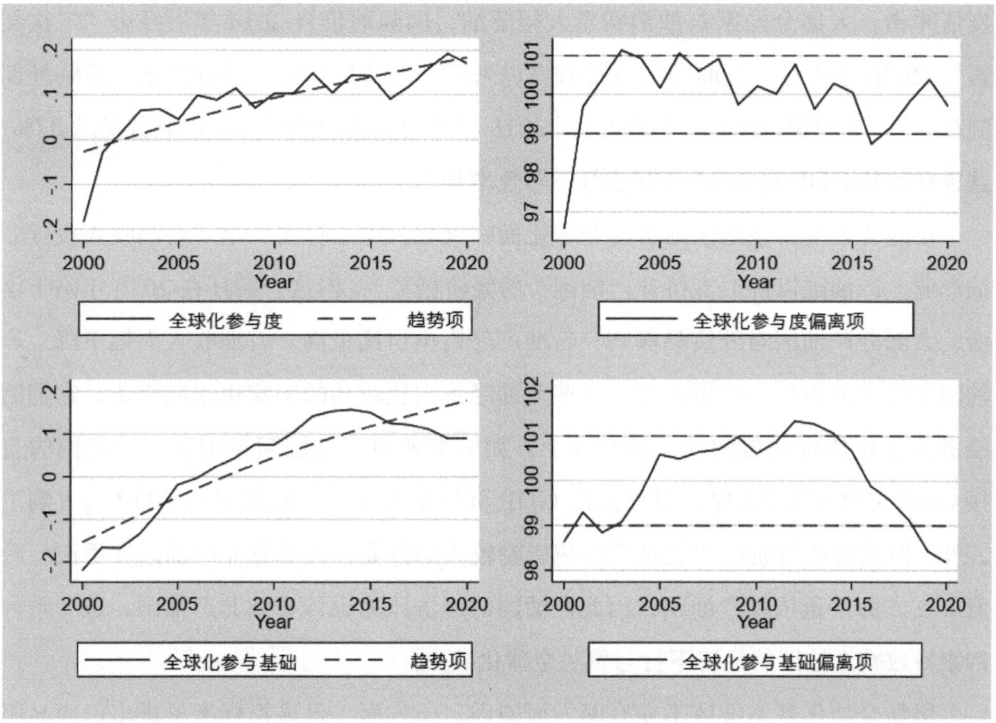

图 9-18　中东和北非地区其他国家全球化参与度和参与基础 HP 滤波图

9.3.2 经济全球化

2020 年，中东和北非地区整体的经济全球化参与度小幅上扬，经济全球化参与基础则略有下降。不过，这并不完全意味着中东和北非地区国家依靠强劲的韧性抵挡住了疫情的冲击，而是有更深层次的原因。

2020 年，中东和北非地区经济的大背景是严重疫情与油价低迷的双重打击。一方面，根据世界贸易组织的数据，截至 2020 年 12 月 29 日，东地中海地区新冠肺炎病例总数逾 480 万[1]，中东地区疫情经历了三次暴发。一些国家因为经济下行压力试图重启经济，但疫情暴发迫使政府再次关停经济，社会进入停摆状态。另一方面，由于石油输出国组织的“减产协议”未能达成，全球石油供应链特别是运输链受到

1 WHO. Coronavirus disease (COVID-19) Weekly Epidemiological Update and Weekly Operational Update [EB/OL]. https://www.who.int/emergencies/diseases/novel-coronavirus-2019/situation-reports/, 2023-09-30/2023-10-02.

疫情冲击，大部分国家石油消费量大幅萎缩，国际油价自2014年后经历“二次腰斩”，2020年4月，石油期货更是有史以来第一次转为负值。部分国家还面临外部制裁压力。伊朗的石油出口就因美国2018年开始实施的最严厉经济制裁暴跌37%，这也导致其GDP自2018年起连续三年负增长[1]。

在此背景下，该地区的贸易全球化面临挑战。中东存在一个“石油收入投资非油产业、产油国以侨汇支持非产油国”的经济循环[2]，但这一循环在2020年陷于停滞。大部分产油国对外贸易额高、石油产品占出口比重高，石油收入大幅下降，产油国非油产业也失去投资来源。一些非油经济占比较高的国家也未能幸免，它们的经济多元化体现在旅游业、航空业上，如旅游业对产油国阿拉伯联合酋长国的直接GDP贡献率为5.4%[3]，对埃及的GDP贡献率为13%，对约旦的GDP则占到了22%，但旅游业与航空业也是受疫情影响较大的行业。大部分非产油国在侨汇、政府收支方面严重依赖产油国，因此产油国的经济压力也传导到非产油国。这一系列因素导致整个地区的经济下行与贸易全球化减少。

贸易全球化基本维持不变有两方面原因。一方面，是该指标考量进出口商品服务在GDP中的占比，而其他非油经济由于严重依赖能源收入的投资，在能源收入减少的情况下同样下降明显，因此进出口商品服务在总体GDP中的占比未有大幅下降。另一方面，是疫情背景下部分行业（如医药行业）的进出口反而有所增加。中东地区的土耳其、以色列、约旦三国具有抗疫物资和医疗器械出口能力。其中，以色列制药产业有国际影响力，约旦依靠劳动力优势、巨大政策扶持力度，医药产业的出口额在2019年达到了2.98亿美元，占其出口总额的4.9%。埃及、摩洛哥等国在劳动价格、环保成本、地理位置上具有优势，有潜力迎来医药产业发展期[4]。总体来说，这两个原因让该地区的贸易全球化未展现明显颓势，但也难言发展趋势向好。

这些国家的金融全球化也受到了疫情和油价下行的双重冲击。一方面，中东和

---

1 IMF. Five Charts That Illustrate COVID-19's Impact on the Middle East and Central Asia [EB/OL]. https://www.imf.org/en/News/Articles/2020/07/14/na071420-five-charts-that-illustrate-covid19s-impact-on-the-middle-east-and-central-asia, 2020-07-16/2022-01-28.

2 唐恬波. 2020年：阿拉伯世界的困境与破局[J]. 和平与发展，2021(01)：114-129.

3 The United Arab Emirates' Government portal. Visiting and exploring the UAE-Travel and tourism [EB/OL]. https://u.ae/en/information-and-services/visiting-and-exploring-the-uae/travel-and-tourism/tourism-and-economy, 2020-11-08/2022-01-28.

4 朱兆一. 新冠肺炎疫情对中东国家经济的冲击与地区应对[J]. 学术探索，2021(05)：15.

北非地区内，产油国经济压力大，非产油国受到的投资与侨汇必定减少；另一方面，中东和北非地区外，许多国家考虑到疫情带来的不确定性，纷纷减少投资、撤离工厂，形成资本抽逃局面。在此情况下，该地区的金融全球化前景仍不乐观。

9.3.3 社会全球化

2020 年，中东和北非国家社会全球化参与度大幅上升，其中信息全球化的迅猛增长对整体指标有最为显著的拉动作用。中东和北非其他国家在数字基础设施、网络宽带建设、数字人才培养等方面落后于世界其他地区[1]，该地区仅有沙特、以色列、土耳其、摩洛哥的互联网覆盖率超过 70%。而疫情带动了各国的数字产业需求，各国政府相继出台扶持政策。海湾产油国加快了 5G 网络建设与数字支付、在线医疗、远程办公等功能的建设。土耳其政府出台政策，减免公司数字化建设税费并加强中小学生的在线教育网络建设，推出了全年级段免费在线教育[2]；摩洛哥则加快推进数字经济，在 2019 年通过了国家数字化路线图的五年发展计划，批准了规模达 4.7 亿欧元的投资，旨在把摩洛哥建成北非乃至全非洲的数字经济中心。中东和北非其他国家人际全球化方面则表现不佳。各国为控制疫情对跨国交通实行了限制，也减少了护照发行数量，这导致国际旅游与海外留学等的规模都有下降。以留学为例。中东国家到英国留学人数有小幅上升，2019—2020 学年入学人数为 15,460 人，2020—2021 学年为 16,280 人[3]。但入学美国的中东和北非学生数量从 2019—2020 年度的 72,325 人减少到 2020—2021 年度的 57,564 人。以几个地区大国为例。沙特阿拉伯 2019 年 30,957 名学生入学美国，其数量在全球赴美留学生中排名第 4 位，2020 年该数字降至 21,933 人，排名也下跌 1 位。伊朗这一指标则从 2019 年的 11,451 人下降到 2020 年的 9614 人。从趋势上看，中东和北非赴美留学生数量自 2015—2016 学年开始下

1 Digital McKinsey. Digital Middle East: Transforming the region into a leading digital economy [EB/OL]. https://www.mckinsey.com/~/media/mckinsey/featured%20insights/middle%20east%20and%20africa/digital%20middle%20east%20transforming%20the%20region%20into%20a%20leading%20digital%20economy/digital-middle-east-final-updated.pdf, 2016-10/2022-01-28.

2 AA News. Turkey: Online education starts amid COVID-19 outbreak [EB/OL]. https://www.aa.com.tr/en/education/turkey-online-education-starts-amid-covid-19-outbreak/1775482, 2020-03-23/2022-01-27.

3 HESA (the Higher Education Statistics Agency). Where do HE students come from? [EB/OL]. https://www.hesa.ac.uk/data-and-analysis/students/where-from, 2023-01-31/2023-09-26.

降，2021 年此趋势得到延续，背后既有疫情影响，也有惯性因素[1]。中东和北非国家在文化全球化方面交出的答卷差强人意，阿联酋、以色列、土耳其、埃及这几个印刷品外贸大国 2020 年的印刷品外贸额相较 2019 年基本不变甚至略有提升[2]。总体来说，尽管受到疫情冲击，2020 年，中东和北非其他国家的社会全球化在信息全球化与文化全球化的带动下实现了逆势增长。

9.3.4 政治全球化

2020 年，中东和北非其他国家的政治全球化面临新挑战。中东和北非地缘政治格局复杂，地区几大阵营之间的合作关系发生变化。在这一年，土耳其与伊朗继续在阿拉伯世界扩大其势力。土耳其在利比亚效仿俄罗斯的做法，派兵挽救困境中的东部“民族团结政府”，换取在利比亚驻军、签订对其有利的“地中海专属经济区协议”等好处，成为利比亚最主要的外部势力。以往，土耳其支持穆兄会，挑战保守阿拉伯国家的政权安全。当前，土耳其政策的军事化，则直接侵蚀了阿拉伯世界的领土主权[3]。伊朗 2020 年的行为更为低调，但未放弃其在阿拉伯世界的利益。在此情况下，部分阿拉伯国家借以色列对抗土耳其与伊朗。阿联酋、巴林与以色列建交，三方签订了《亚伯拉罕条约》。此后，苏丹宣布与以色列建交，摩洛哥宣布对以关系正常化。阿拉伯国家曾称只有巴勒斯坦独立建国才与以色列建交，上述各国的做法显然是对此原则的违背，这标志着这些国家与以色列准同盟的形成，体现了巴以问题的边缘化。

在全球治理方面，中东和北非其他国家的全球治理参与度下降明显，这是由于联合国会议在疫情背景下大量取消或转至线上进行，各国进行公共演讲、为全球治理建言献策的机会大大减少，中东和北非国家也同样如此。值得注意的是，中东和北非其他国家为联合国维和行动派遣了一定数量的人员，这也是该地区全球治理参与基础有所增长的动力。根据联合国数据，至 2020 年 12 月 31 日，在 122 个派出维和人员的国家中，摩洛哥派出 1708 人，列第 13 位；毛里塔尼亚派出 750 人，列

1 IIE Open Doors. International Students All Places of Origin [EB/OL]. https://opendoorsdata.org/data/international-students/all-places-of-origin/, 2021 - 10 - 01 / 2022 - 01 - 27.

2 UN Comtrade Database [EB/OL]. https://comtrade.un.org/data, 2020 - 09 - 01 / 2022 - 01 - 27.

3 唐恬波. 2020年：阿拉伯世界的困境与破局[J]. 和平与发展，2021(01)：114 - 129.

第 28 位；约旦派出 517 人，列第 39 位。其他派遣人数超过 100 人的中东和北非国家包括吉布提（183 人）、突尼斯（175 人）与土耳其（118 人）[1]。总体而言，中东和北非其他国家的政治形势复杂，其政治全球化程度会如何发展仍待观察。

1 UN Peacekeeping. Summary of Troops Contributing Countries by Ranking: Police, UN Military Experts on Mission, Staff Officers and Troops [EB/OL]. https://peacekeeping.un.org/sites/default/files/02_country_ranking_33_dec2020.pdf, 2021-01-31/2022-01-28.

第十章　撒哈拉以南非洲地区全球化晴雨指数分析

10.1 南非

10.1.1 总体情况

作为非洲工业化程度最高的经济体，南非的全球化参与总体表现在众多发展中国家中较为突出。但是，遭受疫情、骚乱等多重冲击，2020 年南非的全球化参与情况不容乐观。在排名上，南非全球化参与度排名第 33 位，全球化参与基础排名第 63 位。根据图 10-1，从总体趋势上看，南非的全球化参与度明显下滑，而全球化参与基础则相对平稳。

分领域看，南非的经济全球化参与度排名第 95 位，经济全球化参与基础排名第 31 位。南非的经济全球化参与度有所下降，其中，贸易全球化参与度下降显著，金融全球化参与度稳中有升；经济全球化参与基础也呈现下降趋势，贸易全球化参与基础明显下降，而金融全球化参与基础则基本持平。南非的社会全球化参与度排名第 18 位，社会全球化参与基础排名第 95 位。社会全球化参与度略有下滑，其中，文化全球化参与度呈现小幅下降趋势，信息全球化参与度略有上升，科技全球化参与度和人际全球化参与度保持不变。社会全球化参与基础呈现小幅上升，其中，信息全球化、人际全球化和社会全球化参与基础均有上升，科技全球化参与基础有所下降，而文化全球化参与基础保持不变。南非的政治全球化参与度排名第 74 位，政治全球化参与基础排名第 41 位。政治全球化参与度大幅下降，全球治理参与度降幅显著，国际合作参与度维持不变。南非的政治全球化参与基础维持不变，全球治理参与基础有所下降，国际合作参与基础有所上升。

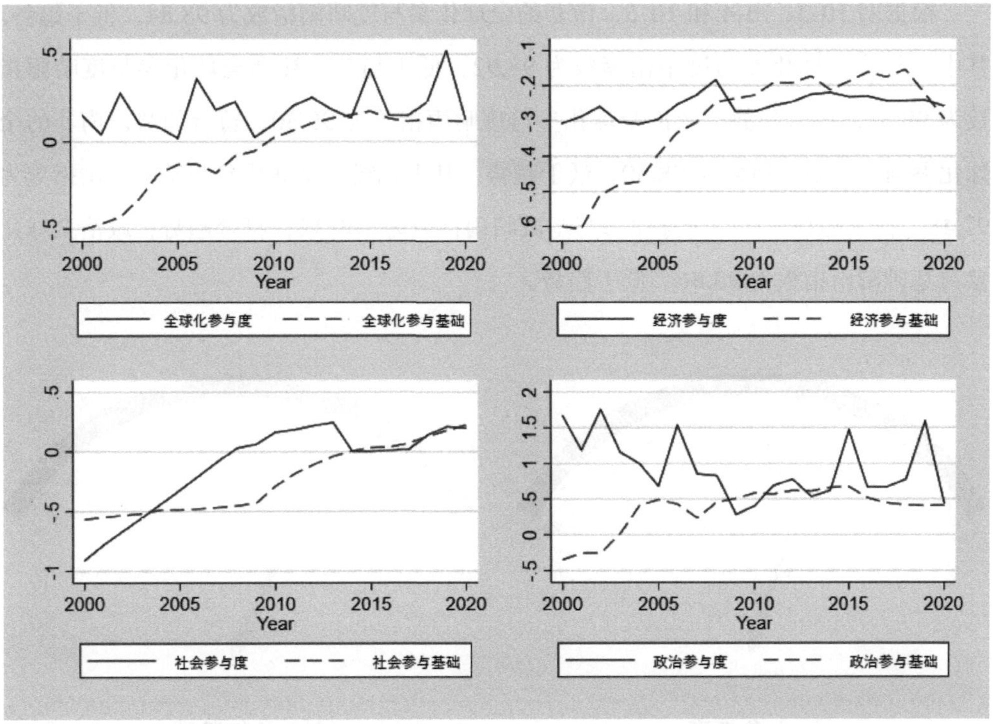

图 10-1　南非全球化参与度和参与基础折线图（总指标和一级指标）

从图 10-2 可知，参与度和参与基础方面，南非均在政治维度表现最佳，其次是社会和经济维度。

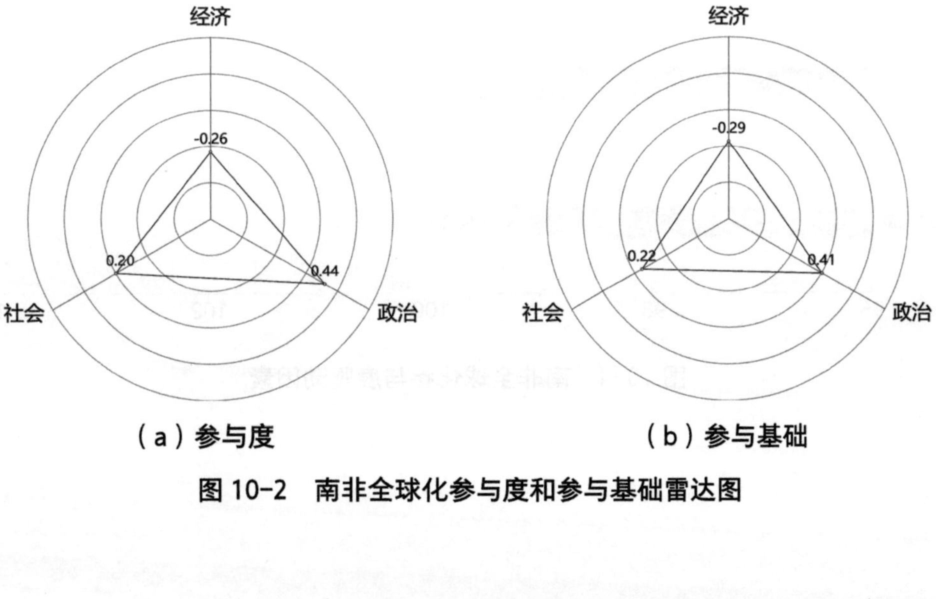

（a）参与度　　（b）参与基础

图 10-2　南非全球化参与度和参与基础雷达图

根据图 10-3、10-4 和 10-5，南非的全球化参与度晴雨指数为 98.84，低于趋势。其中，经济全球化参与度晴雨指数为 98.92，低于趋势；社会全球化参与度晴雨指数为 99.31，符合趋势；政治全球化参与度晴雨指数为 99.30，符合趋势。南非的全球化参与基础晴雨指数为 98.30，低于趋势。其中，经济全球化参与基础晴雨指数为 97.48，低于趋势；社会全球化参与基础晴雨指数为 100.11，符合趋势；政治全球化参与基础晴雨指数为 98.86，低于趋势。

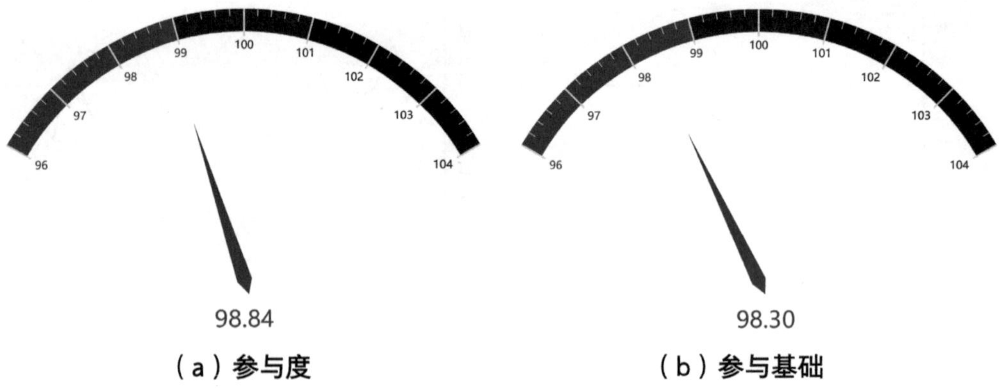

图 10-3 南非全球化参与度和参与基础晴雨表

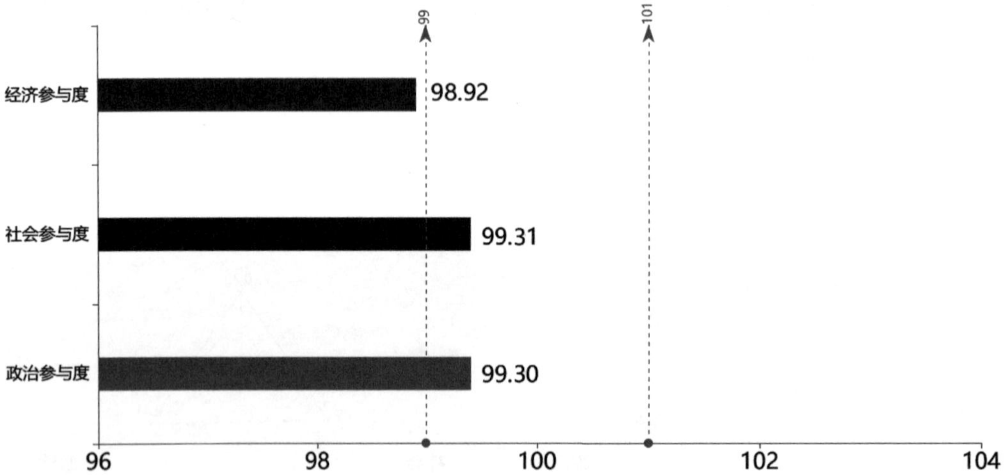

图 10-4 南非全球化参与度驱动因素

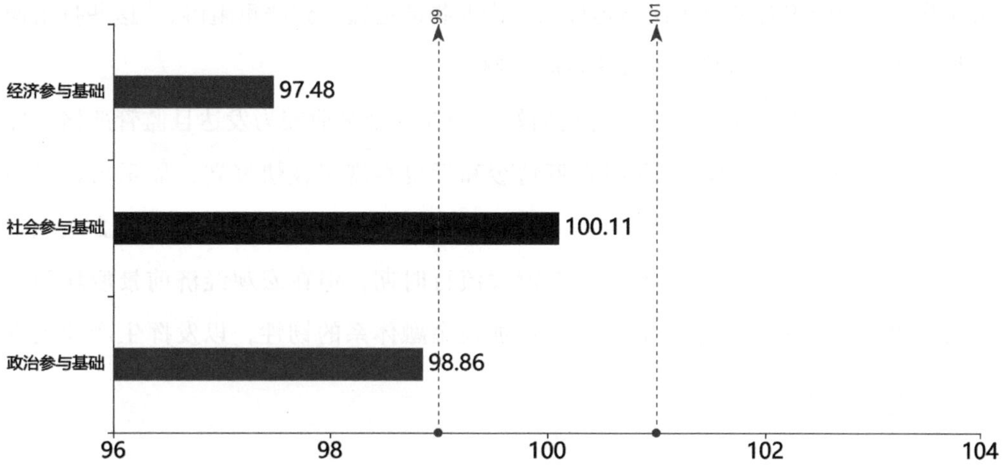

图 10-5　南非全球化参与基础驱动因素

由此可见，作为金砖国家之一，南非在总排名和各分排名上，处于中等水平，在发展中国家中较为靠前。2020 年，包括新冠肺炎疫情在内的各种内忧外患，使南非在各领域的全球化参与度受到了显著消极影响。从全球化晴雨表可以看出，南非全球化参与度和参与基础均低于原先趋势，特别是经济方面退步明显。

10.1.2 经济全球化

2020 年以来，南非经历了疫情和近 30 年来最为严重的骚乱，使其贸易全球化遭受重创。

首先，疫情肆虐。"奥密克戎"变异病毒最早出现在南非并迅速蔓延，世界贸易组织称其为"以前所未见的速度传播"。[1] 其次，祖马贪腐案引发南非 30 年来最严重的骚乱。这场骚乱从祖马的家乡夸祖鲁－纳塔尔省开始，迅速蔓延到南非金融中心约翰内斯堡，局势持续发酵，至少造成 337 人死亡，2550 余人被捕，上万家店铺、工厂与公司受到波及，经济损失达 500 亿兰特（约合人民币 222 亿元）。[2] 包括德班

1 BBC News. 奥密克戎：我们能从首发地南非的经历中了解到什么？ [EB/OL]. https://www.bbc.com/zhongwen/simp/science-59680004, 2021-12-16/2022-02-14.

2 赵萌. 南非前总统祖马入狱引发大规模骚乱 [J]. 世界知识，2021(15)：66；澎湃新闻：祖马贪腐案何以引发南非三十年来最严重暴力冲突？[EB/OL]. https://m.thepaper.cn/baijiahao_16322521, 2022-01-17/2022-02-14.

和开普敦在内的主要港口多次被迫停摆，南非物流运输受到严重阻碍。[1] 这些打击使南非的商品与服务贸易遭受较大的负面影响。

从金融领域看，南非的金融环境向好。南非的金融业较为发达且监管严格，拥有非洲最完善的资本市场，同时在疫情缓和后也实现了较快好转，显示出较强的韧性。[2] 同时，随着全球经济复苏，南非金融业也有所回暖。国际货币基金组织报告称，南非金融部门很好地挺过了新冠大流行时期，但在宏观经济前景疲软和政府大量借贷需求的情况下，需要进一步加强金融体系的韧性，以发挥生产性投资资金的中介作用。[3]

10.1.3 社会全球化

南非的社会全球化参与度整体平稳，略有下滑，主要原因是其文化全球化参与度下降，其中又以包括书籍在内的印刷品贸易指标走低为主。一方面，在疫情冲击下，南非民众无暇顾及书籍类非必需品。所有实体书零售商、仓库和配送中心都持续保持关闭状态。新书发行被推迟，印刷被搁置。另一方面，南非的信息全球化参与度略有上升，这主要得益于互联网普及率提高。南非总统拉马福萨是世界首位将第四次工业革命作为核心国策的领导人。他在 2018 年 2 月发表的《国情咨文》中，探讨了数字工业革命，并支持建立第四次工业革命专家委员会，负责指导相关战略。[4] 政府和移动网络运营商已进行大量投资，使南非的移动网络覆盖率高，网速稳定。这是信息全球化参与基础大幅提升的主要原因。不过，南非的数字基础设施以及人才培养的鸿沟很大，具有出色数字素养和水平的人只占很小一部分，培训相关专业人员的努力也未能取得明显效果。因此，南非进一步发展数字经济、夯实科技

---

1 中国信保资信评估中心，中国出口信用保险公司. 南非突发事件频出，疫情、安全形势严峻，贸易风险需警惕 [R/OL]. http://www.ctils.com/articles/2644, 2021-08-24.

2 新浪财经：大公国际发布2021年南非投资环境评价跟踪报告 [EB/OL]. http://finance.sina.com.cn/zl/2021-12-01/zl-ikyakumx1359028.shtml, 2021-12-01/2022-02-14.

3 International Monetary Fund. South Africa: Staff Concluding Statement of the 2021 Article IV Mission [EB/OL]. https://www.imf.org/en/News/Articles/2021/12/07/south-africa-staff-concluding-statement-of-the-2021-article-iv-mission, 2021-12-08/2022-02-14.

4 联合国教科文组织. 人工智能，叩响非洲大门 [EB/OL]. https://zh.unesco.org/courier/2019-2/ren-gong-zhi-neng-kou-xiang-fei-zhou-da-men, 2019-05-25/2022-02-14.

全球化参与基础的当务之急，在于加强对广大民众的数字教育。[1] 同时，南非的人际全球化之所以稳定，是因为疫情防控政策宽松。南非仅于 2020 年 10 月至 2021 年 3 月将疫情防控级别上调为三级，随后便下调回一级，以期减少疫情对经济社会生活的限制。[2]

10.1.4 政治全球化

南非的政治全球化参与度降幅显著，主要原因是全球治理参与度降幅显著，即在联合国的建言贡献度降幅显著。从国际层面看，这是由于联合国会议多转为线上且缩短时间造成的。另外，南非于 2019—2020 年担任联合国安理会非常任理事国，因此，其联合国建言贡献度起点较高，2020 年后出现下降趋势属于正常现象。从其国内层面看，祖马贪腐案引发大规模骚乱，贫困、失业与不平等根深蒂固，南非面临诸多政治不确定性与挑战，对其政治全球化参与度也造成了一定的负面影响。[3]

从政治全球化参与基础看，南非总体情况基本不变。全球治理参与基础有所下降，国际合作参与基础有所上升。不过，在疫情冲击、经济增长陷入衰退和社会矛盾加剧的背景下，南非政府把更多精力和资源用于解决其国内经济和社会发展问题，直接介入非洲冲突解决的意愿和能力有所下降。[4]

从国际合作参与基础看，2020 年以来，南非签署了非洲大陆自由贸易区等重要协定，发展势头向好。同时，作为一个新兴国家，南非推动新型发展合作模式，在传统 ODA（政府开发援助）模式和南南合作模式之外提供有益补充，在全球发展合作体系中也扮演着越来越重要的角色。[5]

---

1 新华网. 南非的数字机会 [EB/OL]. http://www.news.cn/globe/2021-06/08/c_139980400.htm, 2021-06-08/2022-02-14.

2 人民网. 南非下调疫情防控级别 [EB/OL]. http://world.people.com.cn/n1/2021/0323/c1002-32057564.html, 2021-03-23/2022-02-14.

3 澎湃新闻：祖马贪腐案何以引发南非三十年来最严重暴力冲突？[EB/OL]. https://m.thepaper.cn/baijiahao_16322521, 2022-01-17/2022-02-14.

4 张凯. 非洲和平与安全建设：南非的区域大国角色及限度[J]. 国际安全研究，2020(05)：111-133.

5 郑宇. 援助有效性与新型发展合作模式构想[J]. 世界经济与政治，2017(08)：135-155+160.

10.2 苏丹

10.2.1 总体情况

苏丹是非洲东北部大国，也是联合国公布的世界最不发达国家之一，其全球化参与的总体表现较差。不过，也正因为起点较低，苏丹全球化参与情况受疫情冲击不明显。

在排名上，苏丹的全球化参与度排名第 91 位，全球化参与基础排名第 133 位。根据图 10-6，从趋势上看，苏丹全球化参与度明显下降，而全球化参与基础则有所提升。

分领域看，苏丹的经济全球化参与度排名第 60 位，经济全球化参与基础排名第 81 位。苏丹的经济全球化参与度逆势上扬，其中，贸易全球化参与度明显提高，金融全球化参与度也呈上升趋势；经济全球化参与基础基本持平，贸易全球化参与基础和金融全球化参与基础均无明显变化。苏丹的社会全球化参与度排名第 119 位，社会全球化参与基础排名第 105 位。苏丹的社会全球化参与度小幅上升，其中，信息全球化和人际全球化参与度基本平稳，科技全球化参与度明显下降，而文化全球化参与度明显上升。社会全球化参与基础明显提升，科技、信息、人际和文化全球化参与基础均有提升。苏丹的政治全球化参与度排名第 91 位，政治全球化参与基础排名第 110 位。苏丹的政治全球化参与度大幅下降，全球治理参与度降幅显著，国际合作参与度则维持不变；政治全球化参与基础保持不变，全球治理参与基础和国际合作参与基础均保持不变。

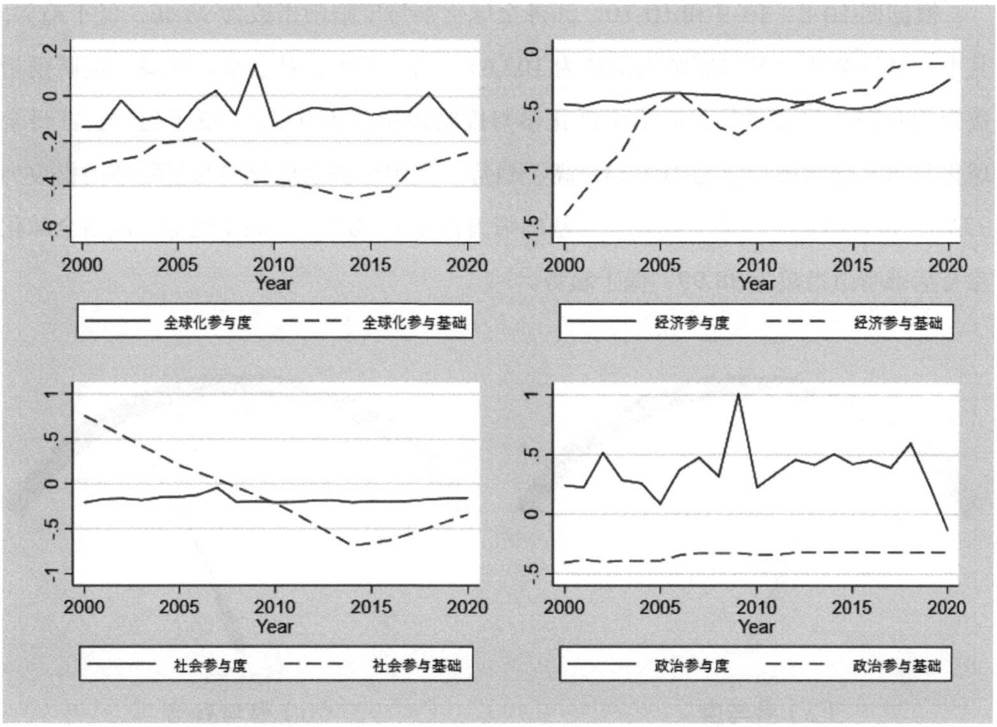

图 10-6　苏丹全球化参与度和参与基础折线图（总指标和一级指标）

从图 10-7 可知，在参与度方面，苏丹在政治维度表现最佳，其次是社会和经济维度。在参与基础方面，苏丹在经济维度表现最佳，其次是政治和社会维度。

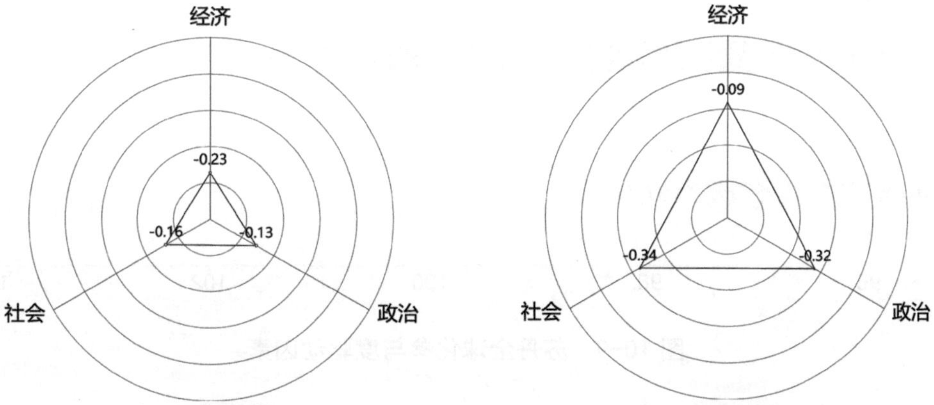

（a）参与度　　（b）参与基础

图 10-7　苏丹全球化参与度和参与基础雷达图

根据图 10-8、10-9 和 10-10，苏丹全球化参与度晴雨指数为 98.46，低于趋势。其中，经济全球化参与度晴雨指数为 102.61，高于趋势；社会全球化参与度晴雨指数为 100.75，符合趋势；政治全球化参与度晴雨指数为 97.77，低于趋势。苏丹全球化参与基础晴雨指数为 101.53，高于趋势。其中经济全球化参与基础晴雨指数为 99.76，符合趋势；社会全球化参与基础晴雨指数为 102.41，高于趋势；政治全球化参与基础晴雨指数为 98.99，低于趋势。

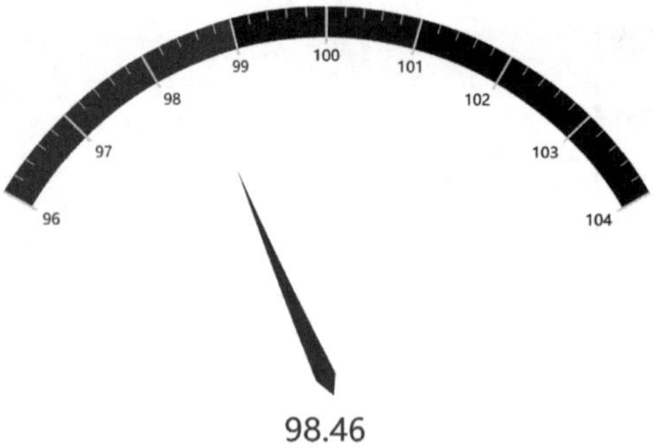

（a）参与度

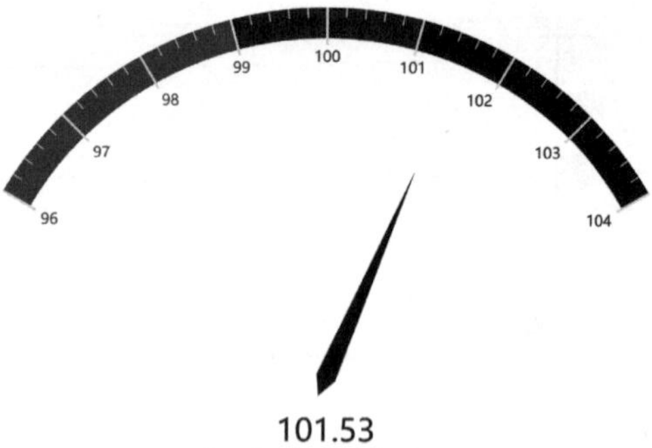

（b）参与基础

图 10-8　苏丹全球化参与度和参与基础晴雨表

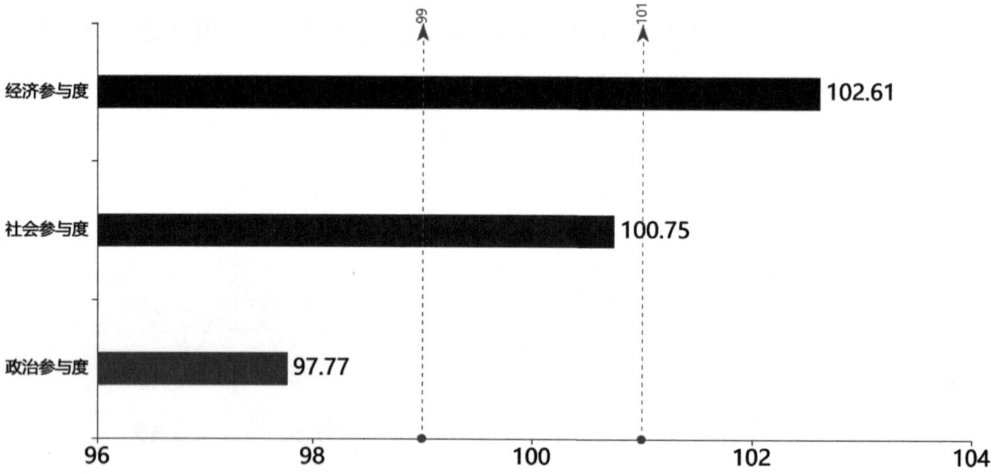

图 10-9　苏丹全球化参与度驱动因素

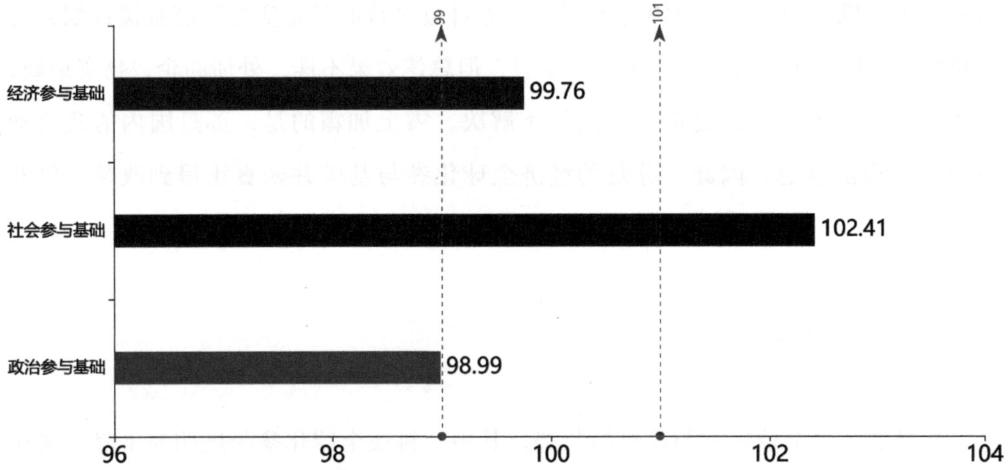

图 10-10　苏丹全球化参与基础驱动因素

由此可见，作为较有代表性的非洲大国，苏丹的全球化参与度及各二级指标均处于世界较落后水平。

10.2.2 经济全球化

苏丹的经济全球化参与度逆势上扬，其中，贸易全球化参与度明显提高，金融全球化参与度也有上升，这主要是受国际利好因素刺激。2020 年 3 月，美国关于解除对 157 家苏丹经济实体经济制裁的行政令正式生效。美国对苏丹经济制裁取消后，国际社会对苏丹的考察访问活动增加，对苏丹经贸合作热情开始升温。[1] 同时，在金融领域，信用卡品牌 VISA 也宣布通过电子支付领域进入苏丹市场，喀土穆银行等多家银行已获得 VISA 卡发行许可。此外，阿拉伯联合酋长国、沙特阿拉伯等国家陆续加大了对苏丹的投资和援助力度，俄罗斯、土耳其等国也表示将继续与苏丹保持经济合作。[2] 但自 2011 年南苏丹独立以来，因丧失大量石油收入，苏丹一直遭受严

1 商务部国际贸易经济合作研究院，中国驻苏丹大使馆经济商务处，商务部对外投资和经济合作司. 对外投资国别（地区）指南 苏丹（2020年）[R/OL]. http://www.mofcom.gov.cn/dl/gbdqzn/upload/sudan.pdf, 2022-09-14.

2 同注释1。

峻的经济危机影响。[1] 自 2019 年 9 月起，苏丹过渡政府开始实施经济救援计划，对内稳供给、保民生，对外求援助、谋发展，但总体效果不佳，外债高企、物资短缺、经济内生动力不足等问题尚未得到根本解决。雪上加霜的是，苏丹国内的政治动荡加剧了经济衰退。因此，苏丹的经济全球化参与基础并未真正得到改善，仍非常薄弱。

10.2.3 社会全球化

苏丹的社会全球化参与度维持趋势，其中，科技全球化参与度明显下降，文化全球化参与度明显上升，社会全球化参与基础则各方面均有提升。近年来，苏丹的科技全球化参与度持续走低则与政局动荡有较大关联。政局动荡导致政府科技研发投资下降，同时高端人才大量流失。2002—2014 年间，有 3000 名苏丹研究者去了条件更好的邻国，尤其是埃塞俄比亚。[2] 这对苏丹的科技研发造成了负面影响。此外，文化全球化参与度逆势大幅上升，这主要是由于苏丹特许经营业务火爆。2017 年，布拉塞尔顿在苏丹开设首家餐厅。2018 年，肯德基和必胜客也登陆苏丹。这两家公司的竞标竞争激烈，有五家大型苏丹公司参与。同时，百事可乐等也纷纷开始在苏丹扎根。[3] 政策鼓励是其国内因素，而 2018 年美国对苏丹经济制裁的取消，也为苏丹的特许经营业务进一步营造了良好的国际环境。在参与基础方面，苏丹的科技水平较低，全球创新能力较弱。目前，该国农业生产主要是“靠天吃饭”，仅有少量现代化农场使用大型喷灌设备。苏丹的制造业技术落后，主要生产初级产品，工业制成品、电气产品、运输设备主要依靠进口。在采矿业方面，大型开采设备与民众坑采、淘金并存，资源浪费严重。因此，苏丹的社会全球化参与基础虽有提升，但仍较为薄弱。

1 新华网. 苏丹举办首届全国经济工作会议 [EB/OL]. http://www.xinhuanet.com/world/2020, 2021-09-27/2022-02-14.

2 联合国教科文组织报告：研究处在全球可持续发展竞争的前沿 [EB/OL]. https://zh.unesco.org/news/lian-he-guo-jiao-ke-wen-zu-zhi-bao-gao-yan-jiu-chu-zai-quan-qiu-ke-chi-xu-fa-zhan-jing-zheng, 2015-11-10/2022-02-14.

3 International Trade Administration. Sudan - Country Commercial Guide [EB/OL]. https://www.trade.gov/country-commercial-guides/sudan-distribution-and-sales-channels, 2022-07-30/2022-10-30.

10.2.4 政治全球化

苏丹的政治全球化参与度大幅下降，主要是由于其全球治理参与度降幅显著。一方面，近年来，苏丹国内政局持续动荡不安，影响其全球治理参与能力。2019 年 4 月 11 日，巴希尔政权在抗议浪潮中被迫下台，苏丹在一年内经历两次政权更迭，历史上首次建立军民联合过渡政权。[1] 频繁政变会伤害社会信任与国际支持。另一方面，受疫情影响，联合国众多会议议程缩短、简化甚至取消，国际大环境导致苏丹在联合国的建言贡献度下降，而其国内的政治分歧又进一步加剧了这一下降趋势。当联合国人权理事会讨论苏丹政变问题时，苏丹代表团团长所坐的椅子通常空着，而苏丹常驻联合国代表及其副手则坐在椅子两侧。据报道，他们对于这场军事政变的态度不同，分别支持对立的两方。在联合国人权事务高级专员发言及随后的辩论中，两人均未发表任何评论。[2] 由此可见，苏丹的当务之急是重建国内政治秩序，否则其全球化参与很难有所提升。

10.3 尼日利亚

10.3.1 总体情况

尼日利亚位于西非，是非洲人口数量最多的国家。尼日利亚作为非洲最大的经济体[3]，同时也是非洲的能源大国，其经济实力不容小觑。但尼日利亚也存在发展不平衡的问题，其农业以小农经济为主，需要依赖大量的粮食进口。在新冠肺炎扩散的世界大背景下，尼日利亚的全球化参与度和参与基础受到一定冲击。

在排名上，尼日利亚的全球化参与度排名第 109 位，全球化参与基础排名第 107 位。根据图 10-11，从趋势上看，尼日利亚全球化参与度和参与基础均呈现下降趋势，全球化参与度降幅更大。

1 商务部国际贸易经济合作研究院，中国驻苏丹大使馆经济商务处和商务部对外投资和经济合作司. 对外投资国别（地区）指南苏丹（2020年）[R/OL]. http://www.mofcom.gov.cn/dl/gbdqzn/upload/sudan.pdf, 2022-09-14.

2 联合国. 人权理事会讨论苏丹政变问题，恢复民主政体呼声“不绝于耳”[EB/OL]. https://news.un.org/zh/story/2021/11/1094002, 2021-11-05/2022-02-14.

3 IMF. Regional Economic Outlook: Sub-Saharan Africa [EB/OL]. https://data.imf.org/?sk=5778F645-51FB-4F37-A775-B8FECD6BC69B, 2022-01-10/2022-02-13.

分领域看，尼日利亚的经济全球化参与度排名第 141 位，经济全球化参与基础排名第 120 位。尼日利亚的经济全球化参与度出现一定下滑，其中，贸易全球化参与度大幅下降，金融全球化参与度略有下降，但依旧维持在过往水平。经济全球化参与基础基本维持在原有水平，其中，金融全球化参与基础略有提升，贸易全球化参与基础略有下滑。尼日利亚的社会全球化参与度排名第 95 位，社会全球化参与基础排名第 134 位。社会全球化参与度稳步提升，其中，信息全球化参与度大幅上升，文化全球化参与度维持原先增长趋势，而人际全球化和科技全球化参与度并未有明显变化。社会全球化参与基础略微有所下降，其中，信息全球化参与基础增速迅猛，科技全球化参与基础和人际全球化参与基础呈现明显下降趋势，文化全球化参与基础维持原有水平。尼日利亚的政治全球化参与度排名第 62 位，政治全球化参与基础排名第 35 位。政治全球化参与度明显下降，其中，全球治理参与度明显下降，而国际合作参与度与往年持平。尼日利亚的政治全球化参与基础在多年下降趋势之后略有回升，其中，全球治理参与基础也在逐年下降之后略有回升，国际合作参与基础则稳步提升。

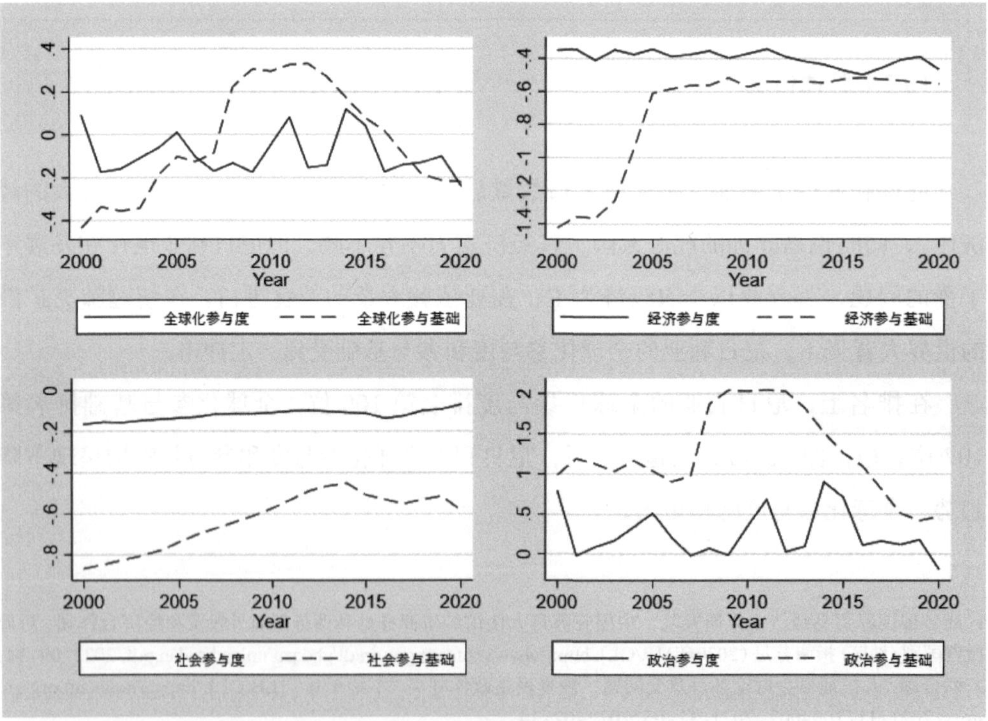

图 10-11　尼日利亚全球化参与度和参与基础折线图（总指标和一级指标）

从图 10-12 可知，参与度方面，尼日利亚在社会维度表现最佳，其次是政治和经济维度。在参与基础方面，尼日利亚在政治维度表现最佳，其次是经济和社会维度。

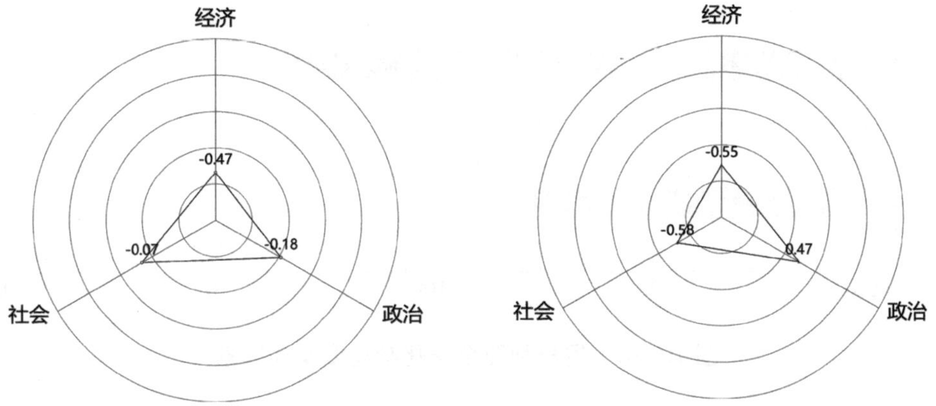

（a）参与度　　（b）参与基础

图 10-12　尼日利亚全球化参与度和参与基础雷达图

根据图 10-13、10-14、10-15 和 10-16，尼日利亚全球化参与度晴雨指数为 98.80，低于趋势。其中，经济全球化参与度晴雨指数为 99.47，符合趋势；社会全球化参与度晴雨指数为 101.54，高于趋势；政治全球化参与度晴雨指数为 98.78，低于趋势。尼日利亚全球化参与基础晴雨指数为 98.70，低于趋势。其中，经济全球化参与基础晴雨指数为 99.02，符合趋势；社会全球化参与基础晴雨指数为 97.78，低于趋势；政治全球化参与基础晴雨指数为 98.97，低于趋势。

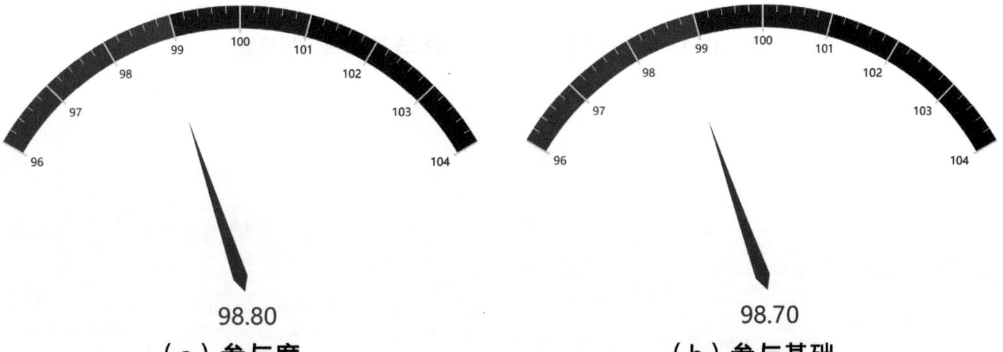

（a）参与度　　（b）参与基础

图 10-13　尼日利亚全球化参与度和参与基础晴雨表

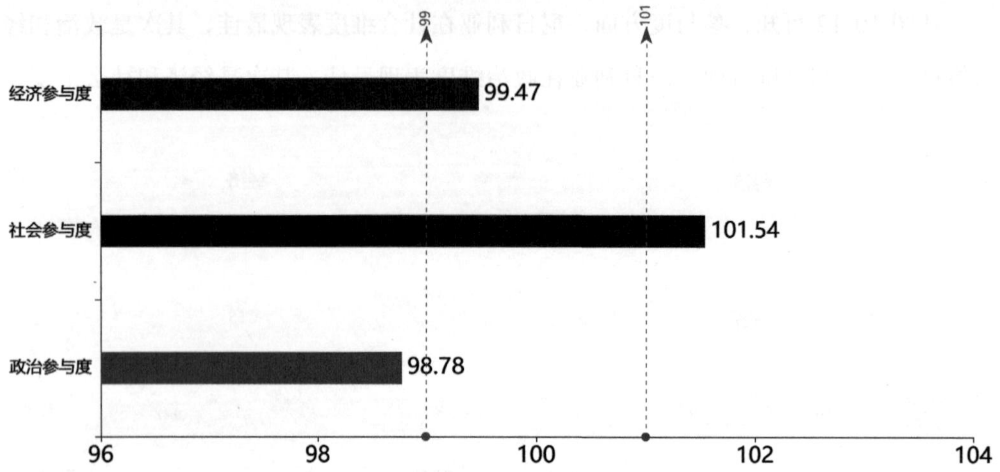

图 10-14　尼日利亚全球化参与度驱动因素

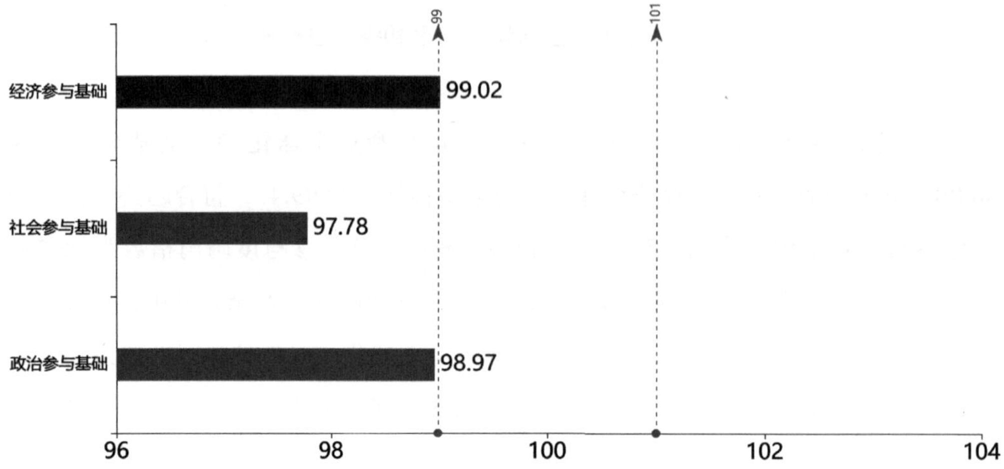

图 10-15　尼日利亚全球化参与基础驱动因素

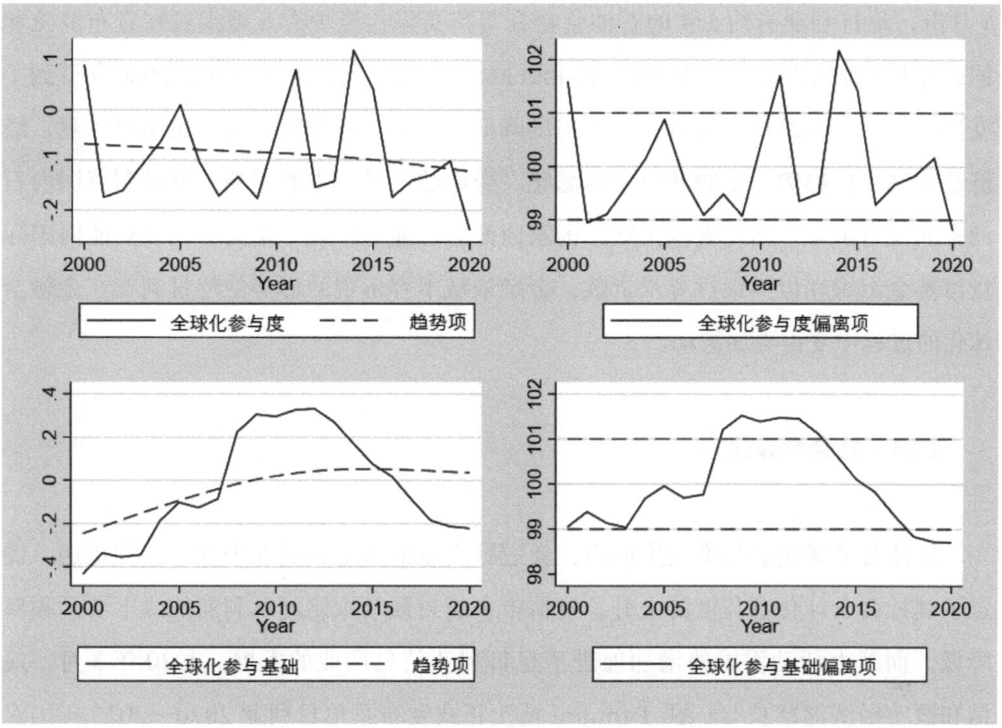

图 10-16　尼日利亚全球化参与度和参与基础 HP 滤波图

由此可见，尼日利亚作为非洲最大的经济体，在总排名和各分排名上并未见到可观的数字，甚至排名较为偏后。尼日利亚虽有较多的石油资源，但其国内的产业发展仍然较为落后。结合世界疫情大背景，其进出口受到很大影响。因此，尼日利亚在各领域全球化参与都受到较为明显的负面影响，全球化晴雨表显示其经济、社会和政治全球化发展具有一定的颓势，但政治全球化参与基础和社会全球化参与度仍算可观。

10.3.2 经济全球化

作为依赖外向型经济的典型国家，尼日利亚的经济全球化进程受到疫情的猛烈冲击。从贸易角度看，尼日利亚的原油出口大幅削弱。作为尼日利亚的支柱产业，石油产业在疫情导致的全球油价下跌的大背景下陷入低迷。2020 年，全球为应对疫情扩散，采取封锁、旅游禁令和关闭行业等措施，原油需求大幅降低，供给过剩。

4 月份，尼日利亚有约 1/4 的石油货物在等待买家，至少有 6 艘闲置在直布罗陀和休达附近的油轮用于储存约 450 × 104bbl 原油 [1]。这表明，尼日利亚在 2020 年受到了疫情的打击，导致在全球贸易中参与度降低。而在金融领域，情况也不容乐观，经济整体呈下行趋势，金融环境尤其恶化。受原油供过于求的影响，尼日利亚国内石油企业经营困难，油价大幅下跌。国家内部融资能力降低，使尼日利亚只能向国际货币基金组织和世界银行寻求贷款。金融领域不容乐观的形势使尼日利亚在金融全球化的进程中变得更加被动。

10.3.3 社会全球化

从社会全球化参与度角度而言，新冠肺炎疫情给尼日利亚带来了一次机遇，促进了其社会全球化参与度的上升。疫情带来的封锁政策使尼日利亚的线下活动频率降低，而线上活动需求的增加促进了尼日利亚信息产业的发展。2020 年 3 月，通信和数字经济部部长 Isa Ali Pantami 博士正式发布了尼日利亚 2020—2025 年国家宽带计划，作为已失效的 2013—2018 年宽带计划的后续计划，尼日利亚通信委员会（NCC）报告称，该国的宽带普及率已经达到了 22%—27%，并正朝着 30% 的目标前进 [2]。宽带普及率的增长促使尼日利亚在全球信息社会中的参与度大大增长。除此之外，文化全球化的参与度也在信息基建的依托下得到发展，尼日利亚与其他国家的文化交流在线上如期进行。这种文化交流基本是与其他国家共同举行文化艺术周活动，或者是技术与科技方面的相互学习交流。例如，2020 年 8 月 24 日至 9 月 4 日，中国文化和旅游部以网络直播的形式，为尼日利亚举办了“后疫情时代文化和旅游产业融合发展研修班”，来自中国的专家为尼日利亚学员进行专题授课 [3]；9 月 28 日至 10 月 5 日，由中国文化和旅游部国际交流与合作局主办，中外文化交流中心、尼日利亚中国文化中心承办的大型品牌活动——2020“天涯共此时”文化周活动也在线上成功举办 [4]。通过虚拟展览、线上音乐会、短视频、在线直播、微课

1 尼日利亚面临新冠疫情和石油收入暴跌的“双重打击”[J]. 中外能源，2020，25(07)：96-97.

2 非洲空间，祝伟国. 尼日利亚谋划宽带未来[J]. 中国投资(中英文)，2021(Z1)：102-107.

3 中华人民共和国文化和旅游部. 文化和旅游部为尼日利亚举办线上研修班[EB/OL]. https://www.mct.gov.cn/whzx/bnsj/dwwhllj/202008/t20200827_874387.htm, 2020-08-27/2022-02-14.

4 人民网. 尼日利亚中国文化中心举办“天涯共此时”线上文化周活动[EB/OL]. http://world.people.com.cn/n1/2020/1009/c1002-31885492.html, 2020-10-09/2022-02-14.

堂教学、体验互动和公众参与等多种类型，推动两国间的文化交流学习。由此可见，疫情带来的封闭政策并没有成为尼日利亚参与社会全球化的阻碍。

10.3.4 政治全球化

尼日利亚是非洲第一人口大国，也是非洲第一大经济体，对于西非其他国家甚至全非洲都有很强的辐射能力，在国际合作中具有重要的地位，但是这次疫情却削弱了这种重要的地位及作用。首先，疫情加剧了尼日利亚国内政坛的不稳定性。其国内种族和宗教冲突日益激烈，恐怖活动愈加频繁，北部极端组织“博科圣地”多次制造恐怖爆炸事件，南部产油区反政府武装也不时制造恐怖威胁，中部农牧民冲突日益加剧，这都使它的安全风险不断升高，恐怖主义指数连续 4 年排全球第 3 位。这种局面使其参与全球事务的基础受到了干扰和影响。其次，疫情使它在国际合作中的参与度降低，原油需求降低使尼日利亚话语权减弱，在国际合作中的作用降低。除此之外，与亚欧较发达国家相比，包括尼日利亚在内的撒哈拉以南非洲国家的医疗水平较低，应对疫情的能力较差，大大降低了其自身发展速度，在国际社会中的地位也相对下降，参与国际事务合作的能力与前疫情时代相比大有不足。由此可知，尼日利亚的政治全球化进程遇到了很大的阻碍。

10.4 肯尼亚

10.4.1 总体情况

肯尼亚位于非洲东部，经济发展程度较好，支柱产业主要为农业和旅游业。在新冠肺炎疫情影响下，其全球化进程受到影响，大部分全球化参与排名均呈现下降趋势。

在排名上，肯尼亚全球化参与度排名第 108 位，全球化参与基础排名第 109 位。根据图 10-17，从趋势上看，肯尼亚全球化参与度和全球化参与基础均呈现下降趋势，且全球化参与度下降迅猛。

分领域看，肯尼亚的经济全球化参与度排名第 135 位，经济全球化参与基础排名第 89 位。肯尼亚的经济全球化参与度基本保持平稳，略有下降，其中，贸易全球化参与度连续 10 年出现下滑，而金融全球化参与度则呈现上升态势。肯尼亚的经济全球化参与基础略有下滑，其中，贸易全球化参与基础与经济全球化参与基础趋势基本贴合，呈现小幅下降，而金融全球化参与基础则略有攀升。肯尼亚的社会全球化参与度排名第 29 位，社会全球化参与基础排名第 113 位。社会全球化参与度呈现下滑趋势，其中，除人际全球化参与度基本维持原有水平，文化全球化参与度小幅上升外，信息全球化参与度、科技全球化参与度均呈现下降趋势。肯尼亚的社会全球化参与基础略有下降，其中，科技全球化参与基础下降趋势最为突出，其余则保持持平，信息全球化参与基础则呈现较为明显的上扬态势。肯尼亚的政治全球化参与度排名第 102 位，政治全球化参与基础排名第 107 位。政治全球化参与度大幅下滑，其中，国际合作参与度维持了原先水平，全球治理参与度则前所未有地迅猛下跌。肯尼亚的政治全球化参与基础在整体呈现下滑趋势的情况下，略微上升，其中，全球治理参与基础小幅上升，国际合作参与基础维持原有水平。

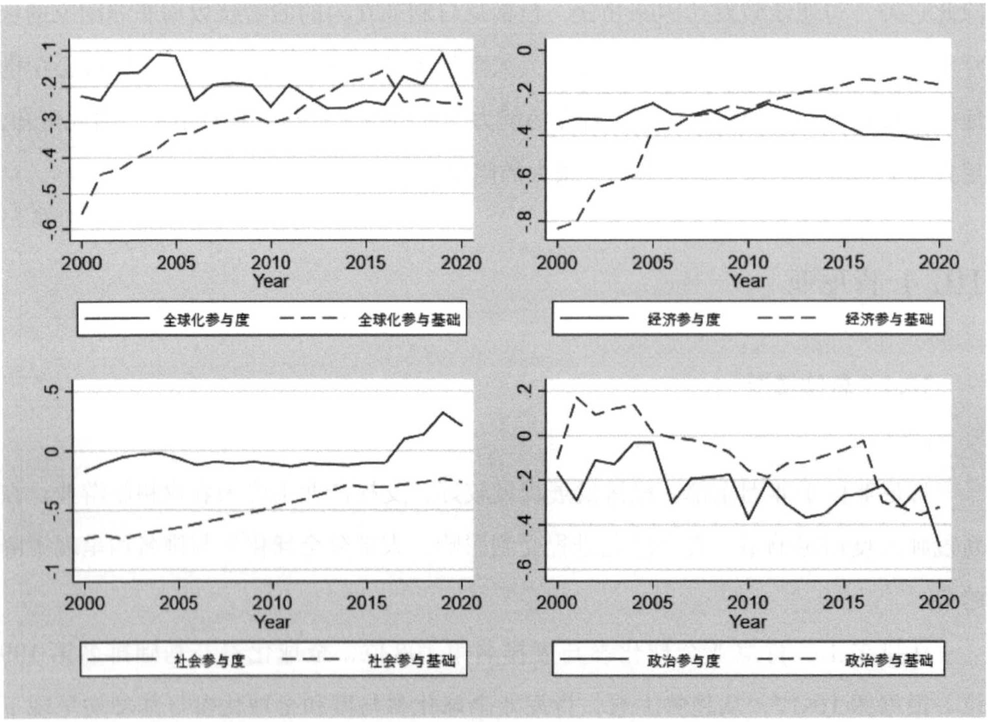

图 10-17 肯尼亚全球化参与度和参与基础折线图（总指标和一级指标）

从图 10-18 可知，在参与度方面，肯尼亚在社会维度表现最佳，其次是经济和政治维度。在参与基础方面，肯尼亚在经济维度表现最佳，其次是社会和政治维度。

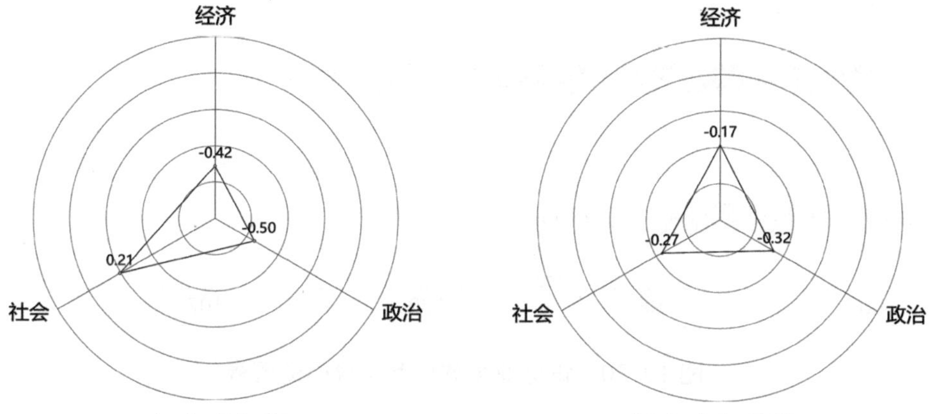

（a）参与度　　（b）参与基础

图 10-18　肯尼亚全球化参与度和参与基础雷达图

根据图 10-19、10-20、10-21 和 10-22，肯尼亚全球化参与度晴雨指数为 99.51，符合趋势。其中，经济全球化参与度晴雨指数为 99.16，符合趋势；社会全球化参与度晴雨指数为 101.12，高于趋势；政治全球化参与度晴雨指数为 98.43，低于趋势。肯尼亚全球化参与基础晴雨指数为 98.36，低于趋势。其中，经济全球化参与基础晴雨指数为 98.47，低于趋势；社会全球化参与基础晴雨指数为 97.88，低于趋势；政治全球化参与基础晴雨指数为 99.68，符合趋势。

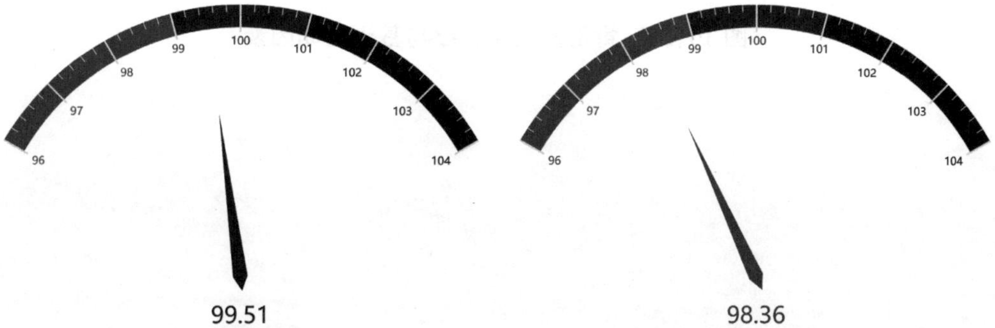

（a）参与度　　（b）参与基础

图 10-19　肯尼亚全球化参与度和参与基础晴雨表

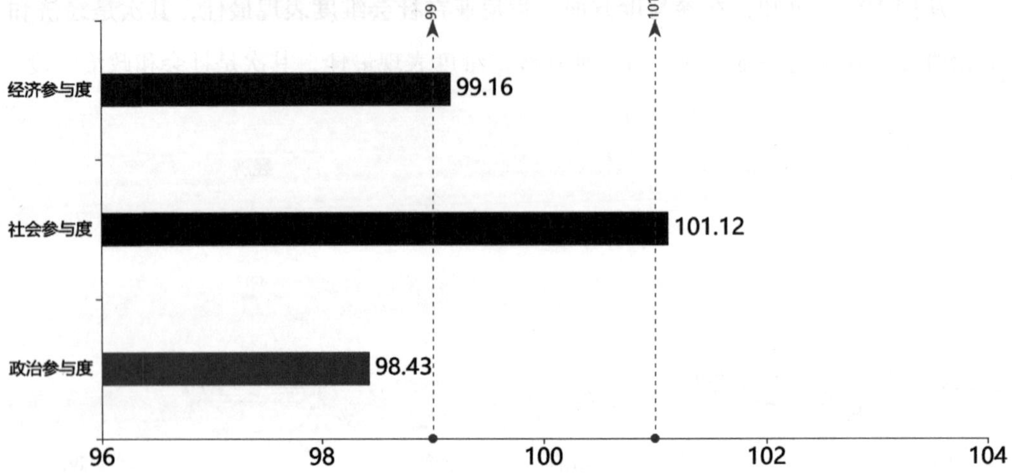

图 10-20　肯尼亚全球化参与度驱动因素

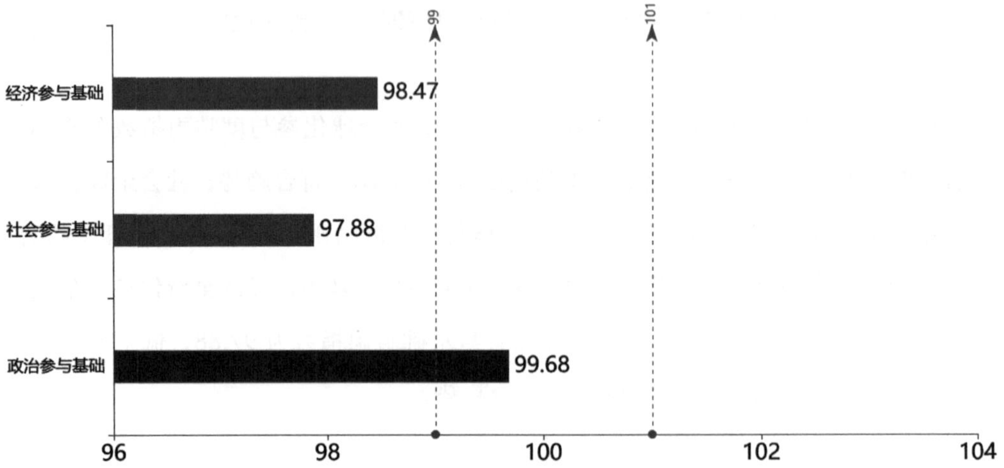

图 10-21　肯尼亚全球化参与基础驱动因素

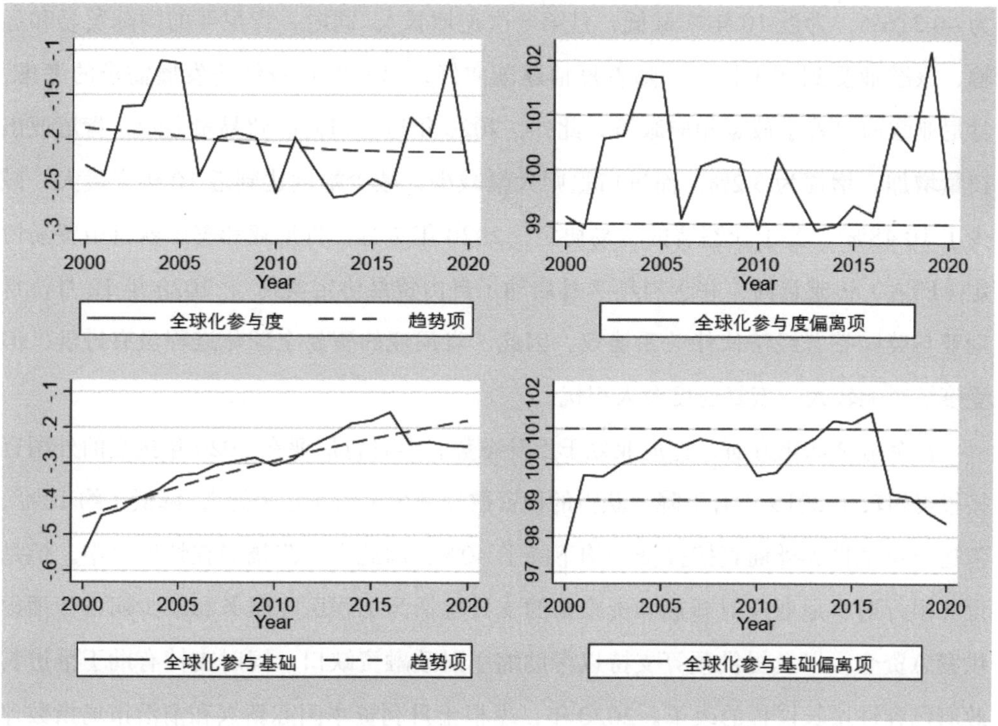

图 10-22　肯尼亚全球化参与度和参与基础 HP 滤波图

由此可见，肯尼亚作为东非的发展中国家之一，在总排名和各分排名上均靠后。肯尼亚在各领域全球化参与都受到了自身发展的影响，经济上的相对落后为其社会、政治发展带来了桎梏。从发展体系不完善到官员腐败，肯尼亚需要的不仅仅是改革。疫情无疑给了肯尼亚经济当头一棒，这也解释了全球化晴雨表为何显示肯尼亚经济、社会和政治全球化发展呈现颓势。然而，肯尼亚的社会全球化参与度及政治全球化参与基础的发展趋势不失为一个亮点。

10.4.2 经济全球化

2020 年，受疫情影响，肯尼亚的经济全球化参与度小幅下降。肯尼亚于 2020 年 3 月 13 日报告了首例新冠肺炎病例之后，政府于当月 25 日暂停所有客运航班，27 日晚开始实施宵禁。依据世界银行的数据，肯尼亚 2020 年的 GDP 增长率

为 –0.316%，为近 10 年来最低，且第一次逆增长[1]。同时，肯尼亚的国际贸易和运输、旅游业受到严重打击。随着疫情逐渐向好，以及对自身经济发展需求的考虑，肯尼亚政府也着手放宽相应政策。此外，2020 年进出口商品贸易量显示，肯尼亚出口量增加，增幅为 3.2%，而进口量则大幅减少，减少幅度达到近 10 年来最大，减少了 10.48%[2]。关于新签署的贸易协定，2020 年 2 月，肯尼亚和美国就自由贸易协定（FTA）达成意向，并于当年 7 月启动了自由贸易协定谈判[3]；2020 年 12 月，肯尼亚与英国签署经济伙伴关系协议。因此，肯尼亚的贸易全球化进程虽有进展，但受疫情影响较大，恢复速度令人担忧。

在金融全球化方面，肯尼亚处于上升态势。尽管肯尼亚在 2020 年接受的外国直接投资相较于 2019 年有下降，获得的投资数额减少至约 4 亿美元[4]，降低了约 18%[5]，但这一年全世界外商直接投资平均下降了 40%，因此它的降幅尚在情理之中。但是世界银行对肯尼亚应对新冠肺炎疫情的支持包括为加强医疗服务和减少病毒传播提供紧急资金，以及提供预算支持以帮助缩小财政融资缺口，同时支持有助于推进其政府包容性增长议程的改革。2020 年，摩根士丹利资本国际新兴和前沿市场指数评估了 27 个新兴经济体的股票机会，将内罗毕证券交易所（NSE）列为过去 10 年撒哈拉以南非洲地区表现最佳的交易所。由此可见，尽管受疫情冲击，但肯尼亚的金融市场在国际社会的认可度逐渐上升，其金融全球化处于向上发展态势。

10.4.3 社会全球化

肯尼亚在 2020 年的社会全球化参与度和参与基础均呈下降趋势。从信息全球化方面来看，它在 2020 年的互联网带宽速度（13.7mbps）排名全球第 14 位，是全球

1 世界银行. GDP增长率（年百分比）-Kenya [EB/OL]. https://data.worldbank.org.cn/indicator/NY.GDP.MKTP.KD.ZG?locations=KE, 2020-11-07/2022-02-14.

2 Trendeconomy. Kenya, imports and exports [EB/OL]. https://trendeconomy.com/data/h2/Kenya?time_period=2020,2019,2018,2017,2016,2015,2014,2013,2012,2011,2010,2009, 2020-10-31/2022-02-14.

3 U.S. Department of State. 2021 Investment Climate Statements: Kenya [EB/OL]. https://www.state.gov/reports/2021-investment-climate-statements/kenya/, 2021-09-08/2022-02-15.

4 Statista. Foreign direct investment (FDI) stock in Kenya from 2016 to 2020 [EB/OL]. https://www.statista.com/statistics/1260738/inward-fdi-stock-in-kenya/, 2021-10-03/2022-02-15.

5 CGTN. Kenya's foreign direct investment posts double-digit fall in 2020 [EB/OL]. https://newsaf.cgtn.com/news/2021-05-06/Kenya-s-foreign-direct-investment-posts-double-digit-fall-in-2020-101GzfhAjRe/index.html, 2021-05-06/2022-02-15.

平均速度的两倍，在中东和非洲地区能排至前 3 名[1]，这为其提供了良好的全球化参与基础。但肯尼亚在科技创新能力方面较弱。依据 2020 年全球创新指数报告，肯尼亚排名第 86 位，低于 2019 年的第 77 位和 2018 年的第 78 位。在创新投入上，排名第 92 位，低于 2019 年和 2018 年的第 89 位和第 91 位；在创新产出上，排名第 78 位，低于前两年的第 64 位[2]。在人际全球化层面，肯尼亚以其丰富的自然风光和野生动物而闻名，因而旅游业在肯尼亚经济中发挥着关键作用。但肯尼亚 2020 年的国际游客人数急剧下降至 56.78 万人次。而在 2019 年，有超过 200 万人前往该国旅游，旅游业所受的影响主要源于疫情。2020 年 3 月至 7 月，肯尼亚两个主要机场的客流量极低。航班恢复后，游客量有所增加，但仍低于疫情之前的水平。肯尼亚在 2020 年损失了约 10 亿美元的旅游收入，有 45% 的旅游企业估计上半年的收入损失超过 250 万肯尼亚先令（约 2.3 万美元）[3]。从整体来看，肯尼亚在基础设施建设上同其他非洲国家相比处于领先地位。但从国际层面看，它的社会全球化仍然较为落后。

10.4.4 政治全球化

2020 年，肯尼亚的政治全球化参与度大幅下降，全球治理参与度发展同步下滑，国际合作全球化发展保持稳定，政治参与基础则小幅上升。肯尼亚是联合国、非洲联盟、不结盟运动（Non-Aligned Movement）、七十七国集团（G77）和东非共同体（EAC）成员国，联合国人居署（UN-Habitat）总部、联合国环境规划署（UNEP）总部和国际合作社联盟（ICA）非洲办事处均设置在肯尼亚首都内罗毕。在经济层面，肯尼亚是非洲大陆自由贸易区（AFCFTA）的首批签署国之一，也是东南非共同市场（COMESA）成员国。这为肯尼亚参与政治全球化奠定了坚实的基础。

然而，肯尼亚不稳定的政治局势对其政治全球化造成了消极影响。肯尼亚境内存在着大量难民。2020 年，从巴勒斯坦涌入肯尼亚境内的难民总数达到了 45 万余

1 Polycarp Kazaresam. Kenya's average mobile internet speed is faster than the US' [EB/OL]. https://businesschief.eu/technology/kenyas-average-mobile-internet-speed-faster-us, 2020-05-20/2022-02-15.

2 Global Innovation Index 2020 [EB/OL]. https://www.wipo.int/edocs/pubdocs/en/wipo_pub_gii_2020-chapter1.pdf, 2021-06-07/2022-02-15.

3 Statista. International visitor arrivals in Kenya from 2010 to 2020 [EB/OL]. https://www.statista.com/statistics/1140047/international-visitor-arrivals-in-kenya/, 2023-09-28/2023-10-01.

人[1]，寻求庇护的人约占其中的10%[2]。而难民则意味着肯尼亚周边的国家安全局势并不稳定。2020年12月15日凌晨，索马里新闻部部长发表电视讲话，指责肯尼亚干涉其内政，损害其主权，宣布两国断交。索马里局势动荡加剧了肯尼亚对恐怖袭击的担忧。从内政来看，肯尼亚自1963年底独立之后，一直尝试发展自身经济，寻找自身政治发展道路。但2007年底，肯尼亚的大选危机暴露出自身内政的问题，其中之一便是腐败。腐败在肯尼亚普遍存在且根深蒂固。肯尼亚是《联合国反腐败公约》和《经合组织反贿赂公约》的签署国。2020年全球腐败感知指数将肯尼亚排在180个国家中的第137位，与2019年相比提高了13位。但是，肯尼亚的得分仍低于撒哈拉以南非洲国家的平均水平。因此，相较于提升政治全球化的发展进程，肯尼亚政府应该优先解决自身经济、社会问题，才能创造一个良好的提升其政治全球化发展进程的国内环境。

10.5 以色列

10.5.1 总体情况

以色列作为宗教、文化的聚集地，自身的经济、文化实力不容小觑，是中东地区唯一的发达国家。但因其在国际政治舞台上的特殊性，加之2020年新冠肺炎疫情扩散，以色列政治层面的全球化发展态势远不如其在经济、文化层面的全球化发展态势。

在排名上，以色列全球化参与度排名第80位，全球化参与基础排名第47位。根据图10-23，从趋势上看，该国全球化参与度呈现下降趋势，而全球化参与基础则呈现上升趋势。

分领域看，以色列经济全球化参与度排名第92位，经济全球化参与基础排名第29位。以色列经济全球化参与度略显颓势，其中，贸易全球化参与度显著下降，但金融全球化参与度呈现上升趋势。经济全球化参与基础大幅上升，其中，贸易全球

1 世界银行.按国家或避难地区划分的难民人口-Kenya [EB/OL]. https://data.worldbank.org.cn/indicator/SM.POP.REFG?locations=KE, 2021-07-06/2022-02-15.

2 UNHCR. UNHCR Operational Update [EB/OL]. https://reliefweb.int/report/kenya/unhcr-operational-update-kenya-september-2020, 2020-11-19/2022-02-15.

化参与基础迅猛增长，金融全球化参与基础虽增幅不大，但延续了往年的增长趋势。以色列的社会全球化参与度排名第 55 位，社会全球化参与基础排名第 34 位。社会全球化参与度保持稳定的小幅增长，其中，信息全球化参与度和科技全球化参与度保持增长趋势，文化全球化参与度则维持着同前几年一样的水平，人际全球化呈现下降趋势。以色列的社会全球化参与基础在前几年的迅猛提升后呈现小幅下降趋势，其中，信息全球化参与基础有提升趋势，科技全球化参与基础呈现下降趋势，人际全球化和文化全球化参与基础则继续维持着小幅增长态势。以色列的政治全球化参与度排名第 70 位，政治全球化参与基础排名第 126 位。政治全球化参与度迅猛下降，其中，全球治理参与度下降非常明显，国际合作参与度虽变化不大但维持着下降趋势。以色列的政治全球化参与基础没有明显的变化，其中，全球治理参与基础和国际合作参与基础经过几年的迅猛增长后，发展水平持平。

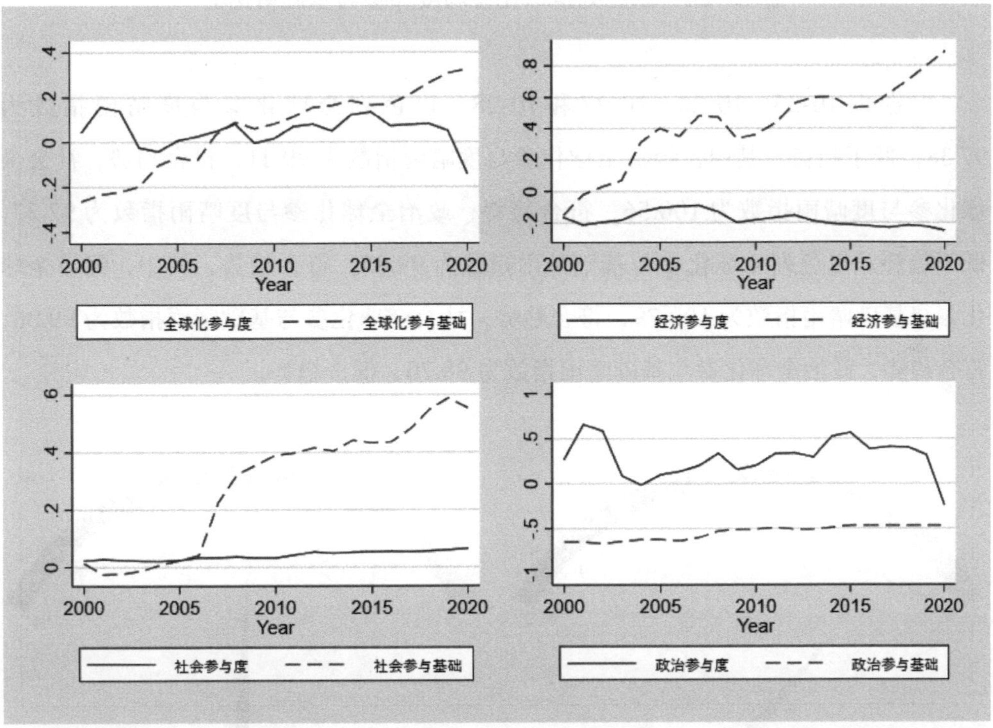

图 10-23　以色列全球化参与度和参与基础折线图（总指标和一级指标）

从图 10-24 可知，在参与度方面，以色列在社会维度表现最佳，其次是政治和经济维度。在参与基础方面，以色列在经济维度表现最佳，其次是社会和政治维度。

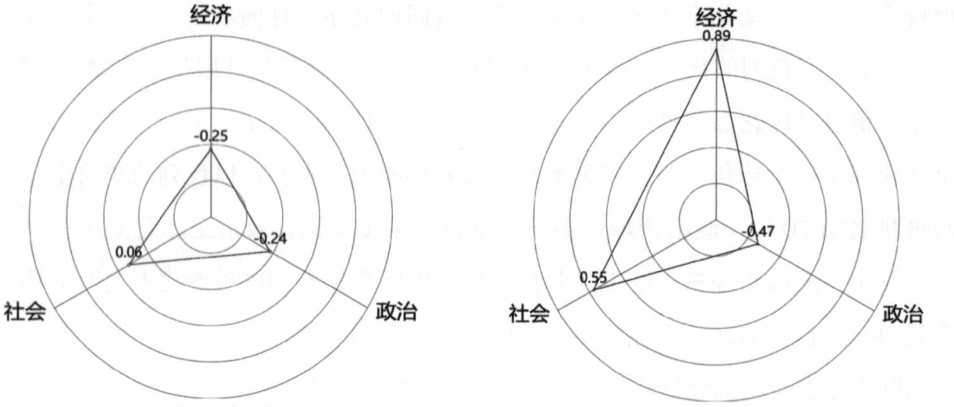

（a）参与度　　（b）参与基础

图 10-24　以色列全球化参与度和参与基础雷达图

根据图 10-25、10-26、10-27 和 10-28，以色列全球化参与度晴雨指数为 97.38，低于趋势。其中，经济全球化参与度晴雨指数为 99.41，符合趋势；社会全球化参与度晴雨指数为 100.56，符合趋势；政治全球化参与度晴雨指数为 97.57，低于趋势。以色列全球化参与基础晴雨指数为 99.85，符合趋势。其中，经济全球化参与基础晴雨指数为 100.79，符合趋势；社会全球化参与基础晴雨指数为 99.08，符合趋势；政治全球化参与基础晴雨指数为 98.70，低于趋势。

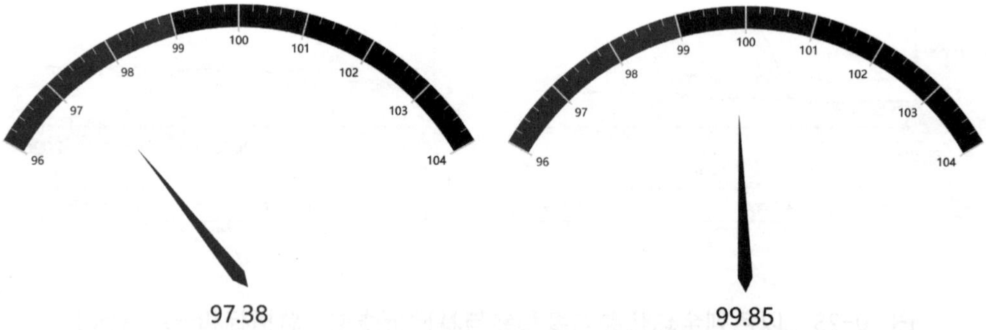

（a）参与度　　（b）参与基础

图 10-25　以色列全球化参与度和参与基础晴雨表

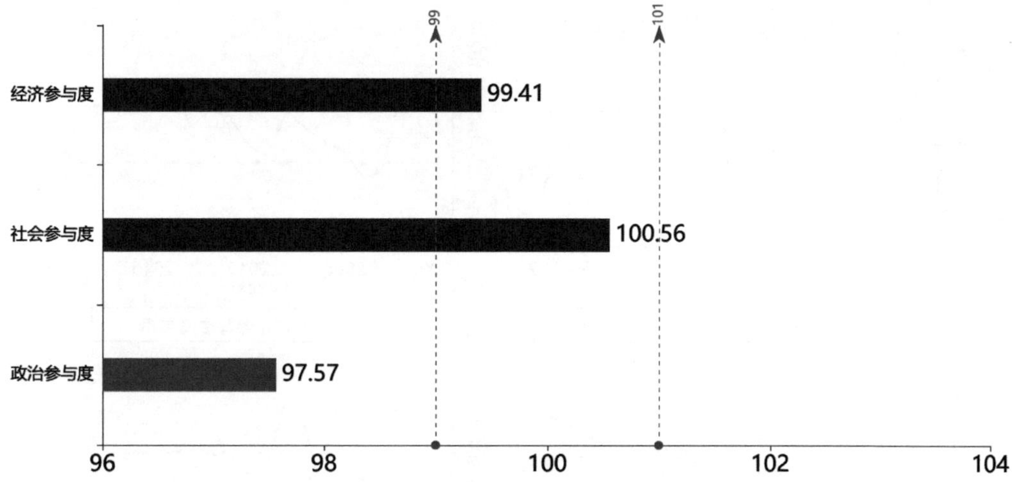

图 10-26　以色列全球化参与度驱动因素

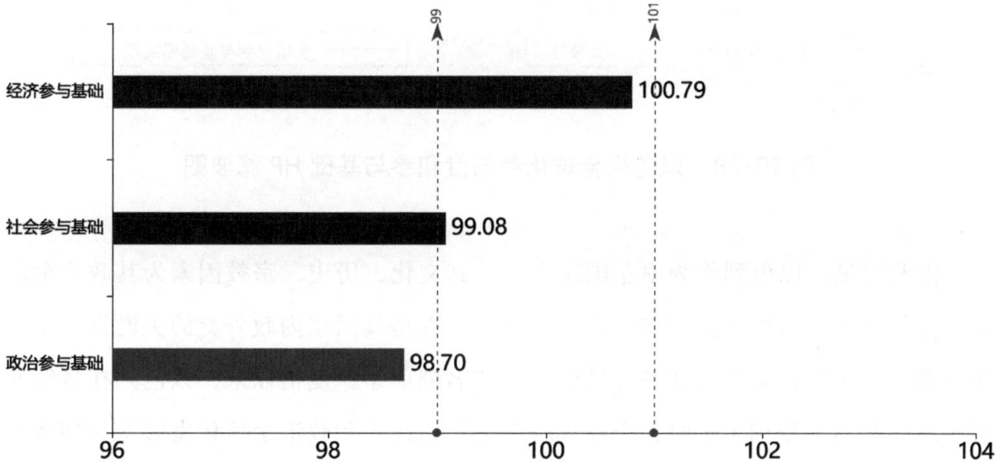

图 10-27　以色列全球化参与基础驱动因素

根据图 10-28，以色列 2020 年的全球化参与度大幅低于趋势项，参与基础值则和趋势项接近；参与度偏离项低于趋势阈值，而参与基础偏离项在趋势阈值之间。这表明，以色列的全球化参与度呈现下降趋势，全球化参与基础则符合趋势。

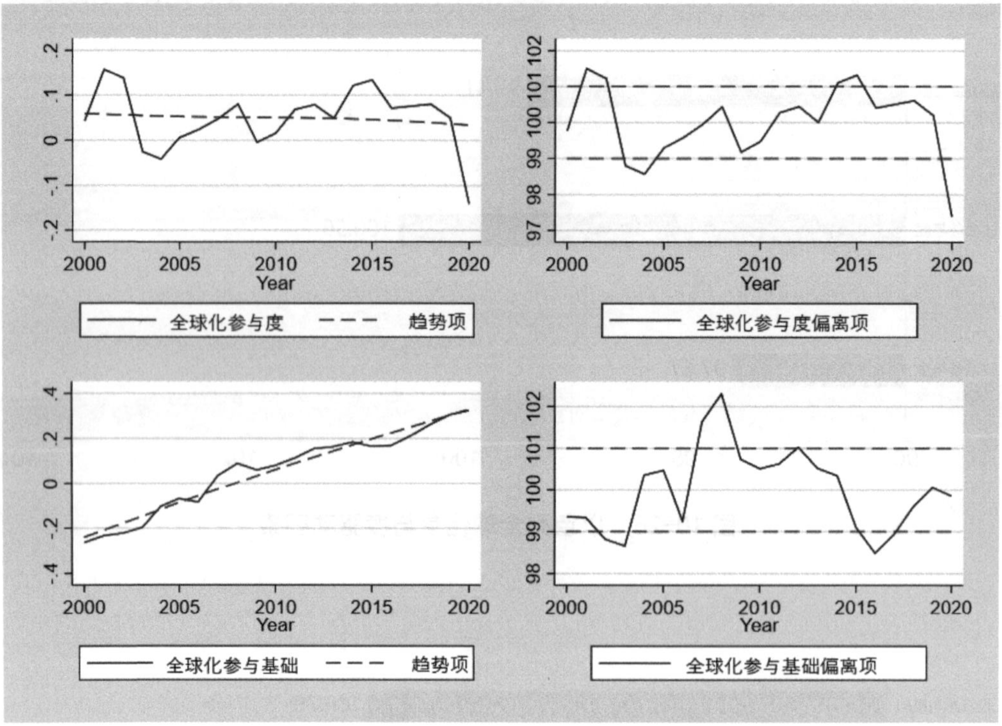

图 10-28　以色列全球化参与度和参与基础 HP 滤波图

由此可见，以色列作为中东国家之一，其文化、历史、宗教因素为其政治全球化进程带来了不可磨灭的影响。冲突、对立一直是其国家内政外交的关键词。从数据来看，以色列在总排名和各分排名上并非名列前茅。疫情以来，以色列在各领域的全球化参与都受到了影响，全球化晴雨表显示经济和政治全球化发展均呈现或多或少的颓势，但社会全球化发展则呈现上升趋势。

10.5.2 经济全球化

受新冠肺炎疫情影响，以色列采取了相关管控措施，阻碍了贸易全球化发展。以色列自 2020 年 2 月 21 日确诊第一例新冠肺炎病例以来，积极应对疫情扩散，在 2020 年共采取 3 次“封国”措施，且在疫苗上采取非常积极的态度。疫情的反复及病毒的变种导致了以色列的全年经济也反复无常：GDP 在第一季度下降 7%，第二季度继续下降 29.2%，第三季度反弹 38.9%，第四季度继续反弹 5%，最终全年取

得 –4. 6% 的经济增长[1]。但基于以色列的产业特长，其 2020 年经济全球化依然有可圈可点之处。在疫情大背景之下，医药行业呈现出蓬勃发展之势。而中东地区具有抗疫物资和医疗器械出口能力的国家仅有土耳其、以色列、约旦，且只有以色列和土耳其有较为发达的医药产业，但是土耳其的医药出口能力偏弱，制药产业具有国际影响力的仅以色列。受益于发达的医疗卫生产业，以色列在 2020 年接受的外国直接投资比 2019 年增长 20%，创造了 250 亿美元的历史新高。在金融全球化方面，以色列中央银行在疫情期间推出的货币政策组合较为多元，采取宽松的货币政策保证自身市场的稳定发展。以色列中央银行通过了高达 150 亿美元的外汇掉期，以为市场提供额外的美元流动性[2]。

10.5.3 社会全球化

良好的教育传统为以色列的社会全球化奠定了良好基础。以色列人口主要以犹太人、阿拉伯人为主，而犹太人以注重教育出名。以色列于 1948 年建国后，政府格外注重高等教育的发展。冷战结束后，在欧美受到高等教育的人返回以色列，加之它同欧美的紧密联系，以色列在教育上投入了很多心血。以 2018 年数据为例，以色列政府的教育预算约占其 GDP 的 6.17%[3]，高于在军事上的预算（5.3%[4]）。此外，疫情促进了全球数字经济和数字产业的发展，电子商务、电子支付、在线云课堂、在线会议、在线办公等正在逐渐改变普通民众的消费习惯、出行习惯、工作和学习习惯。以色列加快了数字化政府的建设，并为中小企业提供免费的数字化服务。但它在人际全球化的发展则没有那么乐观。2020 年，以色列的旅游人次仅有 83 万，同比下降 82%。其国际航班数量也巨幅下滑。2019 年，经过以色列的国际航班量约有 2400 万，而在 2020 年这个数字则减至约 456 万。由此可见，新冠肺炎疫情既为以色列带来了新发展机遇，也带来了一定的负面影响。

---

1 Globes. Israel's economy shrank 2.8% in first 9 months of 2020 [EB/OL]. https://en.globes.co.il/en/article-israels-economy-shrank-28-in-first-9-months-of-2020-1001353369, 2020-12-16/2022-02-14.

2 朱兆一.新冠肺炎疫情对中东国家经济的冲击与地区应对[J]. 学术探索，2021(05)：54-68.

3 The World Bank. Government expenditure on education, total (% of GDP) - Israel [EB/OL]. https://data.worldbank.org/indicator/SE.XPD.TOTL.GD.ZS?locations=IL, 2022-10-24/2022-11-24.

4 Statista. Military expenditure as a share of the gross domestic product in Israel from 2010 to 2020 [EB/OL]. https://www.statista.com/statistics/1005215/israel-military-expenditure-as-share-of-gdp/, 2021-05-21/2022-02-14.

10.5.4 政治全球化

2020 年，以色列的政治全球化进展并不乐观，国际合作全球化参与度下降趋势尤为明显。除受疫情影响之外，以色列的内政外交也正面临着一系列危机。2020 年正值美国总统换届选举之际。特朗普政府时期，美国和以色列的关系达到了一个新的高度，甚至弥补了奥巴马政府时期美国因为考虑到伊斯兰国家而冷漠以色列的“亏待”。在这一时期，特朗普和以色列单方面的交好则屡次遭到国际社会的反对。巴以冲突一直是国际社会的焦点问题，由此产生的矛盾则是以色列全球化发展进程的重大阻力。从美国和以色列于 2019 年共同退出联合国教科文组织，到美国将大使馆迁往耶路撒冷，再到美国政府退出伊核协议，无疑从全球治理层面大幅阻碍了以色列的发展。美以关系虽然是以色列外交中的重要一环，但随着中国国际地位的逐步提高，中国和以色列在技术、贸易上的往来需求也在不断提高。中国商务部表示，在 2020 年 11 月签署《区域全面经济伙伴关系协定》后，中国将着力推进与海湾合作委员、以色列的自由贸易协定，中国与中东主要经济体的经贸合作有望进一步升级[1]。此外，以色列在中国“一带一路”倡议中为中东地区重点国家之一，以此为契机，以色列的政治全球化尚有向上发展的空间。

10.6 撒哈拉以南非洲地区其他国家

10.6.1 总体情况

撒哈拉以南非洲其他国家无论在经济、社会还是国际政治参与度上，都较为落后，其经济与社会全球化参与基础尤为薄弱。2020 年，由于撒哈拉以南非洲地区抵御风险能力较弱，疫情对该地区的全球化参与构成了较为严重的打击，需要国际社会更多关注。

根据图 10-29，总体而言，撒哈拉以南非洲其他国家的全球化参与度有明显下滑，全球化参与基础则略有上升。

分领域来看，经济全球化参与度稳中有升，其中，贸易全球化参与度有所下降，

1 朱兆一. 新冠肺炎疫情对中东国家经济的冲击与地区应对[J]. 学术探索，2021(05)：54-68.

金融全球化参与度逆势上扬。经济全球化参与基础则呈现下降趋势，其中，贸易全球化参与基础下降明显，金融全球化参与基础则有小幅提升。社会全球化参与度也有所下滑，其中，信息全球化和人际全球化参与度基本平稳，科技全球化参与度有所上升，而文化全球化参与度则显著下降。社会全球化参与基础基本平稳，其中，信息全球化参与基础大幅提升，科技全球化参与基础大幅下降，而人际全球化和文化全球化参与基础基本维持不变。同时，政治全球化参与度大幅下降，全球治理参与度降幅显著，国际合作参与度则维持不变。政治全球化参与基础略有上升，全球治理参与基础与国际合作参与基础均有小幅上升。

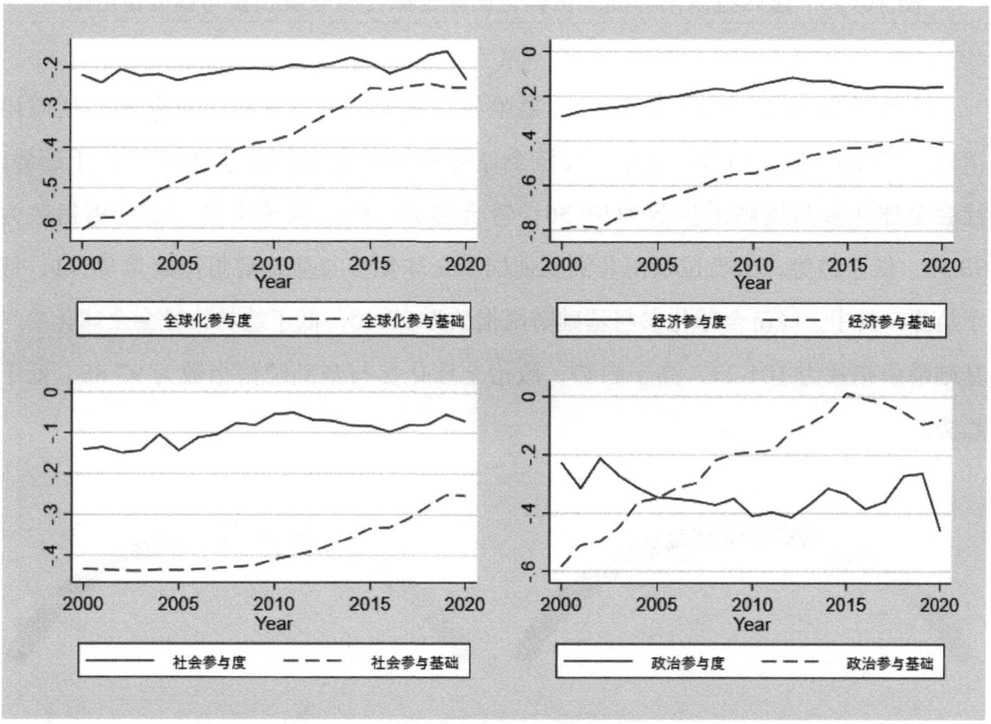

图 10-29　撒哈拉以南非洲地区其他国家全球化参与度和参与基础折线图（总指标和一级指标）

从图 10-30 可知，撒哈拉以南非洲其他国家在参与度方面，社会维度表现最佳，其次是经济和政治维度；在参与基础方面，政治维度表现最佳，其次是社会和经济维度。

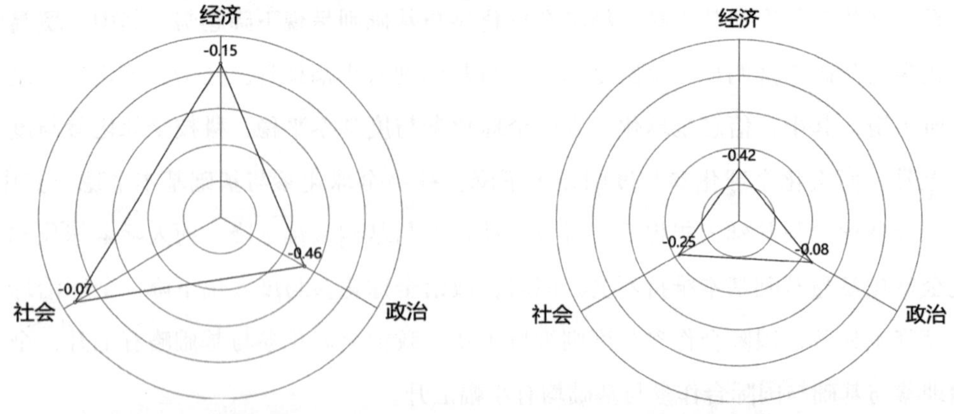

（a）参与度　　（b）参与基础

图 10-30　撒哈拉以南非洲地区其他国家全球化参与度和参与基础雷达图

根据图 10-31、10-32 和 10-33，撒哈拉以南非洲其他国家全球化参与度晴雨指数为 97.33，低于趋势。其中，经济全球化参与度晴雨指数为 98.80，低于趋势；社会全球化参与度晴雨指数为 99.36，符合趋势；政治全球化参与度晴雨指数为 98.37，低于趋势。撒哈拉以南非洲其他国家全球化参与基础晴雨指数为 97.41，低于趋势。其中，经济全球化参与基础晴雨指数为 97.40，低于趋势；社会全球化参与基础晴雨指数为 101.23，高于趋势；政治全球化参与基础晴雨指数为 97.88，低于趋势。

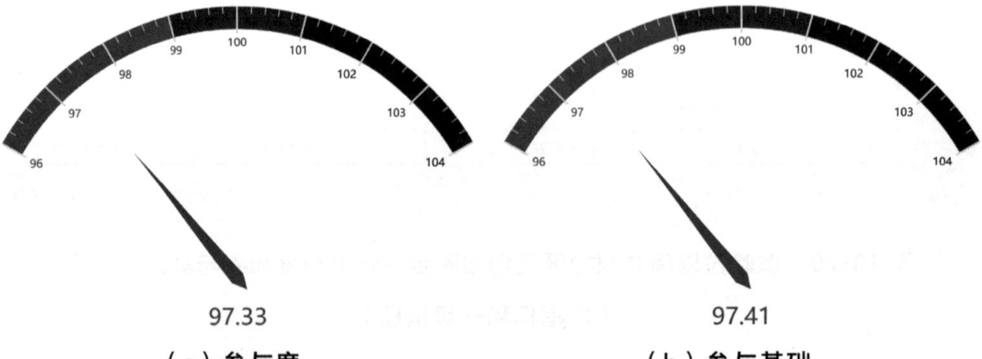

（a）参与度　　（b）参与基础

图 10-31　撒哈拉以南非洲地区其他国家全球化参与度和参与基础晴雨表

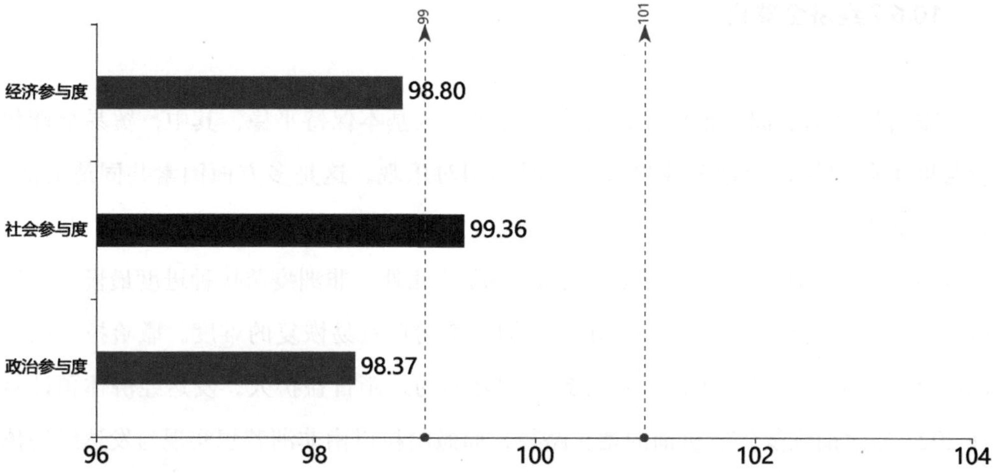

图 10-32　撒哈拉以南非洲地区其他国家全球化参与度驱动因素

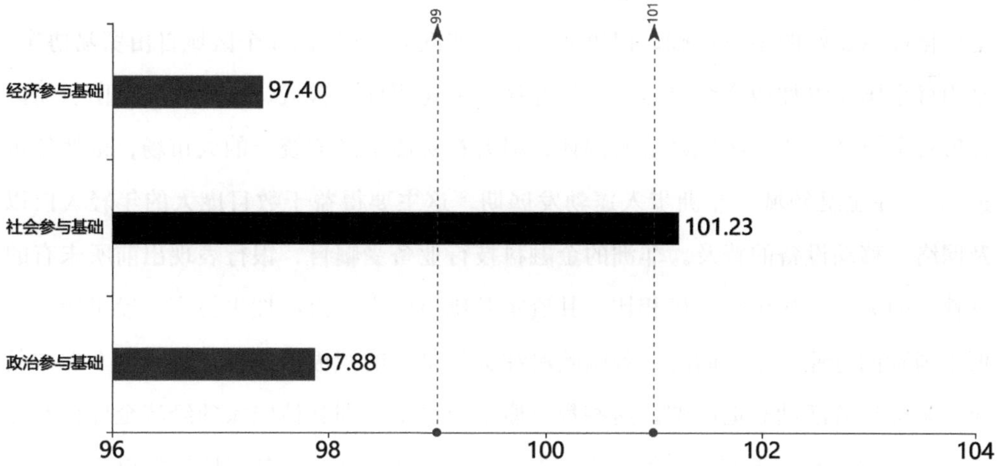

图 10-33　撒哈拉以南非洲地区其他国家全球化参与基础驱动因素

撒哈拉以南非洲其他国家在 2020 年的全球化参与度明显下降，这与疫情带来的连锁效应有关。全球化晴雨表结果显示，这些国家在经济与政治方面的全球化参与情况均低于趋势，社会全球化参与情况相对较好。一方面，这与撒哈拉以南非洲多个国家政局持续动荡有关。另一方面，这也与疫情下，国际社会各大国谋求自保，对非洲的关注和帮助下降有关。撒哈拉以南非洲其他国家自我调整能力较差，在突发危机中难以实现快速风险对冲和内化。在联合国人道主义援助等支持性政策下，这些国家有望在后疫情时代实现一定的复苏。

10.6.2 经济全球化

撒哈拉以南非洲其他国家经济全球化参与度基本保持平稳，其中，贸易全球化参与度下降明显，金融全球化参与情况则相对乐观。这是多方面因素共同造成的。首先，非洲是世界上受新冠肺炎疫情影响最严重的地区之一。受疫情影响，非洲大陆进出口贸易受阻，贸易全球化参与度下降。[1]此外，非洲疫苗接种进度最慢，这导致该地区容易受到疫情的反复冲击，增加了疫情后贸易恢复的难度。撒哈拉以南非洲的复苏预期慢于其他地区，这导致它们之间的差距日益扩大。发达经济体预计将在2023年之前恢复到危机前的增长路径，而撒哈拉以南非洲若想实现与发达经济体类似的经济复苏，就需在未来三年内以两倍的速度增长。不过，非洲区域内贸易潜力巨大。2021年1月1日，非洲大陆自由贸易区正式启动。根据协定，非洲国家间90%的关税将在5—10年内逐步取消，非关税壁垒也会大幅减少，为非洲国家经济全球化提供良好的参与基础。但也要看到，非洲大陆曾有30个区域自由贸易协定，平均每个国家参加四个贸易协定，但经济一体化程度仍很低。非洲大陆自由贸易区在形式上整合了八个区域经济共同体，但要在实质上形成统一的大市场，依然任重道远。[2]在金融领域，非洲步入蓬勃发展期，这主要得益于数目庞大的年轻人口以及网络、移动设备的普及。非洲的金融科技行业备受瞩目，银行表现出前所未有的韧性，因为与上次金融危机相比，其资本基础更强大，流动性也更高，投机倾向则低于国际同行业水平。同时，各国政府和央行采取的积极措施在一定程度上保护其免受全球经济活动衰退影响。这些都对撒哈拉以南非洲其他国家的经济全球化有促进作用。德勤和非洲CEO论坛联合进行的一项研究显示，自疫情暴发以来，有近70%的非洲大陆金融机构表示，启动或加速业务数字化已成为其首要战略重点。[3]在全球化时代，南北国家发展差距缩小了，发展中国家之间的差异却在拉大。发展中国家应根据不同国内禀赋和国际环境制定适合本国的产业政策，释放经济持续增长的动力。推动工业化多元发展是实现非洲国家可持续发展的重要保障，也是建立稳

1 世界资源研究所. 从抗疫合作、能源可及到转型发展—— 可再生能源赋能非洲绿色复苏 [EB/OL]. https://wri.org.cn/insights/renewables-china-africa-post-covid-cooperation, 2021-11-26/2022-02-14；贸发会议. 非洲的自由贸易区可带来可观的包容性经济增长 [EB/OL]. https://news.un.org/zh/story/2021/12/1095662, 2021-12-08/2022-02-14.

2 郑宇. 后疫情时代非洲发展前景展望[J]. 中国投资(中英文). 2021 (Z1)：39.

3 The Africa Report. Three Major Challenges Facing African Finance in 2021 [EB/OL]. https://www.theafricareport.com/70541/three-major-challenges-facing-african-finance-in-2021/, 2021-03-08/2022-02-14.

定国际秩序的基础。[1]

10.6.3 社会全球化

撒哈拉以南非洲其他国家的社会全球化参与度有所下滑，其中，科技全球化参与度上升，文化全球化参与度则显著下降。此外，信息全球化参与基础大幅上升，科技全球化参与基础大幅下降。科技全球化参与度的上升得益于信息和通信技术在非洲大陆的发展。非洲的年轻人已学会通过运用数字技术来应对疫情所带来的挑战。例如，肯尼亚的一个信息通信技术中心研发出一款可以追踪病毒感染传播路径的人员定位跟踪程序。在卢旺达，政府正在用实际行动展示，开明的社会政策对数字技术的发展能起到何种促进作用。卢旺达在数字基础设施领域投入大量资源，全国的宽带入户覆盖率高达 90%，有 75% 的人口拥有手机。在疫情暴发初期，卢旺达利用这一技术优势，开发了一款实时数字地图，这款程序可以追踪新冠病毒的传播路径。同时，还利用这一技术优势扩大远程医疗的使用范围，减少就诊次数，并研发了可以提供防疫最新进展的对话机器人。但同时也要看到，非洲的信息与科技全球化基础依然薄弱。整个非洲大陆的互联网普及率只有 28%，这一数字鸿沟使非洲大陆无法充分利用数字技术的技能优势，减轻疫情所带来的一些严重影响。

撒哈拉以南非洲其他国家的文化全球化参与度显著下降有两方面原因：一方面，疫情造成的萧条导致纸质印刷和出版业不景气；另一方面，知识产权保护不完善阻碍了非洲出版商实现数字化。非洲的出版商担心，如果纸质书转为数字化出版，非洲本已十分严重的印刷盗版问题将会愈发恶化。非洲国家要想在全球知识经济中具有竞争力，就必须发展有活力的创新生态系统，辅之以平衡有效的知识产权制度。[2]总之，疫情对非洲社会造成重创，但无形中也为其重塑社会格局提供了机会。就社会全球化而言，撇开疫情的影响，进一步完善数字基础设施建设与知识产权保护，鼓励科技进步与创新，对撒哈拉以南非洲其他国家的可持续发展至关重要。

---

1 郑宇. 全球化、工业化与追赶 [J]. 世界经济与政治. 2019 (11): 127-128.

2 WIPO. 通过知识产权与创新加强非洲商业竞争力 [EB/OL]. https://www.wipo.int/wipo_magazine/zh/2019/05/article_0002.html, 2019-10-01/2022-02-14.

10.6.4 政治全球化

撒哈拉以南非洲其他国家的政治全球化参与度大幅下降，主要是因为全球治理参与度降幅显著。撒哈拉以南非洲其他国家由发展中国家和最不发达国家组成，其意志很难通过目前的多边主义体系充分表达，而疫情又加剧了非洲中部萨赫勒地区的脆弱性，并加剧了各国的内顾倾向，这使作为全球治理主体和对象的撒哈拉以南非洲其他国家未能得到应有的关注。

从世界范围看，该地区疫苗接种率最低，可再生能源的前景与潜力最大，且其拥有关键生态系统。[1]联合国报告显示，2020年，世界难民人数持续增加，达8240万人；2021年上半年，新难民人数继续增加，接近2100万人。大多数新难民来自五个国家：中非共和国、南苏丹、叙利亚、阿富汗和尼日利亚。[2]面对这些挑战，大多数撒哈拉以南非洲国家缺乏足够的能力来应对，国际多边机构又显得过于薄弱和分散。目前，多边体系以美国为中心向外扩散，美国居于等级秩序核心，七国集团是多边主义的内核，其他发达国家是中间层，发展中国家则处于最外层。[3]

不过，撒哈拉以南非洲其他国家的政治全球化参与基础略有上升，全球治理参与基础与国际合作参与基础均有小幅上升，这是非洲国家抱团取暖的结果，尤以非洲大陆自由贸易区为代表。非洲联盟轮值主席、南非总统拉马福萨表示，非洲大陆自由贸易区是非洲一体化进程之中的“最重要里程碑之一”，也是“非洲将命运掌握在自己手中”的最响亮表态。[4]在非洲大陆自由贸易区之上签订的一系列国际条约有助于缓释政治与信用风险，尤其是国际多边组织牵头或提供担保、保险的项目。[5]这也在一定程度上促进了撒哈拉以南非洲其他国家政治全球化参与基础的发展。

---

1 国际货币基金组织. 撒哈拉以南非洲地区经济展望：一个星球，两个世界，三大现实 [R/OL]. https://www.imf.org/zh/ Publications/REO/SSA/ Issues/2021/10/21/ regional-economic- outlook-for-sub-saharan -africa-october-2021, 2021-10-01.

2 联合国. 冲突、暴力、气候变化导致2021年上半年流离失所人数增加 [EB/OL]. https://news.un.org/zh/story/2021/11/1094272, 2021-11-11/2022-02-14.

3 郑宇. 21世纪多边主义的危机与转型 [J]. 世界经济与政治，2020 (08)：141-143.

4 新华网. 非洲自贸区正式启动 有望增强非洲发展韧性 [EB/OL]. http://www.xinhuanet.com/2021-01/02/c_1126937760.html, 2021-01-02/2022-02-14.

5 人民网. 记者观察：非洲自贸区带给中国企业和投资者的机遇和挑战 [EB/OL]. http://world.people.com.cn/n1/2021/0727/c1002-32171911.html, 2021-07-27/2022-02-14.

第十一章　北美地区全球化晴雨指数分析

11.1 美国

11.1.1 总体情况

作为当今世界超级大国，美国具备较强的全球化参与基础和动力。然而，美国对华贸易战、新冠肺炎疫情对其全球化造成了史无前例的冲击。特朗普政府采取消极措施，导致疫情在美国迅速扩散。虽然特朗普在2020年美国总统选举中败选，但特朗普政府以行政手段推动产业回流、重塑全球分工格局、阻遏中国科技企业成长的单边主义行径，对中美关系和自由国际经济秩序已然造成巨大破坏。长期来看，美国发起的“关税战”“科技战”对世界供应链和价值链的破坏，以及疫情对全球产业链分工格局的冲击，使国家安全压倒经济利益成为各国政府产业政策的优先选项，这将带来系统性的连锁反应，导致全球化的碎片化、区域化和全球产业链的本土化、闭环化。[1] 其全球化参与水平的复苏前景将取决于内外多方面因素。

从排名上看，美国全球化参与度排名第6位，全球化参与基础排名第32位。根据图11-1，其全球化参与度显著下降，全球化参与基础小幅下降。

1 朱锋，倪桂桦.美国对华贸易战与新冠肺炎疫情对全球化的影响[J].当代世界，2021(05)：41-49.

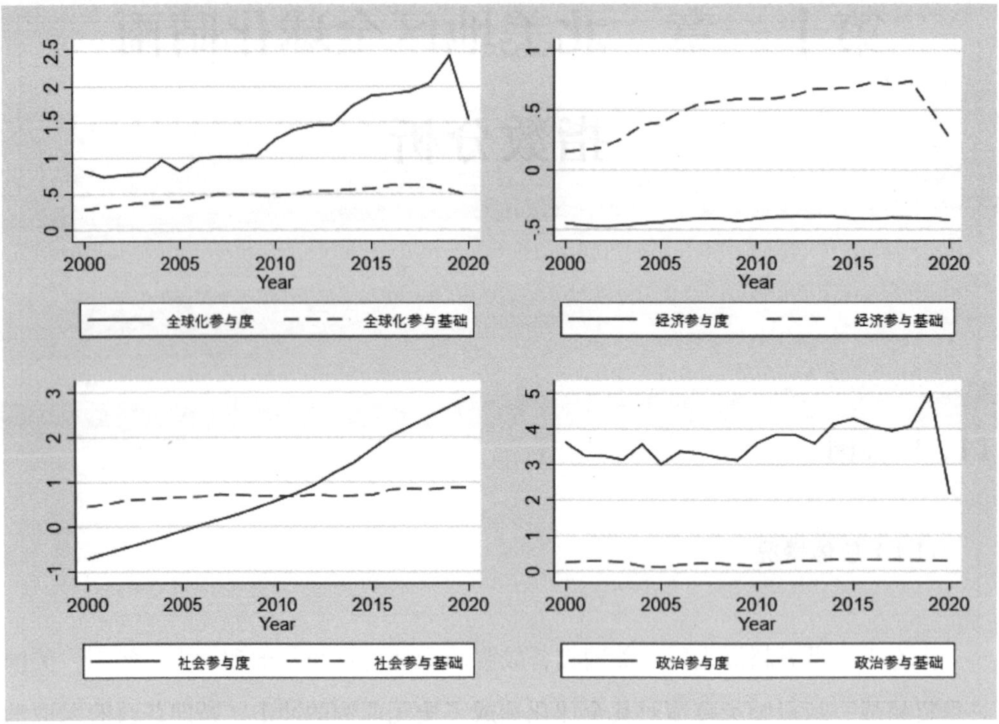

图 11-1　美国全球化参与度和参与基础折线图（总指标和一级指标）

分领域看，美国的经济全球化参与度排名第 134 位，经济全球化参与基础排名第 51 位。美国的经济全球化参与度基本维持先前水平，其中，贸易全球化参与度略有降幅，金融全球化参与度则略微上扬。其经济全球化参与基础大幅回落，其中，贸易全球化参与基础大幅下降，金融全球化参与基础基本维持先前水平。美国的社会全球化参与度排名第 4 位，社会全球化参与基础排名第 12 位。其社会全球化参与度大幅增加，其中，信息全球化参与度增幅显著，人际全球化参与度、科技全球化和文化全球化参与度则基本保持平稳。社会全球化参与基础略有上升，其中，信息全球化参与基础小幅上升，人际全球化参与基础基本保持稳定，科技全球化和文化全球化参与基础则略有下降。美国的政治全球化参与度排名第 1 位，政治全球化参与基础排名第 45 位。政治全球化参与度出现明显下滑，这主要是它的全球治理参与度大幅下降导致的，其国际合作参与度则基本保持平稳。美国的政治全球化参与基础保持平稳，这得益于其全球治理和国际合作参与基础的基本平稳，其中，国际合作基础增速有略微下降趋势。

从图 11-2 可知，在全球化参与度方面，美国 2020 年社会全球化参与度表现相对较好。全球化参与基础方面，其社会全球化参与基础优势也相对突出。

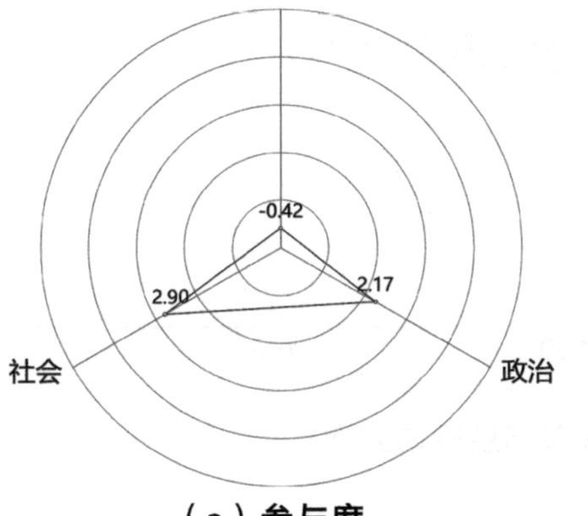

（a）参与度　　（b）参与基础

图 11-2　美国全球化参与度和参与基础雷达图

根据图 11-3、11-4、11-5 和 11-6，美国全球化参与度晴雨指数为 97.11，低于趋势。其中，经济全球化参与度晴雨指数为 98.28，低于趋势；社会全球化参与度晴雨指数为 101.25，高于趋势；政治全球化参与度晴雨指数为 96.67，低于趋势。美国全球化参与基础晴雨指数为 96.76，低于趋势。其中，经济全球化参与基础晴雨指数为 96.72，低于趋势；社会全球化参与基础晴雨指数为 100.28，符合趋势；政治全球化参与基础晴雨指数为 99.45，符合趋势。

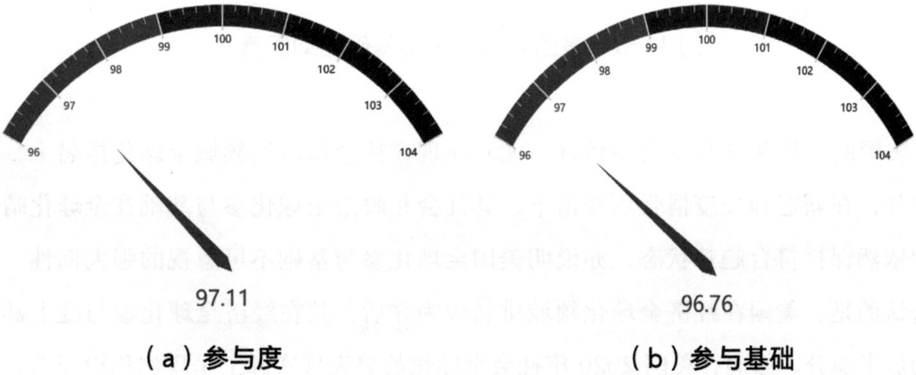

（a）参与度　　（b）参与基础

图 11-3　美国全球化参与度和参与基础晴雨表

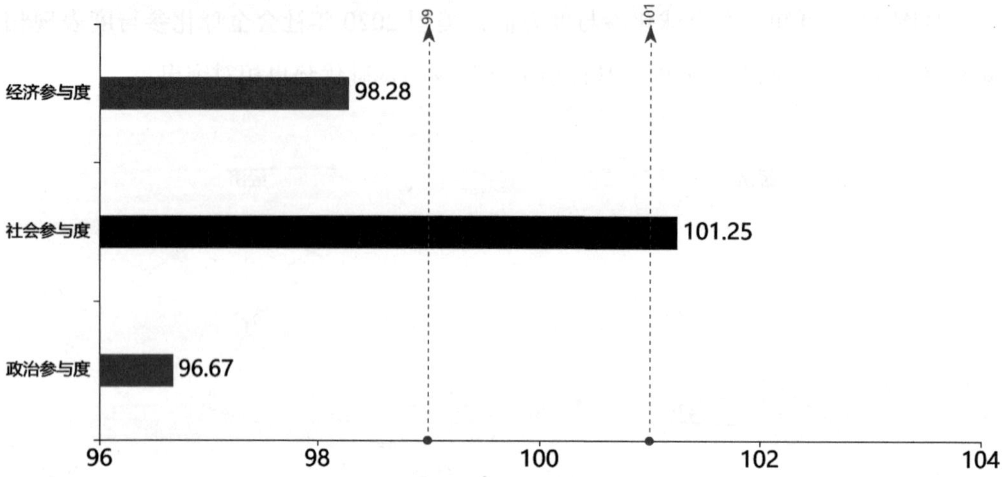

图 11-4　美国全球化参与度驱动因素

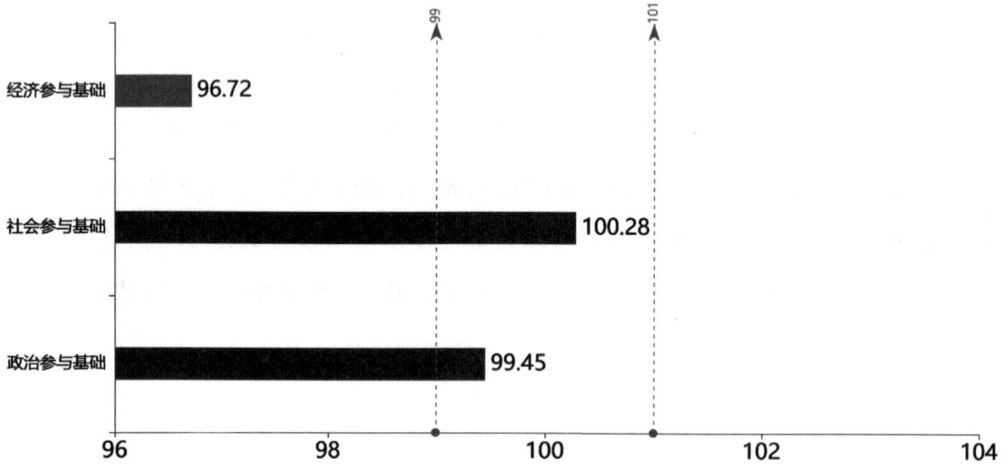

图 11-5　美国全球化参与基础驱动因素

美国的全球化参与度表现较好，尤其体现在社会和政治领域全球化排名上。除此之外，在新冠肺炎疫情强烈冲击下，其社会和政治全球化参与基础在全球化晴雨表中依然保持符合趋势状态，亦说明美国全球化参与基础不可忽视的强大韧性。不可否认的是，美国在经济全球化领域排名较为靠后，其在经济全球化参与度上甚至位列后半部分。然而，美国 2020 年社会全球化趋势表现实际上呈现出积极姿态，体现出它在社会和经济全球化领域依然有较大发展潜力，但现在奉行单边主义使其在经济全球化发展上，依然任重而道远。

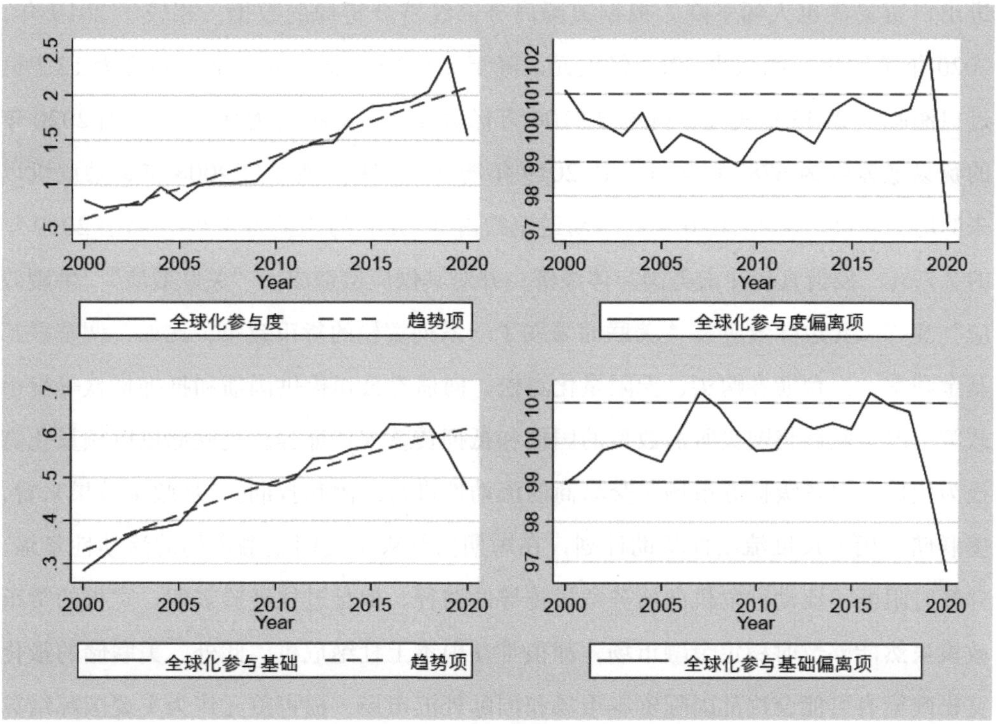

图 11-6　美国全球化参与度和参与基础 HP 滤波图

11.1.2 经济全球化

2020 年，美国的经济全球化参与度和参与基础均低于趋势。同世界上绝大多数国家和地区一样，美国的经济全球化参与度和参与基础在疫情期间遭遇了负面冲击。它经历了经济衰退、复苏缓慢，特别是实体经济因受到疫情影响大幅衰退，进而触发金融市场动荡。根据美国商务部经济分析局的数据，2020 年，美国的 GDP 实际增长率为 –3.5%，这是自第二次世界大战以来的历史最低点，也是自 2010 年以来首次出现负增长。美国在 2020 年第一季度实际 GDP 下降了 5%，第二季度实际 GDP 下降了 31.4%。[1] 国内生产动能消减对于其参与全球一体化的能力和意愿均提出了挑战，成为外国投资者下调对美国经济状况预估水平的一项内容。

从贸易领域看，与全球贸易和世界经济受到的严重冲击相同，美国 2020 年的

1 U. S. Bureau of Economic Analysis. Gross Domestic Product [EB/OL]. https: //www.bea.gov/news/2021/gross-domestic-product-4th-quarter-and-year-2020-advance – estimate, 2021-01-28/2022-02-14.

进出口贸易额也大幅下降。根据美国商务部经济分析局的数据，相较于2019年，2020年美国出口额减少3964亿美元，降至2.1319万亿美元，下降幅度为15.7%；进口额减少2945亿美元，降至2.8106万亿美元，下降幅度为9.5%。美国2020年的贸易逆差约为6787亿美元，比2019年增加17.7%，创下自2008年金融危机以来的历史新高。美国2020年的贸易逆差约占其GDP的比重为3.2%，高于2019年的2.7%。[1]疫情直接冲击美国实体经济，并对其供应链造成了“关联效应”“牛鞭效应”及“二元边际效应”。[2]美联储采取了一系列宽松的货币政策，比如，调整联邦基金利率，出台债券购买、无限量化宽松、向债券公司提供国债和抵押贷款等货币政策，即美联储将购买所需数量的国债和抵押贷款支持证券。美联储以巨额量化宽松为代价，对各级债券市场主交易商的流动性进行纾困和救助。[3]从政策效果来看，美联储采用大尺度流动性救助计划，在短期内结束了美国金融市场的流动性紧缩，并暂时阻断了流动性危机向债务危机传导的路径。但是过往经验表明，宽松的货币政策虽然能够暂时稳定金融市场，却很难在根本上杜绝危机。此外，美联储的量化宽松政策有可能会扰乱国际资本市场和国际外汇市场，损害美元作为主要国际结算货币的信用。[4]正如美联储主席杰罗姆·鲍威尔（Jerome Powell）所说：“美国经济的疲软之处源于疫情的蔓延，而疫苗正成为美国经济复苏的关键。”[5]

11.1.3 社会全球化

与经济全球化的消极发展态势不同，美国2020年社会全球化参与度高于趋势，参与基础保持趋势，均实现了正增长。究其原因，最关键的因素即为信息全球化参与度增幅显著。值得注意的是，美国的信息全球化参与度和参与基础均呈现增长

1 盛斌. COVID-19对全球价值链的冲击及政策启示[J]. 国际经济评论：2020(03)：12-17.

2 U. S. Bureau of Economic Analysis. Gross Domestic Product [EB/OL]. https://www.bea.gov/news/2021/gross-domestic-product-4th-quarter-and-year-2020-advance – estimate, 2021-01-28/2022-02-14.

3 Federal Reserve. Federal Reserve Actions to Support the Flow of Credit to Households and Businesses [EB/OL]. https://www.federalreserve.gov/newsevents/pressreleases/monetary20200315b.htm, 2020-03-15/2021-11-12.

4 孙天昊. 2020年的美国经济：经济衰退，复苏缓慢[M]// 傅莹，倪峰，袁征. 美国研究报告（2021）. 北京：社会科学文献出版社，2021：68-87.

5 FOXBusiness. “Vaccinations are the Key to US Economic Recovery.” Fed Chair Powell Says [EB/OL]. https://www.foxbusiness.com/economy/vaccinations-us-economic-recovery-fed-chair-powell, 2021-01-27/2021-11-12.

态势。在疫情冲击下，众多线下事项转为线上进行，人们对互联网的需求迅速增加，更加依赖数字化的信息平台开展办公、学习、交流等各项活动，美国也不例外。根据相关数据，美国2020年固定宽带用户约为1.2亿人，比2019年增长了约5.4%。[1]此外，疫情并未对留学生流动造成显著负面影响。由于规划留学需要较长时间的准备和申请，以及许多大学具备线上网课的选择，因此留学计划受疫情影响较小。在疫情与国际环境叠加的“新常态”中，意向留学生的留学计划不同程度受到影响，但大部分意向留学生并不打算放弃留学，而是在时间规划上进行了调整。[2]

11.1.4 政治全球化

2020年，美国的政治全球化参与度低于趋势，且差距较大；参与基础保持趋势。美国虽然仍然是政治全球化排名第1的国家，但是在政治全球化参与度方面的表现明显低于趋势。比如，在全球合作领域，美国仍表现低迷。在新冠肺炎疫情扩散时，特朗普政府却向世界卫生组织“宣战”，并停止向世界卫生组织缴纳会费。此后特朗普又公开宣布，美国“终止”与世界卫生组织的关系，原因是该组织在应对疫情处理中有关“亲中”偏见的种种担忧时，未能做出改进。[3]同时，因为疫情，美国也不得不取消了诸如七国集团峰会等一系列外交活动，而中美关系也经历了进一步战略竞争升级。在高新技术领域，中美关系紧张加剧，对美国的政治全球化发展也产生了负面影响。

但美国2020年在政治全球化参与基础上保持趋势，这主要是来自其国际合作全球化参与基础的不俗表现。2020年，特朗普政府继续推动全球战略。在区域层面，特朗普政府仍以亚太、欧洲及中东为重点，其中在中东取得的外交突破成为亮点；在重大议题上，特朗普政府主要致力于推动核不扩散、撤出反恐战争及推动所谓的“民主”“人权”。[4]在撤出反恐战争上，特朗普政府继续推动美军从反恐战争中脱身。

1 Statista Research Department. Number of fixed broadband subscriptions in the United States from 2000 to 2020 [EB/OL]. https://www.statista.com/statistics/183614/us-households-with-broadband-internet-access-since-2009/, 2021-11-01/2021-11-12.

2 宋杰. 美国留学政策朝令夕改，中国学生更多选择英国留学[J]. 中国经济周刊，2020(14)：84-86.

3 Adam Shaw. Trump Announces US “Terminating” Relationship with WHO [EB/OL]. https: //www.foxnews.com/politics/trump-us-terminating-relationship-with-who, 2020-03-29/2021-11-12.

4 刘得手. 2020年的美国外交：新冠肺炎疫情下的推进与困境[M]//傅莹，倪峰，袁征. 美国研究报告(2021). 北京：社会科学文献出版社，2021：113-134.

例如，2020年2月29日，美国政府与阿富汗塔利班在多哈签署和平协议。根据该协议，美军将分阶段撤离阿富汗，塔利班承诺不充当恐怖分子的庇护所。截至2021年1月15日，美国在伊拉克的驻军降至2500人，在阿富汗的驻军从2019年8月的8000人降至2500人。这是自2001年美国在阿富汗开始军事行动以来，驻阿美军人数最少的一次。[1]

总而言之，美国政治全球化的发展情况虽然仍然排名世界首位，但其未来走向仍有待观察。

11.2 加拿大

11.2.1 总体情况

加拿大经济发达。根据世界银行数据，加拿大2020年的GDP为1.64万亿美元，排名第9。尽管在疫情期间遭受一定冲击，但是加拿大在经济、社会和政治领域全球化参与上依然维持稳健姿态。在排名上，加拿大全球化参与度排名第22位，全球化参与基础排名第27位。根据图11-7，从趋势上看，加拿大的全球化参与度下降，而全球化参与基础继续保持相对平稳态势。

分领域看，加拿大的经济全球化参与度排名第79位，经济全球化参与基础排名第44位。经济全球化参与度出现下降趋势，其中，贸易全球化参与度显著下降，金融全球化参与度小幅上扬；经济全球化参与基础小幅下降，其中，金融全球化参与基础保持平稳，贸易全球化参与基础有小幅下降。加拿大的社会全球化参与度排名第21位，社会全球化参与基础排名第10位。社会全球化参与度略有提升，其中，信息全球化参与度增长幅度较大，文化全球化参与度则小幅下降。社会全球化参与基础表现出小幅上升态势，其中，信息全球化参与基础有所提升，科技全球化和人际全球化参与基础小幅下降，文化全球化参与基础则基本维持不变。加拿大的政治全球化参与度排名第12位，政治全球化参与基础排名第22位。政治全球化参与度大幅下降，其中，全球治理参与度降幅显著，国际合作参与度维持不变。政治全球

1 The Department of Defense. U. S. Completes Troop - Level Drawdown in Afghanistan, Iraq [EB/OL]. https://www.defense.gov/News/News-Stories/Article/Article/2473884/us-completes-troop-level-drawdown-in-afghanistan-iraq/, 2021-01-15/2021-11-12.

化参与基础略有下降，其中，全球治理参与基础有明显下降，国际合作参与基础维持稳定。

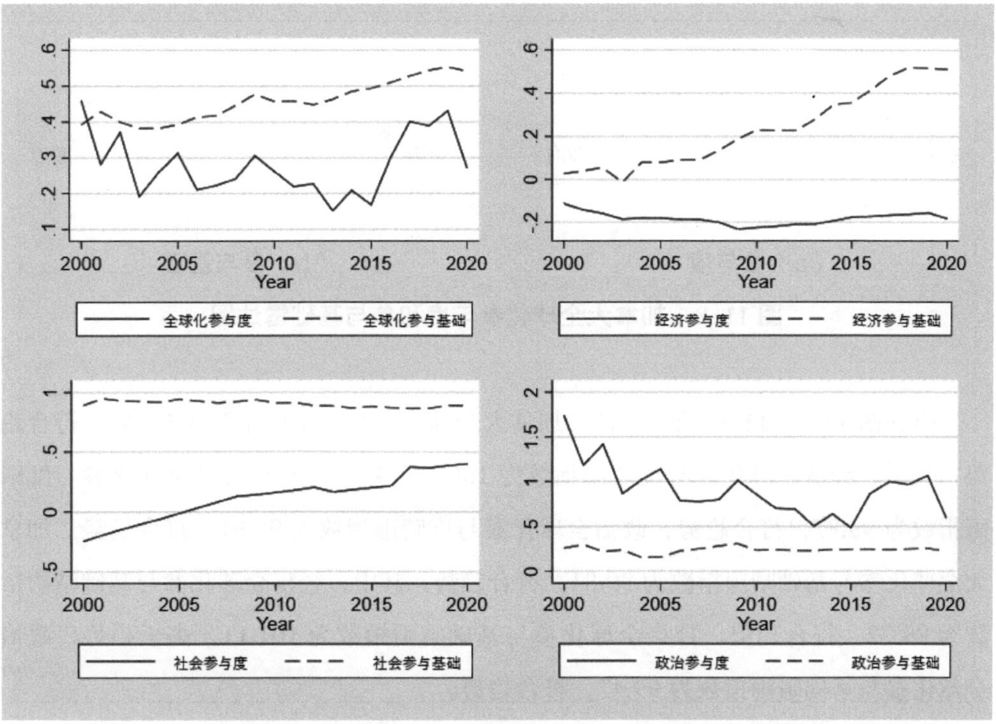

图 11-7　加拿大全球化参与度和参与基础折线图（总指标和一级指标）

从图 11-8 可知，在全球化参与度方面，加拿大的政治参与度更佳；在参与基础方面，加拿大的社会参与基础更高。加拿大的社会全球化参与基础和政治全球化参与度为其较大的优势。

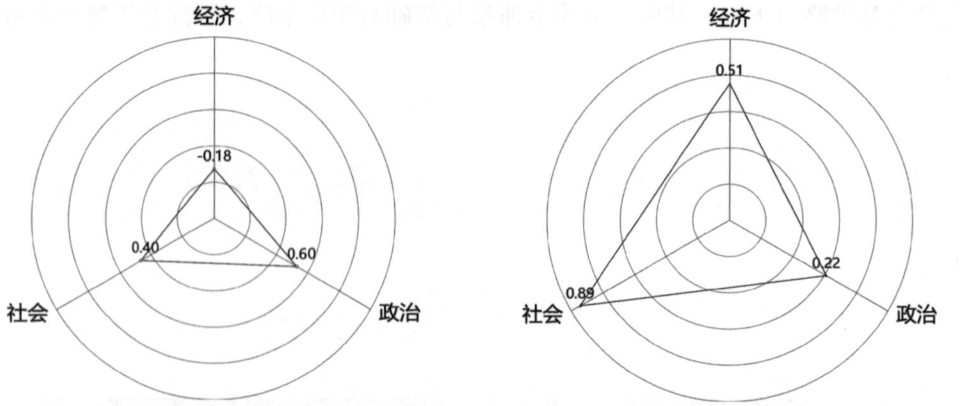

（a）参与度　　（b）参与基础

图 11-8　加拿大全球化参与度和参与基础雷达图

根据图 11-9、11-10 和 11-11，加拿大全球化参与度晴雨指数为 99.62，符合趋势。其中，经济全球化参与度晴雨指数为 100.10，符合趋势；社会全球化参与度晴雨指数为 99.87，符合趋势；政治全球化参与度晴雨指数为 99.61，符合趋势。加拿大全球化参与基础晴雨指数为 99.81，符合趋势。其中，经济全球化参与基础晴雨指数为 99.72，符合趋势；社会全球化参与基础晴雨指数为 101.11，高于趋势；政治全球化参与基础晴雨指数为 99.47，符合趋势。

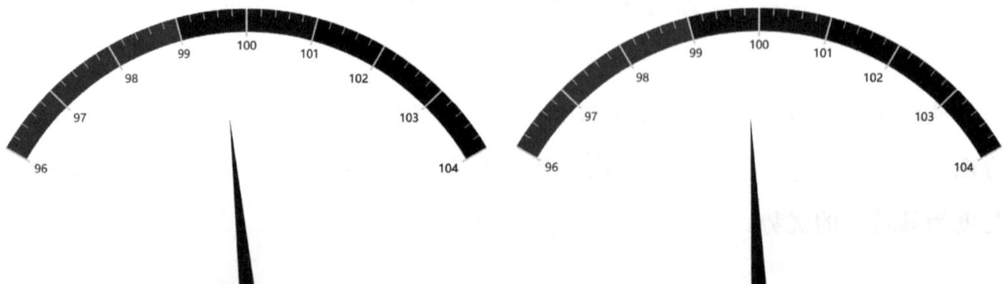

（a）参与度　　（b）参与基础

图 11-9　加拿大全球化参与度和参与基础晴雨表

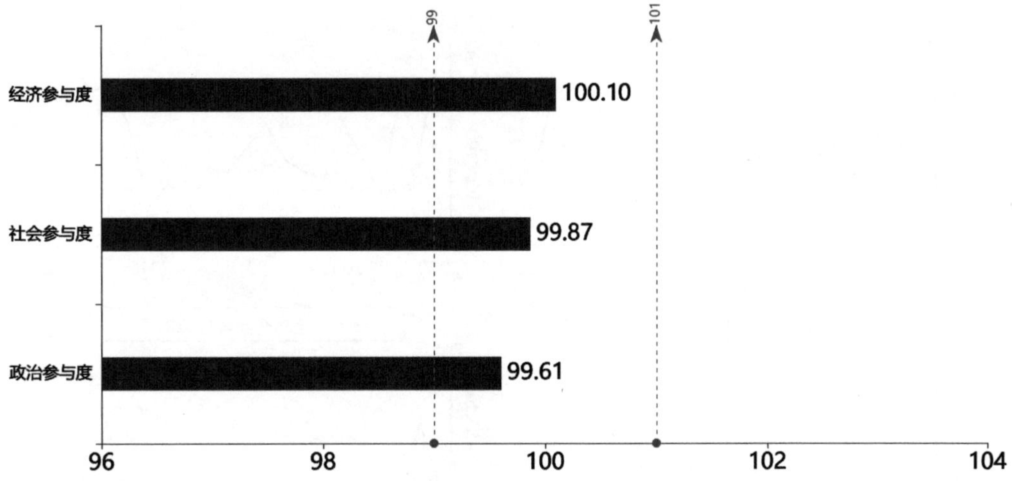

图 11-10　加拿大全球化参与度驱动因素

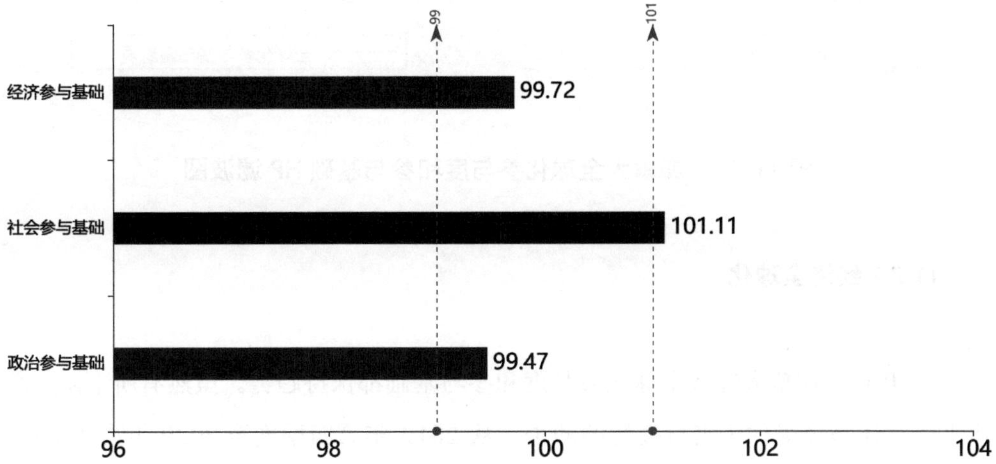

图 11-11　加拿大全球化参与基础驱动因素

由图 11-12 可知，加拿大作为老牌资本主义强国，具有悠久的全球化参与历史和雄厚的全球化实力，是全球化的积极参与者。虽然受到新冠肺炎疫情的冲击，但全球化晴雨表显示，其经济、社会和政治全球化发展保持或高于趋势。

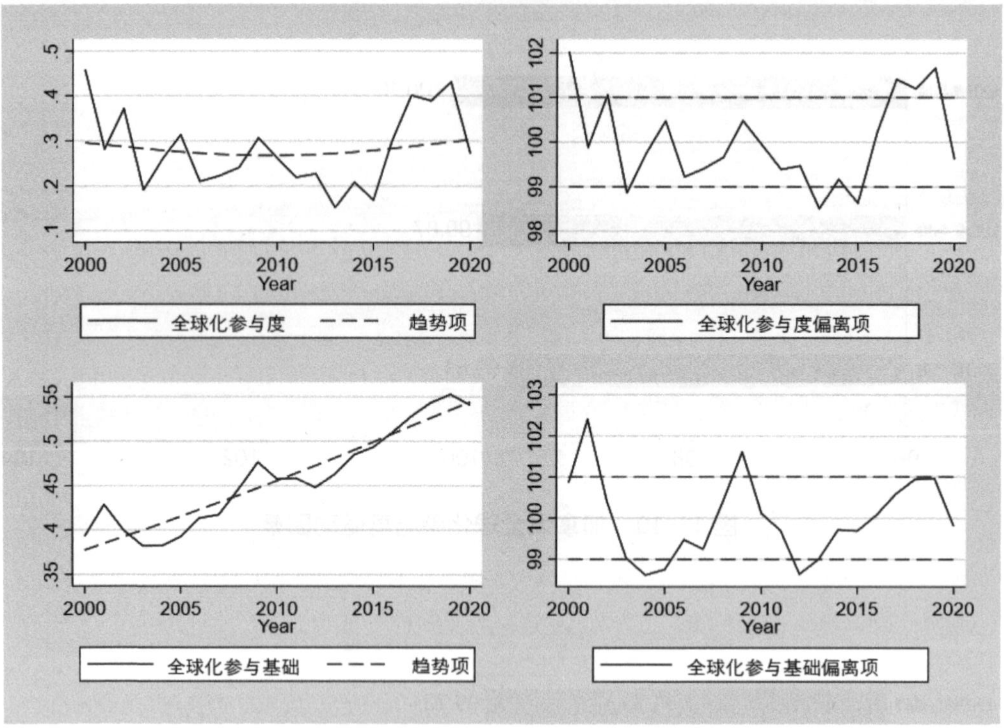

图 11-12　加拿大全球化参与度和参与基础 HP 滤波图

11.2.2 经济全球化

2020 年，加拿大经济全球化参与度和参与基础都保持趋势。虽然有所下降，总体来说它还是经受住了来自疫情的冲击。从 2019 年第四季度至 2020 年第四季度，加拿大家庭最终消费支出下降 4.8%，非住房部门的商业投资下降 13.1%，出口下降 7.1%，进口下降 6%，实际 GDP 下降 3.2%。[1]

从贸易领域来看，能源是加拿大的重要出口贸易支柱之一，疫情使世界各国经济都有不同程度的下滑，从而使各国对能源的需求减少。加拿大 2020 年第四季度的经济状况比之前两个季度有所改善。根据加拿大统计局数据，2020 年，加拿大出口原油和原油沥青价格总体下降了 38.6%，受其影响，该国全年贸易额下降 3.4%[2]。

1 Statistics Canada. COVID-19 in Canada: A One-year Update on Social and Economic Impacts [EB/OL]. https://www150.statcan.gc.ca/n1/pub/11-631-x/11-631-x2021001-eng.htm, 2021-03-11/2021-11-12.

2 林珏. 2020年加拿大经济形势[M]//唐小松. 加拿大发展报告（2020）. 北京：社会科学文献出版社，2020：35-75.

同时，加拿大主要贸易伙伴的经济不景气也是其贸易全球化指数下降的原因。例如，美国作为加拿大最大的贸易伙伴，其进出口占加拿大全部对外进出口贸易的 66% 以上。而根据加拿大统计局数据，2020 年，加美双边货物贸易比 2019 年下降 13. 5%[1]。这都清晰表明，加拿大的贸易全球化参与度受到了来自疫情的严重冲击。

从金融领域看，加拿大的金融环境在疫情巨大冲击下遭遇更多波动，领域内不确定性大幅增加。2020 年，加拿大对外直接投资和证券投资资产均有所增加，但外国对加拿大的直接投资和证券投资资产也在扩大，由于外国投资资产扩大幅度更大，因此加拿大总资产与总负债之间的差额进一步扩大。2020 年，加拿大净国际投资减少 3452 亿加元，比 2019 年下降了 79 亿加元，使加拿大官方国际储备从 2019 年的 1069 亿加元下降到 2020 年的 1065 亿加元。[2] 但尽管遭受一定冲击，加拿大在经济全球化参与上依然维持相对稳健的姿态。

11.2.3 社会全球化

2020 年，加拿大的社会全球化参与度保持趋势，社会全球化参与基础略高于趋势，主要原因是信息全球化参与度增幅显著。疫情拉开人们现实社交距离的同时，也拉近了人们在线上的距离。加拿大的信息全球化参与度实现正增长，很大程度上来源于其政府对于国家的封控措施，各项措施使民众增加了对互联网社交平台的依赖和线上购物平台的更大需求。互联网使用量激增使线上经济也实现了更高水平的繁荣。根据 Statista 的数据，2020 年，加拿大零售电子商务销售额比 2019 年增长了 18.2%，是 2019 年增长幅度的一倍多。[3] 由此可见，加拿大 2020 年的社会全球化参与度和参与基础为其较大优势。

1 Statistics Canada. International merchandise trade for all countries and by principal trading partners [EB/OL]. https://www150.statcan.gc.ca/t1/tbl1/en/tv.action?pid=1210012701, 2021-11-12/2022-01-06.

2 Statistics Canada. International investment position [EB/OL]. https://www150.statcan.gc.ca/t1/tbl1/en/tv.action?pid=3610044401, 2021-11-12/2022-01-06.

3 Statista Research Department. Canada retail e-commerce sales growth 2018-2025 Published [EB/OL]. https://www.statista.com/statistics/448030/canada-retail-e-commerce-sales-growth/, 2021-03-28/2021-11-12.

11.2.4 政治全球化

2020年，加拿大的政治全球化参与度和参与基础均保持趋势。但纵向比较来看，加拿大政治全球化参与度和参与基础显著倒退，这种趋势也是受到了多重因素的影响。疫情和美国总统选举成为影响加拿大外交最重要的两个因素。疫情使加美两国边境继续处于关闭状态，鉴于特朗普政府对加美关系的破坏，加拿大无论是民众还是政府都对拜登政府寄予厚望。益普索（Ipsos）的民调显示，有69%的加拿大人认为，拜登领导的白宫对加拿大有利，主要理由是拜登在担任参议员和美国副总统期间对加拿大非常了解，以及副总统哈里斯在十几岁时曾生活在蒙特利尔等[1]。拜登当选之后，加美之间互动频繁，但很明显，拜登并没能给加拿大带来期望中的改变。“美国优先”依然会牺牲加拿大的利益，而且特鲁多政府在各个领域都受到了美国的掣肘。比如，一方面，加拿大政府在基石（Keystone XL）输油管道扩建项目上已经进行了巨额投入，以期通过该项目进一步提升加拿大的能源经济增长和能源出口安全。然而，这一项目在美国一直受挫，经历了奥巴马时期的叫停，特朗普时期恢复的波折，以及拜登时期对该项目的不支持，一直难以推进。[2]另一方面，大国关系一直是加拿大的软肋之一。以中国为例，尽管两国资源禀赋和经济结构的互补发挥着维持两国经贸发展的作用，贸易额在疫情之下也有一定提升，但是在加拿大高度依赖美国的背景下，中加关系继续在低谷徘徊。总而言之，加拿大在疫情和美国权力交接双重影响下，在政治全球化参与程度上遭遇了不小的挫折。后疫情时代的加拿大是否能够扭转这一颓势，仍有待观察。

1 Ipsos. Seven in Ten (69%) Canadians Agree that Biden in White House Will Be Good for Canada [EB/OL]. https://www.ipsos.com/en-ca/news-polls/canadians-agree-biden-in-white-house-will-be-good-for-canada, 2020-11-01/2021-11-12.

2 Global News. Trudeau Expresses “Disappointment” over Keystone XL in 1st Phone Call with Biden [EB/OL]. https://globalnews.ca/news/7594940/trudeau-biden-chat-keystone-disappointment/, 2021-01-22/2021-11-12.

第十二章　拉丁美洲和加勒比地区全球化晴雨指数分析

12.1 巴西

12.1.1 总体情况

作为拉丁美洲最大的经济体，巴西的全球化水平较高。2020 年，巴西是全球疫情形势最严峻的国家之一，疫情对其各领域造成了较大冲击，全球化程度受到显著影响。

根据图 12-1，从排名上看，巴西的全球化参与度排名第 32 位，全球化参与基础排名第 68 位。从趋势上看，巴西全球化参与度有所下降，而全球化参与基础呈现稳中有升的态势。

分领域看，巴西的经济全球化参与度排名第 132 位，经济全球化参与基础排名第 83 位。经济全球化参与度有所上升，其中，贸易全球化参与度波动上升，金融全球化参与度基本不变。经济全球化参与基础有所上升，其中，金融全球化参与基础经历约 10 年的下降趋势后，于 2015 年后有所上升，贸易全球化参与基础维持增长。巴西的社会全球化参与度排名第 27 位，社会全球化参与基础排名第 81 位。社会全球化参与度略有提升，其中，信息全球化参与度增长幅度较大，而文化全球化、人际全球化和科技全球化参与度基本没有变化。社会全球化参与基础有所上升，其中，信息全球化参与基础大幅提升，科技全球化参与基础小幅下降，人际全球化参与基础有所上升，文化全球化参与基础则基本维持不变。巴西的政治全球化参与度排名第 15 位，政治全球化参与基础排名第 46 位。政治全球化参与度波动下降，其中，全球治理参与度降幅显著，国际合作参与度持续走低。巴西的政治全球化参与基础上升至 2014 年后显著下降，其中，全球治理参与基础和政治参与基础发展走势相似，国际合作参与基础则持续上升。

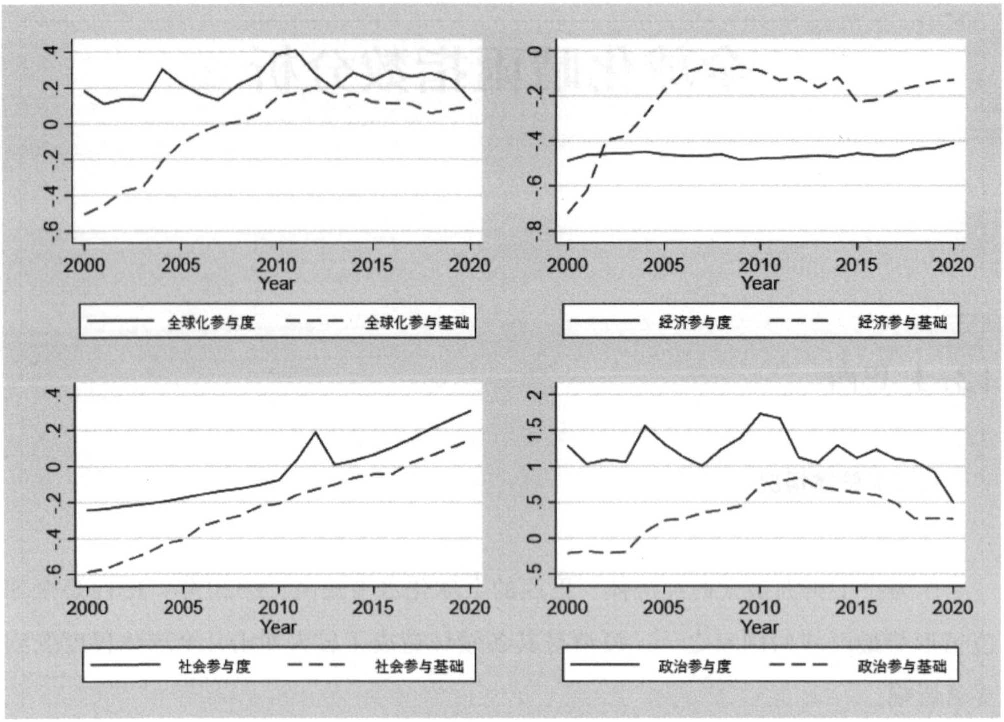

图 12-1　巴西全球化参与度和参与基础折线图（总指标和一级指标）

从图 12-2 可知，在参与度和参与基础两方面，巴西在政治全球化上的表现均为最佳，在经济全球化上的表现均为最差；政治全球化参与度和参与基础为其最大优势。

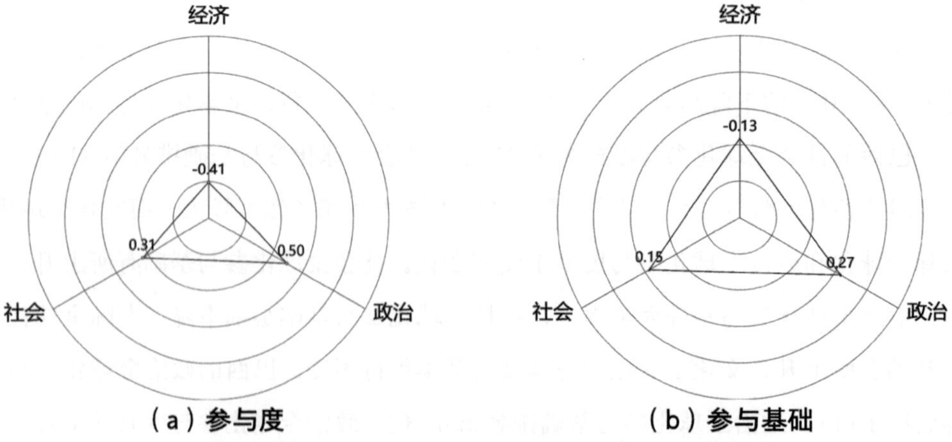

图 12-2　巴西全球化参与度和参与基础雷达图

根据图 12-3、12-4、12-5 和 12-6，巴西全球化参与度晴雨指数为 98.16，低于趋势。其中，经济全球化参与度晴雨指数为 102.37，高于趋势；社会全球化参与度晴雨指数为 101.11，高于趋势；政治全球化参与度晴雨指数为 97.91，低于趋势。巴西全球化参与基础晴雨指数为 98.76，低于趋势。其中，经济全球化参与基础晴雨指数为 99.59，符合趋势；社会全球化参与基础晴雨指数为 100.40，符合趋势；政治全球化参与基础晴雨指数为 98.48，低于趋势。

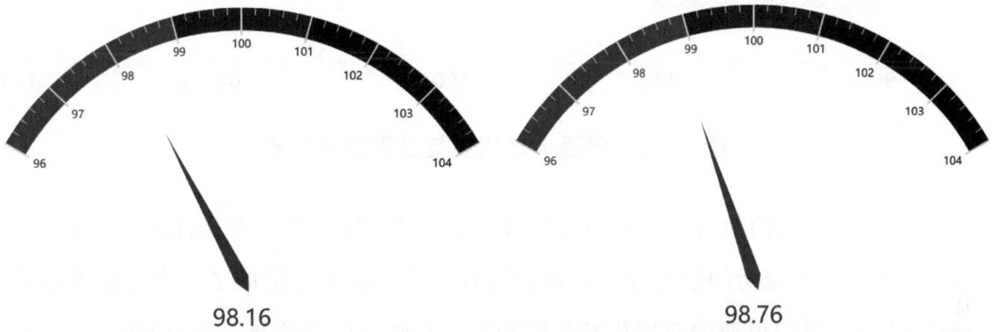

（a）参与度　　（b）参与基础

图 12-3　巴西全球化参与度和参与基础晴雨表

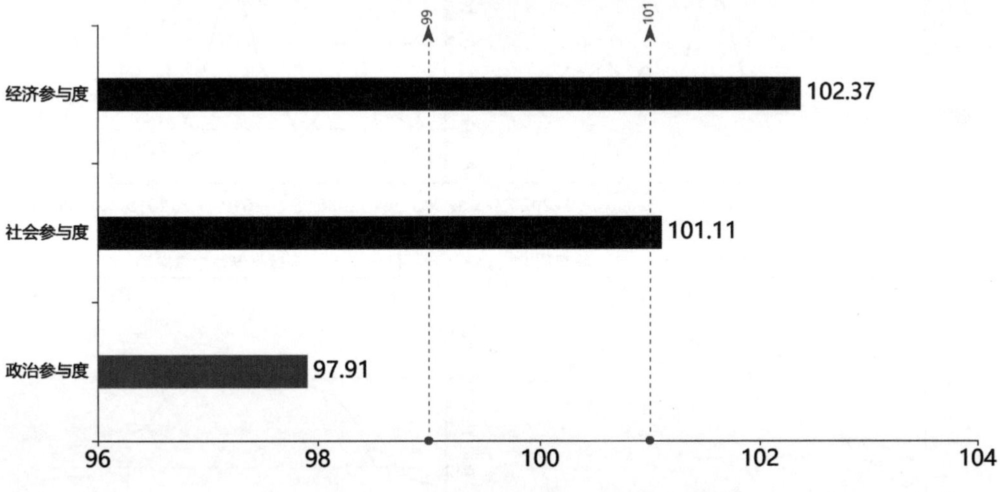

图 12-4　巴西全球化参与度驱动因素

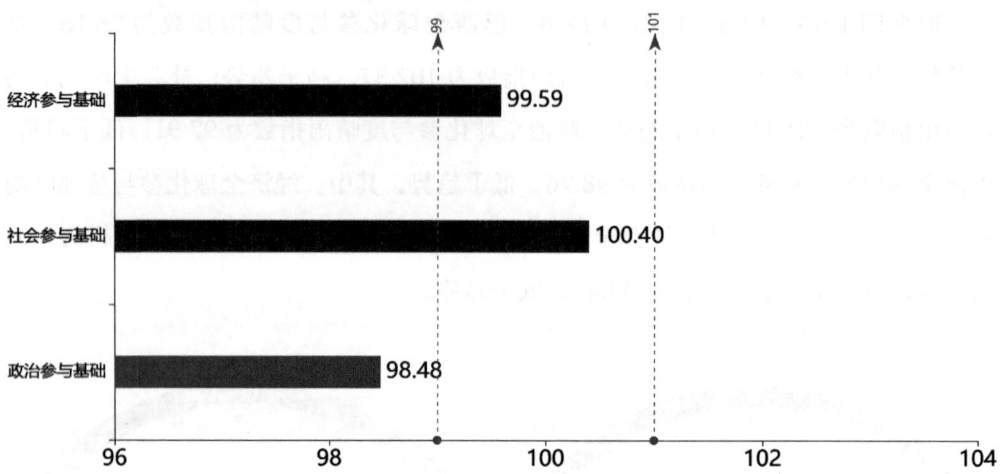

图 12-5　巴西全球化参与基础驱动因素

由此可见，巴西作为拉丁美洲最大的国家，其总排名和分排名的情况不容乐观。2020 年新冠肺炎疫情的强烈冲击，对巴西政治全球化参与造成了严重的消极影响。全球化晴雨表显示巴西的全球化参与度和参与基础均低于趋势，而巴西的政治和社会全球化参与度为主要推动力。

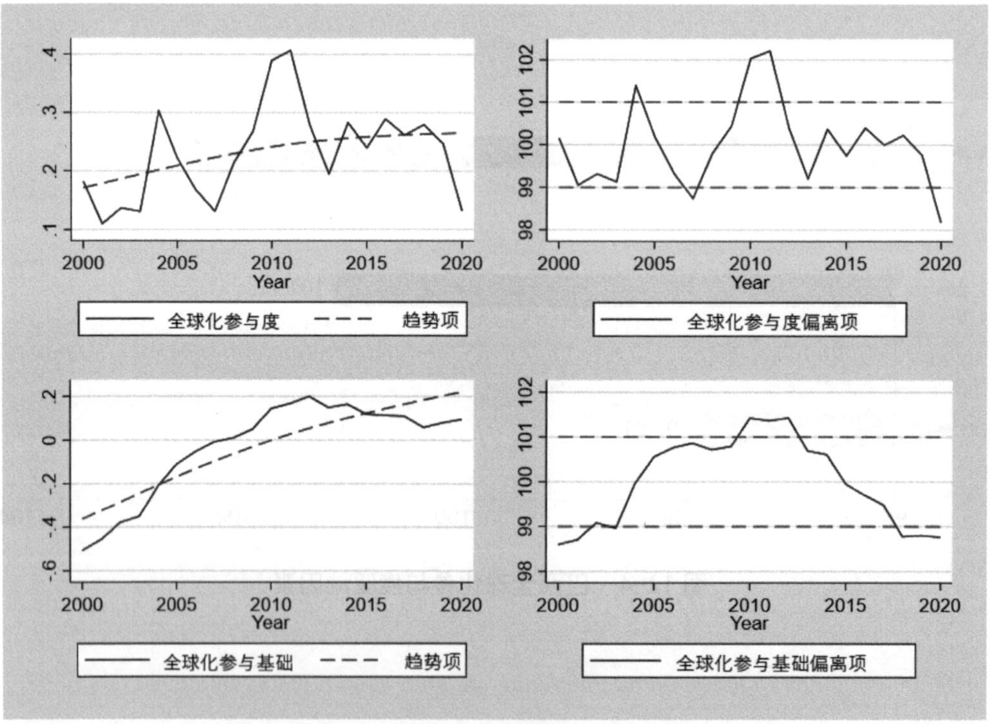

图 12-6　巴西全球化参与度和参与基础 HP 滤波图

12.1.2 经济全球化

巴西的经济全球化参与度高于趋势，全球化参与基础保持趋势。这表明，在疫情冲击下，巴西的经济全球化受影响有限。同时，作为拉美地区最大的经济体，巴西的经济全球化参与度和全球化参与基础排名却远远落后于其经济总量排名，这表明巴西的经济全球化有进一步提升的空间。

虽然疫情初期受到严重影响，但从 2020 年全年来看，巴西的经济全球化体现出一定的韧性。巴西地理与统计研究所（IBGE）数据显示，受疫情影响，2020 年，巴西第二季度 GDP 下降 10.7%，第三季度 GDP 下降 3.7%。[1] 巴西经济部数据显示，2020 年上半年，巴西贸易总额为 1818 亿美元，同比下降 5.9%。其中，出口额 1024 亿美元，进口额 794 亿美元，贸易顺差 230 亿美元，分别同比下降 6.4%、5.2%、10.3%。而从 2020 年全年来看，巴西累计出口 2099.2 亿美元，同比下降 6.1%，[2] 但全年出口占其 GDP 的比例却不降反增，从 14.1% 上升至 16.8%。其中，农产品出口贡献了一大部分。农产品占总出口额的比例从 2000 年的 37% 涨到 2020 年的 49%，更为重要的是，2020 年，巴西主要出口农产品大豆，累计出口 8906 万吨，创下历史年度最高。[3] 经济全球化的韧性可能部分归功于巴西及时、宽松的经济政策。为应对疫情危机，巴西政府采取了史无前例的宽松措施，通过多次下调准备金率，放松资本监管指标，累计向金融体系提供总额达 2.7 万亿雷亚尔的流动性资本支持，约占该国 GDP 的 37.1%。这对巴西金融的稳定有重要作用，为巴西参与全球化提供了政策方面的支持。[4]

12.1.3 社会全球化

巴西的社会全球化参与度略高于趋势，参与基础保持趋势，表明其并未遭受太多疫情因素的影响。这主要是由于巴西在信息全球化维度的正向贡献。根据国际电

---

1 IBGE. The GDP change [EB/OL]. https://www.ibge.gov.br/en/indicators.html, 2021-05-04/2022-02-13.

2 World Bank. Exports of goods and services (current US$) - Brazil [EB/OL]. https://data.worldbank.org/indicator/NE.EXP.GNFS.CD?locations=BR, 2021-07-20/2022-02-13.

3 Fernando Fraga. Balança comercial do agronegócio soma US$ 100,81 bilhões em 2020 [EB/OL]. https://agenciabrasil.ebc.com.br/economia/noticia/2021-01/balanca-comercial-do-agronegocio-soma-us-10081-bilhoes-em-2020, 2021-01-13/2022-02-14.

4 谢斐，张赶. 巴西应对疫情冲击、稳定经济金融系统的对策及启示[J]. 当代金融研究，2020(04): 54-61.

信联盟（ITU）的数据，巴西的互联网普及率达到了73.19%，网民占比从2000年的2.87%到2020年的81.34%，达到了1.49亿人，位居拉美第1，世界第5。[1]巴西人均互联网使用时长约9小时，用网络进行即时聊天（92%），使用社交媒体（76%），观看视频直播（74%）和打电话（73%）。[2]疫情冲击下，人们的行为模式发生了改变，线上交流与服务的需求大幅增加。较强的信息基础和普及程度为线上社交提供了可行性，从而能够缓解疫情对社会全球化的负向冲击。

值得注意的是，巴西的其他社会全球化维度，如人际全球化，遭受了疫情的负向冲击。2020年，巴西的服务业较2019年下降7.8%，创下该国2012年该项开始统计以来的最大年度跌幅。此前，服务业最大跌幅纪录是2016年的5%。同时，巴西的旅游业遭受重创、损失巨大，游客活动指数暴跌36.7%。

12.1.4 政治全球化

2020年，巴西的政治全球化参与度和参与基础均低于趋势。这可能与巴西当时的政局动荡相关。巴西总统博索纳罗于2018年在大选中获胜并上台执政，在博索纳罗的领导下，巴西的全球化政策开始了深入调整。[3]在博索纳罗的领导下，巴西退出了南美国家联盟；宣布暂停在拉美和加勒比国家共同体的活动，与阿根廷、巴拉圭等八个南美洲国家创建了南美进步论坛。但同时，巴西放弃了世界贸易组织中发展中国家享受的特殊待遇，实施向美国靠拢、向西方发达国家看齐的政策，追求全球性大国地位。

2020年，新冠肺炎疫情在巴西传播，但巴西政府在初期选择无视疫情发展，坚持开展经济活动。3月29日，巴西爆发政坛大地震，博索纳罗总统宣布更换六名部长级官员，这是本届政府2019年成立以来最大规模的内阁改组。疫情反扑和政府应对不力是引发此次巴西政局动荡的主要根源。然而，更换政府成员对巴西抗疫工作影响有限，巴西2020年总计报告了768万例确诊病例和19万例死亡病例，防疫政

1 ITU Statistics. Individuals using the Internet [EB/OL]. https://www.itu.int/en/ITU-D/Statistics/Pages/stat/default.aspx, 2022-01-30/2022-02-14.

2 Statista Research Department. Internet usage in Brazil – statistics & facts [EB/OL]. https://www.statista.com/topics/2045/internet-usage-in-brazil/#dossierKeyfigures, 2022-01-02/2022-02-14.

3 夏涛，叶坚. 巴西右翼民粹主义政府与民主政治危机[J]. 国外社会科学，2021(03)：108-118.

策仍存在较大问题，遭到多方诟病。疫情防控不力也削弱了巴西的全球话语权和领导能力，对其政治全球化造成了较大的消极影响。

12.2 阿根廷

12.2.1 总体情况

阿根廷是拉丁美洲第三大经济体，也是新兴市场国家的重要代表之一。根据图12-7，受新冠肺炎疫情等多重因素的影响，阿根廷在全球化方面的表现不尽如人意，经济全球化参与度出现小幅下降，政治全球化参与度大幅下降，其中，全球治理参与度降幅显著，社会全球化参与度略有提升。

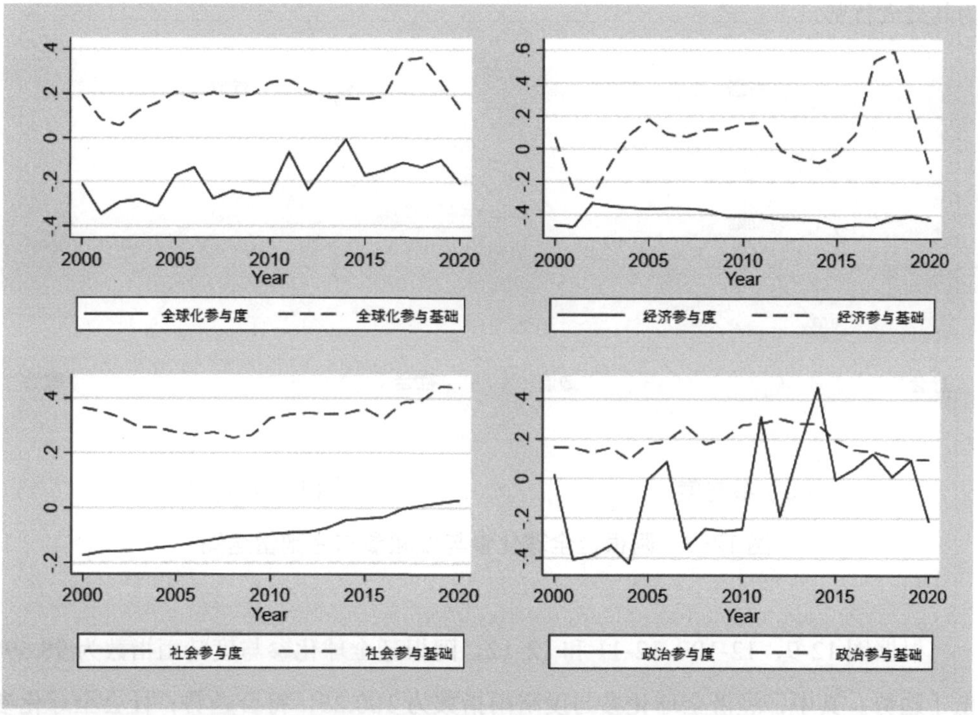

图 12-7　阿根廷全球化参与度和参与基础折线图（总指标和一级指标）

分领域看，阿根廷的经济全球化参与度排名第 137 位，经济全球化参与基础排名第 84 位。经济全球化参与度出现小幅下降，其中，贸易全球化参与度显著下降，金融全球化参与度略有上升；经济全球化参与基础基本持平，其中，金融全球化参与基础基本保持不变，贸易全球化参与基础有小幅下降。阿根廷的社会全球化参与度排名第 67 位，社会全球化参与基础排名第 43 位。社会全球化参与度略有提升，其中，信息全球化参与度增长幅度较大，文化全球化和人际全球化参与度小幅下降，科技全球化参与度则小幅上升。社会全球化参与基础表现出小幅下降态势，其中，信息全球化参与基础显著提升，科技全球化参与基础轻微下降，人际全球化和文化全球化参与基础则基本维持不变。阿根廷的政治全球化参与度排名第 67 位，政治全球化参与基础排名第 61 位。政治全球化参与度出现大幅下降，其中，全球治理参与度降幅显著，国际合作参与度基本持平。政治全球化参与基础基本持平，其中，全球治理参与基础和国际合作参与基础则均维持自 2017 年以来的水平不变。

从图 12-8 可知，在参与度和参与基础两方面，阿根廷在社会全球化上的表现均为最佳，在经济全球化上的表现均为最差。阿根廷的社会全球化参与度和参与基础为其最大优势。

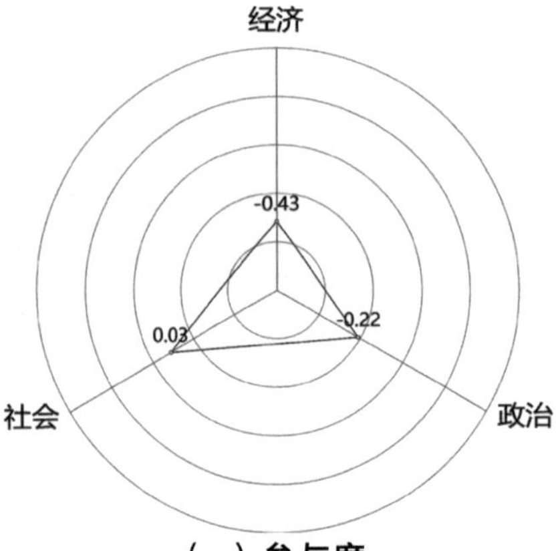

（a）参与度

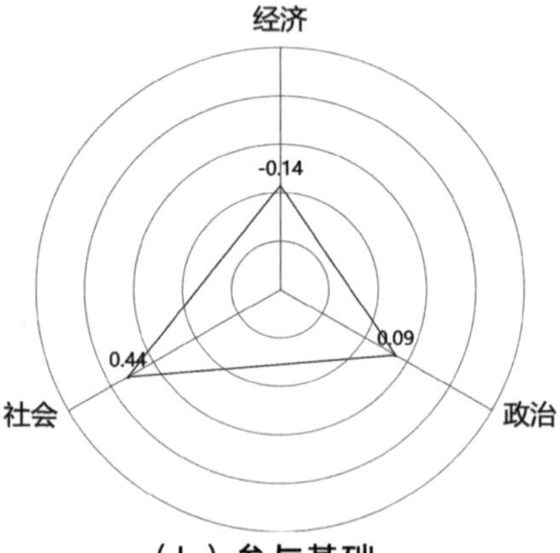

（b）参与基础

图 12-8　阿根廷全球化参与度和参与基础雷达图

根据图 12-9、12-10、12-11 和 12-12，阿根廷全球化参与度晴雨指数为 98.59，低于趋势。其中，经济全球化参与度晴雨指数为 100.25，符合趋势；社会全球化参与度晴雨指数为 101.07，高于趋势；政治全球化参与度晴雨指数为 98.55，低于趋势。阿根廷的全球化参与基础晴雨指数为 97.92，低于趋势。其中，经济全球化参与基础晴雨指数为 98.15，低于趋势；社会全球化参与基础晴雨指数为 101.13，高于趋势；政治全球化参与基础晴雨指数为 98.90，低于趋势。

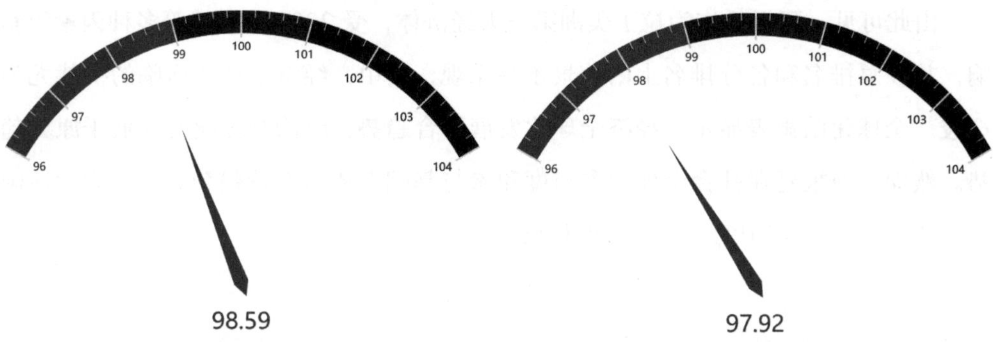

（a）参与度　　　　（b）参与基础

图 12-9　阿根廷全球化参与度和参与基础晴雨表

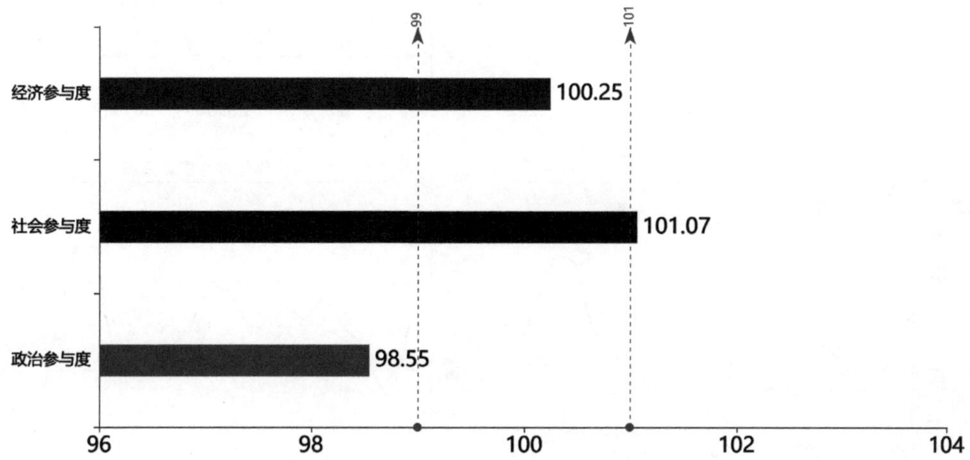

图 12-10　阿根廷全球化参与度驱动因素

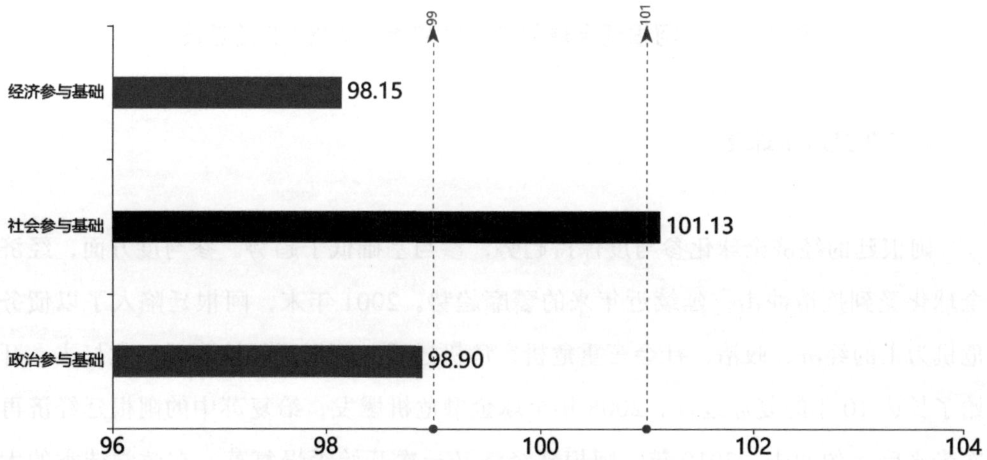

图 12-11　阿根廷全球化参与基础驱动因素

由此可见，阿根廷作为拉丁美洲第三大经济体，受 2020 年疫情等多种因素的影响，其在总排名和各分排名上的前景不容乐观，其中，经济全球化面临的挑战尤为严峻。全球化晴雨表显示，经济全球化发展符合趋势，政治全球化发展低于原先趋势。然而，阿根廷在社会全球化参与度和参与基础上依然保持强劲韧性，成为该国 2020 年全球化表现中的唯一逆势增长点。

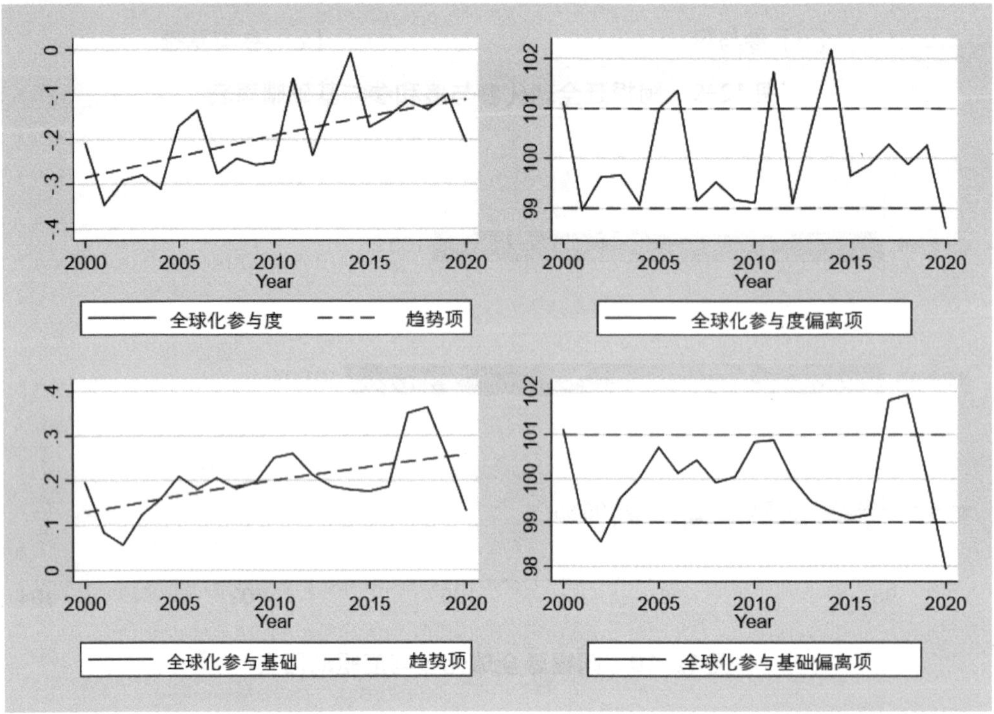

图 12-12　阿根廷全球化参与度和参与基础 HP 滤波图

12.2.2 经济全球化

阿根廷的经济全球化参与度保持趋势，参与基础低于趋势。参与度方面，经济全球化受到疫情冲击，延续近年来的萎靡趋势。2001 年末，阿根廷陷入了以债务危机为主的经济、政治、社会三重危机。危机过后，阿根廷经济遭受巨大打击，开始了长达 10 年的复苏过程。2008 年全球金融危机爆发，给复苏中的阿根廷经济再次带来巨大的冲击。2010 年，阿根廷经济又一次开始缓慢复苏，在政党选举的大环境刺激下，其经济在 2011 年实现了 6% 的增速。如今，由于国内政局动荡、实体经济形势严峻、国际外部冲击等原因，阿根廷再次陷入货币持续贬值、通货膨胀加剧的经济困局[1]。受疫情和全球经济低迷的强烈影响，从2019到2020年，阿根廷GDP（以不变价计算）由6929.77亿比索降至6243.36亿比索，同比下降9.9%[2]。强制社会隔离政策导致经济活动停滞是阿根廷2020年GDP严重下滑的主要原因。2020年，阿根廷的外贸状况恶化，实现贸易顺差109.701亿欧元（125.28亿美元），低于2019年的贸易顺差142.85亿欧元（159.92亿美元）。贸易的变化是由于阿根廷出口的减少，内需的减少也导致了进口的减少[3]。相较于2019年，阿根廷2020年的商品和服务贸易进口总量下降10.72%，出口总量下降13.12%[4]，进出口量均为近年来最低。2019年12月至2020年12月的出口变化为–34.1%(约35亿美元)。其中，数量下降了33.8%，价格下降了0.4%，这意味着尽管国际商品价格保持不变，可出口商品数量减少导致出口下跌[5]。根据阿根廷国家统计与普查研究所（INDEC）公布的报告，该机构细分的16个主要经济领域中，有14个在2020年的产值同比萎缩，其中，酒店和餐饮业、渔业、建筑业、运输和通信业、制造业、矿业等行业降幅明显[6]。

在参与基础方面，阿根廷政府采取的牺牲经济发展的“休克式”抗击疫情政策使其经济几乎停摆，对经济全球化的发展产生负面影响。

12.2.3 社会全球化

阿根廷的社会全球化参与度和参与基础均高于趋势，其主要因素为信息全球化的迅猛增长，即线上活动的大幅增加。阿根廷的信息全球化参与度和参与基础实现

1 吴婷婷，王岑伊. 阿根廷经济困局的由来及启示[J]. 西南金融，2020(02)：77–87.

2 International Monetary Fund. Argentina and the IMF[EB/OL]. https://www.imf.org/en/Countries/ARG, 2023-04-30/2023-10-01.

3 Datosmacro. Argentina - Balanza comercial 2020[EB/OL]. https://datosmacro.expansion.com/comercio/balanza/argentina, 2021-01-30/2022-01-25.

4 International Monetary Fund. Report for Selected Countries and Subjects[R/OL]. https://www.imf.org/en/Publications/WEO/weo-database/2021/October/weo-report, 2021-10-31.

5 Dolabjian C. Indec: la balanza comercial de 2020 fue positiva, pero cerró con déficit en diciembre[N/OL]. https://www.lanacion.com.ar/economia/comercio-la-balanza-comercial-del-2020-fue-nid2583048/, 2021-01-26.

6 李璐. 阿根廷2020年国内生产总值下跌9.9% [EB/OL]. https://www.imsilkroad.com/news/p/448365.html, 2021-03-24/2022-01-26.

显著提升，在很大程度上来源于人们在国家封控措施和出入境限制之下对互联网的更强依赖和对线上平台的更大需求。根据阿根廷互联网商会（CABASE）的数据，2020 年 9 月，阿根廷固定互联网宽带连接的平均速度达到 40.67Mbps，与 2019 年 9 月调查得出的平均速度相比，增长了 1.68 倍。这种强劲增长速度从 2019 年开始特别明显。2019 年 9 月，速度超过 20Mbps 的连接只占其全国的 40%，而到 2020 年 9 月，速度超过 20Mbps 的连接已经达到 51%，推动了阿根廷宽带平均速度的飞跃[1]。在互联网使用量激增的背景下，阿根廷的数字支付也呈现出更加繁荣的景象。埃森哲（Accenture）的调查报告显示，2020 年，有 83% 的阿根廷人增加了线上支付的使用，有 51% 的阿根廷人更习惯于点外卖，有 41% 的阿根廷人更频繁地使用线上购物和线上聊天[2]。

阿根廷的社会全球化参与基础亦小幅高于趋势。科技全球化参与基础轻微下降，人际全球化和文化全球化参与基础则基本维持不变。正如美洲开发银行（IDB）的一份报告所认为的那样，由于优先事项的改变（指新冠肺炎疫情）和政府实施封锁隔离及保持社交距离的措施阻碍了科学家们进入实验室，大部分关于其他问题的现有研究都被中止了[3]。政府为缓解疫情对社会的冲击采取了大规模的社会救助和纾困计划，但疫情仍给社会发展带来严重影响[4]。

12.2.4 政治全球化

2020 年，阿根廷的政治全球化参与度和参与基础均低于趋势，其主要在于对外关系方面的全球治理参与度降幅显著，费尔南德斯执政后对外交政策做了一定程度的调整，但是与前左翼政府相比更偏向中间路线。出于实用主义考虑，阿根廷

1 CABASE Internet Index. El 51% de las conexiones a Internet en Argentina superan los 20 Megas[R/OL]. https://www.cabase.org.ar/cabase-internet-index-el-51-de-las-conexiones-a-internet-en-argentina-superan-los-20-megas/, 2021-04-21.

2 Tendencias Y Oportunidades De a Industria De Medios De Pago En Argentina|Accenture[R/OL].https://www.anunciantes.org.ar/archivos/informes/Accenture-TransformacionMediosPago.pdf, 2020-10-01.

3 DEMARCHI P. Covid-19: El poder de agencia de Argentina en su relación con organismos internacionales Covid-19: Argentinás Agency Power in its Relations with International Organizations[J]. *Temas y Debates*, 2020: 409-417.

4 柴瑜，刘维广，王鹏. 拉丁美洲和加勒比发展报告（2020～2021）[EB/OL]. https://www.pishu.com.cn/skwx_ps/bookdetail?SiteID=14&ID=13417151&zas_rct=47ae882ee2212d7cc01f0be50cadd72b4b0d2967&zas_loginURL=https://www.pishu.com.cn/skwx_ps/ssologin, 2021-12-01/2022-02-14.

仍将平衡外交作为对外政策的主要目标。11 月，外交部部长费利佩·索拉（Felipe Solá）与联合国驻阿根廷协调员罗伯托·瓦伦特（Roberto Valent）共同签署了新的2021—2025 年可持续发展合作框架（UNSDCF）。受疫情影响，联合国众多会议议程缩短、简化甚至取消，导致阿根廷在联合国建言献策贡献度下降。[1]

南方共同市场是南美地区最大的经济一体化组织，也是世界上第一个完全由发展中国家组成的共同市场，旨在促进成员国科技进步和实现经济现代化，推动拉美一体化进程。然而，近年来，成员国之间日益降低的信任度降低了区域身份认同，阻碍了人员和物资流动及安全方面的合作。在 2020 年 4 月与区域外国家的贸易谈判中，阿根廷政府发布公报，宣布退出自由贸易协定，五天后又表示愿意留下，但会以与其他合作国不同的速度发展。这不仅是一次贸易争端，也体现出区域共同身份意识和一体化进程面临的挑战[2]，导致其在全球治理维度的参与度出现显著降幅，对其政治全球化参与度也带来了更多不稳定因素。

12.3 墨西哥

12.3.1 总体情况

作为经济合作与发展组织、二十国集团、亚太经合组织、囊括拉美国家的区域性政治组织拉加共同体（CELAC）和次区域一体化组织太平洋联盟的成员，墨西哥——拉美地区第一贸易大国——在全球化进程中发挥着重要作用。然而，在新冠肺炎疫情冲击下，墨西哥的全球化参与度显著下降，其在政治全球化领域的全球治理参与度降幅尤其显著，但在经济和社会领域全球化方面仍然维持稳健姿态。

根据图 12-13，在排名上，墨西哥全球化参与度排名第 26 位，全球化参与基础排名第 46 位。从趋势上看，墨西哥的全球化参与度显著下降，而全球化参与基础小幅下降。

1 RACI. United Nations Argentina and the Argentine Government signed the United Nations Sustainable Development Cooperation Framework for 2021-2025 [EB/OL]. https://raci.org.ar/en/united-nations-argentina-and-the-argentine-government-signed-the-united-nations-sustainable-development-cooperation-framework-for-2021-2025/, 2021-11-30/2022-02-25.

2 欧亚系统科学研究会. 阿根廷与南方共同市场在新冠疫情下的挑战[EB/OL]. https://www.essra.org.cn/view-1000-879.aspx, 2020-07-19/2022-01-26.

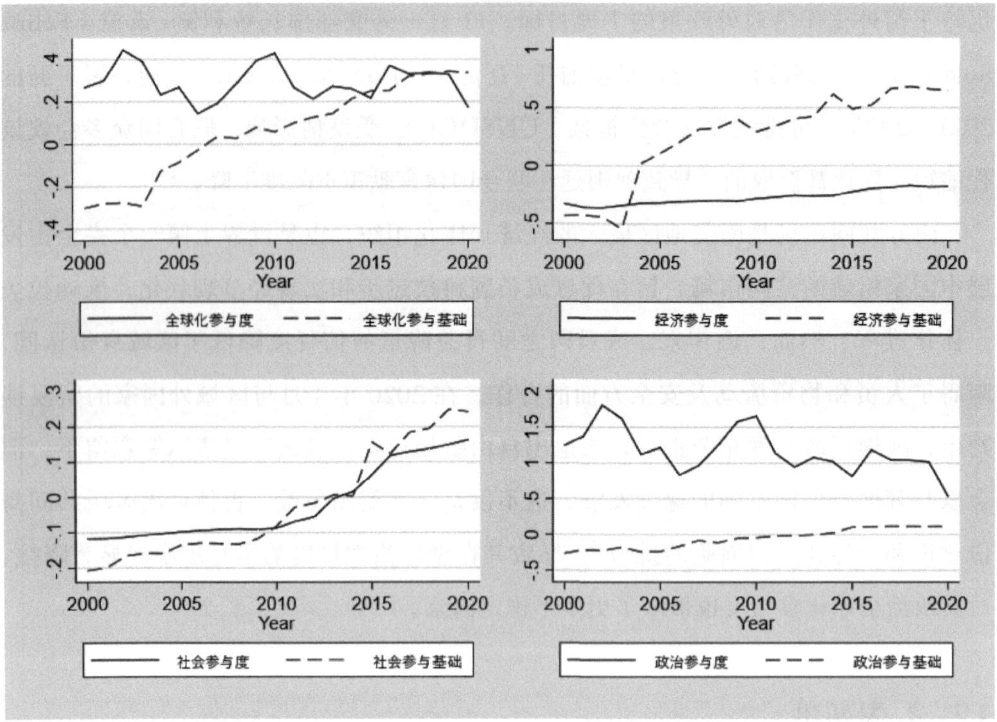

图 12-13　墨西哥全球化参与度和参与基础折线图（总指标和一级指标）

分领域看，墨西哥的经济全球化参与度排名第 77 位，经济全球化参与基础排名第 38 位。经济全球化参与度出现小幅上升，其中，贸易全球化参与度显著下降，金融全球化参与度略有上升。经济全球化参与基础小幅下降，其中，金融全球化参与基础基本维持不变，贸易全球化参与基础有所下降。墨西哥的社会全球化参与度排名第 37 位，社会全球化参与基础排名第 68 位。社会全球化参与度略有提升，其中，信息全球化参与度增长幅度较大，科技全球化参与度则小幅增加，人际全球化和文化全球化参与度轻微下降。社会全球化参与基础表现出小幅下降趋势，其中，信息全球化参与基础显著提升，人际全球化参与基础呈现小幅提升，科技全球化参与基础有所下降，文化全球化参与基础则基本保持不变。墨西哥的政治全球化参与度排名第 14 位，政治全球化参与基础排名第 60 位。政治全球化参与度大幅下降，其中，全球治理参与度降幅显著，国际合作参与度维持不变。政治全球化参与基础呈现零增长态势，其中，全球治理参与基础和国际合作参与基础基本维持不变。

从图 12-14 可知，墨西哥在参与度方面，政治全球化表现最佳，经济全球化表现最差；在参与基础方面，经济全球化表现最佳，政治全球化表现最差。政治全球化参与度和经济全球化参与基础为其最大优势。

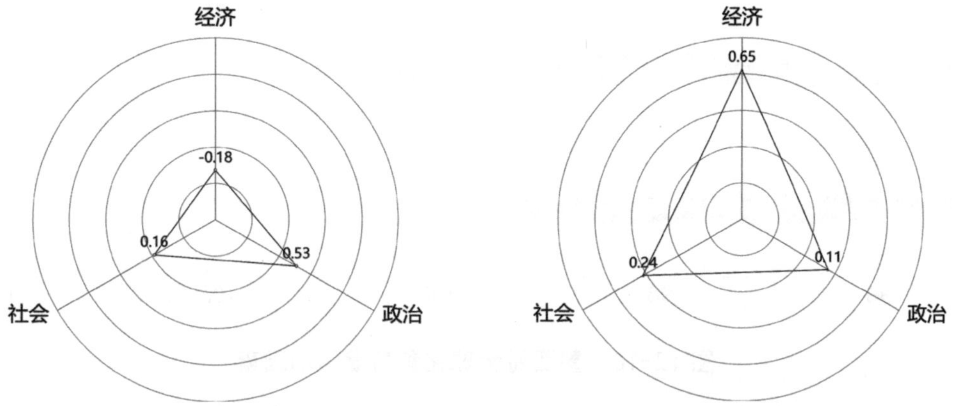

（a）参与度　　（b）参与基础

图 12-14　墨西哥全球化参与度和参与基础雷达图

根据图 12-15、12-16、12-17 和 12-18，墨西哥全球化参与度晴雨指数为 98.71，低于趋势。其中，经济全球化参与度晴雨指数为 99.60，符合趋势；社会全球化参与度晴雨指数为 100.56，符合趋势；政治全球化参与度晴雨指数为 98.67，低于趋势。墨西哥全球化参与基础晴雨指数为 98.53，低于趋势。其中，经济全球化参与基础晴雨指数为 98.97，低于趋势；社会全球化参与基础晴雨指数为 100.43，符合趋势；政治全球化参与基础晴雨指数为 98.66，低于趋势。

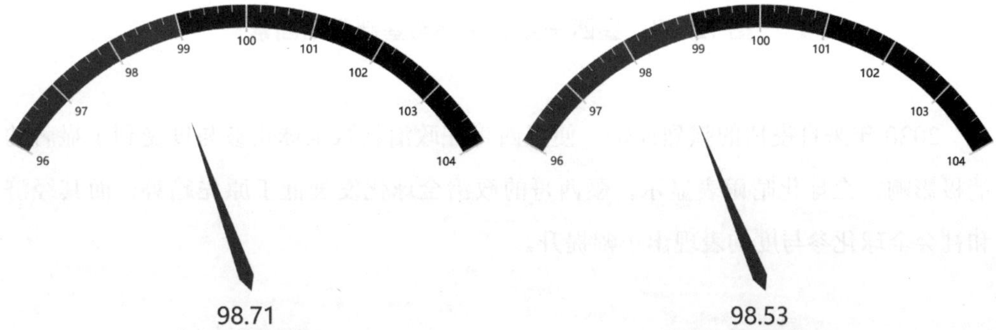

（a）参与度　　（b）参与基础

图 12-15　墨西哥全球化参与度和参与基础晴雨表

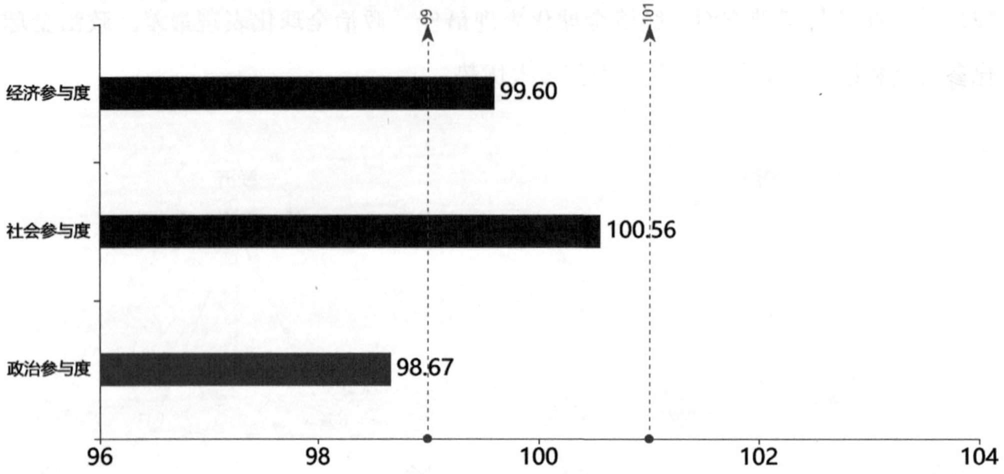

图 12-16　墨西哥全球化参与度驱动因素

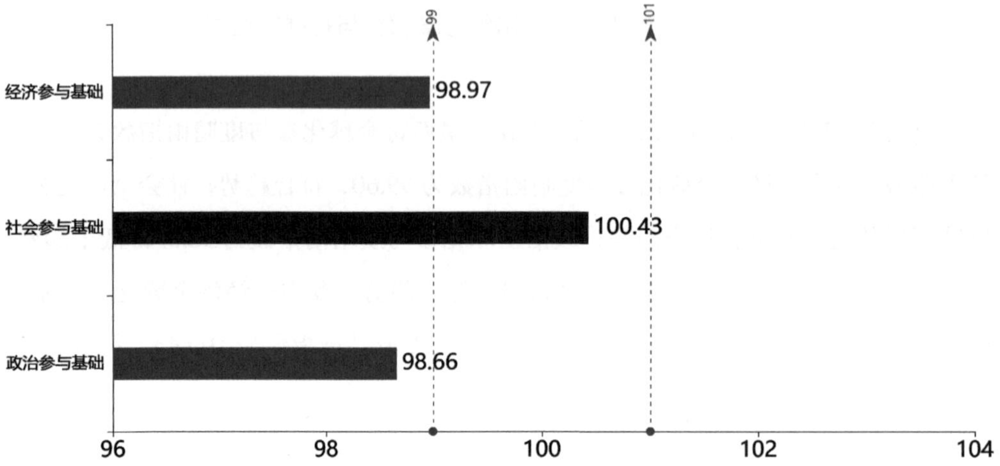

图 12-17　墨西哥全球化参与基础驱动因素

2020 年来自疫情的强烈冲击，使墨西哥在政治领域全球化参与度受到了显著的消极影响。全球化晴雨表显示，墨西哥的政治全球化发展低于原先趋势，而其经济和社会全球化参与度均表现出小幅提升。

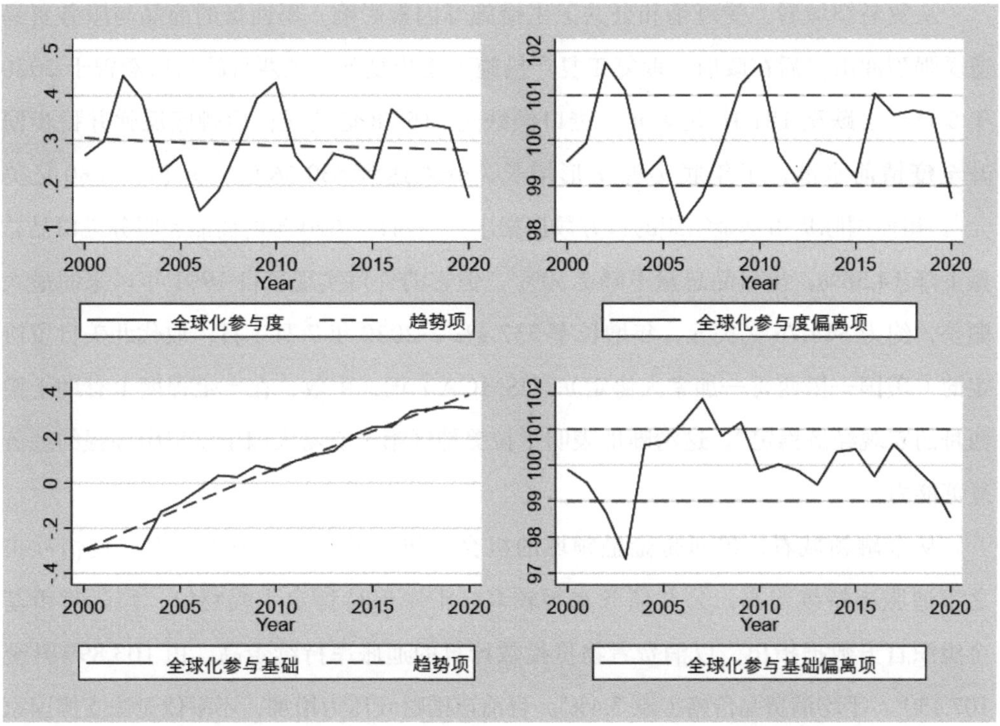

图 12-18　墨西哥全球化参与度和参与基础 HP 滤波图

12.3.2 经济全球化

2020 年，墨西哥的经济全球化参与度符合趋势，参与基础低于趋势。这表明，在疫情背景下，墨西哥的经济发展受到小幅影响。根据世界银行的数据，从 2019 到 2020 年，墨西哥 GDP 收缩 8.3%[1]，由 184,873.38 亿墨西哥比索降至 169,512.18 亿墨西哥比索[2]，约合 1.074 万亿美元[3]。墨西哥经济的萧条主要是由于疫情带来的工业不景气：在所有经济部门中，墨西哥的工业和制造业受疫情影响最为严重，年下降率达 10.2%；服务业同比下降 7.9%[4]。

---

1 International Monetary Fund. Mexico and the IMF[EB/OL]. https://www.imf.org/en/Countries/MEX, 2023-07-31/2023-10-02.

2 International Monetary Fund. Report for Selected Countries and Subjects[R/OL]. https://www.imf.org/en/Publications/WEO/weo-database/2021/October/weo-report, 2021-10-30.

3 World Bank. Mexico [EB/OL]. https://data.worldbank.org/country/mexico?view=chart, 2020-10-03/2022-02-02.

4 STAFF F. Economía de México se contrajo 8.5% en 2020: dato preliminar de Inegi[EB/OL]. https://www.forbes.com.mx/economia-pib-mexico-cae-8-5-en-2020-dato-preliminar-inegi/, 2021-01-29/2022-02-02.

从贸易领域看，受疫情和公共卫生措施等因素影响，墨西哥的商品与服务贸易遭受强烈冲击，后在政府采取复工复产措施下逐步复苏。墨西哥的出口额曾于2020年5月一度跌至181.16亿美元，进口额跌至215.78亿美元；后触底反弹并稳步回升至疫情前水准，于年底实现V形增长，分别达到430.56亿美元和368.80亿美元[1]。虽然国际货币基金组织的官方数据指出，墨西哥2020年的商品和服务进口品总量下降14.58%，出口品总量下降7.30%[2]，但它的外贸实现了自1991年以来的最大顺差，约为344.76亿美元，年增长率537.4%[3]。2020年7月1日，取代北美自贸协定的《美国—墨西哥—加拿大协定》（USMCA）正式生效，在一定程度上有助于墨西哥的宏观经济稳定[4]。这清晰地表明了拉美地区第一贸易大国于疫情中顽强的经济复苏能力。

从金融领域看，墨西哥金融领域的机会与风险并存。一方面，它在疫情冲击之下通胀率持续走高，公共债务水平较高，汇率保持稳定小幅贬值。国际货币基金组织官方数据指出，以消费者物价指数计算的通胀率持续走高，由103.899升至107.430[5]。平均消费品价格上涨3.4%[6]。目前该国财政压力增加，不举债无法支撑国家运作。据国际金融研究院（IIF）统计，2020年在疫情冲击之下墨西哥债务水平占比上升至115%，超过国际警戒线。据墨西哥财政部统计，2020年10月，墨西哥公共债务总额约为11.955万亿比索，环比减少1.7%，占GDP的比重为51.8%。得益于墨西哥比索兑美元汇率升值，以及政府对公债实施严格管控，预计全年公债占GDP比重有望回落至45.6%。另一方面，墨西哥拥有稳健的金融监管体系、快速成长的金融业，金融环境发展前景良好。墨西哥是拉丁美洲金融服务业最发达的国家之一，基于不断壮大的中产阶级和稳健的监管框架，其金融服务业具有良好的发展前景。墨西哥于2018年3月完成并通过《金融科技法》的立法程序，金融科技的推

1 Balanza comercial[EB/OL]. https://www.inegi.org.mx/temas/balanza/, 2020-01-31/2022-02-02.

2 International Monetary Fund. Report for Selected Countries and Subjects: October 2021[EB/OL]. https://www.imf.org/en/Publications/WEO/weo-database/2021/October/weo-report, 2021-10-31/2022-02-02.

3 ECONÓMICA G. Superávit comercial histórico en 2020[EB/OL]. http://www.gob.mx/shcp|gacetaeconomica/articulos/superavit-comercial-historico-en-2020, 2020-12-24/2022-02-02.

4 千际投行. 2021年墨西哥发展研究报告[EB/OL]. http://www.sfccn.com/article/20220119/herald/ODA4LTQ1MDYzNA==.html, 2022-01-19/2022-02-02.

5 International Monetary Fund. Report for Selected Countries and Subjects[EB/OL]. https://www.imf.org/en/Publications/WEO/weo-database/2021/October/weo-report, 2023-02-02/2023-10-31.

6 International Monetary Fund. Mexico and the IMF[EB/OL]. https://www.imf.org/en/Countries/MEX, 2023-07-31/2023-10-02.

进既带来了行业发展的机会，也对传统金融机构构成一定威胁[1]。与此同时，金融机构相继推出纾困措施。墨西哥央行已多次下调基准利率，为金融体系注入更多流动资金。墨西哥国家劳动者住房基金委员会宣布，将提供1万份每笔可高达52万墨西哥比索的贷款用于房屋改善，以促进建筑行业发展。墨西哥贸易委员会联合美洲开发银行旗下美洲投资公司，发放3万份总金额达120亿美元的贷款，帮助该国中小微企业融资[2]。然而，金融领域的风险积聚不断磨蚀其金融全球化的参与基础，后者于2020年基本维持零增长趋势。

12.3.3 社会全球化

2020年，墨西哥的社会全球化参与度和参与基础均符合趋势，其中一个关键因素是信息全球化的迅猛增长。墨西哥的信息全球化参与度实现正增长，很大程度上来源于人们在国家封控措施和出入境限制之下对互联网的更强依赖和对线上平台的更大需求。墨西哥国家统计和地理研究所（INEGI）发布数据，2020年墨西哥约有8410万互联网用户，占6岁及以上人口的72%，比2019年的70.1%增加了1.9个百分点；主要活动是聊天（93.8%）、搜索信息（91%）和访问社交网络（89%）[3]。数据显示，从2020年1月至2021年1月，墨西哥人对于社交网络的使用增长了12.4%（该项为占比最高的数字增长），在一些社交媒体平台上新增1100万活跃用户[4]。企业倒闭和疫情导致的社会流动性下降极大推动了线上经济的发展，墨西哥的在线销售在2020年增长了81%，达到3160亿比索，相当于该国零售业的9%[5]。

墨西哥文化全球化参与度的小幅下降，与该国文化部遵循卫生部在疫情下的指

1 董小涵. 墨西哥营商环境与投资风险分析2020 [EB/OL]. http://www.ccpitjinan.org/module/download/downfile.jsp?classid=0&filename=a54bad8b177e4d17852aac19f73a4bcd.pdf, 2021-01-31/2022-02-02.

2 千际投行. 2021年墨西哥发展研究报告 [EB /OL]. http://www.sfccn.com/article/20220119/herald/ODA4LTQ1MDYzNA==.html, 2022-01-19/2022-02-02.

3 En MÉxico Hay 84.1 Millones De Usuarios De Internet Y 88.2 Millones De Usuarios De TelÉfonos Celulares: Endutih 2020: 352/21 [EB/OL]. https://www.google.com.hk/url?sa=t&rct=j&q=&esrc=s&source=web&cd=&ved=2ahUKEwjIpJbk_-D1AhVYk1YBHZmtDrMQFnoECE8QAQ&url=https%3A%2F%2Fwww.inegi.org.mx%2Fcontenidos%2Fsaladeprensa%2Fboletines%2F2021%2FOtrTemEcon%2FENDUTIH_2020.pdf&usg=AOvVaw1rnKjxHLABB3za13BZKooQ, 2021-06-22/2022-02-02.

4 ALVINO C. Estadísticas de la situación digital de México en el 2020-2021 [EB/OL]. https://branch.com.co/marketing-digital/estadisticas-de-la-situacion-digital-de-mexico-en-el-2020-2021/, 2021-04-21/2022-02-02.

5 NOGUEZ R. Confinamiento impulsa ventas online en México: crecen 81% en 2020 [EB/OL]. https://www.forbes.com.mx/negocios-ventas-online-mexico-2020/, 2021-01-27/2022-02-03.

导方针密切相关。2020 年 3 月 22 日，墨西哥政府官网发布，仍在运作的墨西哥国立美术与文学学院（INBAL）和墨西哥国家人类学与历史研究所（INAH）的博物馆、剧院、考古遗址和其他场所将暂停活动。应该指出的是，这种暂停并不意味着文化生活的中止，文化生活将通过其他传播手段找到合适的社会化形式，如利用社交网络、网站等[1]。虽然 2020 年墨西哥社会全球化参与度略有提升，但在参与基础方面，疫情下墨西哥的社会全球化参与基础仍呈小幅下降趋势。一方面，墨西哥的腐败和犯罪率抬头[2]。另一方面，该国的科技全球化参与基础从 2000 到 2020 年基本呈持续下降态势，需要引起人们的警惕。墨西哥的科学、技术和创新（CTI）形势严峻，几十年来一直存在巨大赤字。与经济合作与发展组织国家的平均水平相比，墨西哥在研究与开发方面的投资少了 8 倍，研究人员少了 9 倍，发表的研究文章少了 5.5 倍，其居民向主要知识产权局提交的专利申请少了 20 倍。然而，这只是冰山一角。该国缺乏科技创新制度和组织框架，使其在国际创新和竞争力排名中处于后四分之一。2020 年底，最高科技创新机构墨西哥科技理事会（CONACYT）的具体措施更加剧了这种状况[3]。第一生产力的参与基础发展的消退，可能会导致接下来若干年内社会全球化参与的不利局面。

12.3.4 政治全球化

2020 年，墨西哥的政治全球化参与度和参与基础均低于趋势。疫情的暴发给墨西哥的政治全球化参与度带来了更多的不稳定因素和挑战。2020 年，墨西哥的政治全球化参与度呈显著倒退趋势，其中，全球治理参与度降幅显著。墨西哥国立自治大学的一项研究认为，全球卫生治理体系催生了各种专家网络，促进合作并执行来自世界卫生组织的建议。然而疫情暴发凸显了这些网络的局限性。就墨西哥而言，有两个主要问题：第一，跨政府网络的专家成员根据政治利益做出决定，而撇开来

---

1 Suspende Secretaría de Cultura actividades en todos sus recintos | Secretaría de Cultura | Gobierno | gob.mx[EB/OL]. https://www.gob.mx/cultura/prensa/suspende-secretaria-de-cultura-actividades-en-todos-sus-recintos, 2020-03-22/2022-02-03.

2 杨志敏. 墨西哥：疫情下缓步前行[M] //柴瑜，刘维广，王鹏. 拉丁美洲和加勒比发展报告（2020～2021). 北京：社会科学文献出版社，2021：156-169.

3 Alfonso Ávila Robinson. Ciencia, tecnología e innovación en México se encuentran en situación crítica[EB/OL]. https://egade.tec.mx/es/egade-ideas/opinion/ciencia-tecnologia-e-innovacion-en-mexico-se-encuentran-en-situacion-critica, 2020-11-27/2022-02-03.

自全球的建议不谈；第二，分裂的认识共同体中存在相互竞争的团体，损害了专家作为思想传播者和知识传播者的工作表现[1]。在参与基础方面，墨西哥的政治全球化参与基础呈现零增长态势，其中，全球治理参与基础和国际合作参与基础基本维持不变。墨西哥于 2020 年初担任拉美和加勒比国家共同体轮值主席国，墨西哥和美国的关系依然是最重要的双边关系[2]。除此之外，墨西哥和中国的关系稳步推进[3]。总而言之，在疫情和与美国关系的不确定因素的双重影响之下，墨西哥在政治全球化参与程度上遭遇了不小挫折。后疫情时代的墨西哥能否扭转这一颓势，仍有待观察。

12.4 拉丁美洲和加勒比地区其他国家

12.4.1 总体情况

拉丁美洲自 2014 年起就已步入经济萧条期，成为全球经济增速最缓慢的地区之一。新冠肺炎疫情加剧了拉美政治、经济和社会三重危机迭发的影响，从 2019 年开始，此起彼伏的社会抗议几乎遍布所有拉美国家，并延续至今。突如其来的疫情负面冲击令拉美本就糟糕的地区形势雪上加霜，也深刻影响了该地区的全球化程度。

总体而言，拉丁美洲和加勒比其他国家的全球化参与度波动下降，全球化参与基础稳步上升。根据图 12-19，拉丁美洲和加勒比其他国家基本上属于潜力型国家和闭塞型国家，且在参与基础上的表现比参与度更佳。

分领域看，经济全球化参与度有所下降。其中，贸易全球化波动很大，下降明显；而金融全球化参与度基本不变。这些国家的经济全球化参与基础保持稳定，略有下降。其中，金融全球化参与基础基本保持平稳，贸易全球化参与基础略有下降。这些国家的社会全球化参与度基本不变，在 2019 年有小幅上升。其中，科技全球化与总体趋势一致，信息全球化持续上升，人际全球化基本不变，而文化全球化参与

1 MARTÍNEZ M E C. La gobernanza global de la salud y los límites de las redes de expertos en la respuesta al brote de la Covid- 19 en México[J]. *Foro Internacional*, 2021 : 469 – 505 .

2 杨志敏. 2019~2020年墨西哥发展报告[R/OL]. https://www.pishu.com.cn/skwx_ps/initDatabaseDetail?siteId=14&contentId=12195114&contentType=literature&type=%25E6%258A%25A5%25E5%2591%258A, 2022-10-30.

3 杨志敏.墨西哥：疫情下缓步前行[M]//柴瑜，刘维广，王鹏.拉丁美洲和加勒比发展报告（2020~2021）.北京：社会科学文献出版社，2021 : 156 - 169.

度则持续下滑。该地区的社会全球化参与基础持续走高，其中，科技全球化参与基础显著下降，人际全球化和文化全球化参与基础稳中有升，而信息全球化参与基础上升明显。这些国家在2020年的政治全球化参与度波动回落，这与其中二级指标全球治理参与度的显著负增长有密切关联，国际合作参与度则基本没有变化。这些国家的政治全球化参与基础稳中有升，在2020年有小幅回落，其中，全球治理参与基础和国际合作参与基础都保持了同一趋势。

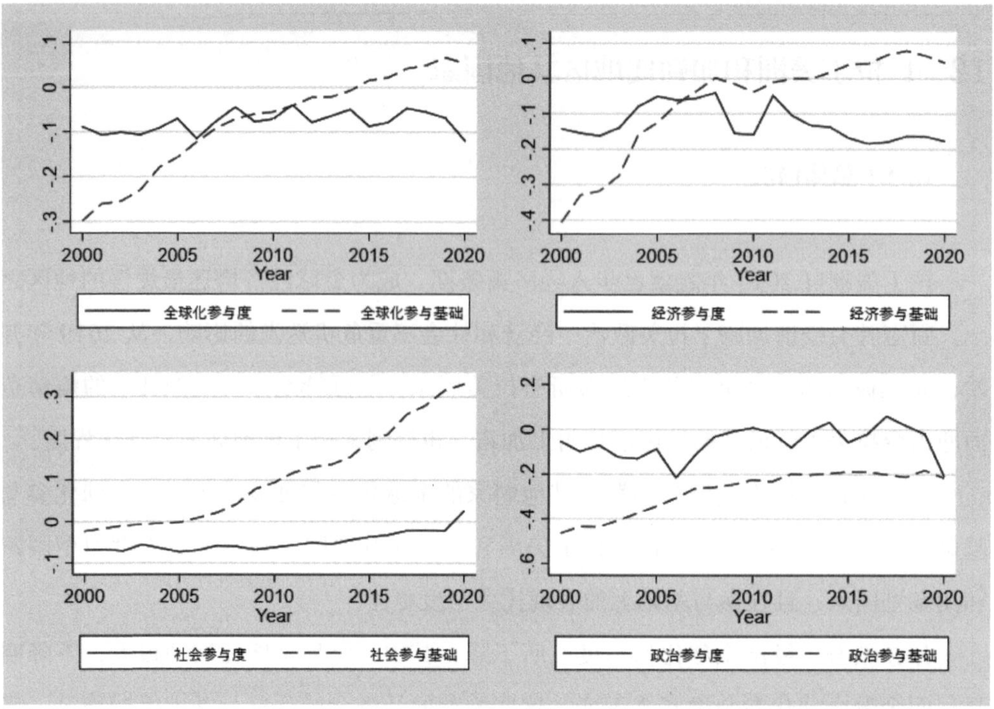

图 12-19　拉丁美洲和加勒比地区其他国家全球化参与度和参与基础折线图

（总指标和一级指标）

根据图12-20可知，在参与度和参与基础两方面，这些国家在社会全球化上的表现均为最佳，在政治全球化上的表现均为最差。这些国家在全球化参与度和参与基础上的最大优势均集中在社会领域。

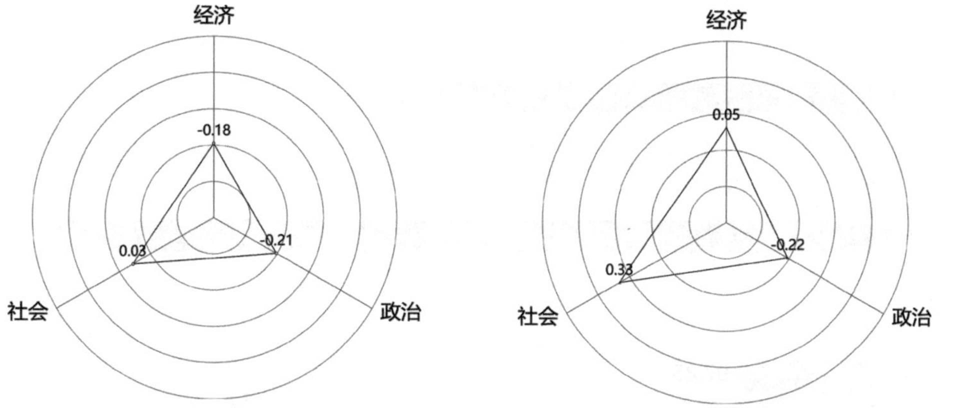

（a）参与度　　（b）参与基础

图 12-20　拉丁美洲和加勒比地区其他国家全球化参与度和参与基础雷达图

根据图 12-21、12-22、12-23 和 12-24，这些国家的全球化参与度晴雨指数为 97.52，低于趋势。其中，经济全球化参与度晴雨指数为 99.76，符合趋势；社会全球化参与度晴雨指数为 103.36，高于趋势；政治全球化参与度晴雨指数为 97.25，低于趋势。这些国家的全球化参与基础晴雨指数为 98.25，低于趋势。其中，经济全球化参与基础晴雨指数为 98.60，低于趋势；社会全球化参与基础晴雨指数为 101.28，高于趋势；政治全球化参与基础晴雨指数为 98.03，低于趋势。

（a）参与度　　（b）参与基础

图 12-21　拉丁美洲和加勒比地区其他国家全球化参与度和参与基础晴雨表

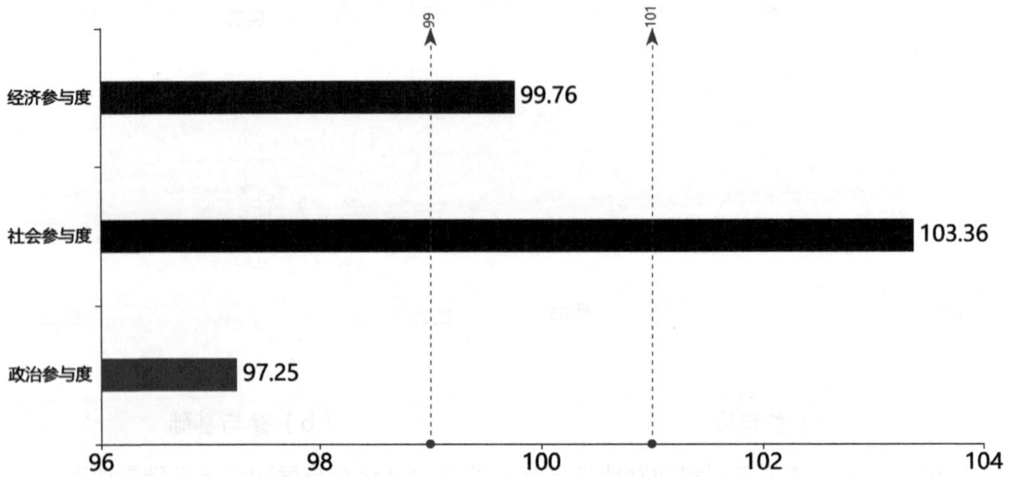

图 12-22　拉丁美洲和加勒比地区其他国家全球化参与度驱动因素

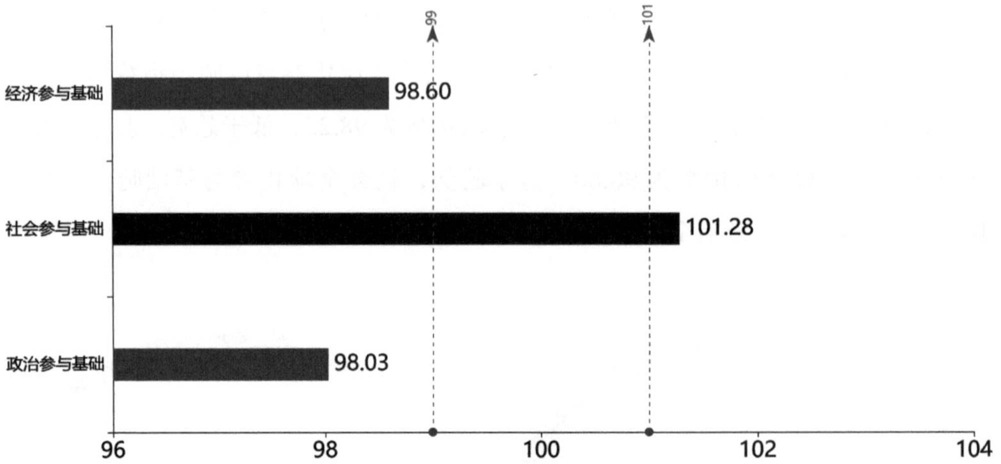

图 12-23　拉丁美洲和加勒比地区其他国家全球化参与基础驱动因素

这些国家在 2020 年的全球化参与表现中受到了来自疫情的负面冲击。全球化晴雨表结果显示，这些国家的全球化参与度和参与基础均显著低于趋势。一方面，这些国家以外向型经济为主，收入主要来自初级产品出口和旅游业，对跨国贸易和各领域交流依赖度较高；另一方面，这些国家体量相对较小，应对风险能力较差，自我调节能力在疫情中基本丧失。

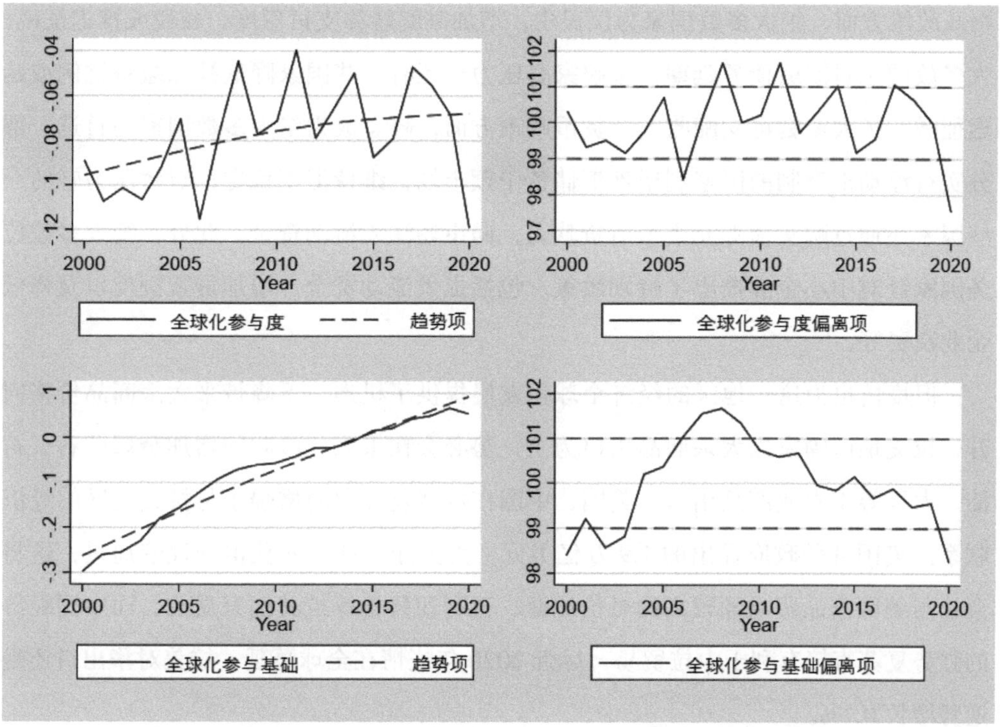

图 12-24　拉丁美洲和加勒比地区其他国家全球化参与度和参与基础 HP 滤波图

12.4.2 经济全球化

2020 年，这些国家的经济全球化参与度符合趋势，参与基础低于趋势。这表明经济受到了疫情的小幅冲击。世界银行的数据显示，新冠肺炎疫情使拉美地区的 GDP 缩水近 7%[1]，几乎是全球经济受损最严重的地区之一。2020 年，拉美进出口分别下降 19% 和 20%，外国直接投资缩水 55%，这使严重依赖外贸的拉美国家陷入实质性的经济危机。根据联合国拉丁美洲和加勒比经济委员会（ECLAC）的数据，拉丁美洲 33 个国家中，有 32 个国家的 GDP 为负增长。智利、哥伦比亚、秘鲁、乌拉圭等曾保持经济连续增长势头的国家出现不同程度的衰退；加勒比其他国家则受困于旅游业长期低迷和侨汇收入减少，经济增长陷入长期停滞。

拉美国家应对疫情冲击的政策措施较为传统，财政政策和货币政策双管齐下。

1 World Bank. GDP growth (annual %) - Latin America & Caribbean [EB/OL]. https://data.worldbank.org/indicator/NY.GDP.MKTP.KD.ZG?locations=ZJ, 2022-09-14/2022-11-20.

财政政策方面，绝大多数国家为保民生，增加家庭转移支付额度，减税或推迟征税；大多数国家对家庭债务延期，缓解家庭压力；还有一些国家降低社保缴费比例或延迟征缴，扩大家庭可支配收入。货币政策方面，降息成为绝大多数国家的首选；部分实行浮动汇率制的国家利用外汇储备干预市场，维持汇率稳定；财政压力轻的一些国家还通过购买债券充当最后贷款人，向市场注入流动资金。此外，绝大多数拉美国家针对中小企业推出了特别政策，包括提供流动资金、增加贷款额度以及降低企业税费等。[1]

但疫情也为这一地区的经济全球化发展提供了机遇。下降带来大宗商品价格回升，拉美地区国家以大宗商品出口为主，势必会在未来一段时间增加金属矿石、石油、大豆等工农业产品出口。美国、中国在疫情复苏期间增强了与拉美地区的经济联系。美国拜登政府提出的 1.9 万亿美元《美国纾困计划》获得众议院通过，这将会让与美国商品贸易额较高的哥伦比亚、智利和秘鲁等拉美国家受益。而中国经济的强势复苏直接有利于中拉贸易，尽管 2020 年疫情在全球蔓延，拉美对华出口还是逆势增长 0.1%。

12.4.3 社会全球化

2020 年，这些国家的社会全球化参与度和参与基础均高于趋势。这主要归功于这些国家科学技术的广泛应用和信息通信建设，线上活动的增加直接使各国的社会全球化意愿上升。拉美国家在 2020 年的宽带订阅率为 15%，使用互联网的人数比例达到 68%，延续了连续 10 年的上升势头，日均互联网使用时长达到 2.9 小时。智利、乌拉圭、秘鲁使用社交媒体的人口达到其网民总数的 80% 以上。[2]

然而 2019 年，随着拉美和加勒比其他国家贫困率和赤贫率上升，贫困人口数量大幅增长，社会矛盾激化，拉美多国爆发严重的社会抗议。疫情在冲击经济的同时也加剧了拉美各国的贫困、失业和不平等，街头政治再次升温。尽管疫情发生以来，拉美各国政府迅速采取了一些针对低收入群体的社会政策，但 2020 年拉美和加勒比其他国家贫困率为 33.7%，为 12 年来的峰值；赤贫率则达 12.5%，是 20 年来的最

1 王飞，周全.新冠肺炎疫情冲击下的拉美：危机叠发及其破困之道[J].全球化，2021(05)：82-91+135-136.
2 Statista. Internet use in Latin America - Statistics & Facts [EB/OL]. https://www.statista.com/topics/2432/internet-usage-in-latin-america/#topicHeader__wrapper, 2023-01-21/2023-09-27.

高水平。就业和社会平等指标也进一步恶化，2020 年底，拉美和加勒比其他国家失业率达 10.7%，较 2019 年底上升 2.6%。拉美和加勒比其他国家之间的人员流动也有所减弱。

拉美和加勒比其他国家在疫情期间的文化产业也遭遇滑铁卢，疫情的封锁给该地区文化全球化造成了前所未有的困难局面。

12.4.4 政治全球化

2020 年，拉美和加勒比其他国家的政治全球化参与度和参与基础均小于趋势。拉丁美洲曾经不断推进一体化建设，成立了几乎涵盖拉美地区所有主要经济体的新型地区一体化组织——南方共同市场，还有政治一体化组织南美洲国家联盟、美洲玻利瓦尔联盟、拉美和加勒比国家共同体等。然而，近年来拉美一体化进程受到右翼掌权、民族主义势力抬头、逆全球化风潮的影响，自 2017 年开始，南美洲国家联盟秘书长一职就因成员国意见分歧而处于空缺状态。随着委内瑞拉政治经济危机的升级，该地区国家对该国立场的分化令联盟内部的矛盾对立日益尖锐。最终，2018 年 4 月，智利、哥伦比亚、巴拉圭、秘鲁四国政府以联盟机制长期存在危机为由，暂停参与南美洲国家联盟活动；此后，哥伦比亚、秘鲁、厄瓜多尔等国相继宣布正式退出该组织，南美洲国家联盟实质上陷入功能性瘫痪。围绕委内瑞拉问题的左右对峙也令唯一覆盖该地区所有国家的拉美和加勒比国家共同体走入困境。

总体而言，拉美和加勒比其他国家在政治全球化参与度和参与基础上受经济危机和疫情双重影响，呈现下降趋势，而恢复拉美全球化疫情前的国际合作水平和一体化程度仍然面临多重不确定性挑战。

第十三章　基于随机森林模型的全球化趋势预测分析

13.1 模型介绍

机器学习（machine learning）是从数据中自动分析获得模型，并利用模型对未知数据进行预测的学习过程。常用的机器学习算法包括随机森林、支持向量机（SVM）、线性判别分析、朴素贝叶斯等。Manuel Fernández-Delgado 等（2014）利用 121 组数据集对 179 种不同的机器学习分类器进行研究，发现随机森林算法效果最好，预测准确率能超过 90%，最佳可达 94.1%。[1] 因此本项目也采用随机森林模型，利用现有数据集对全球化参与度和参与基础进行预测。

随机森林是一种集成算法，它是通过组合多棵决策树降低模型的方差，纠正单一决策树过度拟合其训练集的习惯，因此随机森林通常具有更好的泛化性能。它对数据集当中的异常值不敏感，不需要过多的参数调优。2001 年，Breiman L 改进了随机森林模型[2]，不仅简化了计算量，提高了准确性，而且对小样本容量和非平衡数据集预测效果较好[3]。

在本项目中，我们采用 2000—2019 年各国经济、社会、政治三个维度的全球化参与度和参与基础及各国全球化参与度和参与基础的平均值为自变量，2020 年各国的经济、社会、政治三个维度的全球化参与度和参与基础及各国全球化参与度和参与基础的平均值为因变量，分别建立了八个随机森林模型。

模型均采用系统默认参数，子树的数量为 100，内部节点再划分所需最小样本

---

1 Manuel Fernández-Delgado, Eva Cernadas, Senén Barro, Dinani Amorim. Do we need hundreds of classifiers to solve real world classification problems? [J]. *The Journal of Machine Learning Research*, 2014(01): 3133-3181.

2 Breiman L. Random Forests [J]. *Machine Learning*, 2001, 45(01): 5-32.

3 Breiman L. Statistical Modeling: The Two Cultures [J]. *Statistical Science*, 2001, 16(03): 199-215.

数为 2，叶子节点最小样本数为 1，最大特征数为 38（$\sqrt{N}$，N 为样本量）。采用五折交叉验证与随机森林袋外数据准确率两种评估方式，分别对模型预测准确率进行评估。此时模型的拟合性能最优，且没有出现过拟合现象，模型的泛化性较好。五折交叉验证准确率及随机森林袋外数据拟合优度较高，且方差较小，准确率较为稳定。详细模型评估结果见表 13-1。

表13－1　模型评估结果

维度	五折交叉验证			袋外法		
	R^2	RMSE	MAE	R^2	RMSE	MAE
全球化参与度	0.9502	0.0129	0.0628	0.9508	0.0126	0.0620
经济参与度	0.9750	0.0248	0.0630	0.9818	0.0190	0.0551
社会参与度	0.8731	0.0608	0.0697	0.8486	0.0490	0.0649
政治参与度	0.9400	0.0469	0.1344	0.9390	0.0462	0.1335
全球化参与基础	0.9864	0.0038	0.0366	0.9865	0.0037	0.0357
经济参与基础	0.9896	0.0088	0.0576	0.9899	0.0085	0.0560
社会参与基础	0.9885	0.0035	0.0332	0.9903	0.0029	0.0310
政治参与基础	0.9459	0.0257	0.0668	0.9547	0.0228	0.0624

训练好模型之后，我们利用 2001—2020 年这 19 年的数据对 2021 年预测，之后利用同样的方法预测 2022—2025 年的数据。

13.2 模型结果

如图 13-1 所示，未来 5 年（2021—2025 年），全球化参与度呈曲折上升趋势，全球化参与基础呈平稳上升趋势。

观察经济、社会和政治三个维度的全球化参与度和参与基础可以发现，每一项总体都呈上升趋势。经济全球化参与度在经历多次波折之后，未来预期依然保持上升趋势；经济全球化参与基础在 2011 年左右开始放缓上涨趋势，预期结果也是平缓上升。社会全球化参与度在 2013 年之前一直处于不稳定的低谷状态，在 2013 年之后出现爆发式增长，预计未来 5 年继续增长；社会全球化参与基础保持上涨。政治全球化参与度稳定增长，未来预期先下降后增长；政治全球化参与基础在 2003 年和 2010 年下滑，2010 年之后发展趋势不稳定，未来 5 年内保持上升趋势。

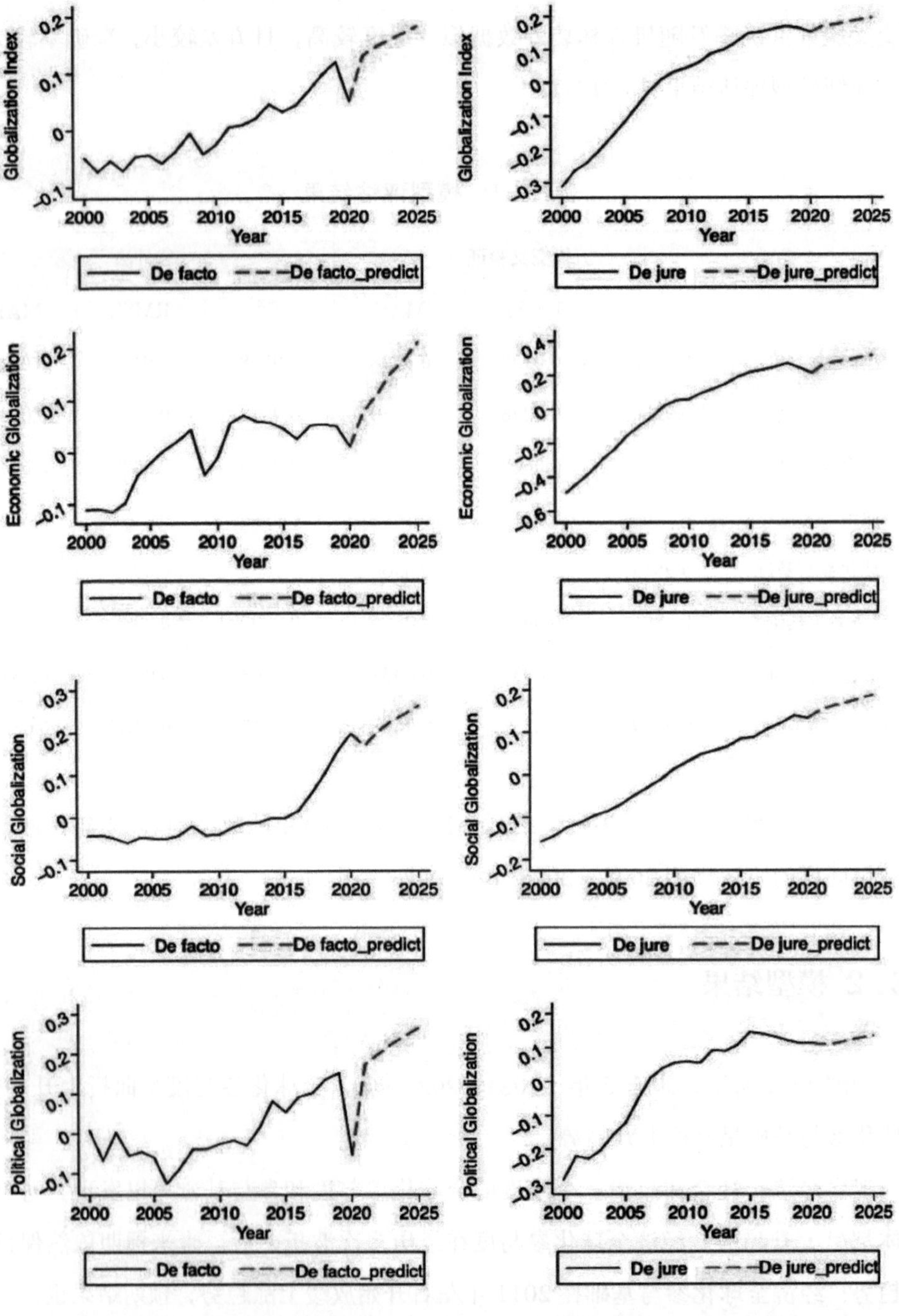

图 13-1　基于随机森林模型的全球化参与度和参与基础预测

第十四章　研究结论与政策启示

14.1研究结论

当前，面对百年未有之大变局，厘清世界全球化形势、把握全球化未来发展方向具有重要的理论意义和实践价值。全球化涵盖经济、社会和政治全球化三个维度，三者相互作用更加剧了对新冠肺炎疫情负面影响的放大效应。从本质上看，经济、社会和政治全球化分别彰显不同要素在全球一体化进程中扮演的关键角色，并在作用路径上呈现出相互交错的特征。只有将这些要素置于一个整体下进行宏观分析与审慎判断，才能以全面综合的视角观察全球化发展的最新动态，总结全球化进程总体态势。

本研究基于全球化理论与实践发展背景，从经济、社会、政治三大领域，构建并测算了全球142个国家和地区2000—2020年的全球化参与度和参与基础指数；基于此，本研究采用全球化晴雨表模型，进行了趋势测算与分析。本研究还将全球化参与度和参与基础进行分区域和分国别分析，以便更深入地理解全球化空间分布的差异。

研究结果表明：总体来看，新冠肺炎疫情冲击下全球化遭遇挫折，2020年的全球化参与度和参与基础均低于趋势。其中，经济和政治全球化参与度是拖累全球化参与度的主要因素，而社会参与度却逆势上扬；经济、社会和政治全球化参与基础均对全球化参与基础水平做出了负贡献。从空间分布来看，各区域乃至各国别的全球化参与水平体现出明显差异。全球化的主要参与者为北美、欧洲、东亚，而全球化参与基础的主要贡献者为欧洲。根据参与度和参与基础组合划分，本研究将世界各国或地区划分为全球化成熟型、活跃型、闭塞型和潜力型四类参与者。其中，中国的全球化参与度和参与基础均高于中位数，属于全球化成熟型国家，但中国的全球化参与度排名高于参与基础，两者发展并不平衡。

14.2 政策启示

虽然全球化趋势受疫情冲击短期有所波折，但是仍存在积极向好的结构性因素，从长期趋势看，全球化仍然会正向发展，本研究的结论对于中国推进全球化发展行稳致远具有重要的政策启示。

14.2.1 经济全球化

由本研究结论可知，无论是贸易领域还是金融领域，经济全球化参与度和参与基础均受到了疫情的显著负向冲击。在双循环新发展格局下，我国应坚定不移地推动贸易和金融合作，构建开放型经济。贸易方面，我国应在积极融入贸易一体化的进程中，创新思维拓展自贸区等贸易合作机制，实现与更多国家和地区的关税互减互免，不断推动商品流动便捷化、关税障碍最小化；金融方面，我国可进一步发展人民币海外结算业务，稳固并加强人民币在外汇储备、金融交易、贸易流通等领域的作用，不断增强我国在经济全球化方面的参与基础。此外，疫情给传统经济带来巨大挑战，但数字经济却取得长足发展。我国应紧抓数字经济发展新契机，促进数字经济合作，主动融入数字经济全球化进程，提升在数字经济领域的全球化参与实力。

14.2.2 社会全球化

虽然社会全球化参与基础受到了疫情冲击，但受益于信息全球化的正向贡献，社会全球化参与度仍然保持正增长，体现出较强的韧性。数字化技术的发展为疫情带来的挑战提供了“缓冲垫”，为未来全球化发展注入了新的动力。在这一趋势下，我国应进一步把握契机，加快建设以 5G 网络等为抓手的智能化综合性数字信息基础设施，打通经济社会发展的信息“大动脉”。同时，加强科研投入，大力支持高校、科研院所及高科技企业的产学研合作，推动数字技术攻关研究。

此外，横向对比来看，就我国而言，虽然社会全球化参与度排名较高，但是社会全球化参与基础受到文化和信息全球化参与基础的拖累，与其他主要经济体尚存一定的差距。文化全球化参与基础方面，我国可以从以下方面着手：一是积极运用线上平台开展文化交流活动，在提升我国文化影响力的同时，也更注重引介国外文化优秀内容；二是高度重视国际汉语教育在“走出去”战略中的战略位置。在现有孔子学院等语言机构基础上，鼓励汉语在全世界各领域内全方位使用，以扩大自身软实力影响；三是充分利用国际化资源存量，推动“在地国际化”，利用信息技术探索国际学术交流新形式，努力实现有使命、有担当的高等教育全球化。对于信息全球化基础设施的不足，一方面，可注重互联网普及的均衡性，尤其加强在乡村和偏远地区、欠发达地区、西部地区的互联网基础设施建设，推动我国信息全球化参与实力的稳步提升；另一方面，在信息基础设施尖端技术方面进一步发力，加强自主创新，提升在空间通信、海底通信基础设施等领域的实力。

14.2.3 政治全球化

受疫情冲击，政治全球化参与步伐放缓。不过，值得一提的是，我国的政治全球化表现佳，国际合作和全球治理维度的参与度和参与基础均处于领先地位。疫情冲击使世界各国人民的命运紧密相连，各国需携手共同承担抗击疫情的责任。作为新兴经济体的代表，我国在抗击疫情中展示了大国风范，提出了“卫生健康共同体”概念并付诸实践，为其他国家提供防疫物资和技术援助。未来中国在理念上应继续秉持开放包容心态，发扬中国智慧，推动政治全球化良性发展。在行动上，一方面应维护和践行多边主义，积极参与以联合国为核心的多边活动，广泛参加多边条约和国际公约，不懈推进国际事务中和平与发展问题的长效解决；另一方面，积极参与全球治理，努力在国际条约与公约、合作框架等制定中发挥更大作用，提升全球性制度体系规划与制定中的话语权，为增进人类共同福祉、构建人类命运共同体做出更大贡献。